U0957607

生态建设与改革发展

2015

林业重大问题调查研究报告

Reform and Development:
Research Reports on China's Major Forestry Issues

张建龙　主编

中国林业出版社

图书在版编目（CIP）数据

生态建设与改革发展：2015 年林业重大问题调查研究报告/张建龙主编．—北京：中国林业出版社，2016．12

ISBN 978-7-5038-8884-7

Ⅰ．①生… Ⅱ．①张… Ⅲ．①林业经济-经济发展-调查报告-中国-2015 Ⅳ．①F326．23

中国版本图书馆 CIP 数据核字（2016）第 312636 号

策划编辑 徐小英
责任编辑 何 鹏 梁翔云
封面设计 赵 芳
版式设计 骐 骥

出版 中国林业出版社（100009 北京西城区刘海胡同 7 号）
E-mail forestbook@163．com **电话** （010）83143515
网址 http://lycb．forestry．gov．cn
发行 中国林业出版社
印刷 北京中科印刷有限公司
版次 2016 年 12 月第 1 版
印次 2016 年 12 月第 1 次
开本 889mm×1194mm 1/16
印张 21．25
字数 445 千字
印数 1～3000 册
定价 128．00 元

2015年林业重大问题调查研究报告

编辑委员会

领导小组

组　长：张建龙

副组长：张鸿文

成　员：张永利　陈凤学　刘东生　彭有冬　李树铭　谭光明
　　　　杜永胜　封加平

编委会成员

王洪杰　王祝雄　郝燕湘　张希武　刘　拓　王海忠　闫　振
胡章翠　章红燕　杨　超　潘世学　王连志　程　红　孙国吉
周鸿升　潘迎珍　丁立新　马广仁　李金华

编委会办公室

主　　任：李金华

副 主 任：张利明　王月华　菅宁红

成　　员：张志涛　蒋　立　张　鑫　郭　晔

序

习近平总书记深刻指出，调查研究是谋事之基、成事之道。没有调查，就没有发言权，更没有决策权。调查研究，根本目的是把事情的真相和全貌调查清楚，把问题的本质和规律把握准确，把解决问题的思路和对策研究透彻。当前，我国林业现代化建设已进入攻坚克难的关键时期，亟需深入开展调查研究，准确掌握基层林业实际，着力解决各种突出问题，为林业改革发展创造更好条件。

国家林业局历届党组高度重视调查研究工作，从 2006 年开始，连续组织开展林业重大问题调查研究，为林业决策提供了重要支撑。2015 年林业重大问题调研工作，紧密围绕生态文明制度建设、维护生态安全和深化林业改革等全局性战略性重大问题，确定了 10 多项专题，由国家林业局经济发展研究中心牵头，邀请北京大学、中国人民大学等高校专家参与，与国家林业局有关司局和直属单位开展联合调研。通过深入细致地调查研究，形成了一批高质量的调研成果，一些成果已被吸收到有关文件中，有些政策建议已被相关部门采纳，为推进林业改革发展发挥了重要作用。

“十三五”时期，是全面建成小康社会的决胜阶段。全国林业系统正在按照“创新、协调、绿色、开放、共享”的发展理念，加快推进林业现代化建设，各项改革发展任务都取得了积极进展。同时，我们也深刻认识到，我国森林资源提质增效任务依然十分艰巨，林产品有效供给与日益增长的经济社会发展需求之间的矛盾依然十分突出，严守林业生态红线依然面临巨大压力。希望各级林业部门深入学习习近平总书记系列重要讲话精神，自觉把林业建设纳入经济社会发展全局，深化林业改革，加快林业发展。要始终坚持以人民为中心的发展思想，深入基层一线，开展调查研究，及时发现并解决问题，总结先进经验，为林业改革发展提供智力支撑，为推进林业现代化建设、全面建成小康社会、建设生态文明和美丽中国作出新的更大贡献。

2016 年 11 月 10 日

目　　录

新常态下林业发展战略机遇研究报告

【摘　要】新常态是我国目前面临的重大国情，必将对林业发展产生重大而又深远的影响。本文在借鉴国内外林业应对新常态经验的基础上，分析了林业发展面临的重大挑战和战略机遇。在林业投资方面，财政投入减速，资金缺口加大，急需社会资金填补缺口，通过创新产权，引资造林营林势在必行；在林业产业方面，传统产业收缩转型在所难免，新产业新业态新模式将快速凸显；在生态建设方面，社会经济发展对生态环境的压力增大，加快林业供给侧结构性改革急需提上日程。此外，我国积极应对新常态，也会为林业发展提供许多难得的战略性机遇，这将加快林业绿色经济发展和林区基础设施建设。

"新常态"一词最早由美国太平洋基金管理公司总裁埃里安提出，意指国际金融危机后世界经济缓慢而痛苦的低增长过程。2014 年，习近平总书记根据我国经济发展阶段变化，提出经济"新常态"重大战略判断，赋予"新常态"新的内涵，深刻揭示了我国经济发展正在变轨，开始"转型升级、提质增效"，崭新而且将持续一段时间的发展态势。经济新常态符合经济发展演进规律，是趋势，不可逆，而且将从速度、管理、结构、民生、调控、开放六方面对其他方面产生重大而又深远的影响。国情决定林情，经济新常态决定了林业新常态。林业发展要适应新常态，积极应对新常态，在这一发展态势下挖潜力、找空间。

一、新常态下我国经济新特征、新趋势

2014 年 11 月 9 日，习近平总书记首次系统阐述了什么是经济新常态、怎么适应新常态，指出以中高速、优结构、新动力、多挑战为主要特征的新常态既要求经济发展模式全方位转型，而且还将面临矛盾增多、风险凸显的困难，新常态既蕴含着战略机遇，又将面临诸多挑战。

(一)经济减速增质，动力转换，结构再平衡

新常态下，我国经济发展呈现减量增质、转型增效的特点。

1. 经济增速换挡回落

经济增长速度从过去 10% 左右的高速增长转为 7%～8% 的中高速增长[①]是新常态的最

① 成思危认为，经济增速 10% 以上是高速，5% 左右是中速，2% 以下是低速。

基本特征。环顾世界，当一个国家或地区经历了一段时间的高速增长后，都会出现增速“换挡”现象。不少国家的经济增速都是从 8% 以上的“高速挡”直接切换到 4% 左右的“中速挡”，而中国经济有望在 7%~8% 的中高速挡运行一段时间。

2. 经济结构优化升级

经济发展“以速换质”特征明显，要求经济运行的结构更优、效率更高。在产业结构方面，第三产业将逐步成为产业主体；需求结构方面，消费需求逐步成为需求主体；在城乡区域结构方面，城乡区域差距将逐步缩小；在收入分配结构方面，居民收入占比上升，更多分享改革发展成果。刚刚公布的上半年经济数据显示，第三产业占 GDP 比重升至 46.6%①。

3. 经济增长动力转换

经济增长动力由政府投资逐步转向民间投资、出口逐步转向国内消费，要素投入驱动逐步转向创新驱动，更多地从要素效率提升获取经济增长动力。在此引导下，带动经济增长的消费、投资和出口三大动力因素，即“三驾马车”的表现会有显著不同，经济增长结构逐步转向消费，更多地依靠内需来拉动。2014 年，最终消费对 GDP 增长贡献率达 54.4%，投资为 48.5%，而出口则为 -2.9%。

（二）矛盾凸显，压力倍增，挑战重重

经济新常态也是社会经济的增速换挡期、转型阵痛期和改革攻坚期，在“三期叠加”背景下，经济增长、宏观调控和生态治理的难度进一步增大。

1. 经济转型变轨，企业的日子不好过了

经济增速换挡期也是经济结构调整的关键期、转型升级的攻坚期以及创新驱动的突破期。在此形势下，传统产业快速收缩，新支柱产业急需培育，在新旧产业交替过程中，容易出现“青黄不接”的问题，极端情况可能导致经济从“降速”到“失速”，甚至“失温”，在经济转型压力下，部分企业市场空间、利润空间受到挤压，关停并转在所难免，并以此衍生出就业问题短期凸显，多种风险可能集中释放。

2. 发展方式转变，传统的治理手段不好用了

经济新常态不仅仅是经济增速下降几个百分点，经济发展模式转变的过程，过去传统的由政府主导的“积极财政政策 + 稳健货币政策”为核心内容的宏观调控手段面临低效、失效的危险，政府治理的内容将通过全面深化改革来实现政府简政放权、健全市场体系、完善市场功能，培育经济发展的内生动力；治理手段将更多地运用经济、法律和技术手段，加强政策协同配合，实行区间调控、定向调控和统筹调控，增强和延长调控效力。

3. 生态问题内化，生态环境资源低效使用时代结束了

新常态下，生态环境与社会经济发展的关系发生了根本的变化。在一些部门和地区，

---

① 社科院预测：到 2016 年我国第三产业比重和服务业将有可能首次超过 50%。

生态环境对社会经济发展由“软约束”转变成“硬约束”，生态“红线”将成为“高压线”，在一些部门和地区生态环境直接内化为社会经济发展的要素性资源，从“外部约束”直接转变为“内部要素”。因此，调整优化结构、强化创新驱动必然和保护生态环境结合起来，会形成以生态环境保护倒逼发展转型、优化经济发展的机制。

4. 发展阶段变化，社会主要矛盾发生变化了

改革开放以来的35年，我国国民经济高速增长，从低收入国家向上中等收入国家跨越。2014年我国GDP达到10.4万亿美元，人均GDP约为7485美元，位于中等偏上收入国家水平。此时，物质产品供给能力大提高，商品和服务实现了由短缺到丰富充裕的巨大转变，社会主要矛盾随之发生变化，已经由“人民日益增长的物质文化需要同落后的社会生产力之间的矛盾”，转变为“人民日益增长的‘物质文化需要+生态产品需要’同落后的社会生产之间的矛盾”。加强生态保护、加快生态建设，成为国家建设和人民生活对林业更加重要、更为紧迫的要求。

二、国内外林业应对新常态的举措

良好的生态环境是社会经济发展的重要载体。当经济发展失速甚至经济形势恶化的时候，许多国家或地区在刺激经济增长、转变发展方式、探寻发展路径的政策措施中，往往都把生态建设作为稳定社会关系、促进区域发展、实现经济再平衡的重大举措，并取得了非常值得借鉴的经验。

(一)国外情况

1. 美国罗斯福“生态再就业工程”

20世纪30年代，美国经历过从波峰到波谷的经济下行期。为了保护前期经济发展中过度消耗的自然资源，也为了吸纳更多的就业人口，减轻城乡治安危机，1933年，罗斯福就任美国总统后不久就实施了大草原植树造林工程，就是要在美国大陆中部束上一条防护林腰带，以堵截来自西面的干旱风。因此，大草原植树造林工程就是一项“防护林带工程”。罗斯福自始至终主持了这项工程的决策、规划和实施，并提请国会拨款7500万美元作为工程费用，这些经费用于采种、育苗、土地问题谈判、植树、补植、建篱笆、防止鼠兔动物危害、林带管理、科学研究、公共关系、设备供应、劳力安排和组织等一系列工作。1933年，国会通过“民间资源保护队”议案。8年间组织300万青年参加资源保护队，开展植树造林，为美国增加了690万公顷的林地。资源保护队也被人们亲切地称为“罗斯福的森林大军”。通过生态再就业工程，美国有效地稳定和提高了居民收入，实现了城乡、产业之间的均衡发展。到1938年，美国中西部被风沙刮走的土壤量已减少65%。1944年对罗斯福防护林工程进行的普查显示，有80%以上的造林被认定为发挥了有效或较好的作用。此后几年，大草原也再次被丰收的小麦染成一片金黄。

2. 美国“大户外战略”

20世纪30年代，美国经济大萧条期间催生户外产业。此时，由政府公共工程管理局、工程进步管理局和地方资源保护队主导的联邦紧急保护工程计划完成了成百上千个资源保护项目，为后来的户外休闲运动产业的发展奠定了资源基础。2008年金融危机后，为了提振经济，美国政府发现休闲消费需求是提振经济、吸纳就业的好抓手，自2011年开始实施以8家林业部门为主的大户外战略，在5方面实施生态民生工程：建设、保护大尺度生态景观；为美国人提供充足的游憩场地和机会；恢复、保护作为文化遗产的河流和森林；维护城市公园和绿地；打造年青一代生态保护服务团。具体措施包括：增加高品质的保护、恢复活动和生态工程；加强“林中育童”标志性户外旅游工程；建设并增加安全、清洁、开放的城市公园与社区绿地。根据美国户外产业协会(OIA)报告显示，在当前经济大环境不景气的条件下，户外休闲产业已经成为拉动美国经济发展的主要驱动力和保持持续增长的产业之一。目前，户外产业已经成为美国一大支柱产业，成为提振美国经济和增加就业的重要部分。户外产业每年产值达到6460亿美元，占GDP的3.8%；提供610万个持续就业岗位，占总就业人数的2.1%；为政府创造近800亿美元的税收收入，占总税收收入的2.9%。

3. 欧盟“绿色基础设施新战略”

为阻止经济发展带来的景观破坏、生态系统退化及其对生物多样性带来的影响，并为经济发展提供新的增长点。2013年，欧盟委员会实施了绿色基础设施新战略。欧盟认为绿色基础设施是绿色增长的重要资源基础和发展方向，绿色基础设施建设能实现生态环境改善和经济发展的“双赢”，并且林业在绿色基础设施中占据主要地位。欧盟通过形成规范完善的法律和政策支撑体系，如绿色基础设施战略指导思想和欧盟绿色基础设施共同财政政策等，在国家、地区和社区等宏观、中观和微观层面持续推动绿色基础设施建设，以促进欧洲可持续和包容性增长，并且取得显著成效。绿色基础设施把人工设施和自然环境有机结合起来，充分利用森林、湿地、绿化带等形成一个人工与自然相互联系、相互作用的有机整体，改善生态环境，保护生物多样性。绿色基础设施建设通过依靠自然、利用自然来改善生态环境，并产生经济和社会效益，促进公众健康、创造就业机会和使城市更具生活和工作吸引力。例如，英国Kennet和Avon地区的河流恢复工程保护了栖息地，促进当地旅游业的发展，每年可提供1198~1353个全职工作岗位。再例如，爱尔兰建设一个低成本、多效益处理农业牲畜废水的综合人工湿地，成本仅为建设同等能力的污水处理工厂的一半，而且该湿地还提供调节气候、固碳、防洪、促进土壤养分循环、提供休闲娱乐场所及动植物栖息地等生态服务。

4. 日本山区经济振兴规划

日本战后经济发展也曾经历从高速增长到低速增长的换挡期，经济年平均增长率从8.8%下降为3.4%。为应对经济衰退特别是农村社会衰退问题，平衡城乡发展，解决生态环境约束加重、生态风险多发的问题，日本实施山区经济振兴规划，其核心就是林业治山计划。一是依法治山。为培育山区经济增长点，日本政府颁布了《山村振兴法》《特定山区活性法》《促进山区农林业振兴基础整备法》，实行以林为主的综合开发，确定了林业扶持范围，采取了经济补贴、税收优惠、人才技术培训和公共设施建设等软、硬件两个方面的措施，促进山区经济发展，稳定山区居民人口，合理管护和有效利用森林资源。另一方面，为应对日本人口老龄化特别是林业就业人口老龄化问题①。日本政府制定了《保安林整治临时措施法》和《保安林规划建设制度》，大力发展保安林，增强生态环境承载力并稳定农村人口。二是林业治山。日本林业治山防灾已有几百年历史，但是经济减速后，日本赋予林业治山更重大的任务，并成倍增加投资。例如，从 1983 年开始，保护和改善生活环境与自然环境被列为《治山事业五年计划》的基本方针。在资金投入方面，第四期治山计划期末投资为 6800 亿日元，第 5 期为 12500 亿日元，第九期为 37700 亿日元。正因为治山成功，日本近年来虽然地震、暴雨不断，却再未出现过规模过大的山洪、泥石流、山体滑坡等灾害。当战后治山种下的树苗成材，日本的人工林也进入资源利用期。2009 年，日本林野厅重新调整《森林林业再生计划》，提出“2019 年木材自给率达到 50%”的发展目标。这也标志着，原本自然资源极度匮乏的日本也有了丰富的森林资源，并从此开始了长期开发计划。

5. 南非的绿色经济与绿色就业

非洲国家中，当前经济尤为低迷的是南非。1994 年新南非成立以来，经济年均增长 3%，2005~2007 年超过 5%。2008 年受国际金融危机影响，南非经济增速明显放缓，降至 3.1%。一是发展绿色经济。2006 年实施“南非加速和共享增长倡议”（ASGISA），通过加强基础设施建设、实行行业优先发展战略、加强教育和人力资源培训等措施，促进就业和减贫，改善了城乡、黑白二元经济特征。2010 年，南非加入金砖国家，提出新增长路线发展战略，出台《10 年国家发展规划》，计划 2030 年优先发展基础设施、农业、矿业、绿色经济、制造业、旅游及服务业等 6 个重点领域，重点解决社会贫困、失业及贫富差距问题。二是成立南非青年森林防火队。受经济下滑影响，南非失业率较高，特别是青年人失业问题非常突出，导致城市治安形势恶化，产生了一系列危害，这又进一步对国民经济至关重要的旅游业的发展产生重大危害。2008 年南非年轻人失业率为 32.7%，2014 年提升至 36.1%。2014 年，近 2/3 的青年失业者失业时间为一年甚至更长。南非国家统计局发布的数据显示，在 460 万名 15~64 岁间的失业者中，34 岁以下的青年占 71%，25 岁以下占比达 53%。另一方面，旅游业是当前南非发展最快的行业之一，生态旅游与民俗旅游是南非旅游业两大最主要的增长点，旅游业是南非第三大外汇

① 1975 年日本从事林业的有 22 万人，2000 年已减少到不足 5 万人，其中，老龄就业人口占 29%。

收入和就业部门。鉴于林业就业空间大，就业人数少[①]，南非政府正在有针对性地制定解决青年失业问题的方案，其中培训失业青年从事森林防火是一个有创新、低成本和有正能量的措施，以此提高青年就业素质，并确保青年“失业不失志”。

（二）国内情况

1. 北京“百万亩平原大造林”

经济发展新常态在北京表现得较早，也较为突出和明显。在全国，北京市是较早进入经济增速换挡期的地区，2011年开始，基本保持7%～8%的中高速增长，而且以服务业为主的产业结构和以消费为主的需求结构基本形成。在此阶段，针对世界城市定位和生态环境承载力差距，北京市实施了百万亩平原造林绿化工程，在北京平原地区范围内构建“两环、三带、九楔、多廊”的绿色空间结构，建设大规模、大尺度的城市森林生态系统和首都“森林生态圈”，对于保障首都生态安全，提升城市生态环境，促进城市转型升级。通过造林工程实施，平原地区的森林规模和集聚程度都有显著提高，使全市森林覆盖率增加4.06个百分点，平原地区森林覆盖率增加10.32个百分点，达到25%以上。平原地区造林工程实施后，可增加森林资产总价值529亿元，森林生态服务价值将增加406亿元，为500万居民提供更好的自然休闲环境，为10万人提供绿岗就业机会，让北京市的生态养老、旅游、绿色产业等六大领域消费有了生态资源依托，为北京市宜居城市建设增添了生态基础设施和城市竞争力。

2. 浙江省平原绿化

经历经济持续高速增长之后，浙江经济已接近高收入经济体水平，开始迈入工业化后期发展阶段。2013年，浙江地区人均GDP约11050美元，处于上中等收入经济体并接近高收入经济体门槛的发展水平[②]。根据发达经济体在不同发展阶段的历史经验，浙江省确定了经济增速换挡放缓的决定，并实施了建设“美丽浙江、美好生活”的重大决策，把平原绿化作为森林浙江和生态文明建设的重要内容。计划到2015年全省平原完成绿化造林180万亩以上，平原林木覆盖率达到18%以上，营造“遍地是花、满眼是绿”的平原森林生态系统。做到城乡统筹，发展森林屏障、森林通道、森林城市、森林城镇、森林村庄、森林网格、森林产业、森林文化八大重点工程，把平原绿化作为城乡建设有生命的基础设施，满足经济社会发展需求。建立健全政府引导、市场运作、社会参与、良性互动的多元化投入渠道。两年来吸引全社会投入绿化资金73亿元。建立起浙江省碳汇基金和温州、鄞州、北仑、瑞安碳汇专项，已募集林业碳汇基金1.8亿元，先行开展全国林业碳汇交易试点，阿里巴巴等十家企业已签约订购了全国首批14.8万吨林业碳汇指标。

---

① 农业、林业、渔业就业人数约占人口的7%，农林渔业占GDP的5%。

② 浙江省经济社会发展“十三五”规划若干重大问题研究。

（三）对我国林业发展的几点启示

1. 加快生态保护与修复，增强生态环境承载力，促进经济生态再平衡

结构失衡是经济失速的主要诱因。长期以来，社会经济在生态环境和资源利用上重贡献轻补偿，导致社会经济与生态环境发展方向由“背离”走向“失衡”，生态环境长期处于“入不敷出”的透支状态，而社会经济则长期处于“入大于出”的“被补贴”状态。经济学认为，在短期，经济与生态失衡会带来经济增长、促进就业等诸多好处，但是长期来看，这种失衡将导致生态环境对社会经济发展的约束趋紧，失衡到一定程度，生态赤字由外部约束内化为社会经济发展成本，甚至导致经济赤字，逼迫社会经济与生态环境由失衡重新走向均衡。这种由外部约束内化为社会经济发展成本的过程，就是经济减速的过程。所以，资源环境约束趋紧是发达国家或地区经济减速的主要原因之一，是生态环境过度损耗、生态赤字加剧后，经济发展和生态环境失衡，导致生态环境直接成为社会经济发展的“短板”，可持续发展难以为继，不得不让经济减速，减轻资源环境压力，大力实施生态保护与修复工程，提高生态环境承载力，以此实现“再平衡”。在全球经济陷入后金融危机的低迷之际，利用结构性改革走出困局已经成为世界各国的共识，其中重要内容就是加强生态建设与修复。林业是生态保护与修复的主体，只有切实保护好自然生态系统，增强自然生态系统功能，促进社会经济与生态环境“再平衡”，才能成为促进社会经济可持续发展的战略保障。

2. 发挥多样功能，凸显多元价值

从全球林业发展历程来看，各国林业产业发展总体呈现总量增长、比重下降、潜在价值越来越为人们所重视的特征。森林的价值已不仅仅体现在木材生产等传统利用方面，而更多的是体现在国土保护、生态环境保护及精神文化利用等无形的价值上。根据1991年日本有关方面的测算，森林在涵养水源、防止水土流失、防止土石崩塌、保健休养、保护野生动物、供氧和净化大气6个方面公益效能的货币总价值高达39.2兆日元，相当于1990年国内生产总值的9.1%。此外，森林作为文化、娱乐场所可为广大国民提供丰富多彩的游憩利用，实现人类回归自然的愿望。日本森林旅游每年接待游客近2亿人次，平均每人每年入林1.6次。森林的这些特殊机能是其他任何一个行业所难以替代的。因此，尽管林业产值比重逐年下降，但日本政府对林业的投入仍然是巨大的。

3. 发挥林业独特优势，降低社会发展风险

每当发生经济危机，经济失速、工人失业、城乡失衡、道德失范等问题往往出现，成为影响社会稳定的重大不稳定因素。从历次世界经济危机中林业表现来看，林业维护社会和谐的意义非常突出。一是缓解失业，促进就业，吸纳富余劳动力。林业是劳动密集型产业。美国的生态就业工程、日本的生态安全规划、南非的青年森林防火队都是从分流城市过量失业人口角度提出的重大林业战略。从实施效果来看，林业再就业工程实现了“促就业”与“强生态”双赢的效果。二是促进山区发展，平衡城乡发展。经济高速发

展时期，农业生产空间不断缩小、增长乏力，城乡结构失调是一个普遍规律。为促进农村经济与社会发展，发达国家都是抓住了林地与农村存在的天然联系，从扩大农村经济发展空间，培育新的经济增长点的角度，以林业为主加大对山区的投资力度，让林业产业逆势而动、逆势走强，带动山区社会经济发展。三是倡导生态文明理念，规制行为理念。经济危机发生后，生态文化迅速兴起，衍生出包括生态哲学、生态伦理学、生态经济学、生态法学、生态文艺学、生态美学等一系列文化内容，引导人们确立自然的价值观，摈弃“反自然”的文化，按照“人与自然和谐”的价值观，建设“尊重自然”的文化。四是应对人口老龄化。经济新常态往往也是人口老龄化状态。老龄化影响最大的是林业，解决问题的出路也在林业。日本的山区经济振兴战略的一项重要内容，就是大力发展林下种植、养殖等产业，让老年人从事力所能及的生态工作，解决老龄人口就业问题。

4. 发展绿色经济，培训经济增长点

新常态是绿色经济发展的战略机遇，使绿色发展由过去的发展理念转变为现实选择和内在要求。从世界经济发展形势来看，随着能源资源短缺、生态环境恶化和极端气候加剧问题日益严重，传统产业普遍收缩，绿色低碳增长和智能增长正在成为人类科学发展的新内涵，引导着世界发展模式的调整和经济结构优化升级。以生物质能源为例，目前，美国、欧盟和日本都有计划地提高生物质燃料使用比重。芬兰是森林资源非常丰富的国家，全国年能源总消耗的 20% 由生物质能源提供。瑞典生物质能源产能大幅攀升，从 20 世纪 70 年代的 400 亿千瓦时增至 2012 年的 1400 亿千瓦时。2009 年，生物质能源使用量超过石油，成为瑞典位居首位的能源，其供能总量甚至超过水电和核电的总和。由于生物质能源的广泛使用，瑞典在 1990～2000 年 10 年间温室气体的排放量减少了 9%，但国民生产总值增加了 50%。2015 年，中央经济工作会议再次确定“稳中求进”的主基调，宁可让发展速度降下来，也要转变发展方式，走生态环境与经济发展共赢的新道路。当前我国在经济发展新常态下，绿色发展正处于系统、全面、深入推进的关键时期。经济新常态，根本出路是实现绿色发展。习总书记指出，绿色发展和可持续发展是当今世界的时代潮流，中国经济要适应“新常态”。

5. 顺应需求变化，推动生态休闲产业发展

随着城镇居民收入水平不断提高，消费者对传统物质消费比例逐年下降，对生态休闲等新型精神消费比重增加。特别是在目前经济增速放缓的环境下，根据“口红效应”理论，能给人们带来心理安慰和满足感的“廉价的小奢侈品”行业，反而会逆势增长，生态休闲产业正具备这样的属性。目前，发达国家的休闲社会呈现“四个三分之一”：三分之一的时间用于休闲；三分之一的收入用于休闲；三分之一的人员在休闲产业就业；国家三分之一的 GDP 由休闲产业创造。美国户外产业的蓬勃发展有三大推动力：①政府的重视和大力提倡；②现代工业化后，居民对环保、健康生活的诉求；③户外技术和工艺水平的进步。与此对比，目前中国已经具备生态休闲产业发展的条件：自然资源丰富为中国户外产业发展奠定了良好的基石；政府政策的支持、居民生活方式的改变为生态休闲产业发展提供重大契机。我国现在每年外出旅游的人数达10亿多人次，其中相当一部分被“农家乐”所吸引，而且每年的数量呈翻番的速度增加，而且生态旅游收入非常可观。因此，需要抓住美丽中国建设机遇，以绿色小镇、生态设施为抓手，以休闲度假旅游产业为支撑，加快生态旅游业发展，让绿色空间、清新空气、清洁水源、森林食品等生态产品成为生态休闲产业的产成品，许多生态良好、住房宽裕的村庄成为“居住的天堂”。

6. 共享机制

生态是生存之基，环境是发展之本。生态环境是最大、最公平、受益范围最广的民生福利，关乎每个人的切身利益，需要不同社会共同主体参与，实现生态环境保护与修复的共建、共担、共享。1998年，联合国的《奥胡斯公约》把公众在环境决策方面的参与权拓展为三个方面：对具体环境活动的决策参与、对与环境有关的计划和政策决策的参与、对现行行政法规和法律决策及执行过程的参与。从实践来看，公众参与生态环境建设的程度，直接体现了一个国家的生态环境保护水平。因此，生态环境保护与修复既是一项社会公益事业，也是一项社会生态文明工程，只有通过政府支持与社会参与相结合，政策引导与市场调节相配合，广泛动员全民搞绿化，不断增强社会公众的生态意识、绿色意识和低碳意识，营造共建生态文明和绿色家园的良好氛围，实现从部门办绿化向社会办绿化转变，这将是生态建设健康快速发展的必由之路。

三、新常态下林业发展的影响与贡献

新常态是一场巨大的社会经济发展模式变革，既是生态林业发展的提速增量期，也是民生林业的加速变革期。林业发展挑战大，潜力大，机遇多，需要依据新常态的特点和要求，立足实际有所作为。

（一）对资金投入的影响

1. 财政林业投入减速不减量，结构性调整在所难免

财政收入增长态势与经济运行形势吻合度高，经济增长减速势必导致财政收入增速放缓[①]。在财政收入总量扩大、增量趋紧的情况下，财政支出必然会按照高效率、低成本、可持续的原则加大定向调整力度：大量的民生工程以及改革需要财政兜底，财政收入存量将按照“稳增长、惠民生”的目标，维持原有支出结构；财政收入增量将按照“促改革、调结构”的目标，以微刺激方式，投向能带动经济增长、经济结构调整的领域。在财政收入增速放缓，支出结构定向调整的情况下，财政林业投入难以维持高增长势头[②]，

① 财政部2014年12月11日发布的数据显示，11月份，全国财政收入比去年同月增长9.1%。财政收入增长告别了此前动辄30%的高速增长时代。

② 2011年，中央财政加大林业投入力度，全年安排林业投入1207亿元，比2010年增长27.3%。

也必然呈现总量持续递增，而增速放缓的态势(图 1)。在财政林业投入变动结构上，林业重点工程、生态补偿机制、林业补贴、抗灾减灾能力等生态基础设施建设将会按照一般公益事业发展呈现缓慢增长态势；林业产业将会出现传统产业扶持减量、新兴产业发展助力的特征。

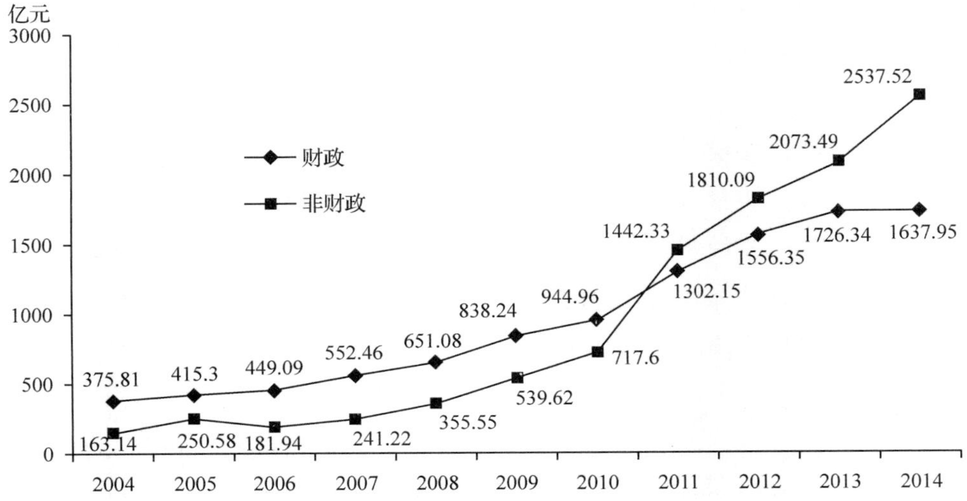

图 1　林业投入资金年度变化

2. 资源资产化带动资本社会化，社会资本投资林业持续发力

社会资本即非财政资金包括国内贷款、利用外资和自筹资金。目前，林业的投资“洼地”效应长期存在，而且，国家还将进一步加大力度破解林业投入瓶颈，进一步挖掘金融资本投资潜力，吸引各种资金大规模向林业产业流动(图 2)。一是林权抵押贷款政策促进森林资源资产化改革，集体森林资源可作为抵押资产，进行商业融资，获得银行贷款。二是林权流转，快速推动了工商资本进入林业。三是一些地区启动林业集体资产股份权能改革试点，进一步提高森林资源资本化程度。四是国有林场改革和国有林区改革将为工商资本进入国有林生态基础设施建设、经营利用国有林生态资产降低门槛和提供新的机遇。从社会资本进入林业现状来看，据安徽等 7 省(自治区)的不完全统计，工商资本进入林业参与经营的林地面积为 3821.6 万亩，占 7 省(自治区)林地总面积 86829 万亩的 4.4%，工商资本投资额为 753 亿元，平均 1970 元/亩，大大高于财政资金投资水平。据浙江省测算，林业企业中属于工商资本全资或入股注资的约占 25%，企业总产值约占行业总值的 40%。实践证明。工商企业投资开发林业，带来了林业发展所急需资源要素，带动了农户，优化了林业产业结构，延长了产业链条，提高了林地产出率，促进了生态建设，初步实现了三大效益的统一。在新常态林业发展的机遇下，工商资本的优势会得到更大的释放。

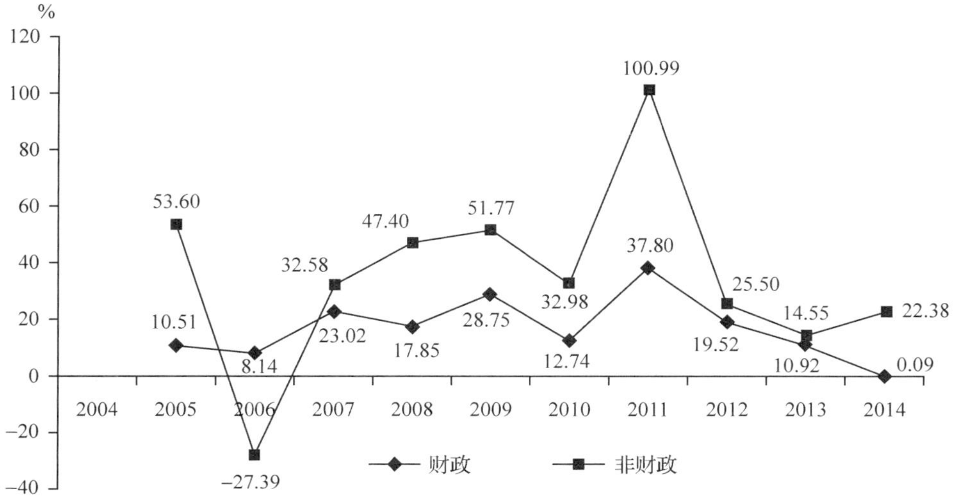

图 2　林业财政资金和非财政资金增速变化情况

（二）对林业产业的影响

1. 传统林业产业总体面临收缩窘况，转型升级、转向突破势在必行

目前，我国木材加工业发展阻力大，拐点凸显，行业进入微利时代，短期内产业总体面临收缩窘况，长期调整需朝着国内外市场均衡、三大产业均衡、高中低端均衡方向发展。其原因在于：第一，林业产业进入高成本时代。2014 年，随着天然林停止商业性采伐政策的实施，以及国外木材出口严控政策施行[①]，国内市场木材资源供应持续紧张，木材进口成本持续上升[②]。此外，人工费、加工费、运输费等不断增加，人民币的不断升值再加上国外严苛的准入标准、高昂的关税进一步推高了我国木制品加工企业的生产成本，压缩了企业的利润空间。第二，林业产业发展水平较低。目前，林业传统产业多、新兴产业少；科技含量低的企业多、高新技术企业少；“原字号”产品多，精深加工产品少，行业结构性产能过剩现象凸显，木制品价格在市场上难以“水涨船高”[③]，很多木材加工企业和商家迫于生存的压力，只能靠着不断地降价促销来维持销量的增长。第三，外需不振，内需不足。我国林产品对外贸易依存度高，市场集中度高，市场风险大，国外需求疲软，出口增速放缓，另一方面，我国经济进入减速换挡期，内需不足，短期难以快速提振。受此影响，目前，许多林业企业库存量增大，库存出货慢，价格倒挂，造成不少经销商亏损，传统产业规模收缩。2009 年，我国胶合板出口基地订单量下降 80%，家具、木地板出口量幅度约达到 40% 左右。自 2010 年以来，林业产业已经经历了

① 据统计，目前已有 86 个国家禁止和限制原木出口，美欧出台了针对制成品木材合法性的验证制度，《濒危野生动植物种国际贸易公约》最近又新列了 140 个严格限制交易的木材树种，这些都加大了进口的难度。

② 从口岸价格看，2014 年我国 1～3 季度原木进口均价每立方米 237 元，同比上升 15.6%。4 月份后进口价格逐月下降。

③ 企业出口到国外的家具、地板、木门木窗等木制品价格却在最近 5 年内基本处于“涨不动”状态。

连续 3 年市场疲软、效益下滑的不利局面[①]。据统计，全国人造板、复合地板产品的积压数量达到600 万立方米以上，相关企业经营陷入困境，关门、停产的企业达 50%。传统产业规模收缩，产业结构调整就不可避免，林产品必将从过去的“价格战”转到“质量战”“科技战”上来；林业产业发展必将从过去的林产加工业的奋力带动，转到三大产业均衡发展上来；从过去的主要依赖国际市场转到依赖国内市场上来。

2. 绿色产业比重加大，林业经济地位凸显

经济新常态呼唤绿色发展，并为绿色低碳循环发展提供了良好的机遇。经济新常态下，经济走向高效率、低排放的集约型发展模式，符合绿色经济的基本特征，另一方面，绿色经济推动经济发展转变。联合国环境规划署强调了绿色经济在推动就业、促进经济增长、推进生态环境保护的积极作用，为各国有效应对金融危机提供了新办法[②]，认为林业的多重功能是发展绿色经济的基础条件，而且充分发挥林业的社会效益将有助于实现绿色经济[③]。2008 年以来，为应对全球金融危机和气候变化，美国和欧盟等纷纷将发展绿色经济、低碳经济作为摆脱困境的新经济增长点，力图领导新一轮的绿色技术革命。目前，无论是国内还是国外，经济发展“新常态化”总体呈现转型产业“绿色化”，包括：传统产业绿色化、产业结构绿色化以及促进新兴绿色产业发展，通过发展生态工业、大力发展服务业、开发绿色新能源、可再生能源、碳捕获和存储(CCS 技术)等促进节能增效，创造发展新动力。林业是绿色经济发展的十大产业之一。经济发展常态化、绿色化，必然凸显林业在整体国民经济体系中的地位和作用，必然要求林业在绿色能源、可再生能源、物种资源、增加碳汇、生态旅游等关键领域发挥新作用。例如，2008 年金融危机后的美国政府实施的以林业为主的大户外战略，就是比较典型的以生态旅游提振经济、增加就业的战略。在墨西哥，目前旅游业已成为国民经济中收入仅次于石油工业的行业。中国(海南)改革发展研究院院长迟福林认为，2020 年服务业规模有望实现倍增。近十年，我国林业第三产业迅猛增长。服务业规模的扩大必然为林业生态旅游、休闲疗养业发展提供更大的空间。

(三)对林业就业的影响

1. 国有职工转岗就业、分流安置的压力较大

为深化生态文明体制改革，维护国家生态安全最重要的基础设施，健全国有林区经营管理体制，2015 年，中共中央、国务院印发了《国有林场改革方案》和《国有林区改革指导意见》，将分步骤全面停止天然林商业性采伐，并按照建立精简高效的国有资源管理机构的要求，对部分富余职工进行转岗分流。据测算，停止天然林商业性采伐将产生大

---

① 与2010 年相比，2011 年和2012 年林业第二产业产值增速分别下降了15 个和14 个百分点。目前，浙江、山东、江苏、河北等人造板生产大省和林果及加工业大省的林产品大量积压。

② 2011 年 2 月 21 日，联合国环境规划署在第 26 届理事会暨全球部长级环境论坛上发布了《绿色经济报告》

③ 绿色经济中的森林：综合分析．联合国环境规划署，2011

约14.3万富余职工。国有林场改革实施过程中将有26万人需要通过多种渠道进行妥善安置。另一方面，天然林停止商业性采伐后，林区的部分林产工业企业由于无原料来源亟须关停转产。停伐政策还进一步影响到一些以木材加工剩余物为原料来源的林下经济和特色经济林产业发展。部分林产加工企业关停和林下经济和特色经济林产业萎缩又将进一步增加失业职工数量。如何安置富余职工转岗分流，将成为国有林区改革的焦点和难点，也是稳步推进改革确保林区社会稳定的首要问题。

2. 部分打工人员退回农村，转岗就业几成定局

目前，我国GDP每增长1个百分点，能够拉动130万~150万人就业。反过来，如果GDP增速每下降1个百分点，就会产生影响上百万人就业，必然会产生大量人员转岗分流的问题。与此情况类似，我国林业产业增速放缓，传统产业规模缩减也产生大量劳动力剩余问题。目前，我国林业产业每年安置4500万劳动力就业，相当于农村剩余劳动力总量的37.5%。由于部分林业从业人员年龄偏大、学历偏低、技能单一，难以迅速适应林业产业转型升级需要，同时还要承受来自其他行业的转岗人员就业挤压，部分劳动力很难全部在其他行业找到工作，必将退出林业产业、退回农村。据统计[①]，林业企业大量停产限产、关门倒闭，导致生产人员大量失业，仅浙江、山东、江苏、河北4省的6个林业产业比较发达的县就减少就业人数300万左右，加剧了农民工返乡潮和城乡就业压力。2015年广东几家代表性家具企业纷纷传出申请破产、倒闭的消息。从年中至今，各地不断传来红木家具企业由于资金链断裂而倒闭或者商家跑路的消息[②]。就业问题联系着生计问题，返乡劳动力既需要集体林业吸纳，更为集体林业发展提供了丰富的劳动力资源。

3. 农民依山创业、林业乡村就业渐成趋势

经济转型必然带来部分人员转岗，进城打工农民再就业难度较大，林业发展为这部分离岗失业农民提供了较大的就业创业空间。目前，我国有27亿亩集体林地承包到户，通过营造林、林产品加工、花卉苗木、森林旅游等，把这部分林地的就业潜力发掘出来，按人均经营50亩计算，可提供5400万个就业岗位。同时，休闲产业就业拉动效果十分明显，据研究，1998~2011年，居民休闲消费每增加1亿元，休闲消费相关休闲业就业人数将增加4826人。因此，要抓住新常态下户外休闲产业规模大发展的良好机遇，做大做强林业旅游和休闲业，提高农民收入水平、吸纳更多就业人口。另一方面，林权抵押贷款、森林资源流转、林下经济发展等盘活了森林资源，为林农创业致富提供了重要条件和平台。按照国务院规划，如果每个有条件的农户掌握1~2项实用林业技术，至少参与1项养殖、种植、林下经济、花卉苗木培育、沙产业等增收项目，扶持约数千个贫困

① 引自《林业产业振兴规划(2010~2012年)》。

② 盘点2014年中国林业产业·木材加工业. 中国绿色时报，2014.12.18

村开展乡村旅游，那么林地必然成为农民就业的大平台，山头必然成为农民创业的主战场。

(四)对生态建设的影响

1. 生态环境"短板"凸显，扩容提质压力增大

目前，林业部门负责保护、建设、管理的森林、湿地、荒漠三大自然生态系统覆盖了近2/3的国土面积，但是自然生态系统退化、生态布局不平衡、生态承载力低的问题依然十分严峻，需要大力保护与修复的生态脆弱地区十分广阔。因此，2015年7月30日，中共中央政治局召开会议指出，要以基础设施、特色优势产业、生态保护与建设为重点，推进经济社会协调发展，推进生态安全屏障建设、走向生态全面改善。第一，生态系统整体功能与经济社会发展的需要相比还很不适应。目前生态问题已成为制约我国可持续发展的最大障碍之一，生态产品已成为当今社会最短缺的产品之一，生态差距已构成我国与发达国家的最主要的差距之一。生态承载力低与经济增长的不协调已成为落实科学发展观最突出的问题之一。生态环境是实现全面建成小康社会目标最紧的约束、最矮的短板。第二，新常态下，经济增速虽然放缓，但实际增量依然可观，经济总量高位运行与生态承载力较低的矛盾将更加突出，所以经济调整期也将是生态环境扩容期。例如，中央规划了建设长江经济带、丝绸之路经济带的战略部署。这两个战略发展地带恰恰是地震、洪涝、泥石流等重大自然灾害多发区，也是林业生态建设的重点区。第三，要保持经济中高速运行，国土生态环境必须安全，这就必须降低生态环境风险，减少生态环境等自然灾害对社会经济发展的影响。这要求林业从增加生态公共产品有效供给入手，量质并重，促进生态公共产品优生快生。提供更好的生态基础、更多的生态产品，增强抗御自然风险能力。

2. 生态产品需求旺盛，林业提高居民幸福指数能力增强

我国经济经历了持续30多年的高速增长，增加了城乡居民的人均收入。新常态下，经济减速不减量，人们生活质量将稳步提升，社会公众对回归自然、放逐身心的游憩休闲活动需求更为强烈、旺盛。按照国际上的一般看法，当人均GDP达到1000美元时，旅游需求开始产生；突破2000美元，"大众旅游消费"开始形成；达到3000美元，旅游需求就会出现爆发式增长。到2013年年底，我国人均GDP已经超过6767美元①，已经步入"大众旅游消费"时代。据联合国世界旅游组织测算，2015年中国将成为全球最大的入境旅游接待国和第四大出境旅游客源国。到2015年，国内旅游人数达33亿人次，到2020年，旅游总收入将占全国GDP的8%。从出游动机和资源偏好倾向来看，近一半的

① 国家统计局2014年1月20日公布，2013年我国国内生产总值568845亿元。按2013年人民币对美元年平均汇率6.1932计算，2013年中国GDP约合91849.93亿美元，人均GDP约为6767美元。(2013年年末人口为13.6072亿，年中人口约为13.5738亿)

游客偏爱自然风光①。宜居空间、清新空气、甘甜水质、森林疗养等生态产品的需求会持续增长，林业必然在提高居民幸福指数方面发挥关键性、长期性的作用。另据国外学者研究表明②，旅游从业者每增加1人，可增加4.2个相关行业就业机会。目前，我国森林等自然资源旅游直接从业人员为22万人，预计到2020年将新增直接就业150万人③。可以预见，林业生态旅游业的发展将对我国特别是山区农民提供700万以上的就业机会。

3. 扩大内需推动林区基础设施改善，林业拉动能力将进一步增强

新常态下，为保持经济增速处于合理区间，投资增速虽然可能放缓，但规模不会减少。随社会消费结构变化，我国投资结构正在从重工业、基础设施建设以及房地产向现代农业、高新技术研发创新和绿色低碳发展等新投资领域倾斜。另一方面，新常态下，我国城镇化建设和小康社会建设不会减速，按照城乡一体化发展要求，农村特别是广大林区也将共享城镇化建设成果。因此扩大内需的投资重点将用于基础设施短板上。一是林业与生态基础设施投资。积累生态资本、扩大生态红利将形成国家重大战略，生态基础设施建设将成为国家战略投资重点。政府必然会调整投资战略方向、加大对生态基础设施建设以适应社会消费结构变化。二是生态基础设施与城市林业。城市规模扩大、人口增加造成生态环境压力也很大。建设生态结构合理、生态服务功能高效的城市生态基础设施系统，已成为世界城市发展的新潮流。以城市公园、城市绿地、森林公园为主的城市生态基础设施将对改善城市生态环境、创造良好人居环境、弘扬城市文化、提升城市品位、经济社会与生态环境相协调具有重要意义。2008年北京绿色奥运、2010年上海世博会、2010年广州亚运会建成了一批重点城市林业建设工程，大大提高人居质量、城市综合实力和国际竞争力。三是乡村林业基础设施投资。目前，林区生态基础设施普遍较差，改善提升林区基础设施服务水平的任务迫切而艰巨。改善基础设施建设一方面需要加大对水、电、路、网的投入；另一方面要将优化林区局场和城镇布局结合起来，这不但可以成为国家基础投资的一个重点，而且对于改善林区居民生产、生活条件非常重要。

（五）对林业科技的影响

科技创新是经济社会发展的驱动力。实现创新驱动拉动经济需要从科学创新、管理创新、产业组织创新、商业模式创新等方面入手，但核心是科学技术创新，而新技术是新产业的灵魂。从世界经济发展史来看，全球经济危机往往孕育着重大科技的突破，并以此引领社会经济走向下一轮的峰值。林业物种多样性极为丰富，是重要的材料库、能源库、药品库和食品库。一是森林药物。中国药用植物种类11000多种，占全世界的40%以上，绝大部分尚处于未开发利用状态。特别是随着生物技术的发展，许多新药品，

① 基于"小长假"的北京市民出游行为调查分析，首都师范大学资源环境与旅游学院。

② 世界及我国旅游业发展趋势，刘文海（www.360doc.com）。

③ 全国森林等自然资源旅游发展规划纲要（2013～2020年）

如抗生素、止痛药和防治心血管、癌症药的有效成分，不断在森林中发现。二是生物材料。中国特有植物估计有15000～18000种。经济树种达1000种以上。原产的观赏植物种类达7000种。依靠森林资源，可以生产出木材及其制品、工业原料、木本粮油、食品药材等1万多种林产品和原材料。物种资源具有很高的经济功能，可以为工业提供原料，如胶、油脂、芳香油、纤维等。为人类提供各种特殊的基因，如耐寒抗病基因，使培育动植物新品种成为可能。三是生态能源。我国有果实含油量超过40%的树种150多种，总面积超过400万公顷，开发生物柴油的前景十分广阔。森林的木质纤维的发热量平均都在4000～5000千卡/千克，燃烧产生的热能可转化为电能。我国森林每年可产出枝丫剩余物约3亿吨，如能得到全部利用，可提供相当于我国每年化石能源消耗量1/10的能源。瑞典拥有大片森林，林业蓬勃发展，而林木加工过程中产生的废弃木料、木屑等都能用于发电，且从长远来看，发展生物能源的成本并不比使用化石燃料更高。目前，我国林副产品可达到0.72亿吨标准煤，如果采用荒坡地栽种麻疯树、油棕、黄连木、石栗等木本油料林，不但提炼液体燃料的成本低，而且还可以“不与粮争地、不与田争水”，将会成为农村一个发展迅猛的大产业。

四、新常态　新举措

1. 全面推动深化改革，培育发展动力

全面深化改革是面对新常态，趋利避害，实现科学发展的唯一选择。一是简政放权，破除制度壁垒。市场经济发展的过程是一个不断打破垄断，弘扬竞争的过程。必须从简政放权、取消下放林业行政审批事项入手来破除制度壁垒。按照中央要求，对没有法律依据的审批事项一律清理。最大限度减少、规范前置审批。全面清理取消非行政许可审批事项，确需保留的，要按行政许可法的要求，经过严格论证和规范程序，调整为行政许可。对确实需要保留的审批事项，要公布目录清单。清单以外，一律不得实施行政审批，更不得违规新设审批事项。二是加快发展非公有制林业，发展林业混合所有制经济。针对重点国有林区国有经济比重大、所有制结构不合理等实际，加快重点国有林区改革，按照管用分开的思路，将经营推向市场，通过战略重组，发展林业经营混合所有制，把优质存量资源激活，提高资源配置效率。三是建立健全适应新常态的林业制度。要建立健全生态资源产权制度、建立健全生态资源市场配置和调控制度，促进市场、技术和创新在林业结构调整中有效驱动。要建立健全生态资源监管制度、自然生态系统保护制度、生态修复制度、生态监测评价制度、森林经营制度，有力保障林业提供新的生态需求增长点。建立健全生态补偿制度、财税金融扶持制度，更好地创新林业创新生态产品和服务市场化。四是全面提升生态林业民生林业治理能力。加强林业治理能力和治理体系现代化是林业适应新常态的保障和要求。全面加强组织保障、依法治林能力、科技支撑、

灾害防控、信息化等方面能力建设，切实保障林业提质增效转型升级。

2. 全面推进产业转型升级，提升发展能力

产业不兴、林业难立，产业振兴、林业腾飞。针对目前，我国林业产业对内生资源、低成本劳动力、国外及国内初级市场的过度依赖问题，需突出抓好产业战略性转型升级，推进产业结构、质量结构、市场结构等向合理的方向转变。一是在资源开发利用上，由过度消耗森林资源的粗放经营向精深加工为主的集约经营转变。努力提升林产品的加工深度和产品层次，增加科技含量和附加值。二是在经济发展类型上，逐步由劳动密集型为主向资本、技术密集型为主转变，由产业分散化向产业集群转变。大力改造传统产业，积极发展新兴产业。大力培育技术和资金密集型企业，积极培育各类产业园区、产业化基地。三是在市场开拓上，逐步由初级市场向中高级市场转变，产品由生产性消费为主向生活性消费为主转变。大力改变林业产业以出售原料为主的旧格局，积极开拓国内市场，改变企业和产品单纯依赖国外市场，回旋余地小，又没有自己的品牌，受制于中间商的被动局面。四是在资本运作上，由内生资本为主向更加开放的外向型经济转变，努力实现经营主体多元化，投资主体社会化，提升林业产业的市场化程度。五是在产业发展的驱动力方面，要由行政推动为主向市场驱动为主转变。通过深化改革，使林业企业真正成为市场的主体。大力推进市场中介组织等社会化服务体系建设，注意培育各类要素市场，健全林业产业市场体系。

发展绿色经济是中国的自主选择。大力发展绿色经济，不仅是中国加快经济结构调整和转变经济发展方式的自主行动，更是一个13亿人口的大国实现现代化目标，破解能源资源瓶颈制约，实现和平发展的必然选择。消除贫困是发展绿色经济的首要目标，也应成为制定和实施绿色经济政策的重要衡量指标。

3. 建立和健全生态修复制度，提升生态承载力

生态修复工程是保护自然、保护生态系统的最重要最直接的方式，重大生态修复工程已经成为维护国家生态安全的战略支撑。目前，我国正在全面实施十大林业生态修复工程，加快构筑十大生态安全屏障，完善国土生态安全格局，努力减少自然风险，确保国家战略目标顺利实现。下一步，需要通过建立和健全生态修复制度，引导社会积极参与等手段推动重大生态修复工程建设科学有序进行。一是完善生态修复制度。从生态系统整体性出发，统筹考虑经济社会发展，对有关法律法规进行生态化改造，解决守法成本高、违法成本低问题。制定森林、湿地、荒漠生态系统损害鉴定评估办法和赔偿标准，确立“谁破坏、谁付费、谁修复”的制度，在全社会形成“不敢破坏、不能破坏、破坏不起”的机制。二是优化生态修复手段。人工修复和自然修复相结合，是实现自然生态系统的生态平衡、恢复自身强大功能的可靠技术保障。对于生态损害严重的区域，以人工修复为主，自然修复为辅；对于生态现状较好的区域，以自然修复为主，人工修复促进自然修复。三是推进生态修复社会化参与。新常态意味着部分生态修复推助力量由政府让位社会公众。创新工程建设机制，发展生态志愿者队伍，坚持“谁造谁有、给谁补贴”，充分调动全社会保护、修复生态的积极性，培养全民生态价值观。四是强化生态修复技术支撑。搞好顶层设计，科学制定重大生态修复工程规划，落实好各项工程具体的目标、任务和措施；做好重大生态修复工程技术储备，制定相关技术方案和技术手册，加强技术培训和开展关键技术问题的攻关研究；加强重大生态修复工程监测评估，及时掌握工程实施进展，评估工程建设成效。五是全面加强生态环境治理体系和治理能力建设，大力提高生态保护与修复效能。

4. 完善林业科技推广制度，提升科技支撑能力

科技创新是引领现代林业发展的关键。目前，我国林业科技贡献率较低，比农业科技贡献率低 10 个百分点 ，只有林业发达国家的一半；林业实用技术缺乏，农民需求长期得不到有效满足；基层林业科技队伍人员不足、知识老化，好的技术锁在抽屉里，到不了林间山头上。另一方面，我国每年有大量的林业院校毕业生找不到工作，被迫短期失业或转行就业。大学生“就业难”与林业科技推广“用工荒”同时存在。因此，一是充实和提高基层林业科技队伍。通过提高基层林业科技人员福利、增加林业科技推广经费和编制、林业院校学费定向减免、基层就业奖励基金等办法，鼓励大学生到基层林业科技推广站就业或参加林业科技创业。二是完善林业科技推广制度。深入开展林业科技特派员创业行动，推行推广教授、推广型研究员制度，发挥“高手在民间”的优势，实施基层林业科技驱动创新战略。三是加快完善林业科技推广体系。建立健全林业科技成果档案和分类管理制度，开展先进实用技术筛选和集成配套。加强林业科技示范基地建设，发挥辐射带动作用。积极引导和支持林业龙头企业、农民林业专业合作社主持或参与承担林业科技项目，逐步建立以市场为导向，以企业为主体的林业科技创新推广应用体系。四是加大对农民的培训力度，提升农民林业科技素质。完善新型农民培训制度，优化培训体系，增加林区农民培训比重，增添林业技能培训内容。

进一步支持绿色技术的发展：“包括财税政策的支持，金融政策的支持。如建立绿色技术发展基金，建立包括财政出资、社会资金投入在内的多层次的担保体系，发展相应的债券市场和股权投资基金，为企业发展绿色技术提供良好的融资环境。”

5. 鼓励社会资本投入林业建设

要想彻底改变乡村林业基础设施薄弱的现状，离不开资金的注入。而政府对林业投入是林业资金来源的一个重要渠道。理论和实践表明，政府财政支持对于基础设施建设和林业发展有着极为重要的作用。财政投入作为市场经济条件下政府进行宏观经济调控的主要渠道，是国家调控林业生产和林业生态建设的一个基本因素。而且可以利用其导向作用，发挥乘数效应，引导社会资本投向林业，以增加林业投入总量，缓解林业发展的资金约束。

总之，面对新常态，要有战略平常心，要坚持中央确定的稳中求进的工作总基调，按照“宏观政策要稳住、微观政策要放活、社会政策要把底”的大思路，采取符合接上情、符林情、立下情的大思路，林业一定会赢得未来主动。

调 研 单 位：国家林业局经济发展研究中心
西北农林科技大学
调研组成员：张　升　文彩云　李　扬　高建中　郭亚军
龚直文　骆耀峰　张　寒　渠　美

健全森林生态补偿制度研究报告

【摘　要】生态保护补偿机制是我国生态文明建设的重要制度安排，也是当前全面深化改革的重点领域。中央一号文件和国务院政府工作报告连续多年均将健全生态保护补偿机制列为工作重点，体现了中央政府对生态补偿制度建设的重视。特别是2016年3月召开的中央全面深化改革领导小组第二十二次会议审议通过了《关于健全生态保护补偿机制的意见》，对继续推进生态保护补偿制度建设具有重要的指导意义。在森林生态补偿制度建设方面，经过各级政府十几年的探索与实践，我国初步建立了以政府为主、由上到下纵向森林生态补偿基本制度。但是，目前的补偿方式单一，标准较低，法规不完备，补偿权责不清，地方补偿不到位，难以满足社会日益增长的生态需求，仍需进一步完善。完善的生态补偿制度应该包括中央、地方分级生态补偿制度、横向补偿机制和市场化补偿制度。目前我国处在完善纵向生态补偿制度和探索横向与市场生态补偿机制的阶段，系统化和规范化的制度体系尚在形成中。对目前实施的森林生态补偿制度进行制度层面的总结和实证层面的评价，对于进一步健全森林生态补偿制度具有重要的理论和实践意义。

本报告对生态补偿的概念和核心要素进行了界定和分析；通过七个省份的调查，对森林生态补偿机制的发展趋势进行了分析；通过农户层面的问卷调查，对森林生态补偿制度的实施效果进行了评价。最后总结了目前生态补偿制度存在的问题，重点提出了进一步完善生态补偿制度的政策建议。

一、森林生态补偿的相关概念

（一）理论基础和定义

生态补偿是一个综合的领域，涉及经济学、社会学、生态学、法律、政治学等多学科的理论与知识。与生态补偿相关的经济理论有外部性理论、公共物品理论、环境资源价值理论等，这些理论视角主要关注如何通过经济手段优化配置生态环境资源，提高整体社会效率与福利。除了经济理论外，环境社会学的主要理论流派也对生态补偿的相关概念进行了分析和反思，它们主要着重生态补偿过程中的参与和公平性问题以及把生态补偿放在社会生态现代化的过程中来考察其有效性和合理性。此外，政治和法律领域倾向于研究生态补偿过程中的产权界定和补偿过程中的权力关系等问题。

生态补偿的定义非常广泛，任何不同于传统管制性措施、具有激励机制的提供生态服务项目都可以被称作生态补偿。以国际广泛接受的 Wunder 定义作为参考点："生态补偿是一种基于自愿的交易行为，以服务提供者能够提供环境服务为前提，环境服务购买者向服务提供者购买环境服务。"这只是一个理想化的定义，很多生态补偿项目并不能完全满足该定义的各项限定，尤其是我国的生态补偿项目，往往并不是自愿基础上的交易行为，而更倾向于管制条件下的补贴。根据我国森林生态补偿的特点，森林生态补偿是指对在森林相关生产活动中提供生态效益或避免生态破坏的私人或组织所产生的成本或所遭受的损失进行补偿，将森林生产活动相关环境外部性内部化。

（二）森林生态补偿的核心要素

森林生态补偿项目的核心要素包括：特定的生态服务、服务购买方、供给方、补偿方式、监督和惩罚机制；有时还需要独立的中介机构来帮助生态补偿项目的建立和运行。

生态补偿项目最关键的利益相关方是购买方和供给方，由一方提供补偿以换取另一方的生态服务。购买方可以是生态服务的直接受益者，也可以是政府作为整个社会的代表。生态服务作为公共物品，往往不具有排他性，但难以将所有直接受益者纳入补偿购买方，只能由政府代表社会购买。除了生态服务的非排他性因素外，政府作为出资方还具有政治上的便利，在政府的主导下利用公共财政的资源，易于消除各利益方对支付责任的争议，有利于生态补偿制度的建立。生态服务的供给方主要指能够持续提供生态服务的主体，他们通过对自然资源的管理与保护能够维持和促进生态服务的供给。对于森林生态服务而言，主要来自于利用和管理林地资源的土地所有者，包括家庭承包林地经营的农户、集体经营的村集体以及国有林经营管理组织等。

补偿方式是补偿政策的最核心的部分，包括补偿所要求的管理与保护行为、生态绩效的衡量、支付模式与支付标准等。为了提供生态服务，供给方需要在生产活动中采用一些管理和保护措施，例如：降低采伐强度、减少采伐量、改变森林利用方式等。如果补偿项目仅仅考核农户的生产方式变化，那么一旦采取这些措施，农户便能够得到补偿。但是保护性措施的采用与生态服务的供给之间并不一定是完全对应的，中间存在许多不确定因素。最有效的方式应该针对生态服务的实际供给量来进行补偿。不过在实践中，直接衡量生态服务价值存在技术上的难度或者需要很高的成本，所以许多补偿项目仍然采用针对管理与保护行为进行补偿。支付模式包括现金支付、实物补偿、价格补贴、提供就业与发展机会等多种形式。最常见的是现金支付方式，购买方向供给方依据协议来支付生态保护所产生的成本。在一些经济欠发达地区，传统木材生产是农民生计的主要来源，改变传统的生产方式会对他们的经济状况产生巨大影响。单纯依靠现金补偿难以解决他们的生计问题，需要提供替代就业和发展机会来保障。生态补偿项目的支付标准或者定价方式，主要分为固定标准、自行协商、市场定价、投标机制等。大部分的政府公共财政补偿项目都采取固定标准的定价方式，依据采取保护措施的林地面积进行补偿。

这种方式比较简便、易于施行，但是容易产生逆向选择问题。如果补偿双方采取自行协商，则能够达成相对公平合理的补偿标准，但是实施的成本较高，比较适用于小尺度的补偿项目，或者政府机构或环保组织能够提供中介服务的项目。如果特定的生态服务易于监测，则可以通过建立生态服务市场来进行交易，由市场决定价格，如依托碳汇市场定价的补偿项目。此外，在政府公共财政补偿项目中，也越来越多采用投标机制来确定补偿标准，这种定价机制能够有效避免逆向选择问题，提高生态补偿项目的效率。此外，在工具层面，补偿还需考虑支付频率、差别化手段、协议周期等相关要素。

生态补偿项目除了补偿机制外，还需要监督和惩罚机制来保障其约束力和有效性，减少道德风险。监督机制有多种形式，包括生态服务购买者或第三方中介机构按期对生态服务相关的管理与保护措施实施情况进行检查，对于易于监测的生态服务，可直接采用量化指标监测生态服务的数量和质量，建立生态服务提供者之间的相互监督机制；对难以开展全面检查的地区，可按比例进行抽查等。惩罚机制与监督机制是结合在一起的，对生态服务供给者的违约行为进行惩罚，以保障补偿项目的效果。一般惩罚机制根据违约程度不同，采取包括警告、减少补偿金、中止补偿合同、要求赔偿前期补偿金及利息等形式。在实践中，不同的生态补偿项目的监督和惩罚机制实施力度差异很大。

除了上述的核心要素，生态补偿项目需要相关制度保障才能有效实施。生态补偿的实施是对公共组织和社区角色的重新配置，一方面需要政府界定生态服务相关的土地产权，另一方面需要国家和社区推动生态服务市场化，减少生态补偿的交易成本。此外，生态补偿政策还要考虑生态服务的性质与社会经济和政治环境之间的匹配性，只有相互匹配才能产生良好的政策效果。例如，对于边际效益不恒定的生态服务，需要有更为复杂的政策设计；对于难以度量的生态服务，要采用替代指标来反映生态服务供给；在森林生态服务成本变化较大的地区，更应采取灵活的补偿机制去避免“一刀切”带来的效率损失；在搭便车效应较强的情况下，需要政府采用强制性手段（如生态税收、异地开发）将生态服务的潜在需求转变成现实的补偿融资渠道。

二、森林生态补偿制度的发展趋势

近年来，各地政府持续建立和健全森林生态补偿政策，一方面因地制宜差别化纵向公益林生态补偿政策，提高地方补偿标准，差别化补偿金分配，提升经济补偿比重；另一方面试点开展横向生态补偿政策，落实“谁受益谁补偿”的生态补偿原则，扩展生态补偿资金渠道。

（一）各地政府因地制宜差别化纵向森林生态补偿政策

2010~2014年，各省相继出台或修订了森林生态效益补偿基金的管理办法（表1）。尽管这些管理办法都是以《中央财政森林生态效益补偿基金管理办法》（财农〔2009〕381号）为蓝本，但是都根据各省的具体情况，进行了因地制宜的创新和改变。

表1 调查省发布和制定中的森林生态补偿相关政策文件

森林生态效益补偿资金管理文件	文号与发布时间
《辽宁省森林生态效益补偿基金管理实施细则》	辽财农〔2010〕422号
《福建省森林生态效益补偿基金管理暂行办法》	闽财农〔2010〕33号
《甘肃省森林生态效益补偿基金管理实施细则》	甘财农〔2010〕135号
《江西省生态公益林补偿资金管理办法》	赣财农〔2011〕85号
《云南省森林生态效益补偿资金管理办法》	云财农〔2014〕212号
《湖南省森林生态效益补偿基金管理办法》	湘财农〔2014〕1号
《陕西省森林生态效益补偿基金管理办法》	陕财办农〔2014〕8号
《江西省流域生态补偿办法（试行）》	赣府发〔2015〕53号
《福建省生态公益林条例（草案）》	闽林函〔2015〕32号

首先是省级森林生态效益补偿基金逐步得到建立健全，省级公益林补偿标准与国家级公益林补偿标准逐步接近（表2）。森林生态效益补偿是中央与地方政府共同的事权，理应由中央与地方共同承担。长期以来，省级公益林补偿标准低，补偿基金不到位，导致被划入地方级公益林的林权所有者遭受的经济损失无法得到补偿。并且随着国家级公益林补偿标准的提高，进一步加剧了国家级公益林和地方级公益林补偿待遇之间的不平等，引起地方公益林所有者对补偿政策的不满。近年来一些经济较为发达的省份相继增加了省级森林生态补偿基金，提高了地方公益林的补偿标准，甚至有条件的省份还通过省级财政支持增加了国家级公益林的补偿标准，推动了生态公益林补偿制度在地方实施层面的相互融合，极大地减少政策间不协调导致的矛盾。

表2 国家级和省级公益林补偿标准表 单位：元/亩

调查省份	事权等级	权属	补偿标准	地方管护支出		公共管护支出		
				经济补偿	管护补助	省级	市级	县级
湖南	国家级公益林	集体和个人所有	17	14.5		0.25		2.25
		国有	7	6.75		0.25		
	省级公益林	集体和个人所有	15	12.5		0.25		2.25
		国有	7	6.75		0.25		
云南	国家级公益林	集体和个人所有	15	10		0.25	0.25	4.5
		国有	5			0.25	0.25	4.5
	省级公益林	集体和个人所有	15	10		0.25	0.25	4.5
		国有	5			0.25	0.25	4.5

（续）

调查省份	事权等级	权属	补偿标准	地方管护支出		公共管护支出		
				经济补偿	管护补助	省级	市级	县级
陕西	国家级公益林	集体和个人所有	15	≥50%	≤50%	0.25		≤1.75
		国有	5	≤3		0.25		≤1.75
	省级公益林	集体和个人所有	5	≥50%	≤50%	0.25		≤1.75
		国有	5	≥3		0.25		≤1.75
江西	国家级公益林	集体和个人所有	20.5	≥18	≤2	0.5		
		国有	20.5		20	0.5		
	省级公益林	集体和个人所有	20.5	≥18	≤2	0.5		
		国有	20.5		20	0.5		
福建	国家级公益林	集体和个人所有	19	70%	30%	0.25		
		国有	19	30%	70%	0.25		
	省级公益林	集体和个人所有	19	70%	30%	0.25		
		国有	19	30%	70%	0.25		
辽宁	国家级公益林	集体和个人所有	15	11	3.75	0.25		
		国有	5	1	3.75	0.25		
	省级公益林	集体和个人所有	5	1	3.75	0.25		
		国有	5	1	3.75	0.25		
甘肃	国家级公益林	集体和个人所有	15	14.75		0.25		
		国有	5	0.75	4（河西：3）	0.25		
	省级公益林	集体和个人所有	15	14.75		0.25		
		国有	5	0.75	4（河西：3）	0.25		

注：2015 年中央已将国有的国家级公益林补偿标准由每年每亩 5 元提高到 6 元，部分省份管理办法中还未更新标准。

其次是各省依据公益林林权主体、经营主体、管护方式、地理位置等差异，对公益林补偿分配标准进行了细化和差别化。中央财政补偿基金依据国家级公益林权属实行不同的补偿标准。部分省份在国有与集体和个人所有的公益林分类基础上，进一步对不同的产权形式进行了细分。陕西省按照公益林林地、林木权属的差异，细化补偿的分配原则，体现对林地林木权属所有者的经济补偿。例如对国有单位经营管理的公益林，如果林地林木都属于国有的，则补偿全部用于管护；如果林地属于集体而林木属于国有，则 30% 以上的补偿分配给集体，70% 以下由国有单位作为管护费用；林地属于集体而林木由国有和集体共有的，则 60% 以上的补偿分配给集体；若林地和林木都属于集体，则 70% 以上的补偿分配给集体。同时部分省份还根据不同区域的地理特点制定了不同的管护费用标准。例如甘肃省将河西地区的护林人员劳务费规定为每年每亩不低于 3 元，其他地区则为 4 元。此外，湖南、云南和陕西还针对县市级公共管护支出制定了补助列支的标准。这些因地制宜的补偿政策增强补偿分配的灵活性，提高了补偿资金的使用效率。

再次，森林生态效益补偿逐步从以管护补助为主向经济补偿为主转变。各省的森林生态补偿基金管理办法都明确将管护与补偿分开，改变了过去管护补助与补偿混淆不清，重管护轻补偿的局面。例如云南省明确森林生态效益补偿资金包括管护费和补偿费两部分；江西省和湖南省将管护支出分为经济补偿费和管护费；辽宁省则分为管护劳务补助和到户补偿金。尽管各地的名称不一，但是都体现了将管护补助与经济补偿分开的趋势。同时，从管护补助与经济补偿的比例来看，各地也分别出台了分配规则，限制管护补助在补偿资金中所占的比例。例如，江西省按照产权类别对补偿经费的使用与分配进行了区别对待，将集体和个人所有的公益林的管护费用限制在每年每亩 2 元以内；湖南省规定管护费每亩只能提取 2. 25 元；云南省采取县级统一管护，规定县级列支管护费用每年每亩 4. 5 元。福建省正在制定中的《福建省生态公益林条例(草案)》明确提出要“建立受益者合理负担的补偿机制”，“同时上调村级和个人公益林所有者的补偿比例”。总体而言，随着补偿资金分配向林权所有者倾斜，经济补偿在经费支出中的占比正在逐步提高。

(二)地方积极试点横向生态补偿机制，拓展森林生态补偿资金渠道

地区间横向生态补偿制度是生态补偿制度的组成部分，是纵向生态补偿制度的重要补充。党的十八届三中全会明确提出“推动地区间建立横向生态补偿制度”。2015 年，《中共中央　国务院关于加快推进生态文明建设的意见》中再次提及建立横向生态补偿制度。流域生态补偿是横向生态补偿的重要实现形式。我国部分地区已经在流域生态补偿机制进行试点，例如 2011 年安徽、浙江两省在新安江流域开展的水环境横向补偿试点、福建省内的闽江、九龙江上下游生态补偿、广东分别与福建、广西在汀江—韩江流域和九洲江流域开展的水环境横向生态补偿等。森林生态的保护与改善作为重要的生态服务被纳入到部分流域生态补偿机制中。

福建、江西通过试点横向生态补偿机制，积极落实“谁受益谁补偿”的生态补偿原则，通过地方立法的途径探索扩展生态补偿资金渠道。福建省较早建立省内江河下游地区对上游地区森林生态效益补偿基金的制度，作为森林生态效益补偿基金的重要组成部分，已经在区域层面体现了“谁受益谁补偿”的原则。2015 年，福建省林业厅又进一步在关于《福建省生态公益林条例(草案)》征求意见的函(闽林函〔2015〕32 号)中，建议对占用生态公益林和重点生态区位商品林林地征收森林资源补偿费和森林植被恢复费，并且收取的费用纳入森林生态效益补偿基金管理，同时，建议从利用水资源发电企业收取的水资源费中安排一定比例，用于补充省级森林生态效益补偿基金，还建议对依托生态公益林森林资源开展旅游的，从旅游经营收入中提取一定资金直接用于补偿林权所有人。2016 年，江西省出台了《江西省流域生态补偿办法(试行)》，采取整合国家重点生态功能区转移支付资金和省级专项资金，省级财政新设全省流域生态补偿专项预算资金，地方政府共同出资，社会、市场共同筹集资金等方式。筹集流域生态补偿资金，采用因素法结合补偿系数对流域生态补偿资金进行两次分配。依据选取水环境质量、森林生态质量与水资源管理因素，综合计算各县(市、区)生态补偿资金。这些探索，一方面增加了森林生态补偿的资金渠道，另一方面确立了森林生态服务有偿供给的原则和制度框架，为建立横向森林生态补偿机制奠定了基础。

三、森林生态补偿政策实施效果评价

本调查报告结合实地调研访谈和农户层次问卷调查，对森林生态补偿政策实施的效果进行了初步的评价。主要分析调查省份内的农户对于现行的补偿政策的满意程度，以及哪些因素会对补偿政策的满意度造成影响。农户问卷数据主要结合2015年集体林权制度改革调研开展，共选取辽宁、福建、江西、湖南、云南、陕西、甘肃等7省份；每个省份选择10个县，共计70个调查县；每个县选择5个村，共计350个村；每个村选取10个农户，共计3500个农户。对相关机构和村级访谈于2015年7~8月间在福建省尤溪、永安、漳平3(县)市开展。

(一)农户层次森林生态补偿政策总体评价较高

从农户调查数据来看，农户对公益林补偿政策的满意度比较高，总体满意率达到75.77%。但是从各个省份来看，农户对公益林补偿政策的评价出现了较大的差异。其中，湖南、云南、甘肃3省的农户满意度最高，均达到85%以上，而福建省的满意度最低，仅为47.57%。从不满意的程度看，陕西省的农户对公益林补偿政策不满意的比例达29.78%，而其他6个省份的不满意率都未超过8%(表3)。公益林补偿政策的满意程度与补偿政策制度化、补偿方式规范化、补偿标准提升、公益林的机会成本、政府的宣传等多项因素相关。

表3　各地区样本农户对森林生态补偿政策的评价(%)

生态补偿评价	调查省份							
	辽　宁	福　建	江　西	湖　南	云　南	陕　西	甘　肃	总　计
不满意	6.74	5.24	7.43	3.81	0.64	29.78	0.24	8.39
一　般	15.96	47.19	14.85	9.84	11.54	7.02	9.91	15.83
满　意	77.30	47.57	77.72	86.35	87.82	63.20	89.86	75.77
总　计	100.00	100.00	100.00	100.00	100.00	100.00	100.00	100.00

(二)补偿政策了解程度和支付实现程度对农户政策满意度有正面影响

进一步构建有序Logistic回归模型分析公益林补偿满意程度的影响因素(模型具体估计结果见表4)。根据分析，有5个因素会显著影响农户对公益林补偿政策的满意度。

表 4 农户对生态补偿政策满意程度的影响因素分析

	因素	因素解释	系数
对生态补偿政策是否满意（满意；一般；不满意）	性别	户主的性别	-0.186
			(0.73)
	受教育水平	户主的受教育水平	-0.187***
			(2.61)
	家庭收入	农户的年家庭收入(元)	0.000
			(0.64)
	木材采伐	农户木材采伐量(立方米)	-0.003**
			(2.46)
	林下经济	林下经济收入(元)	0.000
			(0.33)
	林权制度	是否核发林权证	0.223
			(1.02)
	补偿政策认知	是否了解生态补偿政策	1.692***
			(12.07)
	补偿政策实施	生态补偿是否足额兑现	1.404***
			(9.89)
	管制程度	划入公益林的林地面积(亩)	-0.001*
			(1.84)
	补偿程度	人均公益林补偿(元)	0.000
			(0.92)
截距 1			-1.101***
			(3.07)
截距 2			0.360
			(1.01)
样本量			2001

注：括号数据为标准误，$*p<0.1$，$**p<0.05$，$***p<0.01$ 分别表示显著性水平

首先，影响较大的是农户对生态补偿政策的了解，对政策比较了解的农户倾向于给出比较高的评价，在其他条件相同的情况下，对补偿政策比较了解的农户比不了解的农户给出满意评价的可能性要高出 35.73%，而给出不满意评价的可能性要下降 16.06%，给出一般评价的可能性下降 19.67%。

其次，影响因素是补偿金是否按标准足额支付，获得足额补偿金的农户倾向于给出比较高的评价，在相同条件下，获得足额补偿金能够将农户给出满意评价的可能性提高 21.38%，同时农户给出不满意评价的可能性降低 7.10%，给出一般评价的可能性下降 14.28%。再次是教育程度也会影响到农户的满意程度，教育程度较高的农户倾向于对补偿政策给出较低的评价，同等条件下，农户的教育程度每上升一个级别，给出满意评价的可能性下降 3.04%，同时给出不满意评价的可能性上升 1.00%，给出一般评价的可能

性上升 2.04%。

（三）农户的公益林地规模与木材采伐依赖程度对政策满意度有负面影响

划入公益林的林地面积大小也对农户对补偿政策的评价有影响。划入面积越多，则农户倾向于给出较低的评价，在其他条件相同的情况下，当农户被划入公益林面积每增加 100 亩，则给出满意评价的可能性下降 1.53%，而给出不满意评价的可能性上升 0.50%，给出一般评价的可能性上升 1.03%。

最后一个影响因素是木材采伐量。以当年木材采伐量为指标，木材采伐量高的农户倾向于给出较低的评价，在同等条件下，农户的木材采伐量每增加 100 立方米，则给出满意评价的可能性下降4.42%，给出不满意评价的可能性上升 1.45%，给出一般评价的可能性上升 2.97%。根据估计结果，农户的性别、家庭收入、林下经济收入、林地权属状况、家庭人均公益林补偿金对于农户的评价没有显著影响（关于影响因素边际变化量的细节见表 5）。

表 5　农户对生态补偿政策满意度的可能性变化

影响因素	因素的变动	满意度概率变化			
		平均变化	不满意	一　般	满　意
是否了解生态补偿政策	从不了解到了解	0.2383	-0.1606	-0.1967	0.3573
补偿金是否足额支付	从未足额支付到足额支付	0.1425	-0.0710	-0.1428	0.2138
教育程度	上升 1 个级别	0.0203	0.0100	0.0204	0.0304
划入公益林的林地面积	增加 100 亩	0.0102	0.0050	0.0103	-0.0153
木材采伐量	增加 100 立方米	0.0294	0.0145	0.0297	-0.0442

（四）影响因素分析与补偿政策的改进空间

将模型分析的结果与政策结合起来看，尽管生态补偿政策的实施得到了大多数农户的认可，但仍然有许多可以改善的空间。

首先，在生态补偿政策实施过程中，可以增强政府和农户之间的沟通，加强生态补偿政策的宣传，提高农户对生态补偿政策的了解。公益林补偿已经实施十多年，大多数农民对于公益林补偿都有所了解，但不同地区在公益林补偿方面的宣传内容和力度还存在差异，造成不同地区的农户对于公益林补偿的实质理解不一致，从而影响了农户对于公益林补偿的支持度。因此，还应该加强生态补偿政策的宣传，增强补偿过程中政府与农户之间的沟通。这样，一方面能够通过宣传提升农户的生态保护意识，转变观念，促进自觉自愿的生态保护行为，另一方面能够增强农户在生态补偿金分配中的话语权，保障农户在生态补偿中的利益，也能有效避免政策实施过程中的摩擦与分歧。

其次，政府应切实采取措施保证农户获得足额的公益林补偿金。公益林补偿政策实施以来，各地政府制定了森林生态效益补偿资金管理办法，确定了资金的分配规则，提升了经济补偿金在总补偿金中的比例。同时，各地政府还从制度上严格资金管理，规范补偿金的发放，规定了补偿金拨付时限，减少了发放层级，直接由县级或乡级财政兑付补偿金到农户银行账户。这些严格资金管理的措施有效地促进补偿金的足额发放，大幅度提高了农户对补偿政策的满意率。特别是由财政直接兑付到农户银行卡的措施，减少了资金截留，农户对政策满意率达到75.77%，也的确显示了较高的资金管理水平。除了资金兑付程度规范化外，在集体林区随着集体林权制度改革，更多补偿金流向农户，也是农户满意程度较高的原因。对集体林权，其公益林补偿主要是加强对林权主体的补偿，将管护补助与经济补偿开始逐步分开，经济补偿更多的向林权主体倾斜。此外，公益林补偿的发放过程也变得更加公开透明，农户通过参与公益林补偿分配方案的制定，增强他们的话语权和获得感。但是，从农户角度而言，补偿政策还未完全满足他们对于足额补偿的需求。例如，不管是国家级公益林还是地方级公益林，对于农户而言都是限制了他们对林地的利用，但是有些省份在对待地方公益林时，补偿标准要远远低于国家级公益林，这就导致了农户的不满。农户很难区分被划入的公益林是属国家级公益林还是地方级公益林，并且事实上这两类公益林在森林管理上并没有区别，不同的标准造成了事实的不公平。因此中央政府应该采取措施，敦促地方政府提高地方公益林补偿标准，将国家级公益林和地方级公益林统一起来补偿和管理，缩小补偿差距，减少中央和地方政策差异造成的不公平。

再次，政府应该针对不同规模的林权主体，采取灵活多样的补偿政策。这里的规模既包括农户的公益林地规模，也包括农户的木材采伐规模。上述模型分析显示，公益林面积较小或没有木材采伐的农户对现行的补偿政策倾向于给出较高的评价，只有公益林面积超过100亩或者木材采伐超过100立方米的农户对现行的补偿政策才会给出较低的评价。可见，针对这些拥有林地资源规模大的农户，应该专门制定公益林补偿办法，而不应该完全套用目前的“一刀切”的补偿政策。从调研的过程来看，目前对公益林补偿政策的矛盾也主要集中在这些林地规模较大和对木材生产需求较大的大户。一方面，这些大户的林地资源条件较好，林地潜在收益比较高，划入公益林十多年后大多数森林已经进入成熟期，目前的补偿标准无法补偿他们的损失，并且随着成熟期的到来，补偿金与他们的期望收益之间的差距越来越大；另一方面，许多大户的林地主要来自承包村集体或其他村民，因此补偿金还需要与林地所有者分成。除部分省份（例如陕西）制定了关于林地所有者和林木所有者之间补偿金分成的标准外，大部分省份都没有明确林地与林木所有者之间的分成比例，因此在具体分配中，主要依赖双方的自主协商或由有权力的一方单独制定，这也容易在公益林补偿过程中引发新的矛盾，造成大户对于公益林补偿政策评价偏低。

此外，用材林仍然是集体林区农户，特别是大户更愿意有选择的林地利用方式，应引导多元可持续的森林利用方式。随着公益林补偿政策的实施和集体林权制度改革的深入，包括林下经济在内的多种森林利用方式也在逐步扩展。2014年，70个样本县林下经济产值达到 775.07 亿元，其中林下产品采集加工 479.57 亿元，占 61.87%；林下种植 137.11 亿元，占 17.69%；林下养殖 76.57 亿元，占 9.88%；森林景观利用 81.82 亿元，占 10.56%。并且在公益林较多和公益林比例较大的地区，林农需更多的激励去发展林下经济。在为了生态效益实施采伐限制的地区，适地开展林下经济是一种经济上相对可行的森林资源利用方式。但是，到目前为止，这仅仅是一种趋势，林下经济还远未达到经营用材林对林农的吸引力。因为，木材产品相对价格比较稳定，市场比较成熟，而农民和村集体对于发展林下经济缺乏强烈兴趣，因此，公益林区的林下经济整体发展水平还比较低。这也体现在林下经济收入对于农户对生态补偿政策的评价没有显著的影响。如何能够将生态补偿政策与林下经济发展结合起来，共同推动公益林区的林地资源利用转型，转变森林利用的传统观念，因地制宜创造新的更可持续的利用方式，将会进一步提高补偿政策的效率和可接受程度。

从农户家庭人均公益林补偿总体来看，超过半数的家庭人均补偿收入在 50 元以下，75% 的家庭人均在 150 元以下(图 1)。从地理分布来看，不同地区间家庭人均公益林补偿资金差别较大，其中陕西省最高，平均达到 583.70 元，甘肃最低，平均为 78.73 元(表 6)。此外，在区域内部，湖南和陕西省的家庭人均补偿差别比较大，而甘肃、福建和辽宁的差别较小。由于集体所有的公益林，其补贴一般按照家庭人口分配，人均公益林补偿能够在一定程度上显示公益林补偿在农户层次的分配公平性。总体来看，家庭人均补偿之间的差异主要是地区差异造成的，陕西的样本村集体所有和农户家庭承包的公益林面积较大，所以补偿金要远高于其他省份的农户。这也反映了公益林补偿中由于补偿标准“一刀切”政策所造成的不公平原因之一，因为不同地理、气候条件下，相同面积

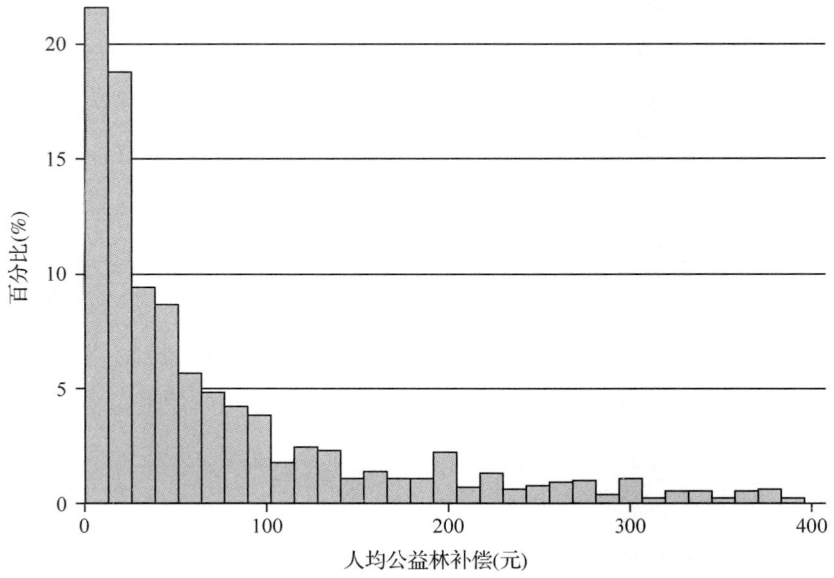

图 1　样本农户家庭人均公益林补偿金的分布

的林地的机会成本是不同的。南方的林地商品经营价值更高，人均林地面积更小，导致补偿标准与林地价值相比较低，因此，应综合考虑各地的实际条件，制定中央层面的差别化补偿政策。此外，在区域内部，也存在林地机会成本差别较大的情况，也应鼓励地方政府在制定地方森林生态补偿资金管理政策中增加差别化补偿的条款，减少户均差异，增加分配公平。

表 6　分地区样本农户家庭人均公益林补偿水平与分布

省　份	辽　宁	福　建	江　西	湖　南	云　南	陕　西	甘　肃
均值(元)	122.10	83.31	261.36	148.92	131.82	583.70	78.73
标准差	12.48	13.00	35.26	59.08	18.28	68.55	8.91

四、存在的问题

健全生态保护补偿机制是中央全面深化改革的重点领域，森林生态补偿是我国生态保护补偿制度体系的重要组成部分。森林生态补偿机制中还存在着森林生态服务受益者未付费、保护者补偿标准不合理、补偿机制单一、补偿体制碎片化等问题。

(一)补偿制度的碎片化对森林生态补偿产生不利影响

随着各领域生态补偿制度的发展，森林生态补偿制度相关的规范、管理机构、相关利益方不断呈现多样化，森林生态补偿已经超出了林业主管部门所涉及的职能范围，被纳入到流域保护、旅游开发、应对气候变化、消除贫困等多个政策领域。由于存在着针对森林生态补偿的多个平行政策，不同成员分别参与不同的补偿机制，所以森林生态补偿机制缺乏全面性，不同的规则之间相互交织，容易造成冲突，不利于在生态服务提供者和受益者之间形成一致的生态补偿协商机制。但是这种生态补偿机制的碎片化也有其有利的一面，那就是增加了森林生态补偿资金的渠道，提供了补偿制度竞争的机会，可能会促进补偿效率的提升。总体而言，应该加强森林生态补偿的机制融合，形成整体性的森林生态补偿机制，提升补偿机制的一致性和有效性。这一方面，有赖于国家层面的生态补偿立法；另一方面也需要政府各个部门之间的协作与配合。

(二)缺乏差别化的森林生态补偿政策

目前的生态补偿制度设计的补偿机制还比较单一，主要以政府主导的补偿机制为主，缺乏市场补偿机制。在现有的政府主导的补偿机制中，也主要采取“一刀切”的补偿标准，缺乏差别化的补偿标准。补偿标准主要取决于整体财政预算情况，没有科学化的形成机制。森林生态补偿政策整体缺乏制度灵活性，导致了补偿效率不高。

(三)集体林区天然林禁伐补偿政策缺位

部分地区特别是集体林区的天然林已经实施了禁伐，但是相应的补偿政策却长期没有落实。例如，福建省在2010年实施“停止天然阔叶林采伐和天然针叶林皆伐”的政策，但一直未落实相关的补偿政策。由于这部分天然林也没有被纳入生态公益林，受到禁伐政策的影响，农户之前承包的天然林地既不能进行采伐经营，也无法获得相应的经济补偿，甚至一些毛竹林里面的散生木也划作天然林受到限制。例如永安市西洋镇三畲村划定的天然林占村林地面积近80%，对村民可自主利用的林地仅保留300多亩，对村民生计影响较大。随着全国天然林全面禁伐政策的开展，应该尽快落实天然林禁伐的补偿问题，采取包括补偿和赎买等多种渠道妥善弥补天然林地承包经营者的损失。

五、政策建议

我国已经初步建立了以纵向公益林补偿为主，横向区域补偿为辅的森林生态补偿体系，促进了森林生态系统的保护和生态效益的发挥，一定程度上保障了林权主体的权益。但是补偿政策长期存在标准单一、横向与市场化补偿机制缺乏、补偿体制之间不协调、部分领域存在补偿政策缺位等问题，需要进一步健全森林生态补偿制度。

（一）加强跨部门协作，保障森林生态价值的全面体现

加强跨领域间生态补偿体制之间的互动，保障在农业、流域、景观等生态补偿体系中体现森林生态的价值。近年来，生态补偿逐渐从行业内的补偿机制向跨领域补偿机制转变，一些跨行业综合型的生态补偿机制得以建立，并逐步试点推广。例如福建省和江西省都分别建立了《福建省重点流域生态补偿办法》和《江西省流域生态补偿办法（试行）》，并且把森林生态补偿纳入到流域生态补偿中，这样就体现了森林生态系统服务在流域生态保护中的价值。同时通过将森林纳入流域生态补偿也拓展了森林生态补偿资金的来源，更为重要的是将生态服务的受益者与提供者联系起来，真正体现了“谁受益谁补偿”和“谁保护谁受偿”的原则。但是一些地方性的流域生态补偿完全由环境保护部门主导，将森林生态服务排除在流域生态补偿之外，没有体现森林在流域保护中的作用。例如贵州省的《红枫湖流域生态补偿方案》和云南省的《云南省跨界河流水环境质量生态补偿试点方案》都没有纳入森林生态补偿的内容，仅仅关注河流断面的环境污染因子，这样的补偿方案割裂了流域整体的生态完整性，忽视了森林生态服务的价值与作用。因此，林业主管部门应该加强森林生态补偿体制与环境保护体制、农业生态保护体制、流域管理体制、旅游景观保护体制之间的互动，在其他综合性生态补偿领域的政策设计中纳入森林生态补偿的内容，增强不同领域补偿体制间的协同效应，减少体制间的冲突。林业部门内部的森林生态补偿体制是难以全面体现森林的生态价值的，必须将森林生态功能放到具有相关影响的生态补偿领域中，才能充分体现森林的生态价值，但是新补偿体制的建立必然会对森林的价值体现有所取舍，因此各级林业管理部门应该积极参与新生态补偿体系的构建，体现森林所有者的利益。

（二）制定协调性条款，消除生态补偿体制之间的冲突

适应改革需求，制定具体条款，消除与生态补偿体制相互重叠的制度间的冲突。近年来，林业部门的改革步伐较快，陆续开展了集体林权制度、国有林场、国有林区等领域的改革，还不断扩展了天然林资源保护、退耕还林、自然保护区等重点生态工程的范围。这些改革和工程的推进引起了林地权属、管护制度、补偿对象和标准的多样化，这些新出现的林业体制与生态公益林补偿体制之间发生了重叠，并且通常缺乏处理这些重叠的具体条款。例如集体林权制度改革中对于公益林地的处理，由于国家林业部门没有具体的规定，各个省份在改革过程中也没有形成一致性的做法。国有林场和国有林区改革中的公益林补偿标准问题，自然保护区纳入集体林地的补偿问题，扩大天然林保护范围和退耕还林与公益林补偿体系的对接问题，都还没有具体的解决条款，主要采取临时性、具体情况具体办的方式来解决。健全森林生态补偿制度，需要林业部门制定相应的制度和提供一般性的解决方案，解决这些改革过程中体制重叠给补偿制度带来的冲突。在一般性解决方案缺位的情况下，国家林业主管部门还要监督地方政府在处理与生态补偿体制相关冲突时的做法，避免妨碍森林生态补偿制度的实施。

（三）综合考虑生态价值、机会成本和林权主体特征，建立差别的补偿制度

从近年来地方森林生态补偿政策的发展来看，各省因地制宜制定了各自的地方补偿政策。一方面，中央政府的森林生态补偿政策为地方政策划定了蓝本，给出了资金管理和使用、补偿标准、补偿分配与兑付的底线规定。各地在此基础上根据公益林的地理分布、林地权属、管护状况等条件，设计和制定了适合地方特色的生态补偿政策。在下一步差别化补偿政策改革中，应该坚持积极为地方政府创造灵活的制度空间，鼓励其健全差别化的补偿政策。

如何建立差别化的森林生态补偿政策是目前生态保护补偿政策领域的热点问题。相关的专家、学者和林业官员也对此提出了各自的看法。一种是按照林地的生态价值差别化补偿标准，提高生态价值高的林地的补偿标准。例如，针对在建立自然保护区过程中，将大量集体林划入自然保护区致使林农利益受损的问题，有专家建议按照各类型生态公益林的生态价值大小，建立生态公益林分级补偿机制，特别是提高自然保护区内生态公益林的补助标准。但是这种按照生态价值作为补偿标准的方式，容易导致一些生态价值很高但同时机会成本较小的林地获得较高的补偿，比如一些山高坡陡山区的森林，立地条件很差，本来就难以作为商品林加以利用，即使没有补偿农民也不会去采伐或改造成人工林。尽管这些森林的生态地位很重要，但是提高它们的补偿标准反而会降低补偿资金的效率，倒不如将补偿资金用于补偿将受到实质可采伐威胁的森林。因此，在差别化补偿标准的过程中，应该考虑森林受到实质性威胁的程度和林农参加生态补偿的机会成本，机会成本越高，则对于补偿的期望越高，森林所面临的实质性威胁越大，如果能提高补偿标准，则有利于提高补偿资金的使用效率。此外，林权主体的特征也会影响到补偿政策的效果。根据前述分析，林地规模较大或者木材产量较高的林农，对于补偿政策的评价较低，故此，应针对这部分林权主体制定特殊的补偿政策，并且结合赎买、置换、放宽营林等多元的方式，解决他们的利益受损问题。

(四)综合运用农村生态政策工具，提高森林生态补偿政策的适用性

国际上较为常见的农村环境政策，包括监管、环境交叉合规、环境税、生态补偿、政府征用和收购、生态区划、农村发展项目等。各种农村环境政策对生态服务供给的要求和所提供的经济激励强度如图 2 所示。

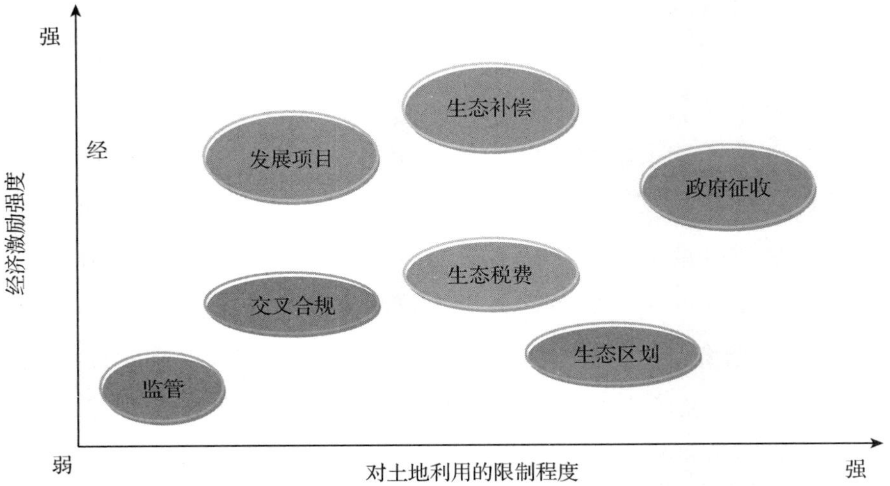

图 2 农业生态补偿与其他农业环境政策

政府监管会对林业生产提出最基本的生态环境保护要求，农民在生产过程中必须无条件服从这些规定。因此它对土地利用的限制程度最低，由于是强制性措施，政府没有提供经济激励。

政府环境交叉合规则，这是政府向农民提供生产补贴时附加的生态环境保护规定，如果违反规定，则会扣减生产补贴。环境交叉合规，对生态环境保护的规定要严于一般性监管要求，对土地利用的限制程度更大。由于涉及补贴，它在经济方面有一定的激励作用。

生态(环境)税费是采用征税和收费的手段控制和减少对生态环境的破坏。相对生态补偿政策所采用的补贴手段，生态税具有避免泄露、额外性不足、逆向选择的优势，但是生态税有收入分配机制上的缺陷。由于农村环境问题的征税对象往往是收入较低的农民，向低收入人群征税会导致社会收入差距扩大，也难以在政治层面进行操作。所以生态税在经济激励方面要弱于生态补偿政策。同时，生态税对土地利用的限制程度一般高于监管要求。

生态区划，这是政府划定具有高度保护价值的区域专门提供生态服务，如自然保护区、国家公园、禁止和限制开发区等。在这些区域内，土地利用方式会受到更严格的限制。生态区划政策本身并不向土地所有者提供补贴，因此它不具有经济激励。但是在生态区划政策实施过程中，政府会配套相应的财政转移支付、补贴等激励性政策。

政府征收，这是国家为了生态保护的目的，直接收购私人或集体所有的土地转变为国有土地，成立专门机构来进行保护。政府征收会给予原土地所有者一定的补偿，因此在公平商议的基础上具有经济激励作用。但是由于支付是一次性的，与生态补偿政策相比缺乏可持续性。政府为生态保护征收的土地生态价值很高，因此土地利用的限制最强。

最后，农村综合发展项目也会包括部分农村生态环境保护的内容，但是项目的主要目标是发展，因此对土地利用在生态保护方面的限制相对较小，直接针对保护的经济激励也较小。

从以上各项政策对比可以看出，生态补偿政策是一种经济激励强度最大、对土地利用限制比较灵活的农村环境政策工具。一方面它对林地利用提出了比基本监管更高的要求，另一方面又在土地利用限制与经济激励之间留有空间，可以根据保护需要的同时提高补偿和土地利用限制。在实际的生态补偿机制建设中，可以综合运用上述的农村环境政策工具。例如针对公益林规模较大并且对木材采伐收入依赖较大的林权主体可以采取政府征收赎买方式，解决补偿不足的问题；而对于由于公益林保护而生计受到影响的小规模林农，可以采取生态补偿和发展项目相结合的方式来转变当地的林地利用方式，减小林地使用限制带来的负面经济和社会影响。

（五）完善森林生态补偿项目的评价，提高补偿的环境有效性和成本效率

目前，除了各级林业部门对森林生态补偿项目进行程序性的核查外，森林生态补偿项目较少进行环境有效性和成本效率方面的评价。为了增强森林生态补偿政策的效率和有效性，要对补偿项目进行科学全面的评价，重点评价其环境有效性和成本效率。环境有效性评价首先应考虑项目相关的基准情景。基准情景是指在不存在补偿项目的情况下，生态环境服务供给量的变化情况，它是评估生态补偿项目的参照点。如果生态补偿项目能够提供超过基准情景的生态服务，则表明生态补偿项目有效。如果基准情景与补偿项目的效果之间的差值为正，那么就证明补偿项目具有额外性。只有通过额外性检验才能证明项目的环境有效性。此外，由于生态服务具有外部性，生态补偿项目可能会产生泄露问题。泄露是指在某区域内的生态补偿项目对区域外的生态服务供给产生了影响，例如，在某个区域通过补偿减少了森林采伐量，可能会诱发区域外的超量采伐。

生态补偿项目的成本效率，是指同时考虑项目的成本和项目所完成的环境效果。生态补偿项目的成本效率与项目的设计是密切相关的。一般而言，在交易成本较小的情况下，市场定价和投标机制定价的生态补偿项目的成本效率会高于单一补偿标准的项目。两个因素会影响到生态补偿的效率：一是逆向选择，即补偿项目吸引错误的参与者，并且过度补偿参与成本。例如对降低森林采伐强度进行补偿的项目，如果补偿标准是“一刀切”，自愿条件下可能更容易吸引到森林质量较差、林地机会成本较小的农户，而难以吸引森林条件较好、保护价值更大的农户。最后导致森林保护价值更大的农户不愿参与补偿项目，而森林保护价值较小的农户被过度补偿。二是道德风险，补偿项目的设计会鼓励参与农户采取投机行为规避补偿合同的要求。出现道德风险的主要原因是对林业部门而言，农户采取生态保护行为的信息是不完全的，因此他们对农户行为缺乏有效的监督机制。在森林生态补偿项目实践中，道德风险问题普遍存在。随着科技的发展，目前已经具备采用卫星遥感图像等手段对森林保护状况进行季度或年度监测，应该积极开发低成本高效率的监测和评价手段，确定差别化的补偿标准，避免实施中的道德风险，提升森林生态补偿项目的效率。

（六）公益林赎买制度还需因地制宜创新机制

调研中了解到，总体而言，公益林赎买制度是个好政策，能够解决林地所有者和承包者的合法收益损失的补偿问题，但是实施过程中科学合理界定赎买林地的价值仍然存在一定的问题。目前的监管和评价机制还不完善。而且地方政府也没有这么大的财力进行赎买。尽管调研中福建省永安市反映，通过建立生态文明建设自愿者协会募集资金，通过评估对林木实施购买是一条解决赎买资金来源的途径，目前已经完成了一定面积林木的赎买。但是仍然不足以解决大面积赎买资金问题。此外，林木赎买后，如何进行有效的管护也是一个新的困难，林木产权由私有转向公有后，需要重新建立起一套资源管护体制，同样新制度的建立也同样需要成本。对于被划入公益林中的人工林，建议针对生态恢复能力较强的区域，采用放开式的间伐，也可以严格控制小面积采伐，采伐后可采取造林补贴的方式及时重新造林，同时对于采伐年限加以限制，这样逐步解决现有人工林的问题。通过这种方式既不会造成生态问题，也不会增加财政成本。

调 研 单 位：厦门大学公共事务学院
调研组成员：梁　丹　黄新华　周　茜　陈文明　李向东

森林碳汇交易制度研究报告

【摘　要】2013 年我国在 7 省份启动了碳排放权交易试点，森林碳汇交易作为碳抵消形式纳入体系，并在广东省实现首例交易。2015 年年底巴黎气候协定达成，林业作为 2020 年后重要减排方式在协定的核心条款部分得到较好体现。进一步完善森林碳汇交易制度，对于建立生态文明制度体系、加强我国应对气候变化能力，具有十分重要意义。报告分析了国际上两大典型林业碳汇交易模式。我国目前采取的森林碳汇碳抵消模式适用于我国行政管理体制、推进应对气候变化的国情，但具体交易制度和体系需要在森林碳权确权、入市等级程序、碳汇计量监测体系、碳汇核算认证、碳汇计入期、违规罚则等方面进行改进。

一、背　景

碳汇一词源于《京都议定书》，指的是从空气中清除二氧化碳的过程、活动和机制。森林碳汇是森林植物吸收大气中的二氧化碳并将其固定在植被或土壤中，从而减少该气体在大气中的浓度的过程、活动和机制。森林在应对气候变化中具有特殊作用，增加森林碳汇与降低二氧化碳排放是应对气候变化的两个同等重要方面。通过采取有力措施，如造林、恢复被毁生态系统、建立农林复合系统、加强森林可持续经营等，可以增强陆地碳吸收量。以耐用木质林产品替代能源密集型材料、生物能源、采伐剩余物的回收利用，可减少能源和工业部门的碳排放。

近年来，国内外构建森林碳汇交易制度的政策、行动和措施蓬勃发展，新机制不断出台，旨在提升国家森林碳汇能力、加快森林碳汇储备，国内外形势的变化，要求我们抓紧制定森林碳汇交易制度。

从国际看，构建森林碳汇交易市场促进国家减排贡献正在多个国家加快推进，抢占制度和标准制高点更加紧迫。一方面，国际环境带来的挑战和压力不断增强。不论是发达国家还是发展中国家，在应对气候变化方面，都表现出多条腿走路，减排手段多元化的趋势。无论是工业实质减排，还是森林碳汇间接减排，都在抢抓交易市场建设、碳汇标准制定、碳交易规则拟定，都将抢占制度和标准制高点摆在国家战略位置。全球应对气候变化的政治、经济格局在不断深入推进，亟须改革加以应对。另一方面，国际环境提供了有益的借鉴。森林碳汇作为碳市场碳指标提供方，是碳市场碳抵消供给者，将其纳入国家碳市场，不仅得到《京都议定书》等国际规则的认可，并已在新西兰、美国加州得到实践证明，澳大利亚于 2014 年启动的国家碳市场也对森林碳权确权、交易、保护、管理等方面，作出了制度安排。这些国家的制度安排为建设森林碳汇纳入交易制度，提供了有益借鉴。

从国内看，2005 年《京都议定书》正式生效以来，我国积极参与有关碳汇交易，成为主要的森林碳汇供给市场，积累了许多有益经验，2011 年国家发展改革委在 7 省份启动碳排放权交易试点，推动运用市场机制以较低成本实现 2020 年我国控制温室气体排放行动目标。在这 7 省份碳排放交易试点中，森林碳汇均作为重要的碳排放交易品种纳入交易体系建设。经过多年改革和实践，我国森林碳汇交易初步构建了市场框架、开展了试点、积累了经验、培养了人才，但我们也进入了一个攻坚期，急需设计并构建一个全面、系统的森林碳汇交易可行方案和交易市场，抓紧重点突破，进一步通过创新和改革，来应对我国应对气候变化领域面临的国内国外复杂局面。

总的来说，森林碳汇交易实现途径的探索已进行十余年，目前尚无重大突破，碳汇交易还没成为被广泛认可的森林价值实现途径，国家层面仍在尝试、世界各国仍在探索，国际组织及我国建立碳汇市场的努力正在进行中，但是一种普遍被市场接受的交易机制尚未形成。在已有研究的基础上进一步探索森林碳汇可行交易机制尤为重要。

二、森林碳汇交易制度的理论基础和基本内涵

森林碳汇交易制度是规范森林碳汇合理开发、利用和交易的经济和法律制度安排。它是在森林碳汇显现出稀缺性以后，作为规范森林碳汇生产的劳动性，衡量和界定森林碳汇的商品性和交换性特征的制度安排应运而生。当然，它的产生还有其他较为次要的约束条件，它还将取决于人们关于森林碳汇价值观念的变革，也受到产权理论发展进程和一国公共产品商品化、市场化进程的影响。

(一)理论基础

1. 森林碳汇稀缺性是形成森林碳汇交易的前提

稀缺性是产权制度产生的前提，或者说，基于资源稀缺的约束，交易制度才有建立的必要。发达国家工业化之前，人类认为可无限制使用大气排放空间，森林碳汇虽作为抵减碳排放获取排放空间的手段之一，但由于排放空间不存在稀缺性，因而森林碳汇也就不具有稀缺性。法律的诞生改变了这一现状，1992 年《联合国气候变化框架公约》(以下简称《公约》)，改变了人类对二氧化碳排放空间的传统认识，促使森林碳汇由一种可以随意使用的资产转变为应该衡量测算其价值的资产，对森林碳汇的稀缺性具有两个重要意义。一是提出了减排上限，催生了碳交易的供需双方。如《公约》规定：“工业化国家……同意在本国采取政策和措施，以实现到 2000 年使本国温室气体排放量降低至 1990 年水平这一具体目标”。二是明确认定森林碳汇抵减碳排放的功能，明确其处于交易标的

的合法地位。森林碳汇作为抵减碳排放获取排放空间的形式之一，是一种碳资产，具有经济价值。森林碳汇显现出稀缺性，随之就会产生对其合理配置和高效利用的客观要求，并积极寻求法律和经济制度保护。

2. 森林碳汇商品属性的赋性是形成森林碳汇交易的内在动力

长期以来，受劳动价值论观点影响，人们认为森林碳汇存于自然之中，不是劳动产品，因而没有价值，当然更不可能以商品属性进入市场。在这种价值观念支配下，森林碳汇势必与市场无缘，从而致使无偿供应与无偿使用森林碳汇的管理模式沿袭下来。

1997 年《京都议定书》(以下简称《议定书》)的签订，在《公约》基础上推动森林碳汇交易市场的出现，催生了森林碳汇归属的要求，对推动森林碳汇交易具有两大意义。

一是制定了排放权指标，加快形成了森林碳汇交易标的。《议定书》规定第一承诺期所有发达国家碳排放要比 1990 年减少 5.2%，通过条约把减排任务分配给缔约国中的发达国家，各国获得以分配数量单位(AAUs)为表现形式的排放权，发达国家通过立法把国际法转变为国内法，政府在国内框架制定法律。由于不同国家的减排成本不同，于是产生了碳交易及其交易标的。森林碳汇以其低成本优势占据了碳交易市场的一席之地，为维护碳交易，构建森林碳汇交易制度成为必然。

二是催生了森林碳权交易机制和交换过程。京都机制下发展出的 CDM 等机制，通过市场交易，对森林碳汇的产权归属、交易规则和相关保护机制作出初步界定，萌发了森林碳汇交易制度的轮廓。

森林碳汇一旦具有商品属性，就要通过市场交易实现其价值。森林碳汇交易制度作为推动碳交易的政策和法律支撑，它的产生也是反映森林碳汇商品属性，保护森林碳汇价值实现的制度需求。对于从理论和实践上指导森林碳汇管理都很有益。因为，没有制度保护的森林碳汇商品，既不反映供求关系，也不反映其价值，更不反映经营主体的经营状况，必然导致资源白白流失和低效利用。

3. 国际法律机制和气候谈判的演进是丰富完善森林碳汇交易的外在动力

森林碳汇交易的主体、交易标的、交易过程和制度建设，都随着国际气候法律机制和气候谈判的演进而不断丰富完善。森林碳汇较之工业减排而言具有成本低、效率高的特点，因而近年来在历次国际气候谈判中均受到高度关注。《京都议定书》及《波恩政治协议》《马拉喀什协定》将“造林、再造林”作为第一承诺期 CDM 唯一合格的森林碳汇项目，开启了国际森林碳汇市场，但其并未将与森林碳汇有关的林业活动悉数作为合格的减排措施。《巴厘行动计划》《哥本哈根协议》和《坎昆协议》扩大了森林碳汇减排的活动范围，将减少毁林和防止森林退化、森林保护、森林可持续管理等林业活动也确立为森林碳汇减排的手段，形成了 REDD + 机制，进一步丰富了国际气候谈判中森林碳汇的交易机制和交易内涵。从国际气候谈判中最初对“造林、再造林”森林碳汇机制所持的谨慎态度，到对 REDD + 森林碳汇机制所持的开放态度，气候变化国际法发展过程中对于森林碳汇议题表现出了从谨慎向开放的转变，森林碳汇交易的活动范围也从最初的单一化走向了多元化，后京都时代以通过减少毁林和森林退化、森林保护和森林可持续管理增加碳储量为主要内容的森林碳汇机制将发挥主要作用。依此趋势，我国森林碳汇交易制度应在国际法框架下提供与之接轨的法律和经济制度，以保证我国所承诺的减排目标的实现。

总之，森林碳汇交易制度的产生，是森林碳汇稀缺性在人们行为上的一种主观反映。在以前相当长的历史时期，森林碳汇供求矛盾并不存在，建立交易制度不仅没必要，而且不可行。只有当森林碳汇稀缺性超过一定程度，建立交易制度的收益超过成本时，经济上才可行。并且，森林碳汇交易制度随外部环境的变化而不断丰富发展，其主要动力，将随着国际气候法律机制和气候谈判演进而形成的新国际法，不断丰富交易主体、完善交易机制、构建交易市场等，从而不断完善各国森林碳汇交易制度。

（二）基本内涵

诺斯认为“制度是一个社会的游戏规则，更规范地讲，它们是为人们的相互关系而人为设定的一些制约”，因此制度是约束和规范人们行为的规则及其执行和实现。交易制度是指导各交易主体在交易过程中利益分配、费用分摊、标的交割等核心过程的实施规则的执行和实现，主要包括产权界定制度、商品度量制度、市场交易规则和市场保障制度等四大制度。

森林碳汇交易与一般商品交易相比，具有明显区别，主要体现在：一是公共性，森林碳汇代表的排放权是排放空间容量的反映，具有公共性；二是流动性，只要建立起统一市场，森林碳汇代表的排放权这一属性在全球可以自由流动；三是具有虚拟性。正是由于这些特殊性，森林碳汇交易制度与一般商品交易制度相比，具有特殊性：一是政府创造的制度，只有当政府对排放空间提出要求以后，才会产生真正的需求方，因此森林碳汇交易具有很大的依赖性；二是一套由外而内、自上而下的制度设计，从现阶段来说，它是为完成全球、各国政府减排目标的公共目的而服务的一套制度设计，应当附属于全球和国家碳交易市场的制度规则之下；三是因其交易标的的无形，需要一套严格的计量、科学监测制度作为支撑；四是作为全球气候谈判博弈的结果，森林碳汇交易制度还具有发展性和不确定性。

一般来说，碳交易制度包括“五大制度和一大体系”，即总量限额分配制度、履约考核制度、交易制度、监测报告制度、登记记录制度和保障体系。其中总量限额分配制度是前提，履约考核制度是保证，交易制度是主要特征，监测报告制度是技术支撑，登记记录制度是系统支撑，保障体系是政策支撑。

森林碳汇交易作为碳交易中的重要部分，其交易制度至少应明确以下九大核心内容：一是森林碳汇指标与碳交易市场中排放权指标（又称排放配额）的关系；二是森林碳汇交易的标的是什么，森林碳汇的所有权、使用权或者二者打包，又或者其他；三是谁与谁可以交易，谁与谁不能交易，谁与谁可以在一定条件下进行交易；四是森林碳汇指标的有效期或履约期；五是森林碳汇指标的计量、监测、核查等；六是森林碳汇指标交易价格的形成；七是森林碳汇交易指标的入市登记和跟踪机制；八是违约的处理罚则；九是交易的保障体系。

三、全球典型森林碳汇交易市场的制度建设情况

（一）全球碳交易市场概况

碳交易指政府将碳排放达到一定规模的企业纳入碳排放权配额管理，并在一定的规则下向其分配年度碳排放配额，排放单位可以通过市场购入或售出多余的配额以履行碳排放控制责任。全球碳市场可分为两类：一是强制减排市场。它又有基于配额的交易和基于项目的两类交易：①基于配额的交易，即在“限量与贸易”（Cap-and-trade）体制下，购买由管理者制定、分配（或拍卖）的减排配额，如《议定书》下的分配数量单位（AAUs），或欧盟排放交易体系（EU ETS）下的欧盟单位（EUAs）。这类市场主要有欧盟的EU－ETS、美国的RGGI、新西兰的NZ－ETS等，通常是现货交易。②基于项目的交易。指因进行减排项目所产生的减排单位的交易，如清洁发展机制下的“排放减量权证”、联合履行机制下的“排放减量单位”，主要是通过国与国合作的减排计划产生的减排量交易，通常以期货方式预先买卖。二是自愿减排（VER）市场。这类市场相对宽松，尚未形成统一的国际标准，主要参与者是一些比较大的企业或机构。这类市场规模很小，有代表性的交易平台有新加坡亚洲碳交易所等。

（二）全球典型森林碳汇交易市场制度建设情况

1. 新西兰市场

新西兰是《公约》和《议定书》缔约方，应对气候变化一贯活跃。为实现减排承诺，同时推进国内企业清洁低碳发展，新西兰建立了碳市场。新西兰碳市场是典型的配额市场，其森林碳汇交易制度的主要框架如下：

1）制度基础

《议定书》+碳配额制度。按照《议定书》，允许新西兰根据缔约方会议制定的与土地利用、土地利用变化和林业活动（LULUCF）引起的碳排放和碳汇清除相关的方式、规则和指南，用1990年以来人为直接的造林、再造林和毁林活动引起的温室气体源排放和碳汇清除的净变化，来抵消其在《议定书》所承诺的温室气体减排指标。根据这一规定，新西兰把森林碳汇纳入碳交易市场，明确其任务是增加符合《议定书》规则的碳汇，市场鼓励通过造林活动获得碳排放配额，鼓励国家增强碳汇能力。

2）市场体系结构

其市场体系框架主要包括：一是覆盖气体和部门。逐渐管制《议定书》规定的6种温室气体排放。分别于2008年、2010年，管制林业、渔业、固定能源、工业生产过程和在

交通中使用的液体石化燃料等部门，2015年管制农业等部门。二是配额管理制度。超过排放配额的排放实体需要购买“新西兰单位”（一定数量的碳汇可兑换一个新西兰单位）履行市场义务。但特殊的是，新西兰对排放源免费分配一定的排放配额，如出口企业按排放基准的90%免费发放配额，农业则在2015~2018年享有2005年排放基准的90%的免费排放额度，当排放超过免费配额时，可以在市场（如从林业部门）上购买新西兰单位（每个25新元）履行超排义务。三是建立登记注册和监测计量系统。登记注册管理系统即中央注册系统，在新西兰被称为新西兰排放单位注册系统（NZEUR），它主要有四种功能：审查参与者身份、分配碳交易账户、核算参与者的排放情况、与外部注册系统连接。此外，还建立了监测计量核算系统，如为参与者核算碳汇划定碳核算区、制作排放情况报表，提供技术支持系统和专家咨询系统。四是完善制度保障。首先建立了交易媒介新西兰单位，其次参与者通过（中央注册系统）申报、登记、注册等一系列程序，再次交易过程必须被记录，交易碳汇必须按照农林部规则监测计量，最后交易必须受到有效监管和惩罚管制。

3）森林碳汇交易的主要制度设计

新西兰参与国家碳贸易计划的森林采取分类管理模式（图1）。

一是1989年后的森林，作为碳补偿提供方参与碳市场。对于1989年后的森林，政府管理目标是加强造林增汇，促进完成议定书目标。因此，规定1989年后林主可以根据其森林碳储量的增加，到碳市场申领相应的新西兰单位出售给需求方，赚取利润，以激励林主加大造林力度。基于这种考虑，碳市场对林主的管理主要有3种做法：第一，林主在碳市场登记注册，接受管理。第二，林主进行碳汇计量核算。这一过程林主首先需要由碳市场确认其森林可以纳入碳市场的范围边界，即进行林地合格性认定，在此基础上根据碳市场规定的碳储量计量方法，测量碳汇。新西兰为了节约碳市场交易成本，制定了简便的计量方法即查表法，特殊情况下才采用实地测量法（FMA）。第三，林主申请领取新西兰单位，应遵守两条规则：一条规则是申领后，以后若发生采伐，需归还所有已申领的新西兰单位，若已售出，则应在公开市场依当时市价买回归还政府。另一条规则是，毁林后即使再进行第二轮造林，但仍需归还第一轮造林所申领的全部新西兰单位，至于第二轮造林是否可将再次依（碳储量速查表）申领新西兰单位，则视以后的政策而定。

二是1989年前的森林（含1989年），免费申领新西兰单位的形式参与碳市场。对于这类森林，政府管理目标是避免毁林排放，防止其影响到京都议定书目标的完成。碳市场对1989年前的林主，免费分配新西兰单位以激励其保护森林。如合格的1989年前森林，并且自2002年10月31日并没有改变所有权的，每公顷可获得60个新西兰单位。政府为了支持1989年前森林的林主保护好森林，在分配新西兰单位的基础上，制定了四条细则，巩固激励：第一，若林主选择获得政府免费给予的新西兰单位，但采伐1989年前森林后不再补种，作为惩罚，需支付采伐当时，森林碳储存量乘以新西兰单位市场价格的总值。第二，采伐后再造林，将不再获得任何新西兰单位。第三，政府为维持碳市场稳定，防止套利，第一承诺期内，每新西兰单位价格设定25新元为上限。第四，选择

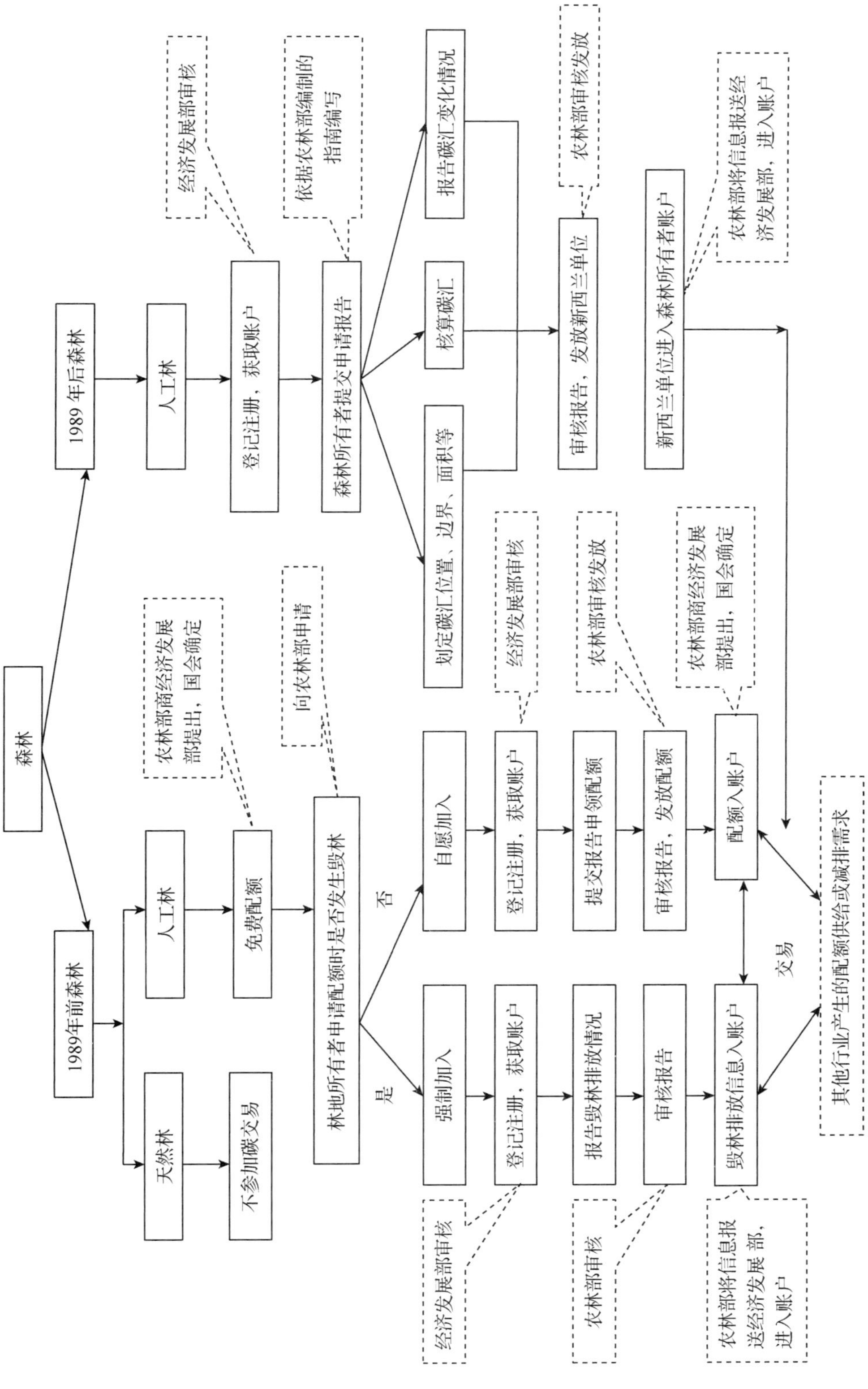

图1 新西兰林业参与碳市场流程

后若有采伐（如执行新西兰“联合采伐”决议）或发生自然灾害造成树木死亡，则需强制重新造林。

2. 美国加州市场

美国加州碳市场也是典型的配额市场。加州的经济总量为2.2万亿美元，相当于世界第八大经济体，也相当于中国经济总量的1/4，其GDP居美国各州第一，人口约3800万，也居美国各州之首，面积约42万平方公里。加州碳市场遵循循序渐进的建设原则，从2006年制定气候法案到2012年运行，历经多年探索。为了维护市场稳定运行，州政府精心谋划，完成了相关制度设计。

1）制度基础

加州碳市场的法律基础是2006年的《全球气候变暖解决方案法案》（AB32），要求在2020年将温室气体排放降到1990年水平，2050年再进一步减排80%。为实现这一目标，州政府批准了总量控制及交易计划，对区域内2013～2020年的排放设置了总量控制。

2）市场体系结构

一是基本制度安排。主要是3个方面：第一，体系设置。交易体系覆盖约350家企业和600多个设施。控排实体既可以用配额履约，也可以通过支持林业活动获得排放指标抵消其8%的碳排放限额（1吨碳汇信用相当于1吨CO_2当量）。为稳定碳价，空气资源委员会不仅允许配额交易、配额存储，还拨出配额总量的4%进入配额价格控制储备（Allowance Price Control Reserve），调节市场波动。第二，明确覆盖范围。2012年，加州碳市场启动，交易主体是年排放量超过2.5万吨CO_2当量的企业，覆盖了电力、炼油、钢铁、造纸、水泥、林业等行业。第三，制定照顾方案。政府决定排放许可的分配，尽量照顾高能耗和进出口行业，减轻其负担，避免企业外流。第四，罚则。若控排实体未实现减排目标，每多排放1单位的碳，必须上交4单位的排放额度。

二是设立配额制度。如法律规定，2016年的排放限额为3.661亿吨CO_2当量，2020年为3.1亿吨CO_2当量。具体到行业，工业企业90%的排放配额将免费发放，剩余部分通过市场拍卖进行出售。电力行业，其中电力输送企业可免费获得排放配额，发电企业则需购买排放配额。对参与实体，实行分阶段纳入：2013～2014年，排放超过2.5万吨CO_2当量的工业、电力部门；2015年以后，包括交通、住宅以及商用燃料等。

三是建立管理体制。空气资源委员会（ARB）是加州碳交易市场的领导机构，负责设计“总量控制与交易系统”和制定实施《气候变化领域规划》。它针对占全州碳排放总量80%的约350家实体，设置了排放总量上限，向这些实体发放可以在市场上交易的排放配额。

四是实行排放报告和验证制度。2009年1月起，加州碳市场覆盖的排放源需强制上报上一年度温室气体排放信息，进行排放点源和排放强度“大摸底”。上报的排放量必须通过第三方验证，并得到加州的认证。未完整或及时上报排放量将面临处罚。排放报告信息作为设置或调整 CO_2 排放上限的重要参考，为碳交易提供基础支持。

3）森林碳汇交易的主要制度设计

主要内容包括：一是森林碳汇交易采取碳抵消机制。碳抵消设有上限，企业用于合规的碳抵消指标不超过排放配额的8%。这意味着在2012~2020年期间，最高约2.3亿吨的碳抵消指标将进入该市场。

二是加州碳市场监管机构批准了四种碳抵消项目类型，包括林业、城市林业、消耗臭氧层物质和农业甲烷项目。这些项目产生的碳抵消指标，作为配额的替代形式，可用其满足控排实体履约要求。碳抵消具有相对优势，企业购买用来满足排放上限要求，比投资新技术减碳或购买碳排放配额的成本更低。碳排放配额的交易价格每吨12美元左右，而抵消额度的价格每吨在8~10美元之间。因价格优势，碳抵消项目表现出供不应求的局面，呈现良好的发展前景。自2012年该市场启动到2014年，林业项目已获得165万吨签发量（专栏1）。

专栏1

加州碳市场签发第一批林业碳汇指标

2013年11月13日，加州宣布签发碳市场启动以来的第一批林业碳汇信用，控排实体可以从交易市场购买碳汇信用，以抵消自身产生的碳排放，1吨碳汇信用相当于1吨二氧化碳当量。该项目名为威利茨森林项目（Willits Woods），位于加利福尼亚州的门多西诺县，距离旧金山市约150公里，属于森林经营类项目。项目开发方为Coastal Ridges LLC公司（项目业主），项目面积18008英亩（约11万亩），签发的减排量约120万吨，监测期从2004~2012年，所用方法学为气候行动储备森林项目协议（Forest Project Protocol，version 3.2），第三方核查机构为SCS Global Sercices。另外，加州还签发了缅因州的一个森林经营项目，减排量约24万吨 CO_2 当量。

三是加州碳市场碳抵消的主要运行机制是“协议制”，即碳抵消指标颁发给根据“加州空气资源委员会认可的抵消协议”运作的项目（图2）。协议内容包含项目的资格标准（确保项目的额外性），以及计量方法学、监管核查和执法要求。协议是碳抵消项目评估和判决的依据，界定了碳抵消项目的基本方法和实施步骤，并确定减少温室气体排放的效益。在协议基础上，针对本国林业碳汇参与加州碳市场，制定了美国森林项目协议，并由加州空气资源委员会认可后正式发布。美国森林项目协议又分为两种，美国森林项目遵约抵消协议；城市森林遵约抵消协议。美国森林项目遵约抵消协议允许三类项目，即再造林、改进森林管理和避免林地转换。再造林项目和改进森林管理项目可以位于私人土地上或州、市所有的土地上，但避免林地转换项目必须在私人土地上实施（特殊情况除外）。城市森林遵约抵消协议适用于三种类型区域内的城市森林，即城市区域、校园和公用事业单位管理的区域。

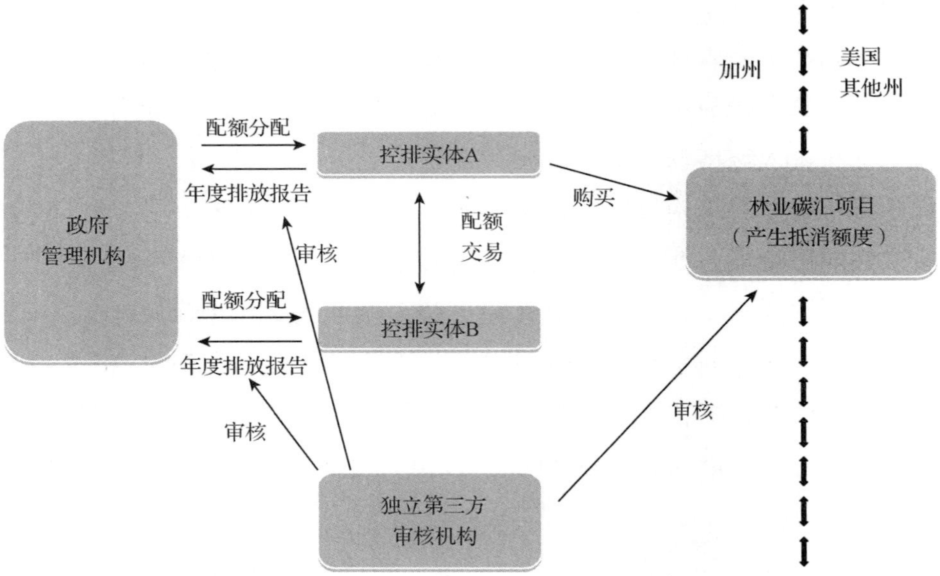

图2　加州碳市场林业参与示意图

四、我国森林碳汇交易制度建设：基本制度安排和适用性分析

（一）我国森林碳汇交易的基本制度安排

目前，我国森林碳汇交易类型主要包括三种：CDM项目、CCER项目和其他项目。前两类项目采用的方法学比较严格，政府介入相对较深，第3类项目相对宽松。三类项目程序大体一致：项目设计（包括计入期内减排量预估）—审定—注册备案—实施—监测—核证—碳减排量备案签发—市场交易；但CDM项目需要EB认可的第三方机构进行审定与核证、项目碳减排量可在国际碳市场上交易；CCER项目需国家发改委备案的DOE进行审定与核证、项目碳减排量可在国内流通；其他项目选择的方法学、认证标准等相对灵活。以下对目前各方比较关心的试点碳交易即林业CCER项目进行分析。

我国试点碳市场建设处于起步阶段，相关制度设计还在摸索，特别是森林碳汇交易制度设计还在完善。我国碳市场的主要模式，是采取总量限额下的碳配额分配交易管理。目前，试点7省份碳交易都采取总量限额的配额管理模式，交易气体都是CO_2，交易主体略有不同，有的为年排放2万吨CO_2当量及以上的单位（如广东），有的为1万吨及以上的单位（如上海）。从参与的排放单位数量看，各地略有差异，北京约覆盖200家，上海约190家，广东约覆盖442家。市场交易标的为CO_2直接排放权和间接排放权以及由中国温室气体自愿减排交易活动产生的中国核证减排量（CCER）。市场主要以配额为主线，通过配额分配和管理，对企业排放进行管理。分配根据行业基准水平、减排潜力和企业历史排放水平，采用基准线法、历史排放法等方法确定。在前两年一般采取免费分配，以后逐步增加拍卖分配的数量。管理主要是相关部门根据违规碳排放量，对排放单位超出配额许可范围进行排放的主体，按照市场均价的 3～5 倍予以处罚。

我国试点碳市场森林碳汇交易模式，都采取碳抵消机制。7 省份的碳市场纳入林业的唯一接口是，允许森林碳汇通过核证后获得的中国核证减排量(CCER)入市交易，CCER 可作为清缴配额用于履约，抵消企业部分实际排放量。但一般都有上限限制，北京是 5%、广东是 10%、上海为 5%，同时，北京规定 5% 中本市辖区内项目获得的核证自愿减排量须达 50% 以上，广东规定 10% 中的 70% 需来自本省核证项目(表 1)。森林碳汇纳入碳市场的主要法律依据是国家发改委发布的碳交易管理办法、《碳排放权交易管理条例》及配套实施细则、各省市碳交易管理办法以及《中国温室气体自愿减排交易活动管理办法》。

表 1　国内部分试点省份碳交易制度安排及林业参与碳交易的接口

		北　京	上　海	广　东
覆盖范围	交易气体	CO_2	CO_2	CO_2
	交易主体	2009～2011 年，年均直接或间接 CO_2 排放总量 1 万吨(含)以上的固定设施排放企业(单位)	2010～2011 年中任何一年钢铁、石化、化工、有色、电力、建材、纺织、造纸、橡胶、化纤等行业 CO_2 排放量 2 万吨及以上的企业；航空、港口、机场、铁路、商业、宾馆、金融等行业 1 万吨及以上的企业	省行政区域内电力、水泥、钢铁、陶瓷、石化、纺织、有色、塑料、造纸等工业行业中 2011～2014 年任一年排放 2 万吨 CO_2(或综合能源消费量 1 万吨标准煤)及以上的企业
交易标的		CO_2 直接排放权和间接排放权和由中国温室气体自愿减排交易活动产生的中国核证减排量(CCER)	CO_2 直接排放权和间接排放权和由中国温室气体自愿减排交易活动产生的中国核证减排量(CCER)	CO_2 直接排放权和间接排放权和由中国温室气体自愿减排交易活动产生的中国核证减排量(CCER)
总量控制			依据市"十二五"期间经济增长速度、国家下达的碳排放强度控制目标以及试点企业碳排放量占全市比例，控制上海市试点范围碳排放配额总量	按照碳排放强度逐年降低、碳排放总量增幅逐年降低和相关约束性指标的要求，结合经济社会发展实际，科学合理确定全省、各地市碳排放总量目标
配额分配		2014 年和 2015 年排放配额分别根据上一年度排放水平计算确定，在每年 5 月前发放。"十二五"期间，除免费发放的配额外，政府预留少量配额，拍卖分配	基于 2009～2011 年试点企业 CO_2 排放水平，兼顾行业发展阶段，适度考虑合理增长和企业先期节能减排行动，按各行业配额分配方法，一次性分配试点企业 2013～2015 年各年度碳排放配额。对部分有条件的行业，按行业基准线法则进行配额分配。试点期间，碳排放初始配额实行免费发放。适时推行拍卖等有偿方式	控排企业年度配额，根据行业基准水平、减排潜力和企业历史排放水平，采用基准线法、历史排放法等方法确定。发展改革委要根据控排企业 2010～2012 年 CO_2 历史排放情况，结合所属行业特点，一次性向控排企业发放 2013～2015 年各年度碳排放权配额
配额管理		通过注册登记系统对排放配额及配额发放单位履行控制碳排放责任情况进行信息化管理。排放配额的发放、持有、转移、变更、上缴、转存、注销在注册登记系统中登记后生效	试点企业通过交易平台购买或出售持有的配额，并在每年度规定时间内，上缴与上一年度实际碳排放量相当的配额，履行碳排放控制责任。试点期间，试点企业碳排放配额不可预借，可跨年度储存使用	控排企业配额实行部分免费发放和部分有偿发放，并逐步降低免费配额比例

（续）

	北　京	上　海	广　东
监测、登记和核查		试点企业与报告企业应于规定时间内提交上一年度企业碳排放报告；第三方核查机构对试点企业提交的碳排放报告进行核查	
注销和惩罚	排放单位超出配额许可范围进行排放的，相关部门可根据违规碳排放量，按照市场均价的3～5倍予以处罚		虚报、瞒报或者拒绝履行碳排放报告义务的，处1万元以上3万元以下罚款；未足额清缴配额的企业，拒不履行清缴义务的，在下一年度配额中扣除未足额清缴部分2倍配额，并处5万元罚款
林业参与机制	基线信用抵消机制	基线信用抵消机制	基线信用抵消机制
林业参与媒介	CCER	CCER	CCER
林业参与开口大小	≤5%且北京市辖区内项目获得的核证自愿减排量须达50%以上	≤5%	≤10%且70%来自广东省

（二）国际森林碳汇交易制度在我国的适用性分析

根据“新西兰模式”和“加州模式”两种路径的分析，结合我国国情和减排形势，在试点阶段以及未来短期内，林业碳汇纳入碳交易市场以碳抵消模式较为合适，待交易系统完善、立法基础建立、调查数据等能力建设完备之后，再试行其他模式（表2）。主要理由如下：

表2　我国适用两种碳交易机制的比较

	优　势	劣　势	适用条件	我国条件
加州模式	（1）已有成熟的项目经验积累 （2）符合中国“以发改部门牵头的”行政管理体制 （3）有利于降低减排成本 （4）可供所有主体履约使用，流动性好 （5）碳汇减排量与CCER之间的换算已具备法律基础和操作经验	（1）规则比较复杂 （2）确保额外性难度较大 （3）一般都有上限限制，市场规模有限，市场远景不佳	（1）林业部门的碳汇潜力很大 （2）实质性减排的压力很大	（1）人工林多碳汇潜力大 （2）实质性减排压力大 （3）交易系统尚不完善 （4）交易立法尚在探索 （5）数据基础尚在形成 （6）计量监测体系仍在完善 （7）交易管理“发改部门牵头” （8）林权公有和私有共存 （9）采伐限额约束
新西兰模式	（1）有利于实质性减排 （2）有利于统一标准 （3）有利于建立公信力碳减排标准	（1）义务较多，可能导致市场冷清，不能实现减排目标 （2）不能供所有主体使用，流动性差 （3）管理体系和交易系统尚在摸索中 （4）碳汇减排量与配额之间的兑换比例尚缺国际认可的“公信力”换算办法	（1）议定书等立法强制林业部门参与控排 （2）林业部门现实或潜在的排放压力很大 （3）登记注册等交易系统已较为完善	

(1)不具备立法进行配额交易的基础条件。对林业碳汇实行碳配额管理的新西兰，其重要的基础条件是《京都议定书》的立法管制，按规定，允许其“根据缔约方会议制定的与土地利用、土地利用变化和林业活动(LULUCF)引起的碳排放和汇清除相关的方式、规则和指南，用1990年以来人为直接的造林、再造林和毁林活动引起的温室气体源排放和汇清除的净变化，来抵消其在《议定书》所承诺的温室气体减限排指标”。我国尚未承担国际减排义务，这一规则暂不适用。

(2)从市场供需关系看，目前碳交易试点市场采取碳抵消模式的减排需求量与林业碳汇供给量可以实现短期平衡。我国目前各省市碳交易试点的总量控制目标仍在探索确定中，国家总量数据尚不清楚，难以分析。本报告用北京和加州比较进行估测，北京的人口相当于加州的一半强，GDP相当于1/6，排放总量数据不详。按照加州的配额总量估计(同时按照8%的最大口径估算)，北京市每年可用于抵消的规模至少达百万吨CO_2当量以上。从供需两方面看，北京市碳汇供给与碳交易试点市场的关系，可以实现平衡：第一，从供给看，经测算，北京市当前符合CCER方法学开发要求的碳汇营造林工程总碳汇量达到390多万吨/年，而尚不符合CCER方法学开发要求但具有碳汇生态价值的碳汇量达160度万吨/年。第二，从需求看，2013年配额发放约4500万吨[①]，按照“允许参与主体通过项目交易获取核证自愿减排量(CCER)抵消不超过5%(且50%来自本地)的配额”的规定[②]。供需大体相当。

(3)碳抵消模式符合目前林业碳汇的特征。实施配额管理的另一个前提条件是，林业部门现实或潜在的排放压力很大。新西兰实施配额管理的背景在于，它是一个农业国，人口少，密度低，人均能源消耗相对较高，其碳排放源主要是农业和能源部门。林业部门约抵消了农业、能源、工业加工和废弃物排放总和的28%，是抵减排放的“箭头行业”。基于林业部门较强的抵减排放能力，政府将其首先纳入碳市场。我国由于林权、林龄、树种结构与新西兰有差异，森林碳汇交易上能否立竿见影释放新西兰林业如此大的抵减能力，激发大量的私有林主参与交易，仍存在不确定性，因而，以碳抵消方式开展试点尝试，比较适合目前的碳汇能力。

(4)试点碳交易的市场体系、管理办法、数据基础、监测计量等方面都还在探索，而碳抵消方式基于其在多个国家积累的经验，在现阶段适用于我国市场。分析对林业碳汇实施配额管理的国家，完备的碳汇调查数据库和方法技术、完善的登记注册交易系统、多种交易指南等管理工具，这些在试点阶段还不具备，对配额管理的技术支持还不完善。同时，碳汇减排量与配额之间的兑换，以及兑换后抵扣当地政府管辖范围排放配额的方法，还缺乏国际认可的具有“公信力”的换算办法。另外，实行碳抵消机制，具有国家发

① 数据来自 http://ideacarbon.org/archives/21927。

② 《北京市发展和改革委员会关于开展碳排放权交易试点工作的通知》。

展改革委《温室气体自愿减排交易管理暂行办法》的法律基础，已建立起“1吨配额还是1吨抵消机制的碳信用”具有相同履约功能的“公信标准”，也符合我国“以发改部门牵头的”行政管理模式。总之，报告建议采取（实践中也正在实施）类似于美国加州的森林碳汇交易模式，其突出优势适合目前的国情，有利于促进实质性减排。但这一模式也亟须完善调整，这种模式下，由于林业接口单一、程序复杂、再加上5%的限制，导致我国世界第一人工林大国的碳汇优势很难发挥出来，生态建设效果难突出，林业参与主体少，农民受益面窄，社会效益不强。

五、我国试点森林碳汇交易制度完善分析

（一）存在问题

国内首例林业碳汇CCER项目是广州长隆集团的碳汇林项目，项目造林规模为1.3万亩。2014年3月30日，长隆碳汇林项目通过了国家发改委备案的自愿减排交易项目审定，以及经第三方核证机构中环联合（北京）认证中心有限公司（CEC）负责的独立审定，按项目申请，可计算的CCER预计年减排量（净碳汇量）为17365吨CO_2当量。当年7月21日，广东长隆碳汇造林项目通过国家发改委的审核，成功获得备案。

但林业CCER项目发展仍受到约束，主要表现在5个方面：①门槛多。各试点都从项目时间、来源地、类型和类别等对CCER准入设置了较高的门槛。广东省规定，控排企业只能使用占配额不高于10%的CCER用于履约，并且所使用的CCER中70%必须为广东所产生。对于CCER使用的约束，在国内其他试点城市也是如此，在北京，规定更是只有5%。大大限制了林业项目开发空间。②成本高。碳汇项目申请资质要求高，严格要求地块质量，程序多、中介咨询收费高，导致交易成本较高。项目区林业部门为了减少交易成本，更愿意与林地所属的村集体签订协议，由集体统一经营，从而降低了林农参与的积极性。另外，森林碳汇项目依靠政府补贴，平均每亩造林补偿约350元，只够当年造林和第一次抚育资金使用，难以补偿碳汇造林成本。③有效需求量低。森林碳汇需求者主要集中在强制减排企业，均属于大型的国有企业，这使得企业参与度较低，获得的减排需求量较少。同时，森林碳汇的市场替代品种类很多，容易被其他类型的CCER项目替代。④亟须明确产权归属。产权清晰度是碳汇交易的前提条件，在碳汇交易中，碳汇的实施主要依靠林业部门，而在具体交易中，林业部门的效益并无保障措施，比如其税赋问题、造林及再造林的合同手续等相关问题，这就增加了碳汇交易实施难度。⑤林业碳汇交易的相关保障性法规缺乏。林业碳汇项目开发与管理中存在操作流程复杂、计入周期长、不确定性高、碳汇商品定价难、项目收益不易保障等问题，都没通过CCER机制得到很好解决，预计未来推进国家备案签发大量项目减排量工作存在较大难度。

（二）完善分析

为了打破CCER林业碳汇项目交易困境，应从3方面下手：①加快立法进程，约束减排实体，破解需求不足问题。当前森林碳汇交易尴尬的症结主要还是需求不足，加之项目实施成本较高，导致交易市场比较冷清，亟须加快立法进程，将更多的控排实体纳入碳交易市场范围，解决根本性问题。②抓住要点，简化流程，加快推进林业CCER项目实施面。鼓励和引导开展林业CCER项目交易，厘清操作管理流程和重要技术环节要求，依托各地林业部门提供管理和技术支撑，降低项目开发与交易成本，提高项目开发的针对性，广泛寻找减排量买家，保障项目长期收益，促进开展生态保护及循环利用。实行差异化的交易策略，适当提高林业项目减排量的交易价格；允许林业碳汇项目减排量通过科学计量审定后，把整个计入期内所产生的减排量以期货形式提前交易。③政策激励。积极为林业自愿减排项目拓展市场空间，严格控制碳排放初始配额分配和配额交易，提高核证减排量在履约交易中的比例。加大对林业自愿减排项目的政策扶持力度，明确林业类自愿减排量在履约配额交易中的比重。

通过对林业碳汇参与碳市场不同制度安排得比较，结合国情，总结了林业碳汇参与试点碳交易市场的抵消机制安排设计，主要涉及9个方面：设计原则、交易范围、碳汇产权管理的基本原则、森林碳汇碳信用权交易的基本规则、碳汇减排信用权的有效期、森林碳汇的核算认证总原则、入市登记注册基本程序、违规处罚罚则。

1. 设计原则

林业碳抵消机制的设计原则有一些共同点，但也有不同的侧重点，规定的方面也详略不同。归纳起来，设计原则主要有4个重点。

（1）设定上限限制。从中长期来看，抵消机制一般都设定控排企业可购买林业抵消项目信用的一个上限，不得超越，激励工业和能源真实促进减排活动。该上限的设定，一般考虑两个因素：一是给予林业碳汇的抵消项目充分参与的空间，为控排企业在中短期减排中挖掘灵活履约手段，维持其就业吸纳的发展潜力；二是上限也不能设置较松，给控排企业一定的紧度，促进其转型。但是，减排计划的初期（第一个履约期或过渡期），不宜设置上限，这样，保持多样化尝试，便于降低减排成本，同时，也可以通过碳价的发现，促进减排的经济成本值。

（2）政府规定和市场引导结合。注重发挥市场机制作用，在提高碳抵消信用权流通效率和优化配置的同时，强化政府在碳抵消信用交易中的认证、核算、监督功能，保证控排目标责任的落实，并建立一定的保险、储备机制，确保碳抵消机制处于可控状态。事实上，国际上设有碳抵消机制的强制碳市场，都是在传统的“命令—控制”阶段上经历多年的探索（如加州设计了两个三年期探索），再过渡到“总量—交易”阶段。但在过渡期，碳抵消机制表现出两大共同特征：一是碳汇项目碳减排量的认证、核算规则由政府确定，并处于动态调整完善阶段；二是双方交易的合同由政府规定基本内容，确保碳汇项目的大气减排贡献和碳汇收益的公平分享。

(3)逐步推进，循序渐进。这一原则体现出改革试验的特点，总的原则是“稳”。如加州对参与的森林项目具有严格限制，也对不同林业项目参与的先后进程进行控制。原因主要是，一方面防止市场波动；另一方面，探索项目风险管理机制。

(4)差别对待。主要是对各类森林项目实行差别化管理，即造林项目、森林经营项目的实施细则、认证条件、核算规则和交易上实行差别化管理。

2. 交易范围

碳抵消机制覆盖范围越广，边际减排成本多样性也就越高，从而使减排成本更低，机制更有效。但是，现实情况下，即使将森林全部参与，也无法保证最有效的减排效果。而且，有些森林的碳汇潜力相对较小，如果将其纳入交易体系，减排收益可能远低于增加的管理成本。加之我国增加森林面积的潜力有限，森林碳汇的潜力主要在提高森林质量的经营活动上，将森林碳汇逐步纳入市场较为合理。因此，制度设计要在“保障市场具有充分参加主体”和“降低交易成本”的双因素下平衡。基于该原则，设定交易范围准入门槛较为合适。可以考虑将项目分类为造林和森林经营两大类：①造林项目适用于2005年以来无林地上的造林活动，并不低于一定面积，确保项目碳汇量不低于一定规模，具有交易价值；②森林经营项目适用于已有公益林的管理活动(在2005年后开展的活动)，并不低于一定的面积。另外，对于已经开展但未成交的碳汇项目，如清洁发展机制或其他合作的前期准备项目，已具备较好的基础条件，可优先进入市场，但项目不能“一物两卖”。总之，森林碳汇参与碳排放交易机制交易主体的选择应该坚持抓大放小、逐步推进的原则。

3. 森林碳权确权

1）确权总原则

首先分清两个基本概念，森林碳汇产权和森林碳汇项目的碳信用权。前一个概念指的是碳汇项目未经市场登记注册，由经营者、村集体和农户等林地林木所有权主体拥有的碳汇产权，实际上指的是森林碳汇资源的所有权。后一个概念专指碳汇项目经市场登记后，用于控排企业履约的排放权。两种产权都坚持以下总原则：

一是坚持谁经营谁所有。依据法律，森林资源归国家或者集体所有；林木既可以归国家、集体所有，也可以归公民个人所有；林地归国家或者集体所有，但公民可以依法享有林地承包经营权。森林碳汇项目按照碳市场的规范合同签订后立项，立项后，森林碳汇项目的碳信用权归经营方所有，相关权利义务按照规范合同进行交易和管理。

二是坚持林木所有权和森林碳权统一于一个主体。森林碳汇产权应该与农村林地承包制度衔接起来，做到人、地、林、汇、权、证相符，碳汇收益随着碳汇所有权进行分配，落实到林子、地块、人头。

三是坚持登记确权管理。坚持项目实施前经主管部门备案并在主管部门指定的注册机构正式注册，项目实施后产生的核证减排量在碳交易系统(或登记簿)确权登记，确权管理关键要抓住“三证齐全”方可入市登记，即项目实施经相关业务主管部门的“许可证”，项目报告后经第三方机构确认的“核查证”，以及注册机构颁发的“CCER 碳汇证(或碳汇项目的碳信用证)”。

2)确权的主要依据

报告假设了三种典型的碳汇经营模式，针对每种模式，提出了森林碳权确权的主要依据及需要重点解决的主要问题。

【模式一】一人租地经营。该模式的基本特征是某人租赁林地，经营碳汇林以及其他商品林或生态林，利益和风险均由其享有和承担。针对这种模式，分析全球森林碳交易的过程，可以发现两点：①森林碳汇项目的碳信用权与林权的主体可以分离，但是森林碳汇产权的主体与林权的主体一般是统一的。②这种模式下，森林碳汇产权的确权依据是林权和租赁合同，其无需在碳市场登记注册就能自动生效，受法律保护，只不过其不具有碳排放权的使用价值，反映的仅是碳汇资源对应的生态价值，当然，国家对其保护的范围既包括碳交易价值也包括其他生态价值，国家保护森林碳汇产权的所有、占有、使用、处置和收益的权利。森林碳汇项目的碳信用权的主要确权依据是碳市场的碳标准、林权证书、租地合约和碳市场认可的碳交易合约，确权过程是碳市场登记注册和计量监测，登记成功即生效，碳市场仅保护交易性碳汇资源的占有、使用和收益的权利(未经登记，不予保护)，但是，对其规定了某些惩罚条款作为取得登记注册所有权的对应义务(毁林产生排放需上交罚金)。对于森林碳汇项目的碳信用权，以购买的碳汇产权证书和碳交易合约作为碳权保护的依据，但仅以参加碳市场保险或执行风险管理计划的范围作为全面保护或部分保护的对象。森林碳权的所有权要求碳汇出售方(也就是承租土地方)按照合约规定履行碳汇保护规定。

对于这种模式，其森林碳权确权和流转的问题相对单纯，由于牵涉主体和投入资产单一，其中涉及的法律纠纷较少，按照以上载明的确权依据可以解决其碳权管理的主要法律问题。但这种模式下，需要特别关注森林碳权的保护问题，主要是承租方与出租方在租赁合同中要明确载明碳汇减排项目归承租方所有，并且林地租赁合同需要规定特别长的期限，满足碳市场对碳汇长期性经营的要求，稳定森林碳权。尤其是“当森林碳汇的碳信用权已经出售给减排企业，而租地合同即将到期的”情形下，应当规定承租方有权在同等条件下续租林地，或者出租方要重新出租改变林地用途，那么他需要为承租方承担碳市场附加的惩罚性义务。

【模式二】多人出资租地经营。这种模式的基本特征是多人出资租赁林地，经营碳汇林以及其他商品林或生态林，利益和风险均按照出资折股作价的比例承担。其固碳权归租地经营者共同所有，按照合同约定的投资比例分配产权份额。森林碳权，也由租地者所有，也按照投资比例确认产权，并发放认可的碳汇产权证书。而森林碳权的所有权属于购买方。

分析全球森林碳交易的过程，可以发现两点：①森林碳汇产权可以在多个租地经营者之间分割，分割后的碳权确权依据是林权证和投资比例的股权文书（林地按照折股价换算为投资比例）。②森林碳汇项目的碳信用权的主要确权依据是碳市场的碳标准和投资比例的股权文书，以及碳交易合约。

对于这种模式，投入资产是同质的、都为资金，不存在土地溢价、无形资产投入虚增评估价值等极易引起法律纠纷的因素，因此，可以按照以上载明的确权依据解决其碳权确权和流转的主要法律问题。对于其碳权的保护问题，与模式一类似，需要对林地租赁合同作出特殊规定。

【模式三】多人出地合伙经营。这种模式的基本特征是多人出地经营碳汇林以及其他商品林或生态林，利益和风险均按照出地折股作价的比例承担。其碳权归租地经营者共同所有，按照合同约定的投资比例分配产权份额。森林碳权的确权，由于存在合伙协议在前、森林碳权确权在后的影响，相对较为复杂。因为，森林碳权需要经过碳市场的土地合格性和森林合格性核查后，才予认可。这里，举例可以理解其产权界定的复杂性。假定A和B共同出地经营，各占100公顷（显然，200公顷森林对应的广义森林碳汇产权由A和B各占一半），最后经过碳市场确认，200公顷中仅有80公顷合格，其中A的100公顷中有60公顷，B的100公顷中只有20公顷。假如按照出地比例，则森林碳权的数字表达就是A和B各为40公顷，即A、B各占50%，但这与实际情况不符，实际是A占75%，B占25%。产生这种差异的原因是森林碳权较固碳权的确权时间滞后，确权标准不同。到此，森林碳权的确认就不能完全依据出地比例。

对于这种模式，按照法律规定，森林碳权应当根据出地比例分配，但是，研究认为，这种分配方法不具有公平性、也不具有可持续性，不利于碳汇项目的长期性，因此，建议建立事前评估机制，合伙双方首先将其土地提请专业机构完成碳汇潜力评估，再综合考虑土地面积和碳汇潜力评估值两个重要因素，确定实际的投资比例，作为确定森林碳权的重要依据。

4. 森林碳汇产权利益分配管理

1）利益分配要关注激励和约束机制

森林碳权的维护周期长、地域有特殊性并且是开敞空间易受自然界和利益群体干扰，其相关利益群体也较多。这些特殊性，对森林碳权最终能为企业发挥减排作用，产生预期的产权效率，一方面需要补偿相关利益群体的机会成本，另一方面需要降低参与过程的交易成本，此外，还需要严格监督生产过程。因此，其产权机制设计是一种约束和激励平衡的机制，而工业减排过程主要是一种激励减排、能源效率替代的产权机制。

一是从约束机制看，主要是在森林法和专门交易法中设计条款，补偿机会成本减少利益群体的干扰，如设计补偿机制减少采伐，设计争端解决和申诉机制减少采矿权和征地权的干扰，特别是要进行法律效力界定，当森林碳权与征地权、采矿权冲突时，如何处理。根据碳权交易的4个主要环节，逐一分析如下：①取得环节。有两项工作：一是现阶段以合同约定管理，未来再突破“物为有体物”的物权基本原则。最好的约束利益相关群体干扰行为的机制，就是以物权立法保护碳权，这需要突破物权对“物为有体物”的限制，这在短期内可能难以实现。因此，现阶段建议以合同约定取得碳权。二是权属公示。“林权的清晰界定是交易森林碳汇服务的前提和基础。”保障交易安全，需要科学的公示制度。②登记环节。目前，《中华人民共和国森林法实施条例》规定的是“登记生效主义”，《中华人民共和国物权法》《中华人民共和国农村土地承包法》是“登记对抗主义”。《中华人民共和国森林法实施条例》第6条规定，“改变森林、林木和林地所有权、使用权的，应当依法办理变更登记手续”。而根据《中华人民共和国物权法》第129条、《中华人民共和国农村土地承包法》第38条，土地承包权的变动采取“登记对抗主义”，即未经登记，不得对抗善意第三人。为了促进规范的碳交易、减少第三方纠纷，完善约束机制，建议根据《中华人民共和国森林法实施条例》采取碳权“登记生效”原则。③流转环节。目前，《中华人民共和国农村土地承包法》等在林权流转的主体方面，流转的出让方、受让方都受到不同的资格限制；客体方面，则在林种、权种、承包方式方面遭受诸多限制。我们认为，森林碳权是在碳市场登记注册后，对林木的利用并不以攫取地权为目的，且不涉及地权变动甚至不影响林木所有权的一种用益性处分，法律应对此大力支持并加以规范。这种目的的流转主客体可以放宽，进一步规范和保护。④保护环节。目前，在林农权益保障方面，《中华人民共和国森林法》规定的“作价入股”“合资造林或经营”“合作造林或经营”等，有利于促进平等，但还不够细致，如农户与碳汇项目经理人之间存在委托——代理关系，信息不对称，需要建立约束机制减少经理人代理寻租。这就一方面需要评估机制，公允估价碳汇的未来价值，另一方面需要申诉机制，降低门槛并公平处理纠纷。

二是从激励机制看，主要是在森林法和专门交易法中设计条款，尽可能减少交易成本降低农户特别是小农户参与的门槛，共享碳汇生态收益，促进流转，如设计保险或担保机制促进林地、林木集中，设计奖励机制促进造林等。根据碳权交易的主要环节，逐一分析如下：①取得环节。主要是权力设计灵活。碳汇林要以一定的面积和规模为条件，这要求林地、林木的自由变动与相对集中，《中华人民共和国森林法》名义上把林地与林木区别开来并分别设立相应权利，但法律实践中却普遍拒绝林木脱离土地的单独交易，采取“林随地走”的处理方式，“在权利流转时，林地的使用权与林木所有权必然同时转移”，从而把林木与林地捆绑。在林权流转方面，现行法对主体、客体都施加了障碍。这些都对森林碳汇生产要素集中造成障碍。为了激励碳交易，需要明确碳汇归属及其变动规则，明确规定森林的固碳权与林地、林木的不可分离性，属于出租人，出租人以此为股份获得碳汇收益。而承租人经碳市场登记后则可以承租大量林地获得与林地分离的碳信用权，出售给碳排放企业，但承担相应义务。②登记和流转环节。主要是明确经登记后的小林主的合法流转权，并且为激励其多参与碳交易，需要建立小林主之间的林农组合机制、委托第三方经营机制。③保护环节。主要是建立保险和担保机制。

2）利益分配方案的设计

森林碳汇产权的利益分配管理与政府森林碳汇管理的政策目标紧密相关，这些目标主要包括环境目标（减排效益、森林面积）、经济和福利目标（农民收入、社会和谐）。以环境目标为主、以福利和经济目标为辅，是当前森林碳汇产权的利益分配管理的落脚点，并且，项目运行管理中的信息完全程度也决定政策目标实现的偏差，影响到分配方案的设计（表3）。

表3　森林碳汇产权利益分配的决策信息表

		碳汇补偿价格	森林面积	减排效益	农民收益	政府收益
固定收益型	环境目标	1 低 2 中 3 高	碳价格越高面积增加越快（但面积增长已很有限）	碳价格越高企业减排动力越低	无	在森林面积增长有限的前提下，环境目标一般
	经济和福利目标	1 低 2 中 3 高	碳价格越高面积增加越快（但面积增长已很有限）		不变	经济目标一般
按股分红型	环境目标	1 低 2 中 3 高	这两个目标都与农户和代理人的博弈信息有关		无	视博弈结果而定
	经济和福利目标	1 低 2 中 3 高			随碳补偿标准而提高	碳价越高，全社会的福利目标不一定最高

由于森林碳汇项目一般都要求具有一定的规模、先期资金投入量大、负债运行周期较长，这些都是单个农户难以承担的。根据经验，目前碳汇项目运行有以下特征：一是森林经营增汇较为突出，森林面积扩大受限；二是以政府投资的项目增汇潜力最为显著；三是以政府带动+农户参与的模式较为成熟，已成功运作多年。为此，建议碳汇收益分配采取3种途径：①控排企业购买的收入分配。②公众自愿购买的收入分配。③碳市场按一定百分比提取基金的市场分配。鉴于森林生长的特点，以及现阶段林龄特征，为了扶持林业碳汇，激励其在2020年后通过森林经营活动提供逐年增大的碳减排功能，建议考虑设计一种动态的增长分配方案，即考虑采用递增的百分比公共基金分配方案进行激励，但可设计一个合理化上限。

具体的分配方案：按照一定的比例在项目主管部门和农户之间进行分配，其操作可按以下2种形式：①固定收益型。即碳汇项目给当地村组一定资金，由相关林业部门组织中介经营管理。这样，农户每年收取固定收益，不承担碳汇项目失败的风险。实际上，农民已是“甩手掌柜”，不具有碳权。由中介组织完全享有碳汇权利，承担相应义务。这样做的好处是经济和福利目标突出，但由于农户与利益不直接挂钩，环境减排目标不一定能确保。②按股分红型。农民按照入股份额对碳汇收益抽取一定比例的分红，农民负责建好管好林子。这种模式按照法律规定，各方根据股份比例确定其占有碳权的份额。建议在进入碳市场前，对碳汇协议签订补充协议，约定各方占森林碳权的比例。这种类型实际上是一种"公司领办型"模式，公司是控股大股东，主导发展，农民按股参与，由于力量不均衡，如果制度不完善，导致制衡缺失，这种类型就容易产生两种问题：一种是侵害农民利益的现象。农民对自己所有的那部分碳权，仅享有所有权、收益权，不具有交易决策权，比如，当碳市场采取浮动价格制时，中介组织可以决定卖给谁，而农民却无权决定或者其决定无效(如按照股份投票表决)；另一种是公司或农民，都没尽到最大努力管理森林，导致碳汇收益没有达到预期目标，双方产生纠纷。对于这两个典型问题，碳汇产权的分割尽管都很清晰，但却不稳定，不能长期存在，也就不能长期维系支持碳市场的运转，失去了基础。为此，对于第一个问题，建议建立碳市场免费评估机构，对面积很小的林主，免费提供碳汇潜力和碳汇估价服务。另外，推行交易后价格公示制度。目的是，降低监督成本，让农民对碳汇中介代理组织形成"零成本"监督。对于第二个问题，建议建立利益与绩效挂钩机制，规定由于管理不善，造成碳汇预期效益低下、亏损严重的行为，追究代理人责任；同样对于代理人认真负责，充分行使职能，带来了高收益，应当给予奖励。

5. 森林碳汇碳信用权交易的基本规则

由于森林碳抵消项目减排量信用与政府分配配额的形成机理不同，建议对森林项目的碳信用权参与市场交易的情况采用如下规则：一是国家为森林项目签发碳减排信用证书的同时，应该相应扣减项目地的配额(在外地实施的森林项目但在某省市场交易，相应地抵扣当地的配额)，实施森林碳减排项目的非履约企业，向国家申请签发森林项目碳信用证书时，应该得到当地主管部门的批准。二是某省分配的配额和在当地的森林项目的碳信用权在履约时等价，即对于履约主体而言，其履约时向上级政府无论提交 1 吨 CO_2 排放量的政府分配配额还是 1 吨 CO_2 减排量的森林项目减排信用，履约功能上是相同的，而此时项目减排信用的功能是帮助履行主体抵消部分履约责任目标。三是在某省交易系统中，分配的配额和森林项目减排信用权具有不同的标示，对于某个市场主体，其账户中持有的两种履约工具是分开记录、交易和履约的。四是持有某省森林项目减排信用权的市场参与主体，可以和包括政府在内的任何市场主体开展交易，但是配额在不同主体之间交易要受到规制。五是由于森林项目减排信用"额外性"在某些情况下无法完全得到保障，同时为鼓励履约主体自身采取更多减排措施，建议为履约主体设定使用森林项目减排信用权抵消其履约目标的比例上限，如 5% 以内。所以，实际交易过程中森林项目减排信用权的经济价值比分配的配额要低。

6. 碳汇减排信用权的有效期

一般来说，森林碳汇基期确定需要针对不同的森林活动建立起对应的森林清查数据库，如对森林抚育、林产品的储量变化的数据，但目前在这些方面的详细数据较为缺乏，同时考虑到我国对外承诺以 2005 年为基期，在此建议暂以 2005 年为基年。

对于初步纳入市场的造林和森林经营两类活动，基于碳汇项目的周期较长，建议制定较其他碳抵消项目更长的"碳汇减排信用权的有效期"，便于激励森林项目长期实施。

7. 森林碳汇的核算认证

要加强认证方法和认证机构的"公信力"。众所周知，森林碳抵消项目既难测量，又难核对。清洁发展机制是世界上规模最大的碳抵消项目，目前进展越来越窄。2008 年，美国审计总署对清洁发展机制和欧盟在"限额贸易"体制内碳抵消进行了研究。结果表明，这些抵消项目无法证明这一机制能够带来实际的减排。联合国 2008 年的一次抽查发现，欧洲最大的碳抵消核查与认证公司在内部审计系统上存在缺陷，并缺少相关文件，因此暂停了该公司的运作。

上述表明，一方面为了避免规则过于复杂导致抵消机制"形同摆设"，要设计基于林情的灵活、变通的核证方法；另一方面，核证机构必须增强"公信力"。

为此，在核证的时机安排、核证的强度、核证的证书发放和核证依据方面，应坚持以下主要原则：一是所有项目必须取得核证证书，且初次核证必须在第一个报告期立即进行，在此之后的每一定年限内[①]进行一次核证，核证的要求是碳市场制定的"碳汇项目合约"；二是"大小"项目核证有别，对于超过一定减排量规模的碳汇项目，增加核证强度和密度；三是在碳市场管理部门收到核证机构提交的核证"声明"和项目方提交的核证合格证书后，才可取得碳信用权凭证；四是对于造林和森林经营，采取不同的核证方法，以国家主管部门颁布的方法学为依据。总的来说，核证程序和方法比较复杂，纳入碳市场的造林、森林经营活动，应依据国家主管部门制定的方法学，拟定详细的核证规定。

8. 入市登记注册基本程序

入市登记注册最关键的过程是，如何确定项目减排量换算为碳市场减排履约工具。考虑到碳汇项目的专业性、激励自愿交易、储备碳汇项目为国家承担强制减排义务履约，以及 5% 的上限限制且本地不低于 50%，建议碳汇项目登记确定为减排权的过程分为两种碳信用权的确权凭证，即颁发主管机构信用凭证和登记系统信用凭证，指的是主管机构和登记系统为碳汇项目创建等同于其在指定时期内产生的减排量的碳抵消信用权。从配额管理的角度看，颁发过程类似于将配额分配到受体的账户中。

由于抵消项目类型众多，各项目颁发信用权需要相关主管部门利用专业知识评定，为了方便管理，建议森林碳汇项目需要获得两次颁发信用证才可交易，第一次是主管机构碳信用确认凭证，第二次是登记系统碳信用产权凭证。

主管机构碳信用确认凭证，是主管机构对项目按照碳市场协议实施，在指定执行期

① 国外暂定为六年。

内产生的碳减排量经合格认定后颁发的凭证，这一凭证可以用于自愿交易，但不能进入碳市场交易。它需要经过注册等一系列程序后换取登记系统碳信用产权凭证，方可入市交易。一个主管机构碳信用权等于 1 吨 CO_2 当量，颁发的基本要求是：申请者提出颁发申请；提供第三方核证证书；项目在执行期内。

登记系统碳信用产权凭证是在主管机构碳信用确认凭证的基础上，按照一定的合格性要求，并考虑到5%的限制以及北京本地不低于其中50%的规则，由市场登记注册系统向项目所有者颁发的碳信用凭证。

其中，两次登记确权的关键之处是，第一步登记后获得证书同时附带产生一个项目序列号，该项目一旦再经过碳市场入市登记，其由主管机构颁发的序列号自动消失，在主管机构登记的碳信用凭证自动注销，而在碳市场登记系统中生成新的序列号，但项目的履约信用期不变。

因此，碳抵消机制下，森林碳汇产权入市管理主要分为两大步：①获取配额碳市场认可的交易标的即碳信用工具的程序；②用碳信用工具进入配额碳市场履约的程序。

在“第一步交易程序”下，实际上是形成配额碳市场认可的碳排放权的过程，具体步骤包括：第一，项目双方提交材料、拟定项目协议在主管部门备案；第二，项目双方经过审核后，确认项目协议；第三，项目双方编制项目文件和监测计划(包括环评等)；第四，项目在主管部门指定的注册机构正式注册；第五，项目提交减排量报告；第六，项目减排量报告经第三方核证认可；第七，主管部门签发减排量证书(以及序列号)；第八，签发的减排量到配额碳市场的登记注册机构(或系统)登记，登记成功后的项目要注销在主管部门获得的减排量项目序列号；第九，并继续碳市场规定的森林管理计划和监测计划。

在“第二步交易程序”下，实际上是形成碳信用代表的碳排放权转让给控排企业的交易过程，具体步骤包括：第一，需求企业向登记注册机构(或系统)提交申购(碳信用的)预约申请；第二，交易管理机构进行初审；第三，交易管理机构发布双方的出让和申购信息；第四，双方达成协议，碳汇方提供签发的碳减排量证书；第五，购买方将签发的碳减排量用于履约。

9. 违规处罚的主要罚则

为促进森林碳抵消项目健康发展，需制定权利义务规则，主要基于以下三点考虑：第一，通过抵消项目吸引碳汇投资，但不能为了降低市场减排成本，向价格便宜的减排产品过度投资，而是要鼓励林业实践在实现碳固存上发挥更大作用，即要促进更多地投向碳汇潜力的重点——森林经营活动。第二，碳汇项目要发挥更多的民生效益才能确保更好的气候效益。森林碳抵消中，碳信用产品供应的主体是林业经营者，但在一方面林业经营者特别是非公有制主体的收益权仍没有以有效方式固定下来，多采取村集体内部口头议定的模式，而没有法规或合同的模式，对于碳汇项目的运作是潜在负面因素。为此，亟须加强碳汇收入在区县林业局、项目方、村集体、农户四个层面主体之间进行分配的合约研究，出台规范性合同。第三，据调研，大多数的森林经营者还不知道《京都议定书》与林业的关系，也不知道碳排放权交易，对现有森林导入长周期经营、提高经营强度、减少采伐量等方法增加碳汇认识不足。为此，亟须加强碳汇经营制度的制定和培训。

基于上述，建议森林碳汇纳入碳抵消机制包括但不限于以下要点：一是基于碳汇发展潜力，重点支持森林经营活动；二是制定利益分配规范性合约，明晰各方权利义务，保障各方合法利益；三是项目方合理报告碳汇减排量，虚高估计数超过实际减排量5%的，接受处罚；四是制定碳汇经营制度，确保参与农户掌握延长轮伐期、减少采伐量、减少干扰等基本知识，对参与农户进行必要培训，由碳市场进行抽查，不合格的项目应及时改进；五是进入自愿交易的项目的履约期由双方自行确定。进入碳市场并已售出的项目，履约期应不低于一定年限；六是核查认证应按照有关主管部门的要求完成，逾期未完成的不能参与交易；七是项目业主应具备所有地块的土地所有权或使用权的证据；八是项目应取得当地林业部门初审同意的意见；九是交易后，未按照碳市场规定的森林管理计划和监测计划继续加强森林经营的项目方，将按要求上交相应的配额或罚金；十是已取得预签发核证减排量但未继续按照要求履约的项目，要支付一定的罚金；十一是为促进市场健康发展，建立森林碳汇保险池制度，在单个项目发生逆转后，提供碳汇补偿；或建立保险金补偿制度，提供罚金补偿。

六、政策建议

根据前述分析，报告针对将林业碳汇纳入碳市场及碳交易，提出以下建议。

(1)适度修订碳排放权交易试点实施方案。一方面分配有上限的配额指标给予新增林业碳汇，另一方面援助已有森林碳储存的气候保护活动。根据以上分析，以及我国人工林较多、森林面积大的特点，并且，目前以7省份碳排放权交易试点为切入，试点省市在为实现国家2020年减排目标确定本省、市排放量控制目标时，既要考虑单位GDP二氧化碳排放强度下降这个相对指标，也要考虑实现林业“双增”这个绝对指标，还要考虑党的十八届三中全会加强生态效益考核指标权重。为此，建议相关省、市级碳排放权交易试点实施方案等相关制度安排进一步修订，设计过渡期。在过渡期内：一方面设置一个上限允许新造林直接入市交易，允许排放企业通过购买林业碳汇抵扣减排任务；另一方面对已有森林增强和保护碳储存活动给予援助。

(2)林业碳汇的碳抵消机制为控排企业提供灵活履约方式，稳定碳市场。建议适当提高抵消比例。澳大利亚的碳抵消机制突破了5%限制，美国加州明确为8%，相对来看，我国国内试点市场给出的份额较低。在受碳排放约束企业预期实际碳排放将超过其持有的碳排放配额的情况下，企业有3种选择：一是加大对自身企业节能减排的投资和管理投入，实现企业自身的减排，从而实现企业实际碳排放量不多于企业拥有的碳排放配额量；二是在市场上购买其他企业富余的碳排放配额；三是借助林业碳汇的碳抵消机制，购买经主管部门核准的一些特定类型减排项目产生的减排量，用以抵消企业的实际碳排放量。在试点碳排放交易体系内，控排企业来自很多不同的行业，其经营特点和发展阶段也完全不同。对有的企业来说，选择在企业内部减排是经济的，但可能对另外的企业来说，直接到碳市场上购买碳排放配额是经济的。存在森林碳抵消机制的情况下，企业还可以从其他行业、其他地区，购买核证减排量。森林碳抵消机制给受碳排放约束的企业提供了灵活方式。

(3)尝试由碳市场基金对林业碳汇项目进行补偿，确保森林在2020年后具有越来越强的碳汇功能。抵消机制下的林业碳汇项目实施成本和难度高于其他同类项目，实施期限也较长，这决定了其贡献大、符合《京都议定书》规则，但是付出的机会成本很高，而这部分项目往往从碳市场的获益较低。为此，部分国家由财政出资对这部分项目进行补偿。澳大利亚在2013年9月底，向国家减排基金拨出15.5亿澳元，用于购买抵消机制下的农用碳汇林，即向农民手中购买储存的碳。这种模式释放了碳减排方向的“市场导向信号”。

(4)增加财政(如碳税或配额拍卖收入返还)对森林经营和保护活动付出机会成本的经济补偿。现有林既是重大的吸碳稳定器，也是重大的潜在碳源。农户、有关部门已对现有林的可能碳排放付出了成本，也丧失了大量的机会成本。新西兰碳市场承认现有林的减排贡献，对现有林给予一次性补偿。我国碳市场实施中要完善这一制度，通过碳税支持或者是碳配额拍卖收入的部分返还，采取一次性或分阶段补偿。

(5)对林业参与碳市场的项目单独立法，界定其独立的方法学、审查方法等，基于单独立法建设独立的森林碳抵消机制，建立和推广“中国标准”品牌。制度化和品牌化建设能够体现中国森林碳抵消机制的特征；较高的可持续发展标准还能满足国际买家对自愿减排量产品的要求。

(6)选取对本地可持续发展贡献突出，易于百姓认可树立政府形象的林业项目类型优先进入碳抵消机制。在碳排放交易试点中，选取那些对本地可持续发展贡献突出的林业项目类型，如城市绿化项目、城市绿色生态景观项目、绿色乡村美丽中国林业项目等，让这些项目类型优先进入碳抵消机制。这些类型的项目往往减排量并不大，但社会效益和环境效益好，容易得到群众的认可，能够在更大范围扩大碳排放交易试点的社会影响力，提高群众对政府在环保、节能减排领域工作的认可程度，促进生态和社会可持续发展。

(7)完善森林生态补偿法律政策，在“生态效益补偿”基础上增加森林碳汇补偿政策。1998年《中华人民共和国森林法》提出，“国家设立森林生态效益补偿基金，用于提供生态效益的防护林和特种用途林的森林资源、林木的营造、抚育、保护和管理”。2004年、

2009 年分别印发《中央森林生态效益补偿基金管理办法》《中央财政森林生态效益补偿基金管理办法》，法律政策的原则性和指导性规定较多，而操作性规定较少，对森林碳汇及其他功能生态补偿的利益相关者的权、责、利需进一步明确，对补偿范围、内容、标准、方式等细节需进一步规定，鉴于目前碳汇处于起步阶段，建议先纳入现有的生态公益林补偿政策中补充碳汇补偿政策，同时加强政策宣传。

调 研 单 位：国家林业局经济发展研究中心
国家林业局造林绿化管理司
调研组成员：赵金成　曾以禹　张　多　章升东

国家重点生态功能区转移支付相关问题研究报告

【摘　要】2008年，中央财政启动国家重点生态功能区财政转移支付。本文回顾了国家重点生态功能区财政转移支付的政策演化过程。为评估相关政策成效，我们选取了内蒙古自治区、甘肃省的5个国家重点生态功能区县(市)和2个省级生态功能区开展调研，了解生态功能区财政转移支付资金的拨付情况，评估使用效果，发现国家重点生态功能区财政转移支付存在资金测算分配不合理、生态支出与基本公共服务支出资金分配不科学、转移支付力度不足、监测效果与考评错位等问题，在此基础上，提出了制度保障、技术保障和发展转型等方面的政策建议。

一、引　言

为促进生态文明建设，确保国家生态安全，统筹区域发展，调动地方政府加强生态保护力度，2008年，中央财政设立国家重点生态功能区转移支付资金；2008～2014年，中央财政累计下拨国家重点生态功能区转移支付2002.5亿元(本文采用现价，下同)。转移支付政策涵盖范围包括2011年《全国主体功能区规划》限制开发区域中的25个国家重点生态功能区及禁止开发区域划定的1443个国家级自然保护区、世界自然遗产地、青海三江源自然保护区等3个区域以及河北环京津生态屏障、珠穆朗玛峰等2个区域。截至2015年，享受国家重点生态功能区转移支付的县市总计512个，区域总面积约545万平方公里，占全国陆地面积的56.7%。

国家重点生态功能区直接影响国家生态安全和未来国土开发格局。生态功能区转移支付是迄今为止中央对国家重点生态功能区唯一的具有直接性、持续性、集中性的资金补助。深入分析政策实施以来国家重点生态功能区转移支付是否为国家重点生态功能区功能发挥做出了贡献？是否实现了引导所在地政府加强生态环境保护，提高基本公共服务保障能力的双重目标呢？具体到转移支付资金的政策导向性、标准测算、调节力度、监管等方面存在哪些问题呢？对这些问题的测度和分析，有助于在厘清现行国家重点生态功能区转移支付资金使用过程中存在问题，为国家重点生态功能区转移支付政策实施成果的巩固和未来资金使用效率的提升提供政策建议。

本报告选取了内蒙古自治区大小兴安岭森林生态功能区、甘肃省祁连山冰川与水源涵养区7个县开展调研。通过查阅有关转移支付资金使用情况的相关文件，并与相关政府部门进行座谈，了解生态功能区财政转移支付资金的使用情况及资金的拨付、使用建议，进行了认真总结和梳理。

二、国家重点生态功能区与林业之间的关系

国家重点生态功能区转移支付政策涵盖范围包括限制开发区域与禁止开发区域两大部分。国家层面限制开发的重点生态功能区是指：生态系统十分重要，关系全国或较大范围区域生态安全，目前生态环境系统有所退化，在国土空间开发中，需要限制进行大规模高强度城镇化开发，保持并提高生态服务供应能力的区域。国家禁止开发区域是指：有代表性的自然生态系统；珍稀濒危野生动植物物种的天然集中分布地；有特殊价值的自然遗迹所在地和文化遗址等，在国土空间开发中，需要禁止进行工业化与城镇化开发的重点生态功能区。森林作为最大的陆地生态系统，具有水源涵养、水土保持、防风固沙和生物多样性保护等生态功能，对重点生态功能区保护和修复生态环境、提供生态服务具有重要的作用；同时，重点生态功能区转移支付政策的施行，也为林业生态建设创造了良好契机，有利于把我国生态区位重要的江河源头和长江、黄河上中游地区以及发挥重要生态屏障的重点国有林区纳入到国民经济和社会发展之中，进一步加强保护和建设。

《全国主体功能区规划》把 25 个限制开发的国家重点生态功能区划分为水源涵养、水土保持、防风固沙和生物多样性保护保持等 4 种类型，在各生态功能区确定的建设方向中，森林占据着核心地位(表 1)。在限制开发区域中，围绕天然林资源保护、退耕还林、宜林荒山荒地人工造林、飞播造林、封山育林、低效林改造以及各种公益林体系的建设展开。同时，把恢复和增加野生动植物物种并实现种群平衡，促进野生动植物资源的良性循环和可持续管理，扩大天然林面积、提高森林覆盖率、增加森林蓄积量作为目标。

表 1　国家重点生态功能区的类型和发展方向

类　型	生态功能区名称	基本发展方向
水源涵养	大小兴安岭森林生态功能区 长白山森林生态功能区 阿尔泰山地森林草原生态功能区 三江源草原草甸湿地生态功能区 若尔盖草原湿地生态功能区 甘南黄河重要水源补给生态功能区 祁连山冰川与水源涵养生态功能区 南岭山地森林及生物多样性生态功能区	禁止非保护性采伐森林、植树造林、封育天然植被、恢复草原或湿地、涵养水源
水土保持	黄土高原丘陵沟壑水土保持生态功能区 大别山水土保持生态功能区 桂黔滇喀斯特石漠化防治生态功能区 三峡库区水土保持生态功能区	控制开发强度、实施生态移民、植树造林，恢复植被

（续）

类　型	生态功能区名称	基本发展方向
防风固沙	塔里木河荒漠化防治生态功能区 阿尔金草原荒漠化防治生态功能区 呼伦贝尔草原草甸生态功能区 科尔沁草原生态功能区 浑善达克沙漠化防治生态功能区 阴山北麓草原生态功能区	控制放牧、禁止过度开垦、恢复天然植被、加强综合治理
生物多样性维护	川滇森林及生物多样性生态功能区 秦巴生物多样性生态功能区 藏东南高原边缘森林生态功能区 藏西北羌塘高原荒漠生态功能区 三江平原湿地生态功能区 武陵山区生物多样性及水土保持生态功能区 海南岛中部山区热带雨林生态功能区	保护森林、湿地、草原、野生动物，恢复生物多样性

资料来源：2010 年《全国主体功能区规划》。

《全国主体功能区划》中，国家禁止开发区域共有 1443 处，总面积约 120 万平方公里，占全国陆地面积的 12.5%，划分为国家级自然保护区、世界文化自然遗产、国家级风景名胜区、国家森林公园、国家地质公园等 5 种类型。其中国家级自然保护区 319 个（林业系统自然保护区有 245 个），占陆地国土面积的 7.23%；国家森林公园 738 处，占陆地国土面积的 1.05%，合计占陆地国土面积的 8.28%。因此，从区域范围分析，林业系统类型的重点生态功能区约占其总面积的 2/3，林业生态建设会直接影响重点生态功能区作用的发挥。禁止开发的重点生态功能区基本发展方向是控制人为因素对自然生态和文化自然遗产原真性、完整性的干扰。严格保护森林、草原植被，保护湿地，保存珍稀动植物基因资源，是实现这些区域生态功能的重要举措。

三、国家重点生态功能区转移支付政策出台意义

2008 年，国务院发布《全国生态功能区划》，建立了 3 级生态功能区划体系，标志着我国生态环境治理进入全面、深层次、系统性治理阶段；2009 年，国家财政部出台国家重点生态功能区实施财政转移支付办法，加强生态功能区的社会经济、生态环境建设。2011 年，国务院发布了《全国主体功能区规划》，全国国土空间被统一划分为优化开发、重点开发、限制开发和禁止开发四大类主体功能区。重点生态功能区是指在涵养水源、保持水土、调节洪水、防风固沙和维持生物多样性等方面具有重要作用的区域，需要国家和地方政府管理并予以重点保护和限制开发的区域。保护和管理重点生态功能区，对于保障国家和地方生态安全具有重要意义。因此，研究国家重点生态功能区转移支付具有重要意义。

国家重点生态功能区既是我国贫困人口的集中分布区，又是生态环境比较脆弱的区域。在国家主体生态功能区框架内，原有“靠山吃山，靠水吃水”的地方为实现主体生态

功能，而被迫停止或进行产业转型，失去了一定的经济发展机会，还要为生态恢复和建设承担相应的支出，如为保护和恢复森林与草原生态系统服务功能，政府采取禁伐、禁牧、生态移民等措施，导致大量移民和农村剩余人口，需要妥善安置和给予相应补偿，地方政府财政压力骤增。地方政府尚要承担封山育林、森林防火管护、草原防风固沙、涵养水源、草地管护等方面的任务，无疑增加了地方财政的压力。这样既增加了地方政府的负担，也限制了地方经济的发展，从成本的角度来看，地方应该得到中央的补助和补偿。

重点生态功能区转移支付能缓解主体生态功能区的经济发展、民生改善、生态环保之间的矛盾，大多数主体生态功能区的区域经济发展落后、基础设施建设滞后，地方政府财政汲取能力有限，长期依靠中央和省级财政转移支付来满足行政运转和提供当地基本公共服务，面临民生改善日益高涨的呼声和巨大压力，尚需要其承担国家生态安全保障功能，这种要求的实现必然以牺牲其发展经济的正当权利为代价，必然增加区域经济发展、民生改善、生态保护之间的矛盾。对于当地政府而言，除非能在短期内看到此种牺牲能得到上级政府的大规模补偿，从而很快改善当地的财政状况并促进经济增长，才会有限制当地污染企业实施项目的激励。为促进生态环境保护建设，在缺乏横向转移支付和其他资金来源的情况下，生态功能区财政需要中央财政来支持。

重点生态功能区转移支付可以引导地方政府强化生态保护，弥补生态服务市场交易机制不足。生态服务具有很强的外溢性，属于公共产品或准公共产品。从经济学的角度来看，合理的经济付出就要有回报。在市场交易机制比较完善的国家，通过市场交易机制，生态服务对生态保护给予付费补偿，可以调动生态保护的积极性。目前我国尚未建立生态付费制度和相关交易方案，生态服务无法通过市场进行交易。对主体生态功能区实行中央财政转移支付，实质上就是政府购买这些地区所提供的生态服务，政府直接购买生态服务对生态保护进行直接补偿，提高当地政府以及人民群众生态保护的积极性。

四、我国主体生态功能区转移支付进展

2008年，财政部对国家重点生态功能区实行财政转移专项支付，对地方生态保护和公共服务能力建设进行补助，以保障地方政府公共服务能力的提升和引导地方政府积极进行生态保护建设。

（一）转移支付制度逐渐完善

2009年，财政部出台《国家重点生态功能区财政转移支付办法》（财预〔2009〕433号），用于规范资金的使用，2010年沿用2009年的《国家重点生态功能区财政转移支付办法》，2011年和2012年对《国家重点生态功能区财政转移支付办法》进行了修订，修改和完善了资金使用基本原则、补助区域范围、分配测算办法、监督考核与激励机制等，

具体变化如下。

1. 补助区域范围扩大

2009年、2011年、2012年和2014年，中央财政转移支付国家重点生态功能区补助范围逐渐扩大（表2）。2009年，在《全国主体功能区划》出台前，首先确定了环保部划定的国家重点生态功能区以及生态外溢性较强、生态环境保护较好的地区作为首批划入的重点生态功能区转移支付区域，且确定国家重点生态功能区转移支付试点对象为所在地市县级政府；2011年，对转移支付范围进行了调整，明确了《全国主体功能区划》中规定的限制开发区和禁止开发区为享受财政转移支付的主体区域，且延续了2009年的政策，对环保部《全国主体生态功能区划》中划定的其他国家生态功能区给予引导性补助；2012年与2011年相比，在保持原有支付范围不变的基础上，增加了生态文明示范工程试点的市、县，对生态环境保护较好的地区给予奖励性补助。2009年和2011年出台的政策中，均明确指出：不享受均衡性转移支付省份的国家重点生态功能区不纳入试点范围，2012年的政策没有对此方面加以说明，但从国家重点生态功能区转移支付资金测算公式中来看，以县财政缺口为测算基数，只有在存在县财政缺口的情况下，才能享受均衡性转移支付，获得国家重点生态功能区转移支付资金（列在均衡性转移支付项下），因此，即使2012年的新政策没有明确说明，享受均衡性转移支付的约束条件依然存在。2014年，财政部为加强生态环境保护，推进基本公共服务均等化，增加河北环京津生态屏障、西藏珠穆朗玛峰等区域内的20个县纳入国家重点生态功能区转移支付范围，享受转移支付的县市已达512个。

表2　国家重点生态功能区补助范围变化

所属范畴	补助范围
《国家重点生态功能区转移支付试点办法》（财预〔2009〕433号）	1. 关系国家区域生态安全，并由中央主管部门制定保护规划确定的生态功能区。 2. 生态外溢性较强、生态环境保护较好的省区。 3. 国务院批准纳入转移支付范围的其他生态功能区域。国家重点生态功能区转移支付试点对象为上述区域所在地市县级政府（含乡镇级政府，下同）。不享受均衡性转移支付的省市国家重点生态功能区不纳入试点范围。
《2011年中央对地方国家重点生态功能区转移支付试点办法》（财预〔2011〕428号）	1. 青海三江源自然保护区、南水北调中线水源地保护区、海南国际旅游岛中部山区生态保护核心区等国家重点生态功能区。 2.《全国主体功能区规划》中限制开发区域（重点生态功能区）和禁止开发区域。 3. 生态环境保护较好的省区。对环境保护部制定的《全国生态功能区划》中其他国家生态功能区，给予引导性补助。不享受中央均衡性转移支付省市的国家重点生态功能区暂不纳入补助范围。
《2012年中央对地方国家重点生态功能区转移支付试点办法》（财预〔2012〕296号）	1.《全国主体功能区规划》中限制开发的国家重点生态功能区所属县（县级市、市辖区、旗，以下简称“县”）和禁止开发区域。 2. 青海三江源自然保护区、南水北调中线水源地保护区、海南国际旅游岛中部山区生态保护核心区等生态功能重要区域所属县。 3. 对环境保护部制定的《全国生态功能区划》中不在上述范围的其他重要生态功能区域所属县给予引导性补助，对开展生态文明示范工程试点的市、县给予工作经费补助，对生态环境保护较好的地区给予奖励性补助。

（续）

所属范畴	补助范围
2014 年沿用《2012 年中央对地方国家重点生态功能区转移支付试点办法》（财预〔2012〕296 号）	2014 年财政部将河北环京津生态屏障、西藏珠穆朗玛峰等区域内的 20 个县纳入国家重点生态功能区转移支付范围

资料来源：①2009 年、2011 年、2012 年《国家重点生态功能区转移支付资金办法》；②http：//finance. people. com. cn/n/2014/0701/c1004 -25224327. html.

2. 支付力度逐年加大

2008 年以来，我国对重点生态功能区实施中央财政转移支付，每年国家重点生态功能区财政转移支付资金总量和县域平均应获资金量呈现逐年增加趋势。2008 ~ 2014 年，中央财政累计下拨国家重点生态功能区转移支付资金共计 2002. 5 亿元。2008 ~ 2014 年分别为 60. 5 亿元、120 亿元、249 亿元、300 亿元、370 亿元、423 亿元和 480 亿元。平均每个县级行政区获得的补助额从 2008 年的 1340 万元增加到 2014 年的 9375 万元(图 1)。

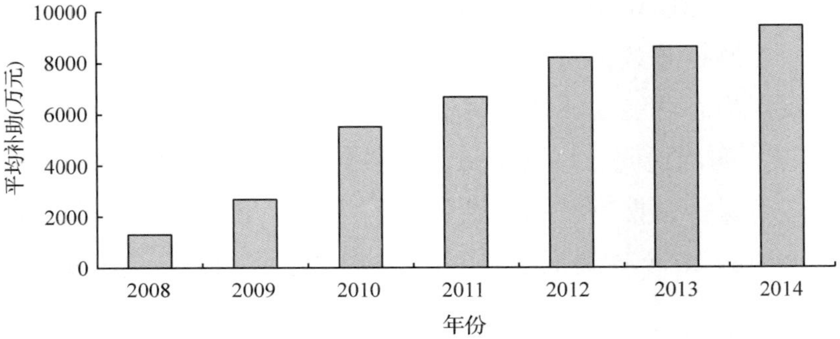

图 1　县域平均获得补助资金数量变化

3. 资金分配测算办法

2009 年、2011 年和 2012 年的国家重点生态功能区转移支付办法中的资金分配测算公式各异。2009 年资金分配主要通过地方政府财政收支缺口来进行测算；2011 年，主要增加了禁止开发区补助和省级引导性补助，用于补偿被禁止开发后失去的机会成本和引导地方政府积极进行生态保护；2012 年，在资金分配测算中，增加生态文明示范工程试点工作经费补助(表 3)。

表 3　国家重点生态功能区转移支付的分配公式

年　份	文件名称	分配公式
2009	《国家重点生态功能区转移支付试点办法》（财预〔2009〕433 号）	某省(自治区、直辖市)国家重点生态功能区转移支付应补助数 =(Σ该省(自治区、直辖市)纳入试点范围的市县标准财政支出 - Σ该省(自治区、直辖市)纳入试点范围的市县政府标准财政收入)×(1 - 该省(自治区、直辖市)均衡性转移支付系数)+ 纳入试点范围的市县政府生态环境保护支出 × 补助系数
2011	《国家重点生态功能区转移支付试点办法》（财预〔2011〕428 号）	某省(自治区、直辖市)国家重点生态功能区转移支付应补助数 = 该省(自治区、直辖市)纳入转移支付范围的市县政府标准财政收支缺口 × 补助系数 + 纳入转移支付范围的市县政府生态环境保护特殊支出 + 禁止开发区补助 + 省级引导性补助

（续）

年　份	文件名称	分配公式
2012	《国家重点生态功能区转移支付试点办法》（财预〔2012〕296号）	某省（自治区、直辖市）国家重点生态功能区转移支付应补助数 = Σ该省（自治区、直辖市）限制开发等国家重点生态功能区所属县标准财政收支缺口×补助系数＋禁止开发区域补助＋引导性补助＋生态文明示范工程试点工作经费补助

资料来源：2009年、2011年、2012年《国家重点生态功能区转移支付资金办法》。

4. 监督考核办法

2009年，《国家重点生态功能区转移支付办法》中明确规定监督考评办法："省级政府要做好资金分配和监管工作。享受转移支付的基层政府要将资金重点用于环境保护以及涉及民生的基本公共服务领域。为提高转移支付资金使用效益，财政部将定期会同有关部门对国家重点生态功能区转移支付分配情况和使用效果进行评估。"关于资金分配情况主要由资金到位率和省级对下转移支付情况构成；资金使用效果按照环境指标（EI）体系的两个方面进行测算，具体而言：①环境保护指标包括林地、草地、水域湿地、覆盖率和水源涵养、生物丰度、植被覆盖指数以及耕地和建设用地比例、坡度大于15°的耕地面积比、未利用地比例；环境治理指标包括COD排放强度、工业污染源排放达标率、固废排放强度、SO_2排放强度、优良以上空气质量达标率、Ⅲ类或优于Ⅲ类水质达标率。②基本公共服务：学龄儿童净入学率、每万人口医院（卫生院）床位数、参加新型农村合作医疗保险人口比例、参加城镇居民基本医疗保险人口比例等。

2011年的国家重点生态功能区财政转移支付监督考评办法与2009年的办法相同。2012年的监督办法由原来的资金分配和资金使用效果调整为财政部会同环境保护部等部门对限制开发等国家重点生态功能区所属县进行生态监测与评估，没有明确监督和考核的具体措施，但是对于生态环境质量的考核仍然延续EI体系。

5. 激励约束办法

2009年，国家重点生态功能区转移支付办法给出激励约束办法：①根据EI体系的结果，对生态环境明显改善的地区，给予适当奖励；对因非不可抗因素而导致生态环境持续恶化的地区，将享受转移支付20%暂缓下达；连续3年生态环境恶化的县区，下一年度将不再享受该项转移支付；享受奖励性补助的地区，如果生态环境质量状况恶化并且达不到2009年水平时，除按规定处理外已经享受的奖励性补助予以扣回。②基本公共服务指标中任何一项出现下降的，按照其应享受转移支付的20%予以扣除。

2010年和2011年沿用2009年的激励约束办法。2012年对激励约束办法进行了调整，明确规定生态环境明显改善的县，适当增加转移支付；环境恶化的县将全额扣减转移支付，生态环境质量轻微下降的县将被扣减其当年的转移支付增量。

（二）国家重点生态功能区运行取得的治理效果

2012年、2013年和2014年《国家环境状况公报》公布的生态功能区治理考核数据显示：我国经过连续多年的国家重点生态功能区生态环境治理，呈现出了生态改善与生态恶化并存的格局。重点生态功能区划使部分区域地方政府明确了所在区域的定位，在区域经济发展中有所为有所不为，对环境污染项目的限制和环境治理力度的加强使部分区域生态环境呈现出了改善的势头；与此同时，部分地区的经济增长还是以牺牲生态作为代价的，2012～2014《国家环境状况公报》数据显示，环境变差区域比例增加了 10%，增幅较大（表 4）。生态环境趋于稳定的区域比重年波动较为明显，表明我国生态环境的稳定性较差，当务之急是要优先选择重点突出的生态功能区进行治理。

表 4　国家重点生态功能区生态环境质量变化

年　份	考核县域数量（个）	生态环境质量变化							
		变好（个）	比重（%）	稳定（个）	比重（%）	变　差			比重（%）
						轻微（个）	一般（个）	明显（个）	
2012	452	58	12.8	380	84.1	12	1	1	3.1
2013	466	26	5.6	424	91	16	0	0	3.4
2014	492	69	14	355	72.2	49	15	4	13.8

数据来源：2012 年、2013 年、2014 年《中国环境状况公报》。

五、案例研究

（一）案例点基本概况

根据《全国主体功能区规划》，2012 年，甘肃省与内蒙古自治区分别出台了《甘肃省主体功能区规划》和《内蒙古自治区主体功能区规划》。《全国主体功能区规划》与《甘肃省主体功能区规划》明确指定甘肃省国家重点生态功能区包括祁连山冰川与水源涵养生态功能区、甘南黄河重要水源补给生态功能区、黄土高原丘陵沟壑水土保持生态功能区、秦巴生物多样性生态功能区。《全国主体功能区规划》与《内蒙古自治区主体功能区规划》确定内蒙古自治区国家重点生态功能区包括大小兴安岭生态功能区、呼伦贝尔草原草甸生态功能区、科尔沁草原生态功能区、浑善达克沙漠防治生态功能区、阴山北麓草原生态功能区，其中大小兴安岭生态功能区是我国重要的生态屏障和水源涵养区。

2010 年，根据财政部的《国家重点生态功能区财政转移支付办法》，甘肃省出台了《甘肃省生态功能区财政转移支付办法》，对国家重点生态功能区进行补偿。在此基础之上，2010～2015 年甘肃省的转移支付办法均有不同程度改进与完善。2009 年，根据财政部的《国家重点生态功能区财政转移支付办法》，内蒙古自治区出台了《内蒙古自治区生态功能区财政转移支付办法》对国家重点生态功能区进行补偿；2010～2015 年内蒙古自治区的转移支付办法进行调整。

我们选取了内蒙古自治区额尔古纳市和牙克石市与甘肃省金塔县、永昌县、天祝县、民乐县、敦煌市 7 个国家重点或省级生态功能区作为调查案例点（表 5）。大小兴安岭生

表5　案例点各县(市)基本情况

所属生态功能区名称	县(市)	行政区域面积(万平方公里)	人口(万人)	生产总值GDP(亿元)	自然生态指标(%)					主要生态问题
					林　地	草　地	水　域	耕地和建筑用地	未利用地	
大小兴安岭生态功能区	额尔古纳	2.89	8.3.00	44.30	67.00	17.00	–	16.00	–	原始森林严重破坏,出现生态退化现象,现有次生林和其他次生生态系统保水保土功能较弱
	牙克石	2.76	43.00	227.10	67.00	2.60	27.50	2.90	–	林木资源锐减,生态系统遭到破坏,草地资源质量严重下降;矿产资源大规模持续开发利用,环境污染和生态破坏也逐渐加剧
祁连山冰川与水源涵养生态功能区	金塔	1.67	16.00	69.90	0.50	1.03	6.87	4.55	86.71	裸地、沙地(沙漠)、盐碱地比重占比大,生态环境恶劣,全县的土地面临严重侵蚀
	永昌	0.74	23.50	65.59	17.44	48.72	0.52	12.94	–	林地、草地质量不高,年降水量较低,水源涵养功能不强,戈壁地貌面积较大,土地沙化威胁严重,受侵蚀威胁性较重
	天祝	0.71	17.50	43.51	42.86	48.85	0.42	7.87	–	滩地草场、耕地没有水源得不到灌溉,草场逐年退化演变为盐渍化,局部已成为荒漠沙化,草地生物根系枯竭极为严重,水源涵养功能受到严重威胁。自然条件恶劣,林牧矛盾突出,生态修复难度大
	民乐	0.37	23.00	41.28	23.19	47.33	2.78	19.48	9.07	自然条件恶劣,森林、草地质量不高,土地沙化现象严重,农牧退耕还林、还草困难,矛盾突出,水源涵养能力不强,生态修复困难
	敦煌	3.12	14.30	99.50	27.88	11.59	7.11	1.66	51.78	自然条件恶劣,水资源严重困乏,沙漠、裸地、盐碱地面积过大,严重侵蚀本地区或者相邻地区,生态屏障功能较弱

资料来源:数据来自2014年、2015年各县《统计年鉴》和各县《自查报告》。

态功能区是黑龙江、松花江、嫩江等水系及其主要支流的重要源头和水源涵养区，也是我国寒温带针叶林、温带针阔混交林植被类型的重要分布区，对保持水土、调蓄洪水、维持寒温带生物物种多样性和区域生态平衡、保障我国和东北亚地区的生态安全具有不可或缺的生态功能；也是我国重要商品粮和畜牧业生产基地的天然屏障，对调节东北平原、华北平原气候具有无可替代的保障功能。我们选取了森林覆盖率较高、经济相对发达典型的资源型城市——位于大小兴安岭生态功能区的额尔古纳市和牙克石市开展调研工作。

祁连山冰川与水源涵养生态功能区是位于青海省东北部与甘肃省西部边境的巨大山系，分布有丰富的冰川、雪山、森林、湿地和草地资源，现有大小冰川 2859 条，冰储量 811.2 亿立方米，祁连山北麓形成了石羊河、黑河、疏勒河三大内陆河和 56 条大小支流。其水源涵养、防风固沙、土壤保持的生态功能极其重要但生态也较脆弱。我们选取了位于该重点生态功能区的金塔、永昌、天祝、民乐、敦煌等县(市)。

(二)甘肃省、内蒙古自治区国家重点生态功能区财政转移支付办法比较分析

1. 重点生态功能区确定的补助区域范围

根据 2010 年甘肃省出台的《甘肃省 2010 年生态功能区财政转移支付办法》，划定补助区域范围时考虑到甘肃省生态脆弱区较多，县级地方政府环境治理资金缺乏，报经财政部批准后，在维持中央总体拨付资金不变的前提下，把划定的省级生态功能区纳入到国家重点生态功能区补助范围，分摊国家重点生态功能区转移支付资金，并按照国家重点生态功能区进行考核，补助范围比较广，鉴于此，甘肃省补助范围无年度变化。

根据 2009 年内蒙古自治区出台的《内蒙古自治区 2009 年生态功能区财政转移支付办法》，内蒙古自治区严格遵循国家划定的补助范围和紧跟国家政策要求进行补助，其中内蒙古 2009 年对于经济状况好于自治区平均水平的只拨付 100 万元(表 6)。

表 6　甘肃省、内蒙古自治区重点生态功能区补助区域范围

甘肃省	内蒙古自治区
1. 对中央明确规定的国家重点生态功能区转移支付县(区、市)给予重点支持； 2. 省政府确定的限制开发、禁止开发的重点生态功能区； 3. 生态保护较好的县(区、市)； 4. 承担生态环境保护与治理任务较重的市(州)本级； 5. 省政府批准纳入转移支付范围的其他县(区、市)和市(州)本级。2013 年、2014 年同 2012 年。	1.《全国主体功能区规划》确定的国家层面限制和禁止开发的重点生态功能区。 2. 环保部《全国生态功能区划》不在上述范围的其他重要生态功能区所属县。 3. 发改委、财政部、国家林业局《生态文明示范工程试点》市、县。2013 年、2014 年同 2012 年。

资料来源：甘肃省、内蒙古自治区 2009 年、2011 年、2012 年国家重点生态功能区转移支付办法。

2. 重点生态功能区资金配分测算办法比较

2010 年，甘肃省开始实施生态功能区财政转移支付，2010～2012 年的测算办法采用影响因素方法。在 2013 年以后的测算公式中，新增了生态文明示范工程试点补助和省政府确定的重大项目被征地农民养老保险省级补助资金。

2009～2011年，内蒙古自治区根据各地区的环保投入和民生投入进行资金测算。2012年以后，采取国家重点生态功能区转移支付等于基数加上增量奖惩方法进行测算（表7）。

表7 甘肃省和内蒙古自治区国家重点生态功能区资金分配测算办法比较

甘肃省	内蒙古自治区
（1）2010年，补偿政策正式启动，补偿方案为：某县（区、市）生态功能区转移支付应补助数＝［∑该县（区、市）标准财政收支缺口×该因素权重×补助系数＋总人口数×该因素权重×补助系数］＋［林地面积×0.9＋（国土面积－林地面积）×0.1］×该因素权重×补助系数＋移民影响生态环境保护特殊之处×该因素权重×补助系数＋财政自给能力×该因素权重×补助系数＋纳入转移支付范围的县（市、区）政府生态环境保护特殊支出。 （2）2011～2012年补偿方案与2010年相同。 （3）2013年补偿方案为：在2012年测算方法的基础上＋生态文明示范工程试点补助＋省政府确定的重大项目被征地农民养老保险省级补助资金。 （4）2014年补偿方案与2013年相同。	（1）2009年，补偿政策正式启动，补偿方案为：某县（旗）国家重点生态功能区转移支付应补助额＝自治区国家重点生态功能区转移支付可供分配额×［该县（旗）财力缺口额/∑全区重点生态县（旗）可用财力缺口额×0.8＋∑该县（旗）自有财力安排环境保护与生态治理支出/∑全区重点生态县（旗）环境保护与生态治理支出×0.2］。 （2）2010～2011年补偿方案与2009年相同。 （3）2012年补偿方案为： 国家重点生态功能区转移支付＝基数＋增量 基数＝上年补助额 增量＝限制开发等国家重点生态功能区所属县补助＋禁止开发区所属县补助＋县域生态考核工作奖励补助＋生态文明示范工程试点工作经费补贴（市级300万，县级200万） （4）2013年补偿方案与2012年相同。 （5）2014年补偿方案为： 国家重点生态功能区转移支付＝基数＋增量＋奖惩 基数＝同2012、2013年政策 增量＝同2012、2013年政策 奖惩＝一次性奖励、全额扣减、扣减增量

资料来源：甘肃省、内蒙古自治区国家重点生态功能区转移支付资金办法。

3. 重点生态功能区资金使用的监督与考评

两省（自治区）都是采用EI进行考评，省区转移支付政策规定，省财政部门将委托相关部门采取常规监测、不定期抽查等方式进行环境质量的监控，每3年对生态环境状况进行全面评估，但从内蒙古EI监测数据缺失较多的情况进行分析，环境质量监测在该区域的执行有悖于政策制定的要求；在资金投入比例方面，国家没有明确规定环境保护投入与民生支出之间的权重，两省（自治区）在各自支付办法中也没有明确规定。但具体使用过程中，甘肃省财政对专业支付用于环境保护投入与民生支出间比例进行了要求，环境保护的投入比例逐渐上升，2013年规定环境保护投入不低于60%，2014年则规定不低于70%。内蒙古没有确定此比例（表8）。

4. 重点生态功能区资金使用的激励约束

两省（自治区）对于环境持续恶化的地区，都采取了暂缓下达转移支付资金或扣减下年转移支付资金的约束政策，对列入中央核定环境质量下降的区域，都采取全额扣减转移支付或扣减增量的惩罚措施。对于生态环境明显改善的地区，两省（自治区）相继制定了激励政策：甘肃省的激励政策进行的较早，2009～2014年，对生态环境明显改善的地区，给予适当奖励；内蒙古在转移支付政策伊始，没有制定环境改善激励政策，2014年起开始对生态环境明显改善的旗县给予一次性奖励；社会公共服务方面，两省区都在支付办法中明确规定，公共服务相关指标下降的旗县，扣减20%支付金额（表8）。

表8 资金使用的监督考评与激励约束机制

	监督考评	激励约束机制
甘肃	1. 资金安排：此项转移支付不计入财力。在分配涉及农业、教育等民生领域的专项转移支付时，对享受生态功能区转移支付市县的补助比例不低于财政状况相同地区的水平。 2. 资金使用情况：资金是否到位和使用范围合理。由省财政进行专项检查进行核查。 3. 资金使用效果：①环境保护和治理：县域生态环境指标EI体系；②基本公共服务：国家规定指标。省财政部门委托相关部门采取常规监测、不定期抽查及每3年对生态环境状况进行全面评估。2010～2012年监督考核方法相同。 2013年跟以前方案主要不同在以下两个方面：①资金使用中的环保支出与民生支出的比例不低于6∶4。2014年在资金使用中的环保支出与民生支出的比例不低于7∶3。②对资金使用效果每年进行不定期抽查。	1. 对生态环境明显改善的地区，给予适当奖励；对因非不可抗因素而生态环境持续恶化的地区，将享受转移支付资金暂缓下达；待生态改善后再行下达；对生态环境持续恶化的县市，下一年度将不再享受此项转移支付，待生态环境恢复到之前一年时，重新纳入转移支付范围。 2. 基本公共服务指标中任何一项出现下降的省政府财政按照其享受转移支付的20%予以扣减。多项指标出现下降的不重复扣减。 3. 对违规使用资金，用于楼堂馆所建设、购买小汽车、“形象工程”“政绩工程”的，省政府将予以扣减转移支付力度，情节严重的，取消享受转移支付资格。 采取激励约束措施后，各地实际享受的转移的支付数额加上该市县（区、市）奖励补助数。
内蒙古	1. 资金安排：此项转移支付不计入财力。在分配涉及农业、教育等民生领域的专项转移支付时，对享受生态功能区转移支付市县的补助比例不低于财政状况相同地区的水平。 2. 资金使用情况：资金是否到位和使用范围合理明确规定生态环保支出与民生支出比例不低于8∶2。资金使用由自治区财政进行专项检查进行核查。 3. 资金使用效果：①环境保护和治理：县域生态环境指标EI体系；②基本公共服务：国家规定指标。省财政部门委托相关部门采取常规监测、不定期抽查及每3年对生态环境状况进行全面评估。2009～2014年相同。	1. 对盟市政府减少国家重点生态功能区所在旗县支付力度，自治区按照转移制度总金额10%扣减。 2. 对生态环境恶化地区，按照一定比例暂缓下达补助金。持续恶化旗县，下一年停止补助。净入学率等民生指标下降的，扣减20%支付金额。2009～2013年政策相同。 2014年新政策：①生态环境明显改善或考核工作开展较好地区给予一次性奖励。②对列入中央核定环境明显变差、一般变差、轻度变差地区名单的，采取全额扣减转移支付或扣减增量的惩罚措施。

来源：甘肃省、内蒙古自治区国家重点生态功能区转移支付资金办法。

（三）资金到位情况

2009年以来，案例县（市）国家重点生态功能区财政转移支付资金使用主要用于生态环境保护和基本公共服务的两个方面。根据取得甘肃省调研资料，基本公共服务支出资金主要投向于生态移民补助、移民区水电路基础设施建设、产业培育、设施农业及与生态功能区建设相关的教育、卫生、体育、廉租房建设；失地农民养老保险购买等社会事业的发展。2013年以前，甘肃省5县（市）资金用于基本公共服务远远大于生态环境保护，以金塔县2011年为例，两者比例仅为0.047∶1。2011年金塔县投资金塔光电产业园基础设施建设1170万元、城区道路改造507万元、城市集中供热改造880万元，占全年该县拨付国家重点生态功能区转移支付资金比重的96%左右，用于环境保护的支出较少。从调研其他的国家重点生态功能区的市（县）来看，都有存在基本公共服务支出挤占环境保护支出的问题。为保证国家重点生态功能区转移支付资金的规范使用，2013年，甘肃省财政厅明确规定要求用于生态环境保护支出与基本公共服务支出不低于6∶4；2014年，规定了两者比例不低于7∶3。2013年以后，享受转移支付资金的国家重点生态功能区县，用于生态环境保护支出大于基本公共服务支出（表9）。2009～2015年，额尔古纳市资金用于基本公共服务大于生态环境保护领域，但分配比重呈现逐年减小趋势，用于生态环境保护的资金支出逐渐增加。由于森工集团剥离人员较多，牙克石市全部安排到地方，由地方财政负责开支，地方财政压力骤然增加。牙克石市向自治区政府申请，自治区政府同意把各年度拨付国家重点生态功能区财政转移支付资金全部用于基本公共服务建设，因此，在2009～2015年期间，牙克石市的生态环境保护的支出为0。

表9 案例点资金总量以及分配比重

	县(市)获得转移支付资金总额(万元)							生态环保支出与基本公共服务支出比						
	2009	2010	2011	2012	2013	2014	2015	2009	2010	2011	2012	2013	2014	2015
额尔古纳	3839	4650	4976	5753	5852	6273	6262	0. 08∶1	0. 32：1	0. 43∶1	0. 34∶1	0. 33∶1	0. 52∶1	0. 54∶1
牙克石	12568	14256	14499	15105	15164	16349	16310	0∶1	0∶1	0∶1	0∶1	0∶1	0∶1	0∶1
天祝	—	5424	4227	4907	5442	6577	7605	—	0. 07∶1	0. 05∶1	0. 27∶1	0. 4∶1	2	—
永昌	—	2550	2887	3621	4262	4262	5777	—	0. 5∶1	1. 2∶1	0. 57∶1	0. 8∶1	1. 1∶1	5. 7∶1
民乐	—	4540	9470	3140	4614	4614	5070	—	0. 15∶1	0. 61∶1	0. 87∶1	1. 2∶1	2. 7∶1	—
金塔	—	—	2677	2875	3453	4508	—	—	0. 7∶1	0. 05∶1	1. 0∶1	5. 6∶1	3. 1∶1	—
敦煌	—	3485	2385	2972	3100	4340	—	—	—	5. 0∶1	1. 0∶1	4. 0∶1	1. 6∶1	—

数据来源：各县《自查报告》和根据《自查报告》数据计算得到“ - ”表示该项数据缺失。

(四)民生改善情况

案例县(市)2010～2014年基本公共服务指标变化情况见表10。从表10中可以看出案例市县学龄儿童净入学率维持在100%，略高于国家的平均水平。案例点的小学、初中、高中的升学率都提高较快，教育质量改善明显。享受国家重点生态功能区转移支付资金的甘肃5县(市)，从2010～2014年每万人口医院床位数逐年增加，但到2014年天祝县、金塔县尚略低于全国平均水平；永昌县到2014年每万人口医院床位数仅为28张，远低于全国48.5张的平均水平；敦煌和民乐略高于国家平均水平。额尔古纳市每万人口医院床位数一直保持在54张左右，比国家平均水平高10个百分点。在城镇居民基本医疗保险方面，额尔古纳、天祝、永昌、金塔、敦煌、民乐等县(市)参保率逐年提高。由于额尔古纳与敦煌市经济相对发达，两市的城镇居民基本医疗保险参保率比较接近或超过国家平均水平。但甘肃省其余4县经济欠发达，虽然城镇居民基本医疗保险参保率提升较快，但与国家平均水平相比，仍有较大差距，尚需进一步关注。在参加新型农村合作医疗保险方面，2010年以后，呈现逐年上升的趋势，且甘肃省5县(市)参保比例远远高于国家平均水平。总体而言，案例点的基本公共服务水平呈上升趋势，表明国家重点生态功能区财政转移支付资金对当地基本公共服务建设起到了促进作用。

表 10　县(市)基本公共服务目标方面的考核

指　标	年　份	内蒙古		甘　肃					全国平均
		额尔古纳	牙克石	天　祝	永　昌	民　乐	金　塔	敦　煌	
学龄儿童净入学率(%)	2010	100.0	100.0	100.0	100.0	99.8	100.0	100.0	99.7
	2011	100.0	100.0	100.0	100.0	100.0	100.0	100.0	99.8
	2012	100.0	100.0	100.0	100.0	100.0	100.0	100.0	99.8
	2013	100.0	100.0	100.0	100.0	100.0	100.0	100.0	99.9
	2014	100.0	100.0	100.0	100.0	100.0	100.0	100.0	99.8
每万人口医院床位数(张)	2010	49.0	—	28.0	24.0	46.0	26.0	42.0	35.8
	2011	51.0	—	28.0	25.0	55.0	26.0	42.0	38.4
	2012	56.0	—	29.0	26.0	53.0	33.0	44.0	42.4
	2013	54.0	—	33.0	27.0	53.0	36.0	44.0	45.5
	2014	54.0	—	37.0	28.0	54.0	46.0	49.0	48.5
城镇居民基本医疗保险比例(%)	2010	—	—	60.0	—	35.0	46.0	98.6	64.6
	2011	65.4	—	69.0	—	38.0	50.0	97.0	68.5
	2012	69.8	—	69.0	48.0	40.0	50.0	97.0	75.4
	2013	72.5	—	71.0	49.0	41.0	76.0	97.0	78.1
	2014	—	—	—	49.0	42.0	83.0	97.1	79.8
参加新农合医疗保险人口比例(%)	2010	96.0	—	93.7	99.0	98.5	99.9	98.5	96.0
	2011	96.2	—	95.2	99.0	98.5	99.9	98.7	97.5
	2012	96.2	—	96.0	99.0	99.7	99.9	98.7	98.3
	2013	97.3	—	98.6	99.9	99.6	99.9	98.8	99.0
	2014	—	—	98.6	99.6	99.5	99.9	98.8	98.9

数据来源：案例点各县编制的《国家重点生态功能区财政转移支付自查报告》和《统计年鉴》，“—”表示该项数据缺失。

(五)生态环境变化情况

内蒙古案例点由于环保资金投入不足，使环境质量检测执行较差，仅在 2015 年进行了环境质量监测，且数据缺失较严重。从已监测数据看，表 11 中数据显示：额尔古纳市Ⅲ类或优于Ⅲ类水质达标率为 37.5%，明显偏低，需要进一步提高。牙克石市污染源排放达标率为 40.91%，也偏低。总的来看，额尔古纳市与牙克石市的污水处理还需要进一步加强。

表 11　2013 年额尔古纳和牙克石状况

地　区	林地覆盖率(%)	草地覆盖率(%)	水域湿地覆盖率(%)	耕地和建设用地比例(%)	未利用地比例(%)	污染源排放达标率(%)	SO_2排放强度(kg/m^2)	COD 排放强度(kg/m^2)	Ⅲ类或优于Ⅲ类水质达标率(%)	优良以上空气质量达标率(%)	城市生活集中污水处理率(%)
额尔古纳	72.6	17.9	6.9	6.9	—	91.0	—	—	37.5	—	—
牙克石	79.4	18.3	0.7	0.5	—	40.9	—	—	100.0	99.7	82.3

数据来源：额尔古纳市和牙克石市财政、环保部门汇报年度工作报告，“ - ”表示该项数据缺失。

甘肃省获得国家重点生态功能区财政转移支付后，自然生态指标总体变化不大（表12），但是案例点的环境治理指标波动较为明显。以甘肃省案例县为例，COD 排放强度出现了由低到高和由高到低的一个过程，2011～2013 年增强幅度接近 30%，2014 年大幅度下降，下降幅度达到 20% 左右。从总体上来看，生态环境保护质量没有得到明显改善，环境质量还有下降的趋势。从当地政府的自查报告和相关领导了解到：2011 年前后，这些地区大幅度改善民生，提高基本公共服务水平，建设了很多民生工程，比如热电厂、环保设备升级改造等，短期内污染处理能力下降导致环境指标没有得到改善反而变坏。主要原因在于：一方面财政资金有限，区域经济建设在一个年度内不能综合规划与治理，出现建设与治理错位现象，因此，就会出现部门年度环境治理忽差忽好；另一方面地区经济发展较快，环境保护资金投入严重不足。2010 年国务院提出中西部承接东部产业转移，沿海地区产业转移到内陆，该地区承接了一些企业生产转移，企业数量增多，环境保护建设能力跟不上，导致生态环境的恶化。国家重点生态功能区财政转移支付环境保护支出与基本公共服务的比例问题就能反映出生态环境保护建设的严重不足。

表 12　2011～2014 年甘肃省的案例点生态状况

县　域	年　份	林地覆盖率（%）	草地覆盖率（%）	水域湿地覆盖率（%）	耕地和建设用地比例（%）	未利用地比例（%）	污染源排放达标率（%）	SO_2 排放强度（kg/m^2）	COD 排放强度（kg/m^2）	Ⅲ类或优于Ⅲ类水质达标率（%）	优良以上空气质量达标率（%）	城市生活集中污水处理率（%）
天祝	2011	39.4	57.8	0.4	7.89	—	100.0	967.3	717.0	100.0	100.0	—
	2012	44.3	58.6	0.4	7.9	—	100.0	823.9	924.9	100.0	100.0	—
	2013	44.4	58.6	0.4	7.9	—	100.0	9671.0	1150.0	100.0	100.0	85.0
	2014	42.9	58.6	0.4	7.9	—	100.0	943.9	1022.8	100.0	100.0	70.0
永昌	2011	20.6	40.1	0.5	13.4	22.1	69.6	3253.0	529.0	100.0	100.0	87.6
	2012	20.6	61.3	0.5	13.4	22.1	93.8	3253.0	529.0	100.0	100.0	93.0
	2013	16.2	63.5	0.5	13.4	22.0	96.3	3253.0	455.7	100.0	100.0	93.0
	2014	17.4	48.7	0.5	12.9	—	93.6	2048.0	320.0	100.0	100.0	93.0
民乐	2011	—	—	—	—	—	94.4	1423.0	1350.0	100.0	100.0	—
	2012	—	—	—	—	—	94.4	1423.0	1354.0	100.0	100.0	—
	2013	23.1	45.3	2.9	19.0	9.1	94.4	1479.0	960.0	100.0	100.0	24.7
	2014	23.2	47.3	2.9	19.5	9.1	100.0	1543.6	1005.0	100.0	100.0	100.0
金塔	2011	0.5	47.3	1.2	2.7	76.9	—	101.0	123.0	100.0	—	—
	2012	0.5	47.3	1.2	2.7	76.9	—	63.0	73.0	100.0	—	—
	2013	0.5	6.9	1.0	4.5	86.7	100.0	111.0	143.0	100.0	—	90.0
	2014	0.5	6.9	1.0	5.0	86.1	100.0	130.0	130.0	100.0	—	96.0
敦煌	2011	27.8	11.6	7.1	1.67	87.4	100.0	78.0	49.5	100.0	—	92.0
	2012	27.9	11.6	7.1	1.7	—	100.0	80.6	55.7	100.0	—	93.0
	2013	27.9	11.6	7.1	1.8	51.6	100.0	82.3	63.8	100.0	—	95.2
	2014	27.9	11.6	7.1	1.7	51.8	100.0	81.2	46.3	100.0	92.0	96.6

数据来源：各县（市）编制的《国家重点生态功能区财政转移支付自查报告》，“—”表示该项数据缺失。

六、案例点国家重点生态功能区财政转移支付存在的问题

（一）转移支付力度尚不能满足生态建设需要

2008～2014 年，重点生态功能区转移支付分别占当年 GDP 的比重分别为 0.02%、0.04%、0.06%、0.06%、0.07%、0.07%和 0.08%。虽然呈现逐年上升趋势，但资金拨付总量过小，拨付比例过低，与《全国主体生态功能区划》中重点生态功能承担的责任不匹配和不衔接。

国家重点生态功能区获得的转移支付资金尚不足以满足生态环境改善的资金需求。从案例点的生态环境指标变化情况看，自然生态指标的变化幅度不大，环境状况指标呈现出阶段性的波动，但总体为下行态势，以牙克石为例，2010～2014 年，重点生态功能区转移支付资金仅占地方政府财政收入的 7%。在民生压力较大的情况下，转移支付资金总量的不足使地方政府首先满足了基本公共服务均等化的支出，留给生态环境改善的资金不足。因此，需要采取多种渠道进一步扩大重点生态功能区补偿转移支付的规模。

（二）财政转移支付资金分配测算方法缺乏合理性

从国家层面，甘肃省、内蒙古自治区生态功能区财政转移支付补助资金测算公式以地方财政缺口为主体计算依据，显然列支了生态环境保护特殊支出，但该项支出权重过低，导致地方政府将资金用于生态建设的激励作用不足。

国家重点生态功能区转移支付资金按照全国“一刀切”的统一公式分配测算，没有考虑到区域间生态维护改善成本的差异。以甘肃和内蒙古为例，内蒙古东部地区生态环境较好，而内蒙古西部和甘肃生态脆弱度较高，对于不同地区生态功能区的采用统一的补偿标准有失偏颇。甘肃西部的国家重点生态功能区生态环境改善的成本很高，根据当地林业部门测算，甘肃河西走廊西部地区，采用客土和滴灌造林，造林成本约为 2000 元/亩，对于自然条件优越的额尔古纳、牙克石地区，则造林成本约为 600 元/亩。

（三）转移支付资金监督考评与激励约束机制的缺位

《中国环境状况公报》报告了国家重点生态功能区 2012～2014 年的环境状况。2009～2014 年的《中央对地方国家重点生态功能区转移支付办法》中规定：对非因不可控因素而导致生态环境恶化的县，适当扣减转移支付，其中生态环境明显恶化的县全额扣减转移支付；生态环境质量轻微下降的县扣减其当年的转移支付增量；但从案例点的实际执行情况来看，并没有严格按照《支付办法》的有关规定进行监督考评，以甘肃省 2014 年考核结果为例，省环保厅对 77 个享受重点生态功能区转移支付资金的县均进行了生态环境监测，其中 14 个县的 EI 考核结果为差，对这 14 个县每个县扣减了 50 万元的转移支付资金，仅占全县转移支付金额的 1%左右，约束与震慑效果不明显。在内蒙古自治区的 2 个调研县中，2009～2013 年，并没有进行 EI 的数据监测；2014 年，开始进行生态环境质

量监测，2014 年牙克石仅统计了其中的 5 项指标，2015 年统计指标才涵盖了全部的 10 项数据；额尔古纳 2014～2015 年间仅对其中的 3 项指标进行了统计。由于监督考评与激励约束机制的缺位，导致国家重点生态功能区生态环境质量改善不明显。

（四）环境保护支出与公共服务支出分配比例缺乏科学性

在国家层面，环境保护支出与公共服务支出没有规定具体分配比例。在地方转移支付资金实施细则中，甘肃省规定二者间的使用比例为：2010～2011 年不低于 5∶5，2012～2013 年不低于 6∶4，2014 年不低于 7∶3。内蒙古自治区实施细则中没有规定资金的使用比例，从实际执行过程中，存在环境保护支出被挤占的现象。实施细则直接规定环保支出与民生支出的比例，只能反应对环境保护的重视，并不代表资金使用效益最大化，如不对资金的使用比例进行约束，则会造成资金流向的监管缺位。因此，根据各省市区实际情况，综合考虑全省各国家重点生态功能区的民生和生态环境状况，需要设计出灵活的资金使用比例公式。

七、生态补偿财政转移支付的国际经验借鉴

（一）补偿模式

生态补偿的财政转移支付逐渐成为一种国际潮流，国际生态补偿模式丰富多样，根据补偿主体和运行方式的不同大致可以分为三类。

1. 政府作为唯一补偿主体模式

主要针对由于自然和人为原因导致缺失补偿主体，由政府通过财政转移支付补偿。采取这类补偿的国家主要有美国和德国，政府通过财政拨款或转移支付方式向生态保护者支付其为保护生态环境而付出的成本费用和所受损失，主要包括支付补偿费、实物补偿（树苗、粮食等）、政策支持（优惠贷款、税费减免、技术培训、就业帮助等）和生态移民（主要针对生态脆弱敏感地区）等。

2. 政府主导补偿模式

主要由政府主导或引导下对被补偿主体采取直接补偿、生态补偿基金制度、征收生态补偿税、区域支付制度、流域合作等方式进行补偿。主要有芬兰、英国、法国、巴西、哥斯达黎加等国家，通过实施相关计划或制度、法律、税收分配改革、建立补偿基金、区域合作、直接购买生态服务等方式，对被补偿主体进行补偿。

3. 市场化运作模式

在生态被补偿主体和政府之间引入市场行为和市场交易机制，最早是由美国、法国、欧盟等发达国家研究运行，主要通过绿色偿付（对周边生态保护较好地区支付绿色补偿）、配额交易、生态标签体系（对产品的设计、生产和销售进行绿色认证）、排放许可证交易（通过排放许可证交易，使生态服务商品化）、国际碳汇交易（统计国内林业碳汇

总量，并将额外的碳汇作为国家碳汇储备，适时出售给外国企业，所得收入大部分补偿给林主）等方式。

生态环境保护与治理要与本国的经济发展相适应，要求建立合理的生态补偿机制，变输血为造血。国际上，大部分国家把生态补偿分为基本补偿阶段、产业结构调整补偿阶段、生态效益外溢补偿三个阶段。在生态保护与建设前期，生态效益没有外溢或者效益不明显阶段需要政府投入大量财政资金对生态保护治理进行输血补偿，国家财政转移支付资金的作用是不可替代的。国际上生态保护与治理较好的美国、法国、日本等国家成功地解决了经济发展与维护生态环境的矛盾。

（二）实施生态环境保护性财政转移支付的具体做法

虽然各国国情不同，保护治理、生态补偿方式不同，但是在生态环境保护治理前期，主要通过生态补偿性财政转移支付对被补偿主体进行补偿或通过财政转移支付引导社会力量建设自然保护区，取得良好的效果，这是共同的做法，值得我国借鉴，主要体现在以下几个方面。

1. 明确财政转移支付补偿主体

生态补偿是对环境保护作出贡献的补助，本质上属于一种政府行为，由于生态服务大都具有公共产品的特征，因此，在界定时，往往存在一定的困难，公共财政介入有其必然性。其次，要明确生态补偿的主体和强调对生态服务提供者补偿的公平性，将政府、企业、个人放在平等的地位进行谈判协商，有利于提高生态保护建设的积极性。美国的休耕计划、基西米河生态恢复工程、法国瓶装水公司对水源区周围采取环保耕作方式的农民给与补偿等项目，在生态保护计划实施前，必须经过大量的调查研究明确生态保护建设的主体和确定补偿主体，并给予相应的生态补偿和明确应承担的责任。

2. 科学合理的补偿标准，确定财政转移支付资金量

在财政转移支付资金拨付前，从不同利益主体角度，使用不同的测算方法进行计算，然后，通过相关机构对不同主体进行谈判解决采取何种补偿方法，对需要财政转移支付资金量进行精确测算，国际经验表明：如果财政转移支付资金不充足，就会容易导致生态补偿效益低下；资金过剩太多，则容易造成财力浪费，增加财政负担甚至滋生腐败，也不利于生态保护。不同生态功能区的补偿主体不同、受益范围不同，有的会影响全国，有的只影响几个地区，甚至更小范围，因此，要根据生态效益的高低和生态的重要性进行补偿。国际上，许多国家采取补偿多种评估方法，补偿标准非标准化，在财政转移支付资金到位前，从经济、社会、环境综合考虑，对不同主体和评估方案进行比较研究，提高评估效率，兼顾各方利益均衡；同时明确各种类型的生态功能区发挥的作用，作为补偿参数，由于作用不同，所需要的生态维护支出也不尽相同，并且限制开发造成当地财政收入减少的幅度也不同。

3. 完善的财政转移支付法律和监管机制，及时公布财政转移支付资金分配结果和对资金使用效果进行评估

许多国家都有完善的《财政转移支付法》或者相应的财政转移支付法规，在法律中，严格规范资金使用与监管严格遵守规范转移支付，以法律作为转移支付的唯一依据。通过宪法或法律，划分对各级政府的事权和支出责任，确立财政转移支付的目标和基本原则，同时又以具体立法的形式明确规定其实施，如财政转移支付的规模、标准以及具体的技术操作流程。采取生态补偿资金使用考核评估制度，对用于生态补偿资金进行严格考核，使资金用于最需要补偿的地区，更好地发挥财政资金的激励作用。在后期的管理方面，建立了公开透明的信息公开制度，接受社会监督。

八、提高转移支付资金使用效率的保证措施

国家对生态恢复与建设高度关注，国家重点生态功能区是保障生态安全重要保障。充分借鉴国际经验，为进一步提高国家重点生态功能区转移支付资金的使用效率，我们建议从如下几个方面加强国家重点生态功能区的资金管理与使用。

(一)制度保障措施

1. 积极探索国家重点生态功能区的横向转移支付

现阶段国家重点生态功能区转移支付资金存在着明显的总量不足现象，仅仅依靠中央财政难以满足生态功能区生态建设的资金需要。因此，在原有纵向转移支付模式的基础上，应增加横向转移支付，解决省际间的区域性外部性问题。建立以中央政府牵头的横向转移支付机构，以生态环境指标测算转移支付标准，横向转移支付制度可以作为我国现有纵向转移支付制度的有益补充。

2. 制定县级转移支付资金使用规划

重点生态功能区基本公共服务达到全国统一水平，生态服务生产能力的提升是一个长期的、系统的过程。地方政府从区域性、整体性、相关性的角度制定科学统一的全区生态建设长远规划，根据每个地方、区域的特点，确定各地的生态建设重点。财政部门要做好环境保护建设长期投资计划，要求财政资金按照生态效益、社会效益、经济效益最大化的原则，将林业、民政、环保、农业等部门管理的林业建设、草原建设、生态移民、退耕还林等生态治理资金统筹管理，确定生态环境改善的急迫性、重要性顺序投放资金，集中使用发挥生态治理资金规模效应。

(二)技术保障措施

1. 完善转移支付资金分配测算公式

现有的国家重点生态功能区转移支付资金列在均衡性转移支付项下，因此，以“财政缺口”作为分配测算主体，在资金使用过程中，造成延用平衡地方财政收支的思路。国家

重点生态功能区转移支付资金的设立目标是生态功能区能提供更多更好的生态服务。因此，资金分配应以生态服务的供应能力作为依据。综合考虑各地区的生态脆弱程度、环境质量、生态破坏与环境污染程度、等量EI改善的成本等因素。在具体操作上，可以将重点生态功能区转移支付资金从均衡性专业支付项下调整至专项转移支付项下，发挥重点生态功能区转移支付资金对生态供给的瞄准作用。

2. 科学确定环境保护支出与基本公共服务支出比例

国家生态的支付办法中没有明确规定环境保护支出与基本公共服务支出的比例，在执行过程中，各省市区差异很大。我们建议：根据生态功能区的生态环境、社会环境的具体情况，各省市区确定一个动态反映环境保护支出与基本公共服务支出平衡的公式，而非采取固定的比例。此外，在资金分配中，适度安排资金使用管理费用，实现鼓励地方政府进行环境监测的目的。

3. 加强对重点生态功能区的生态环境质量监测

国家生态的支付办法中规定：要对限制开发等国家重点生态功能区所属县进行生态环境监测与评估，但从案例点的实际环境状况指标监测数据看，执行效果差强人意，因此，应在生态环境监测与评估的实际执行力度上下工夫，切实做到有法必依；建立正规、权威的生态环境监测队伍，不折不扣地执行国家有关规定。

（三）国家重点生态功能区域要进行发展转型

考虑到国家重点生态功能区的建设和建设生态文明的需要，国家重点生态功能区域要以生态建设为中心，调整产业结构，实现调结构、重效益和民生、保生态的目标，推行产业生态化，生态产业化，积极发展生态友好型产业，并且注重能够创造就业机会和增加当地群众效益的绿色产业，保证为国家重点生态功能区的建设提供良好环境支撑。

调 研 单 位：国家林业局经济发展研究中心
沈阳农业大学经济管理学院
调研组成员：刘　璨　陈　珂　刘　浩　何　丹
朴慧兰　陈同峰　蒋毓琪　司亚伟

林业资产证券化报告

【摘　要】随着我国经济社会的发展，国家改革重点逐渐由以往单纯追求经济增长转变为重视生态文明建设、重视自然资源的可持续利用。林业不仅仅担负着经济发展的职能，更要发挥生态建设的作用。但是由于“多年投入、一次收获”断崖式发展的特点，林业资金投入与需求之间的差距成为了制约林业发展的主要障碍。因此学界开始了对森林资源资产证券化的探索，以期其能够成为打破林业资金短缺困境的利器。本报告借鉴美国等国际林业资产证券化经验，基于对福建两家上市林业企业的调研和二手数据收集，从侧重于林企的视角，讨论我国森林资源资产证券化的可行性和相关政策建议。

一、背　景

受国家林业局林业经济发展研究中心的委托，中国人民大学林业与资源政策研究中心承担了林业局重大调研项目——“林业资产证券化”。在为期一年的研究中，课题组组织了项目启动会、田野调查、专家务虚会和项目结题会，听取了国家综合管理部门、行业主管部门、上市林企、地方主管部门领导和林农。结合国际林业资产证券化案例分析，形成了本报告。

(一)目的和意义

“林业资产证券化”研究意义重大，根本原因在于林业是一项重要的公益事业和基础产业，承担着生态建设和林产品供应双重任务。然而林业资金投入与需求之间的差距成为制约林业发展的主要障碍，我国的林业建设迫切需要引入新的融资机制，而林业资产证券化则是其重要的选项之一。国家林业局对推动林业资产证券化十分重视，并将之作为重要林业改革内容提上政策研究的议事日程。2014 年，由国家林业局委托管理的中国林产工业协会与诺安基金管理有限公司签订战略合作协议。由此，国家林业局大力推动林业改革，支持林业资产证券化的发展。改革内容包括股权投资类项目、以实现盘活林业资产为目的开展的林业资产证券化项目、积极探索建立森林资源资产证券化制度、逐步健全森林资源资产评估制度和机构、完善信用评级体系、培育发展林业信托机构和林权交易市场以及推动森林资源资产转化为可流通的债券、基金和股票。

“林业资产证券化”具有促进生态文明建设的潜在价值。在我国经济发展进入新常态的今天，党和国家对生态文明建设重视程度提高了一个前所未有的高度。2005 年 8 月，时任浙江省委书记的习近平同志在浙江安吉余村考察时，提出了“绿水青山就是金山银山”的科学论断。随着我国经济社会的发展，国家改革重点逐渐由以往单纯追求经济增长转变为重视生态文明建设、重视自然资源的可持续利用。总书记这一科学论断正成为我国各地形式繁多的发展实践，护美绿水青山、做大金山银山，丰富了经济发展和生态保护之间的辩证关系。如果能够发挥资产证券化的融资功能，就有可能盘活林业资源，使绿水青山真正成为金山银山，完成生态文明建设和经济建设的双重目标。

本项目是一个务虚政策研究项目。中国资产证券化在学界研究和业界实践还处于探索的阶段，相关的法律制度、操作规则和监管规定均不明确。林业很难产生稳定的现金流，从木材产出的一次性收入还受到市场和自然双重风险的考验。国际的经验只能是借鉴，又很难从我国业界寻求一个可参考的行业来开展林业资产证券化政策的研究。因此，本研究试图回答：国内资产证券化和国际林业资产证券化的一般经验是什么？我国是否具备开展林业资产证券化的条件？如不具备，尚需那些战略性的关键条件的建设？

（二）资产证券化

资产证券化是在资本市场上进行直接融资的一种方式，金融机构将其资产（包括各种贷款和应收债权等）汇集成组，经过担保和信用加强，以证券形式在资本和货币市场上出售给投资者的过程，即将已有的信用工具（银行信贷等）重新组合成新的证券进行直接融资。根据标的资产的不同，资产证券化有抵押支持证券、资产支持证券、资产支持商业票据三种形式，以资产支持证券最为普遍。资产证券化的基本思路是：资产的原始权益者将一部分资产剥离出来，出售给特设中介机构，中介机构以这项具有可预测现金流量的资产作为担保，在资本市场上发行可转让证券，以其发行收入支付购买资产的价款，以资产上所产生的现金流支付证券的本息。资产证券化起于美国，20世纪70年代初将首先出现住房抵押贷款义务上，将之打包，发行住房抵押贷款支持证券。2008年全球金融危机发生前，业务覆盖了几乎所有的金融资产，只有具备未来能够发生可预测和可回收的现金流都可成为金融机构资产证券化开发的对象，资产证券化市场已经成为美国资本市场最重要的组成部分。

2008年，由次贷危机触发的全球金融危机爆发，很大程度上是由资产证券化产生的风险放大效应导致的，以资产证券化为核心的金融创新受到了广泛的质疑与批评。证券化对金融业本身，尤其是银行资产流动性改善和质量提高具有十分重要的作用，并为投资者开辟了一个新的投资渠道。近年来，研究者逐渐认识到，资产证券化本身并不是带来金融危机的主要原因，而是泡沫市场、利率激烈变化和不良的次级贷款，加上证券化产品的过度开发、缺乏有效监管等因素共同作用才推动了全球性的金融危机。国际上资产证券化又得到了一定程度的发展。

从美国资产证券化市场的发展来看，成功的资产证券化需要八个要素：①健全的法律体制；②精确的现金流分析；③谨慎的会计处理；④有公信力的信用评估；⑤全面性的投资银行；⑥完善的国债市场；⑦活跃的二级市场；⑧多样化的投资者。

这些要素常常互为补充，一个要素的发展将会推进其他要素的发展。但重要的是，这八大要素应齐头并进、共同发展。

（三）我国资产证券化的发展现状和存在问题

2005 年，我国资产证券化业务试水。中国人民银行选择了中国建设银行和国家开发银行进行试点，以银行贷款作为基础资产发行资产证券化产品，面向银行间债券市场。2006 年，试点发行企业资产为支撑的证券化产品，面向交易所市场。

企业资产证券化产品受到市场的欢迎。在 2006 年，有 9 家企业发行了企业资产证券化产品，募集资金总额超过了 250 亿元人民币。发行人包括两家发电厂、一家高速公路经营企业、两家 BOT[①] 项目、一家设备租赁企业、一家城市水处理工厂和两家移动电话运营企业，出售的未来现金流包括电费收入、设备租金、水费和移动电话收入。

我国资产证券化还处在探索阶段。由于历史原因，国内的债券市场被分割为银行间债券市场和交易所市场。银行间市场的参与者以金融机构、大型工商企业等机构投资者为主，交易量大，成交活跃。而交易所债券市场的投资者包括了除了商业银行之外的其他投资者，这个市场的交易量和活跃程度相对不及前者。当商业银行发行资产证券化产品时，自然会在银行间市场进行。企业只能选择交易所市场进行资产证券化业务。

（四）林业资产的特点与证券化

林业资产，一般来说，指的就是森林资源资产。根据《森林资源资产评估技术规范行业标准（征求意见稿）》规定：森林资产包括依托森林、林木、林地生存的野生动植物资产、微生物资产、林内人工养殖的动植物资产、森林景观资产、森林生态资产和森林资源相关的其他资产。从评估实际出发，林业资产可划分为林地资产、林木资产、野生动、植资产、景观资产。

林业资产是再生自然资源性资产，除具有一般资产获利性、占有性、变现性、可比性的特点外，它还具备以下特点：

（1）经营的永续性：森林资产属于可再生的资源性资产，森林资源资产消耗可以通过合理的经营，根据森林生长规律和再生能力的特点，采用科学的森林经营利用措施而得到补偿。如没有受到自然灾害和人为破坏，林业资产是不发生折旧问题的，且可在获益的前提下，长期永续地实现其保值增值的目的。

（2）投资的长期性：森林资源资产是再生性资产，但根据森林生长的规律，它的产品要有很长的时间后才能出售，通过投入某一森林资源资产经营的资金，即使是桉树等速生树种也得数年，多则数十年、上百年才可成材出售，回收投资。

---

① BOT（build-operate-transfer）即建设－经营－转让，是私营企业参与基础设施建设，向社会提供公共服务的一种方式。

(3)功能的多样性：森林资源资产结构复杂、形态各异，决定了它功能的多样性。森林资源资产的某些成分，除了有价值可以交换的商品属性外，还具有一些价值难以度量的生态公益效能。这些效能通常自动外溢，受益者无须付费，即可得益，造成森林资源资产的评估价值偏低。

(4)管理的风险性：森林资源资产漫山遍野地定位在广阔的林地上，即不能仓储，又难以封闭，使其安全保卫十分困难。火灾、虫灾、盗伐等人为或自然的灾害很难控制，森林资源资产容易流失，增加了风险损失的可能性。

在当下的条件下，森林的土地、景观和生态价值难以获得完全市场交换的价值。本研究中讨论林业资产证券化指的是用材林林木资产、经济林林木资产、薪炭林林木资产和竹林资产等。

林木资产流动性差是林业投资面临的主要问题，而林业资产证券化旨在解决流动性问题，将林木资源资产转变为可交易债券。

（五）林业资产证券化的类型

林业资产证券化主要分为两种主要的类型：林业银行信贷资产证券化和林业企业资产证券化。前者主要以银行向林企发放的贷款为基础资产，而后者是以林企自身资产为支撑。本研究明确将林业资产证券化定义为林业企业资产证券化，而未来现金流主要来源于森林经营的收入。主要类型可分为下列三类。

1. 林业资产证券(REITs)

林业 REITs 所管理的资产只包括森林资源，最早由美国提出的森林资源资产全业务证券化的一种形式。它主要有两个特点：一是向投资者发放收益凭证，将所募集到的资金投资运用于森林资源的开发和管理，并将其产生的现金流向投资者还本付息。二是和普通 SPV 相比，林业 REITs 最大的不同在于 REITs 对森林保有主动经营的权利，而 SPV 只有隔离保管的权利。

林业 REITs 的流程如图 1 所示。

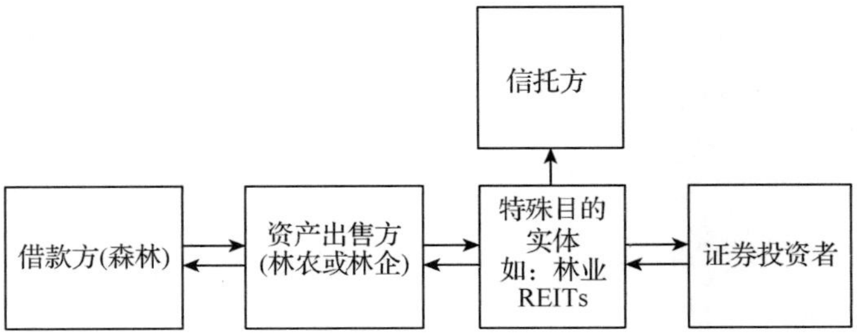

图 1　林业 REITs 示意图

2. 林业基金证券化

林业基金证券化是基金模式与传统证券化模式的结合体，基金模式为林业投资募集初始资金，而证券化模式为初始投资建立退出机制。森林基金证券化的基本流程是：①

成立基金并通过私募或公募形式向养老基金、保险公司等机构投资者与个人投资者融资；②基金与森林资源所有者(多为林农)签署长期合约，从而获得森林资源的处置权；③基金将森林资源交由专业的森林管理公司进行管理；④基金与森林资源买方签署长期供应合同，并以供应合同的未来现金流为基础进行证券化操作，套现后基金到期。

3. 林业债券

林业债券是绿色债券的延伸概念，是一种逐渐兴起的新型林业融资工具。林业债券与其他部门债券(如能源债券、交通债券、医疗债券)有很多相似之处。林业债券的基本思想是依托政府发行传统债券来为森林的管理和保护筹得资金。理论上，林业债券不仅涉及森林的生态功能，也与经济功能紧密相连。林业债券通常引入“政府 + 企业”的合作模式来平衡森林保护与经营中的收益与风险。林业债券未来是 REDD + 模式的重要补充。

二、国际林业资产证券化案例

(一)美国——REITs、CFB

20 世纪 90 年代末，林企开始通过林业地产投资信托基金(Real EstateInvestment Trust，REITs)的方式对森林资源进行资产证券化。代表案例，1999 年美国林企 Plum Creek 由有限合伙制企业改组成一家林业 REITs，成为第一家获得成功的林业 REITs。随后，又有多家林业 REITs 在美国成立。

事实证明林业 REITs 是一种成功的证券化模式。在运作过程中，林业 REITs 向投资者发放收益凭证，将所募集到的资金投资与森林资源的开发与管理，并最终利用经营森林资源所产生的现金流向投资者还本付息。与传统资产证券化中的特殊目的载体(Special Purpose Vehicle，SPV)不同，林业 REITs 对森林资源保有主动经营管理的权利，而传统证券 SPV 只具有隔离保管的权利。

进入 21 世纪后，美国开始发展林业债券。美国的社区林业债券(Community Foresty Bonds，CFB)，美国 2009 年通过《社区森林保护法案》，授权通过发行 CFB 来保护各地的商品林，使得经营的投资者能够以低成本的免税债券获得资金。

(二)芬兰：全业务资产证券化

2002 年，Stora Enso Oyj 以全部公司业务收益为基础资产，进行了芬兰乃至全球首次森林资源资产全业务证券化，成为芬兰林业资产证券化的成功案例。交易中由注册于爱尔兰的 Tornator 财务公司担当特殊目的载体(Special Purpose Vehicle，SPV)，债券发行总额高达 3. 7 亿欧元。

与传统证券化操作不同，全业务证券化操作并非以某一单项资产的未来现金流为基础进行，而是将整个公司业务的未来现金流作为证券还本付息的保证。全业务债券化具有两大优势：一是可以让发起人保有继续经营的权利；二是为发起人保留了品牌、知识产权等附属在资产上的无形资产的价值。全业务债券化特点：交易中的证券认购者均来自国外，是一种境外证券化交易。

（三）智利：林业基金证券化

2003年Lignum基金由Asset和Independencia这两家智利资产管理公司联合成立。基金成立之初共募集到3900万美元，初始投资者包括国际投资公司（IFC）、全球投资管理公司（GMO）、智利养老基金和保险公司及部分个人投资者。基金成立了全资子公司SFI为基金提供林业技术的顾问服务，还成立了风险管理公司AFI来管理基金。与此同时，Lignum基金通过与小型农场主签订长期林地使用合同获得了12000公顷松树与桉树未成熟林，并计划另外种植15000公顷松树与桉树。之后，Lignum基金与智利最大的2家林木公司CMPC和Arauco协议签署了森林管理合同，由CMPC和Arauco负责共计27000公顷松树林与桉树林的管理、砍伐与销售。CMPC和Arauco受Lignum基金委托，与林业企业Celco和Mininco签订了长期销售协议。Lignum基金打算以这些销售协议的未来现金流为基础资产进行证券化发行。通过证券化操作，基金投资者收回本金与红利，或继续持有证券。

（四）菲律宾的失败案例

德国林业公司Roseburg的菲律宾分公司于2011年所进行的一次森林资源资产证券化。然而由于菲律宾未能认识到本土证券化发展存在的不足，最终以失败告终。菲律宾发展林业资产证券化时，主要遇到的问题有三点：金融市场不发达、资本市场规模较小以及林业企业森林经营水平不高。

国际林业资产证券化的发展经验中可得出，林业基金证券化、林业REITs和林业债券是较为成功的证券化模式。林业资产证券化并非采用传统的现金流证券化模式，而是将证券化和对森林资源的专业管理进行了有机的结合。

三、我国林企融资情况——以福建林企为例

对于林业企业而言，扩大企业自身森林资源的所有量，需要解决的重要问题即资本缺口。林业企业主要的融资方式为上市融资、定向增发和银行贷款，融资资金主要用于森林收购和项目投资。

永安林业和福建金森是两家福建纯林业资源培育型上市公司，被选择为本研究的案例对象。福建省永安林业（集团）股份有限公司（以下简称“永安林业”）成立于1994年，是集林木培育、木材生产、木材加工和人造板为主业的资源型企业。1996年12月在深圳证券交易所上市，为全国首家林业综合性股份制公司和林业上市企业。永安林业下属森林经营分公司、永安人造板厂等6个分公司（事业部）。2014年，永安林业公司现有森林资源176.3万亩，包括生态公益林20.3万亩、商品用材林147万亩、经济林等其他林

地9万亩。公司年生产纤维板23.30万立方米。

福建金森林业股份有限公司（以下简称“福建金森”）于2007年改制建立，2012年在深圳证券交易所正式上市，公司注册股本13868万元。福建金森为国有控股企业，福建省将乐县林业总公司持股比例70.32%。福建金森是我国首家纯森林资源培育型林业上市企业。公司拥有5家全资子公司和1家民企合资公司，现拥有森林资源面积71.6万亩，森林蓄积量583万立方米。公司经营范围有森林经营和管护；造林和更新；花卉及其他园艺植物的种植；对林业、农业项目的投资；木制品、竹制品、初级农产品销售；对外贸易；中草药种植；木材、竹材采运、加工、销售等。

（一）永安林业融资分析

永安林业资金筹集可分为多元发展期（1994～2000）、平稳发展期（2001～2007）和转型发展期（2008～2016）三个阶段，各时期的融资情况见表1。

表1 永安林业成立以后融资情况表

融资时点	1996年	1998年	2000年
融资金额（万元）	9150	16502	18760
融资方式及属性	公募（股权融资）	配股（股权融资）	债券融资
最终选择融资方式原因	募股成本较低，而且不增加企业负债	国家介入配股，以50万亩国有林参与配股	抵押贷款，林权证被抵押到银行，企业管理林地
融资时点	2002年	2004年	2008年
融资金额（万元）	5586	18000	2100万美元
融资方式及属性	抵押贷款（债券融资）		
融资时点	2009年	2010年	2013年
融资金额（万元）	12000	9680	5000
融资方式及属性	抵押贷款（债券融资）		

1. 多元化发展期

1）融资决策

1996年，永安林业通过公开募集获取约9千万资金主要用于投资建设工业原料林基地和定向结构刨花板厂。1998年通过配股融入1.65亿资金主要用于有偿受让20万亩集体林林木所有权和林地使用权，建设短周期工业原料林基地和低产林分改造，兼并三明人造板厂。2000年，通过向国开行抵押贷款获取1.876亿资金用于速生丰产林基地建设。

2）发展环境

1996年，永安市被定为原国家林业部林木资源分类经营试点城市之一。永安林业作为永安市拥有林木资源最多及生产规模最大的企业，在大力抚育林木资源的同时，加强了资源的分类经营管理工作。因此，国家出台的天然林保护政策和福建省政府关于部分林木资源限伐措施对永安林业的主营业务影响甚微。2000年，永安林业经营区内共有

23.33 万亩森林资源被划为生态公益林，以发挥生态效益和社会效益为主，但允许进行更新性采伐，占公司总经营面积 140 万亩的 16.5%。

3）投资决策

2006 年的股权融资主要用于：

①投资 496.85 万元新建“康寿”口服液项目；

②投资 810.15 万元建设工业原料林基业；

③投资 843 万元合资建设年产 7.5 万立方米定向结构刨花板厂；

④投资 4000 万元兼并三明人造板有限公司；

⑤投资 1500 万元投资复合地板项目；

⑥投资 1500 万元投资收购永安大酒店。

1998 年股权融资主要用于：

①投资 2500 万元木质纤维快餐盒项目；

②投资 4500 万元，受让 20 万亩集体林林木所有权和林地使用权；

③投资 1000 万元，短周期工业原料林基地建设和低产林分改造；

④投资 1000 万元复合地板项目；

⑤投资 500 万元，补充兼并三明人造板有限公司的资金缺口。

2000 年后，公司意识到森林资源质量下降，林种结构、培育目标结构不合理，可伐资源日益减少，导致木材产量下降。2000 年，通过抵押贷款获取 1.876 亿资金全部用于速生丰产林基地建设。

2. 平稳发展期

1）融资决策

2000 年以后，企业均采用债券融资的方式，通过抵押贷款获取商业银行或开发银行的贷款。2002 年向银行贷款 5586 万元，用于建设中密度纤维板生产线。2004 年以公司自有林木资产作抵押向国家开发行贷款 18000 万元，用于建设速生丰产林基地。

2）发展环境

2002 年，木材及人造板市场的回暖，市场对人造板及其深加工产品需求增加。国家及各级政府对民营资本的投资鼓励政策，使公司产品处于更加激烈的竞争环境中，由于所享受的政策待遇不同，公司产品在市场竞争中处于不利地位。对公司销售利润将造成影响加入世界贸易组织（简称 WTO）后，公司原料采购及产品销售将在一个更广泛的市场中进行，有利于公司产品的推广，改善公司财务、经营状况。

2004 年，永安市大幅度降低了林业税费，公司经营环境的改善，然而对森林资源保护力度加大，公司林木生产经营在审批、经营流程上将受一定的影响。2005 年，公司必须围绕主业，进一步拓展公司发展战略的思路，完善机制，抓好制度建设，坚持以人为本，不断增强公司的凝聚力和战斗力。2008 年，永林蓝豹分公司产销分离的成功，坚定了通过改革转变经营机制的思想。

随着公司林产工业的发展和今后人造板规模的扩大，森林资源总量不足的矛盾依然突出。

3)投资决策

2002年投资7980万元人民币建设一条年产8万立方米中密度纤维板生产线；2006年，投资速生丰产林，面积达60万亩；2008年，投资年产21万立方米中纤板林板一体化项目；

2008年又向国开行贷款贷款额2100万美元，2009年向商业银行申请了1.2亿贷款，2010年向商业银行又贷款了9680万元，均用于建设林板一体化项目。2013年贷款5000万元补充企业现金流。

3. 转型发展期

2008年，金融危机爆发，永安林业从上市开始多元化战略逐步退出，而聚焦到以资源为基础的人造板主业上。

1)融资需求

2008年后，企业完全依赖政策环境改善，将企业自有森林抵押获得融资。分别于2008年从国开行贷款2100万美元，2009年从商业银行贷款1.2亿，2010年贷款9680万元，用于建设年产21万立方米中纤板林板一体化项目。2012年又贷款5000万用于补充企业流动资金。

2)政策环境

2010年年底，福建省委省政府出台了加快造林绿化推进森林福建建设的通知，福建省林业厅、三明林业局、永安林业局相应印发了相关文件，暂停天然阔叶林的采伐和天然针叶林的皆伐，严格控制低产林改造。这将对公司2011~2013年木材生产及人造板木质原料收购等方面产生重大影响，公司经营业绩面临巨大压力。

建设生态文明，森林资源生态意识和保护力度不断加强。林业政策调整的影响使得国内木业行业受到较大冲击，木材及人造板市场表现低迷。

2011年受福建省天然林禁伐及采伐限额政策的影响，公司年度的采伐指标从往年的43000亩/年锐减为11300亩，严重影响了公司的生存与发展及工业原料林基地建设规划。

2012年以来国内金融紧缩、房地产调控政策的延续实施。原材料价格的上涨、生产与流通成本的提高、国际贸易壁垒的高启和人民币汇率的攀升等，都在吞噬着业内企业的投资和经营利润。受到出口汇率影响，国外市场需求持续低迷。国家金融机构融资方式和利率的调整，造成企业财务成本不断上涨，对公司的生产经营产生一定影响。资产负债率较高，资金需求量大，企业财务成本居高不下，影响公司的生产经营和效益的提升。

2013年后，天然林禁伐、控制低产林改造、提倡择伐为主、皆伐为辅的林业政策的出台，对公司的木材生产和木质原料供应产生重大影响。原料紧缺风险——原料竞争加剧，成本大幅上涨，加大公司经营压力。

3)投资决策

永林林业决定实施"以森林资源为基础，以人造板为龙头"的产业发展战略，探索新的经济增长点，减少林业政策对公司经营业绩的不利影响。将所有融入的资金投入到年产21万立方米中纤板林板一体化项目。

（二）福建金森融资分析

福建金森的总体发展战略和目标为"在科学经营森林的同时，发挥公司技术优势和森林资源优势，有序发展绿化苗木种植、植物性中药材林下种植以及植物精油原料种植，丰富产业链，打造森林产品丰富、业务结构合理、研发创新能力较强的现代森林经营企业"。实施"1+3"计划，即"1"计划保持改善森林生态系统生产力，"3"计划扩大资源规模、提高集约化水平、增强与村民合作。资源规模方面，森林经营面积规模扩大至80万亩，持续符合FSC标准。

福建金森上市晚，但融资操作十分频繁(表2)。由股权融资、债券融资、信用贷款等多种手段。而融资目标非常清晰，增加森林经营面积，提高企业经济效益。

表2　福建金森融资情况表

融资时点	2012年6月	2012年12月	2013年3月
融资金额(万元)	37200.59	15000	10000
融资方式及属性	上市融资，公开发行人民币普通股(A股)。(股权融资)	抵押贷款：向国家开发银行福建省分行借款，借款期限为15年，借款利率6.55%。(债权融资)	信用借款：向中国民生银行借款，借款期限为2年，借款利率6.15%。(债权融资)
融资方式	股权融资(公开募股) 债券融资(银行贷款)	股权融资(公开募股) 债券融资(银行贷款)	股权融资(公开募股) 债券融资(银行贷款)
最终选择融资方式原因	公司要持续规范运行，申请公开发行股票，筹集资金	面临的可选择的唯一融资方式，获得融资资金速度较快	面临的可选择的唯一融资方式，获得融资资金速度较快
融资时点	2013年5月	2014年	2015年
融资金额(万元)	14000	12190	35107
融资方式及属性	质押借款：向中国银行借款15年期，借款利率7.53%。(债权融资)	短期抵押借款2000万元，长期抵押借款10190万元	短期信用借款4117万元，长期抵押借款19990万元，长期保证借款11000万元
融资方式	股权融资(公开募股)	债券融资(银行贷款)	债券融资(银行贷款)

实施募集资金项目收购森林，2012年募集资金投资项目已收购林地面积为7.13万亩，林权证办毕9.741亩。超募资金和并更用途资金收购林地15.14万亩。因募投项目并购的林地面积大，县林业局办理林权变更登记手续需要一定时间且人手有限，故公司需分批次办理。截至2015年年初，福建金森使用募集资金收购林地共计22.27万亩。此

外，福建金森还例常持续收购本地林木专业经营户林地、代管林及其他森林资源。截至2015年6月，公司经营区林地面积75万亩，蓄积量556万立方米。

自2012年上市以来，福建金森公司的营业收入和主营业务收入持续增长，2012～2014年分别增长22%、12.06%、9.15%和22%、17.79%、6.73%。主要原因是随着募集资金项目的实施，公司经营区面积和生产规模扩大，木材产销规模上升，同时绿化苗木、林业经济作物等非用材林产品业务也有良好拓展。

（三）永安林业和福建金森的比较分析

（1）在上市初期，林业企业的主要融资目的为收购林地。林业企业作为国有单位，能更容易地取得村民的信任，并且林企和村民往往有着较长时间的协作关系，有着良好的沟通基础。这些因素都为林企收购林地营造了良好的环境。

（2）林业企业的股权融资同样集中在上市初期。一方面，这一现象和上市公司在股市板块融资乏力的大环境是吻合的；另一方面，当地政府参与的积极度直接影响了股权融资的成功率。以永安林业为例，其公司的主要股权融资行为有1996年永安林业公开募集资金9000余万元和1998年股权融资1.65亿。而在后一笔融资中，有政府估值为7000余万元的林地作为实物资产参与在1998年的股权融资中。

（3）林企会受到政策极大的影响。2010年，国家先后出台了天然林禁伐、低产林改造和森林采伐提倡择伐为主、皆伐为辅的林业政策，森林资源保护力度的不断加强。一方面，这些政策会极大地影响了林企采伐指标的限额和审批；另一方面，以永安林业为例的木材加工型林企的经营成本会因政策的变动而大幅提升。

（4）林企的债券融资主要是向银行贷款，借方主要是国家开发银行和国有商业银行，抵押物主要是林地，银行要求林业企业将相应林地的林权证作抵押。林企可以在银行允许的情况下，对林地进行采伐和管理。主要原因有：

①林企作为国有企业单位，以国家信誉作为增信手段，信用评级较高；

②林企向银行所借的贷款多用于对森林的管护；

③用作抵押品的林地的面积一般较大，而每次采伐的面积相对较小，不会严重影响林地的评估价值；

④所抵押的林地一般较为集中，而且面积较大，易于评估、管理和监督。

（5）林企融资资金的使用主要用于森林的收购和相关产业的发展，但是两家林企的发展先后遭遇瓶颈。原因如下：

①国内房地产行业不景气，国外市场因受金融危机影响较为萧条。

②2010年之后，国家生态保护政策的力度越来越大，因此林企对森林的采伐受到越来越大的限制。

③在南方良好的水热条件下，有限的采伐指标可以维持企业的生存，但是政府有限的扶持，并没有留给企业足够的发展空间。以福建金森为例，其每年主伐指标为2万亩

林地，在水热充足的情况下，现有的林地可以完成循环发展。

(6)以永安林业和金森林业为代表的南方林企很难发展林下经济，原因如下：

①相较于北方的一马平川，该地区地形复杂，山地不利于发展林下作物；

②南方森林生物量大，生态系统较北方而言更为复杂；

③在集体林区，村民缺乏合约精神。《村民组织法》无法有效敦促村民履行合约；

④气候复杂，较小的地区却有着复杂的气候多样性；

⑤没有一个良好的林下产品可以做到集约化。

四、林业资产证券化的需求和可行性分析

（一）林业企业对于林业资产证券化的需求

基于对福建永安林业和金森林业的调研访谈和报表，从林业企业融资难和林业发展面临的困境两方面来看，国内林企对于林业资产证券化有一定需求。

1. 林企融资难

永安林业和福建金森作为上市林企，相比较其他中小型林企，在融资方面有较大优势。其优势主要体现在：①大型林企森林资源稳定，公司发展前景明朗，风险较小；②整体管理水平和规范程度高；③经营规模大，抗御风险能力强。

但是，林企在传统融资市场处于不利的位置。主要体现在：①股权融资集中在林企上市初期，其后林企罕有成功的股权融资。②在债券融资方面，银行对林企的贷款发放额度有较强的限制，通常贷款额度仅是所评估资产价值的40% ~50%；债券融资对于林企的资产负债表的规模有着较大的压力。通过发行债券的方式来筹措资金，则会“扩张”资产负债表的效应。

在这一方面，由于资产证券化不是一种债权融资方式，因此这种筹措资金的方式没有增加发起人的资产负债表规模。

此外，通过出售资产融资的方式，出售人不再需要相应的负债来为其资产提供资金支持，甚至可以因此偿还部分债务。所以说，当一个实体通过发行资产证券化产品来筹措资金时，该融资方式还具有“收缩”资产负债表规模的效应。

2. 林业发展面临的困境

最近几年，林企的传统发展模式受到的压力越来越大。而压力来源是多方面的，其中非常重要的一方面便是政策。随着国家生态保护政策的大力推行，在传统的林企发展方式——林地采伐和木材加工方面，林企受到了越来越强的制约，主要体现在两个方面：①林企采伐指标的限额和审批受到影响，尤其是划分为生态林和天然林的林地被限伐，甚至不允许采伐；②木材加工型林企的经营成本因政策的变动而大幅提升。

林企想要有进一步的发展，需要寻找新的突破口。而拓展新的发展方向需要相当充

足的资金支持，这与林企面临的融资环境是矛盾的。因此，融资方式的创新对于林企来说有着相当大的吸引力。

（二）林业资产证券化的可行性分析

对于林业资产证券化的可行性，本报告主要是从资产证券化不同参与者的视角进行分析。林业资产证券化作为一种企业资产证券化，主要的参与者有林企（发起人）、投资者、律师事务所、会计师事务所、评估部门、SPV、监管部门。关于监管部门，我国资产证券化试点主要集中在银行信贷资产证券化产品和企业资产证券化产品，这两种产品在中国的市场分别是银行间债券市场和交易所市场。这两个市场有着不同的监管者——监管前者的银监会和监管后者的证监会。

1. 林企视角

基于林企的现状，现将林企分为大型上市林企和中小型林企，以便分析林企现有的内部因素对于资产证券化可行性的影响。

（1）大型上市林企的可行性分析。对于林业资产证券化而言，大型林企积极的内部因素有以下几点：

①大型林企林分较为稳定，公司发展前景较为明朗，风险较小；

②大型林企的整体管理水平和规范程度较高；

③大型林企相应的经营规模也较大，抗御风险能力也因此相对较大；

④林企在将林地抵押贷款之后，可以保留林地的管理权。在这一点上，林企在银行贷款中的操作和证券化有类似之处，降低了操作难度；

⑤政府对于林业的扶持，这将作为林企资产证券化产品强有力的增信支持。

大型林企消极的内部因素有以下几点：

①资产池单一，单一的林业资产证券化产品难以有效分担风险；

②林业企业受政策因素影响大，资产证券化产品不可控风险较强。

（2）中小型林企的不可行性分析。虽然相比较于大型林企，中小型林企在融资方面有着更急切的需求，但是中小型林企如果发展资产证券化，将会面临着更多的不利因素。这些消极因素主要有以下几点：

①中小型林企的管理水平和规范化程度都较低；

②中小型林企的经营规模较小，抵御风险能力较差。

林业资产证券化产品在出售后，已交易的林地仍需要作为发起人的林企进行管护，所以林企的经营水平、规范化程度和风险抵御能力都将影响林企对于林地的管护情况。

2. 投资者视角

林业资产证券化产品是在市场上交易林地未来的长期收益。而对于这种产品有需求的通常是养老基金和保险公司等。2014 年，国务院颁布了《加快现代保险服务业发展意见》。这一文件被保险业界称为新“国十条”。文件在第十四条中提到“探索保险机构投资、发起资产证券化产品”。在新“国十条”发布及保险资金运用持续改革的背景下，被视为保险投资纲领性文件的《保险资金运用管理暂行办法》得以进一步完善。基于新“国十条”中的“探索保险机构投资、发起资产证券化产品”，《保险资金运用管理暂行办法》增添第十五条：“保险资金可以投资资产证券化产品。资产证券化产品是指金融机构以可特定化的基础资产所产生的现金流为偿付支持，通过结构化等方式进行信用增级，在此基础上发行的金融产品，具体办法由保监会制定。”

在险资运用改革的风潮下，保监会于 2015 年进一步宣布要深化保险公司资金运用的市场化改革。保险公司可投资的项目范围将进一步放宽，那么林业资产证券化产品如若投入市场，在保监会的允许下，保险公司为代表的投资者将会成为市场上有着强劲需求的投资者。

3. 中介方视角

这里的中介者包括了会计师事务所、律师事务所、SPV、评估部门。在中介方的视角中，对于林业资产证券化的有利因素有：①逐渐健全的森林评估体系，我国对于林地的价值评估已经有了一套完整且有效的制度；②具有林业特点的会计制度。林业生产相对复杂且多样，优秀的林业会计制度对林企有着重要的作用。

在法律方面，国内仍旧存在诸多问题。尤其是对于企业资产证券化而言，交易所市场对于该产品的法律制度仍旧欠缺。我国在资产证券化起步时采用的是信托的方式而非公司的方式，当时认为我国的《信托法》可以采用信托方式的法律支持。其实我国的《信托法》是初级阶段的，主要是运用信托方面的内容，没有转换型信托的内容，仅相当于日本《信托法》第一发展阶段过程中的内容，和能够支持资产证券化的开展所要求的信托功能相差甚远。在日本，即便是第三阶段前半期的《信托法》，也不能全面支持资产证券化。

4. 监管者视角

对于证监会和银监会为代表的监管者而言，存在的有利因素中比较重要的是：通过几番尝试，逐渐积累了资产证券化相关的管理经验。

但是仍旧有一些不利的影响因素，除了完善程度仍然欠缺的法律这一点外，另一点便是美国次贷危机使得决策者对于资产证券化抱有观望的态度，这将大大影响我国资产证券化的进度。

而信贷资产证券化和企业资产证券化的人为分裂会加大监管的难度。因此，保监会、银监会、证监会和人民银行要彼此协调。

总体而言，林业资产证券化的条件随着外部环境的改善正逐渐变得成熟。但是相比较而言，中小型林企由于自身的管理条件和规范化水平的限制，目前还不具备发展林业资产证券化的条件。因此，以具备较高管理水平和融资经验的大型林企作为试点，是一个目前比较可行的选择。同时，发展林业资产证券化需要法律、会计、保险等部门的通力合作，关注并协同相关部门的发展，是发展林业资产证券化的另一个重点。

五、主要结论和政策建议

（一）主要结论

1. 林企融资现状

永安林业是林木加工型的企业，而福建金森是森林资源培育型的企业，这两类企业代表了中国林企主要的两类发展类型。

无论永安林业还是福建金森，两家林企的主要融资方式还是依靠债权融资，而股权融资方面，两家上市林企的融资表现并不乐观，其股权融资主要发生在上市的初期，这是和中国上市企业的总体表现相一致的。

而对于林企来说，债权融资也并不是一马平川的坦途。林企主要的债券融资手段是依靠银行贷款，而银行对于贷款对象的要求和林企本身的特性之间有着较大的差距。两家林企能够成功申请贷款的原因，有很大一部分是源于政策的支持。

2. 我国尚不具备开展林业资产证券化的条件

就外部环境而言，我国相关法律体系尚不健全，不能给予资产证券化以有力的法律支撑，而且林业会计、评估等体制还需要进一步的完善，信托机构需要进一步的发展；就投资者而言，保险公司资金运用的进一步放开，这将作为林业资产证券化的一个信号灯；而就林企本身，林业资产证券化所需要企业的管理水平和规范化程度都很高，这就使得在很长一段时间中，资产证券化并没有条件在所有的林企中开展。以大型林企作为试点是一条可行之路，这样不仅为林业资产证券化积累了经验，同时为其他中小型林企提高自身管理水平设立了标杆。林业资产证券化需要建立在我国资产证券化体系（包括法律、金融中介、监管等）完善的基础上，需要一定的资产证券化实践发育才能全面开展。

3. 推动林业资产证券化的战略考量

在现阶段的中国，林业资产证券化可优先考虑林木资产证券化。证券化的森林资产主要还是工业用材林（包括竹林）、木本粮油林（包括核桃、油茶、生物柴油林和生物质能源林）和国家战略储备林。这是基于相对稳定预期收入、目标产品市场交易能力和易形成基于市场主体的政策支持措施等因素的考虑。以林木作为支撑资产，林业资产证券化产品的评估、定价等方面，可以更为市场所接受。

大型林企是优先试点对象。大型林企的股权融资由于受到国内市场条件的限制和本身特殊性的影响，往往仅出现于上市的初期，在林企直接融资的渠道中发挥的作用有限。林业资产证券化的路径主要有两条，一条是林业信贷资产证券化，以商业银行作为操作主体，将银行部门所持有的以森林作为抵押品的债权整体打包，而形成林业资产证券化；另一条则是林业企业资产证券化，大型林业企业，如制浆造纸企业，将所经营的森林资源和其他公司业务直接证券化。而后者可以拓宽林业部门直接融资渠道，因此，我们认为我国林业部门应当优先试验大型林企林业企业资产证券化，尤其是大型森工企业。

除了商品林的资产证券化，还可以探索更具有中国林业特色的资产证券化产品。例如：吉林森工、黑龙江森工等大型林企已经全面禁伐，可否尝试以法律的形式固定其下属森林资源为商品林，联手国家开发银行，明确为国家木材战略储备林，整体打包注入大型林企所控股的上市公司，以政策性补贴和碳汇交易收入作为稳定现金流。融资目的以主要解决森林培育资金投入不足为投资方向，试验林业资产证券化。

林业资产由于其收益时间的特殊性，参照国际经验，其投资者主要为保险公司和养老基金。因此，林业资产证券化的进程应保持和保险公司资金利用市场化改革的协同。

4. 林业资产证券化环境条件建设

当下需要加强立法体系建设，努力为大型林企资产证券化试点创造条件，提高中小林企的管理水平和业务规范程度，进一步深化保险公司资金市场化的改革等政策措施。

从林业部门政策准备上，应当坚持市场化导向，推动林业产业的发展。不能因生态文明建设而牺牲林业部门市场化改革的步伐。这不仅涉及我国以万亿为计量单位的巨大的林业产业，涉及到千万量级的劳动力就业。而可流转、易变现的发达森林资产市场才真正是我国林业资产证券化的前提条件和肥沃土壤。而林业市场化改革的核心则是如何切断林业部门与森林管理利益纽带，这需要壮士断腕的决心和冲破既得利益阶层的藩篱。

（二）政策建议

1. 加强立法体系建设

中国资产证券化市场分割为银行债券资产证券化和企业资产证券化两个市场，并受到不同的监管者监管。《信贷资产证券化试点管理办法》《金融机构信贷资产证券化试点监督管理办法》，主要是针对于银行债券资产证券化。而企业资产证券化产品，缺少专门性的法律支持，需填补企业资产证券化的法律空白。需要进一步明确银行间债券市场和交易所市场的监管者对不同资产证券化产品的管理权限。

2. 为大型林企资产证券化试点创造条件

以大型林企作为资产证券化的试点，不仅可以积累林业开展资产证券化的经验，完善林业资产证券化的制度；而且可以在试行林业资产证券化的同时，保证林业行业发展的总体稳定。必须注意到中小型林企对融资的需求更为急迫。林业需要用“雁阵”的形式发展资产证券化——以大型林企为领头雁，带动中小型林企在资产证券化方面的发展。

3. 提高中小林企的管理水平和业务规范程度

林业资产证券化对于林企的管理水平和业务规范程度都提出了较高要求，如果想搭上这条“资产证券化”的远洋游轮，中小林企需要优化自身的管理以得到“售票员”——市场的认可，从而争取到“船票”。

中小林企须从内外部两方面强化企业建设。在内部环境方面，林企需要提高林地的管理水平和规范化程度，而且要努力提高企业自身的风险管控水平。在外部市场方面，中小型林企需要以引进专业人才或是寻找专业金融机构等方式，保证林企和SPV、法律、会计等中介机构的顺畅衔接。

4. 深化保险公司资金运用市场化的改革

保险公司应该是林业资产证券化产品的潜在投资者。保险公司的资金流转模式和林企恰好相反，前者是在一次性或在一段时期收缴保费后，在以后较长的时间段内支出保险金，而森林经营则是“多年投资，一年收获”。这就意味着二者可以很好地互补。

因此，林企所能提供的林业资产证券化产品恰恰能够满足保险公司特殊的资金运用需求。进一步深化保险公司资金运用市场化的改革是对于保险公司和林业资产证券化的双赢的选择。

保险业现正在进行着保险资金运用的改革，2014年，新“国十条”十四条中提到要“探索保险机构投资、发起资产证券化产品”。基于此，《保险资金运用管理暂行办法》增添第十五条：“保险资金可以投资资产证券化产品。资产证券化产品是指金融机构以可特定化的基础资产所产生的现金流为偿付支持，通过结构化等方式进行信用增级，在此基础上发行的金融产品，具体办法由保监会制定。”

随着，保险业险资运用改革的深入，保险业和林业相互支持，协同发展的前景将会更加光明。

调 研 单 位：中国人民大学农业与农村发展学院
调研组成员：刘金龙　傅一敏　时卫平　金萌萌　赵佳程　徐拓远

政府赎买生态公益林补偿机制研究报告

【摘　要】随着新一轮集体林权制度改革的逐渐深化，政府继续采用行政命令将农民林地划为生态公益林的方式将面临着越来越大的社会压力。因此，有必要通过自愿性赎买的方式创新生态公益林的发展模式。本研究基于对四川省4个县、192户农户对政府赎买生态公益林最低接受意愿（WTA）的调研，通过建立生态公益林供给曲线，对政府赎买的生态补偿机制进行研究。研究发现，如果政府的资金预算为50万，则合理的赎买价格为360元/亩，可以赎买调研村农户大约80%的林地，且采用10年期每年支付的赎买方式相对较优。因此，利用市场手段、经济激励手段发展生态公益林是政府部门转变工作方式的重要方向。

在全球气候变化的大背景下，如何健全和完善生态公益林保护机制是当前林业部门面临的重要任务。生态补偿作为我国生态公益林发展的一项主要举措，其发展的实践基本上是采用行政命令统一划拨的方式，补偿标准低且单一。然而，随着新一轮集体林权制度改革的深入推进，农户单独经营的林地面积显著增加，对林地经营的权利也在逐渐加强，而政府继续采用行政命令将农民林地划为生态公益林的方式将面临着越来越大的社会压力。2015年4月25日，中共中央、国务院颁布的《关于加快推进生态文明建设的意见》中明确提出："健全生态保护补偿机制。科学界定生态保护者与受益者权利义务，加快形成生态损害者赔偿、受益者付费、保护者得到合理补偿的运行机制"。要"充分发挥市场配置资源的决定性作用和更好发挥政府作用，不断深化制度改革和科技创新"。因此，有必要通过创新生态公益林的发展模式，通过引入市场手段建立生态公益林补偿的长效机制。

一、我国生态公益林补偿制度的发展

我国从20世纪80年代就开始探索生态公益林的发展模式，生态补偿成为主要的途径和措施。1978年开始的三北防护林工程可以看作是国家层面最早进行的生态补偿实践[①]。在2001～2003年三年试点的基础上，2004年10月财政部、国家林业局出台《中央

① 江浩，徐宏强，黄厚琦，等．2014．江苏省生态公益林补偿制度现状及发展对策．江苏林业科技，41(4)：54－57.

森林生态效益补偿基金管理办法》的通知，生态公益林管护和补偿制度正式启动。2007年，为进一步规范和加强中央财政生态补偿基金管理，提高资金使用效率，对该管理办法进行了修正，制定了《中央财政森林生态效益补偿基金管理办法》，明确了补偿对象。2009年，根据《中共中央 国务院关于全面推进集体林权制度改革的意见》(中发〔2008〕10号)和中央林业工作会议精神，财政部、国家林业局对2007年印发的《中央财政森林生态效益补偿基金管理办法》再次进行了修订，此次修订规定了不同国家级公益林权属实行不同的补偿标准[①]。在资金投入方面，2001~2014年，中央财政共安排森林生态效益补偿801亿元，其中2013年、2014年，中央财政分别下拨森林生态效益补偿基金149亿元，主要用于对国家级公益林的保护和管理[②③]，纳入补偿的国家级公益林面积为13.9亿亩。除了国家级的生态公益林补偿制度，截至2011年年底，全国已有25个省份建立了地方森林生态效益补偿基金制度，惠及国家生态公益林0.49亿公顷，补偿资金58.81亿元[④]。

我国目前的生态补偿资金来源单一、补偿标准低且采用“一刀切”的补偿模式。我国在2004年正式建立了森林生态效益补偿制度后，国有、集体和个人的国家级公益林补偿标准均为每年每亩5元(75元/公顷)；2010年，中央财政将属集体和个人所有的国家级公益林补偿标准提高到每年每亩10元(150元/公顷)；2013年，中央财政进一步将属集体和个人所有的国家级公益林补偿标准提高到每年每亩15元(225元/公顷)，我国目前的森林生态补偿额度虽然在不断地增加，但是距离学者估算的最低标准仍有差距，难以满足农民对经济回报的需求，因此难以保证生态公益林得到很好的维护、生态效益得到有效发挥。因此，如何建立科学、合理的生态补偿机制对我国生态公益林的发展有重要的作用。

二、自愿性生态公益林赎买机制

自愿性生态赎买是指林农自愿与政府签订一定年限的合同，林农维护公益林、保护其生物多样性等生态效益，政府则支付一定的补偿。自愿性生态赎买的目标是建立一个生态功能服务的市场，使林农可以选择接受的补偿价格。自愿性生态赎买机制在国外一些发达国家早有探索。比如，芬兰于2003~2007年试点启动了以市场手段为基础的自愿

---

① 财政部、国家林业局关于印发《中央森林生态效益补偿基金管理办法》的通知，http：//www. forestry. gov. cn/portal/lyjj/s/2416/content-339863. html

② 曹少年，中央财政今年已下拨森林生态效益补偿基金149亿元. 中国林业网，http：//www. forestry. gov. cn/portal/main/s/3958/content-632654. html

③ 中央财政10多年安排森林生态效益补偿801亿元，http：//www. forestry. gov. cn/portal/lgs/s/834/content-720230. html

④ 李村才. 25省建立森林生态效益补偿机制制度[N]. 中国财经报，2011-12-5.

性的项目“自然价值交易”(Trading in Natural Values，TNV)，林农与政府签订一定期限的合同，以保护芬兰的私有林地生态环境。挪威的国家林业所有者协会在2000年也提出了自愿性林业保护项目。相关的文献研究对影响农户参与生态赎买项目的因素进行了讨论分析(Boon et al.，2010①；Mäntymaa et al.，2009②；Mitani、Lindhjem，2015③)。Raunikar和Buongiorno(2006)④认为林农在林地加入环保项目的态度上有着比利润最大化更大的动机，不会要求全额的收入损失补偿，因此利用林农的WTA(Willingness To Accept)来计算补偿额度是有成本效率的。Bateman等(1996)⑤和Buckley等(2009)⑥分别收集了英格兰和爱尔兰的林农对于将自家林地建成休闲林地或向公众开放而愿意接受的补偿(WTA)。Amigues等(2002)⑦和Kline等(2000)⑧分别对法国和美国的林农对保护林地栖息地建设的接受意愿(WTA)进行了研究。

虽然国内的林地产权属于国家或集体所有，但林权改革的推行使农民拥有更多的林地经营权和处置权，他们也应该拥有是否参与生态公益林保护项目的决策权。因此，如果政府试图通过赎买的方式对生态公益林进行保护，则需要了解农民供给林地的最低接受意愿(WTA)。根据已有的文献，现有政策基本上都是在固定的合同期限内进行一次性支付，即便是进行每年支付，也很少考虑折现对每年支付金额的影响。本研究以四川省4个县、13个村和192户农户为研究对象，利用条件价值评估法测量调查样本在不同的合同期限(1年、10年、20年和70年)以及不同的支付方式(一次性支付和每年支付)下愿意参与政府赎买生态公益林项目的最低接受意愿(WTA)。同时，在了解农民最低接受意愿的基础上，建立生态公益林的供给曲线，为确定合理的赎买价格或生态补偿标准提

① Boon T E, Broch S W, Meilby H. 2010. How financial compensation changes forest owners' willingness to set aside productive forest areas for nature conservation in Denmark. Scandinavian Journal of Forest Research, 25: 564 – 573.

② Mäntymaa E, Juutinen A, Mönkkönen, M Svento R. 2009. Participation and compensation claims in voluntary forest conservation: A case of privately owned forests in Finland. Forest Policy and Economics, 11: 498 – 507.

③ Mitani Y, Lindhjem H. 2015. Forest Owners' Participation in Voluntary Biodiversity Conservation: What Does It Take to Forgo Forestry for Eternity? Land Economics, 91(2): 235 – 251.

④ Raunikar R, Buongiorno J. 2006. Willingness to pay for forest amenities: the case of non – industrial owners in the south central United States. Ecological Economics, 1 (1): 132 – 143.

⑤ Bateman I J, Diamond E, Langford I H, Jones A. 1996. Household willingness to pay and farmers' willingness to accept compensation for establishing a recreational woodland. Journal of Environmental Planning and Management, 39: 21 – 43.

⑥ Buckley C, Hynes S, van Rensburg T M, Doherty E. 2009. Walking in the Irish countryside: landowner preferences and attitudes to improved public access provision. Journal of Environmental Planning and Management, 52 (8): 1053 – 1070.

⑦ Amigues J P, Boulatoff C, Desaigues B, Gauthier C, Keith J E. 2002. The benefits and costs of riparian analysis habitat preservation: a willingness to accept/willingness to pay contingent valuation approach. Ecological Economics, 43 (1): 17 – 31.

⑧ Kline J D, Alig R J, Johnson R L. 2000. Forest owner incentives to protect riparian habitat. Ecological Economics, 33 (1): 29 – 43.

供参考。

三、调查区域与样本描述

（一）调查区域

四川省位于中国的西南地区，是长江中上游的重要省份。全省总面积48.5万平方公里，人口8140万(截至2014年)。四川省地形西高东低，西部地区主要是海拔4000米以上的高原和山地；东部则多为海拔在1000～3000米之间的盆地和丘陵，这种地形特征使四川境内的河流全部汇入长江之中，为长江带来了大量的泥沙。根据最新的遥感调查数据显示，四川省是长江上游也是全国水土流失最严重的省份，水土流失面积大约16万平方公里，占全省国土面积的1/3，占长江上游水土流失面积的56%[①]。因此，四川省生态环境的改善对于整个长江流域生态环境和经济发展都有相当重要的意义。

北京大学环境经济项目组于2015年8月对四川省的集体林权改革情况进行实地调研。调查分别选取了阿坝藏族羌族自治州的松潘县、小金县、马尔康县，以及乐山市的峨边彝族自治县等4个县。松潘县位于青藏高原东缘，阿坝藏族羌族自治州东北部，地貌东西差异明显，以山地为主；“十一五”期间，松潘全县累计完成人工造林533.5万亩、封山育林3746.5万亩，完成公路绿化60公里，义务植树67.9万株，完成退耕还林4000亩，天保工程333万亩森林得到有效管护。森林覆盖率由“十五”末的28.3%提高到31.8%[②]。马尔康县位于青藏高原南缘，在四川盆地西北部，距离省会成都365千米，辖区面积6633平方公里。马尔康县地处川西北高原南端，属高原峡谷区，地势由东北向西南逐渐降低，地面海拔在2180～5301米之间。马尔康县作为阿坝藏族羌族自治州重要的县城，2015年全年人工造林120亩，森林抚育2000公顷。年末，全市森林面积398161公顷，森林覆盖率59.97%，拥有自然保护区1个，保护区面积31600公顷[③]。小金县位于四川省西北部，在阿坝藏族羌族自治州南端，地形狭长，地势东北高，西南低。小金县境内林业用地面积32.1万公顷，占幅员面积的57.6%，有林地15.5万公顷，疏林地0.75万公顷，灌木林地15.4万公顷，森林总蓄积2860万立方米，森林覆盖率为37.76%，属全省重点林区县之一，野生动植物资源丰富[④]。峨边彝族自治县隶属于四川省乐山市，位于四川省西南部的小凉山区，全县辖区面积2395.5平方公里。境内群山耸峙，形成西南高东北低逐渐倾斜地势。峨边彝族自治县境内各类土地面积24万公顷，其

---

① 徐晋涛，张海鹏，Jeff Bennett，等．2011．中国的生态造林：基于市场化方式．林业经济评论，1：64－74．

② 松潘县人民政府，http：//www.songpan.gov.cn/zwyw/zwywzwyw/201106/t20110616_414335.html

③ 马尔康市2015年国民经济和社会发展统计公报，http：//www.maerkang.gov.cn/html/news/readnews_13242.html

④ 小金县林业建设取得显著成效 http：//www.abazhou.gov.cn/jrab/gxdt/201412/t20141210_1041520.html

中林业用地面积 20.4 万公顷，占总面积 85%，活立木蓄积 1531.5 万立方米，森林覆盖率为 67%[①]。

此次调查采取随机抽样的原则，在每个县选取 3 个或 4 个样本村，共计 13 个村。对其中的 11 个村，每个村随机抽取 16 户农户进行调查访问；而在另外的 2 个村，每个村随机抽取 8 户农户进行调查访问，总样本量共计 192 户。具体调查样本分布见表 1。问卷调查的内容主要包括农户的家庭基本情况、林权改革状况、林地经营模式及地块基本特征，以及家庭收入与资产状况等。

表 1 调查样本分布

市	县	村	农户
阿坝藏族羌族自治州	马尔康县	4	48
	松潘县	3	48
	小金县	3	48
乐山市	峨边彝族自治县	3	48
总　计	4	13	192

（二）样本描述

表 2 汇总了调查样本的基本特征。调查样本的平均家庭人口数大约为 5 人，且 83.9% 的户主为男性。由于项目调研主要是了解少数民族地区集体林权改革的状况，因此所选地区少数民族分布较为集中，78.1% 的样本家庭都是少数民族。另外，不管是户主还是家庭成员的平均受教育年限只有 5 年左右，样本群体受教育程度普遍较低。从家庭土地资源拥有量来看，人均农地面积和林地面积分别接近 2 亩和 10 亩，且由于有大户经营的林地，人均农地面积和林地面积分别接近 0.13 公顷和 0.67 公顷，且由于有大户经营的林地，人均林地面积的标准差比较大。从家庭收入结构来看，家庭收入主要由非农收入和农业收入两部分组成，且非农收入在家庭总收入所占的比例较高(47.3%)。

表 2 4 家庭基本特征（2014 年）

家庭基本特征变量	均　值	标准差	最小值	最大值
家庭人口(人)	4.636	1.469	1	8
户主性别（1=男性）	0.839	0.369	0	1
户主年龄(年)	52.824	12.813	23	89
户主是否为少数民族(1=是)	0.781	0.414	0	1
户主受教育年限(年)	4.839	3.560	0	16
家庭成员平均教育年限(年)	5.282	2.272	0	12
人均农地面积(亩)	1.965	1.652	0	9.32

① 峨边县委，http：//www.eb.gov.cn/HTML/NewsView.asp? ID=3201

（续）

家庭基本特征变量	均　值	标准差	最小值	最大值
人均林地面积（亩）	9.978	66.631	0.125	830
家庭人均总收入（元）	10198.200	9895.685	528.3	77154.7
人均非农收入（元）	4819.492	6712.204	0	58000
人均农业收入（元）	1603.723	2078.725	0	14366.7

四、最低接受意愿（WTA）

（一）情景设计

项目组从样本农户所拥有的地块中，随机抽取两块询问他们愿意接受的最低补偿。WTA 的情景设计简单描述如下：

森林具有很多重要的生态效益，对环境保护、防止水土流失、水源和空气的净化等具有重要的作用。假设现在政府有一定的资金预算，为了保护生态环境，计划实施“生态公益林赎买”项目，即通过支付合适的价格从您那里赎买一定期限的林地。如果您接受政府提供的赎买价格，则您在合同期限内不能进行采伐。下面分别有以下七种情形，请您根据地块特征，在每种情形中认真思考，做出您自己的回答：

（1）如果政府赎买 1 年，一次性最低给您补偿多少元您才能接受？

（2）如果政府赎买 10 年，一次性最低给您补偿多少元您才能接受？

（3）如果政府赎买 10 年，每年每亩最低给您补偿多少元您才能接受？

（4）如果政府赎买 20 年，一次性最低给您补偿多少元您才能接受？

（5）如果政府赎买 20 年，每年每亩最低给您补偿多少元您才能接受？

（6）如果政府赎买 70 年，一次性最低给您补偿多少元您才能接受？

（7）如果政府赎买 70 年，每年每亩最低给您补偿多少元您才能接受？

样本对以上 7 个问题的回答，是在调查员确定他们理解情景描述的基础上。在对地块进行抽样的过程中，若样本农户林地地块数不足 2 块，则只询问对林地地块的 WTA；若样本农户没有林地，则可以询问农地或草地的 WTA。但本项目研究主要关注农民对政府赎买林地的最低接受意愿（WTA）。因此，经过数据清理，最后得到 112 块具有完整 WTA 信息的有效地块样本 。

表 3 是对样本地块基本特征的描述统计。在所抽取的林地地块中，生态公益林所占比例为 30% 。土壤质量比较好的地块只有 24.1% 。林权证是体现林地产权稳定性的重要指标，由表 3 可知，只有不足 30% 的地块有林权证。当询问农户在主观上感觉 10 年后是否还会拥有林地时，30% 的样本户表示不确定。

表 3 地块特征

变 量	均 值	标准差	最小值	最大值
地块面积(亩)	52. 636	299. 627	0. 02	3000
地块与家的距离(千米)	2. 758	6. 363	0	50
地块到公路距离(千米)	2. 267	6. 033	0	50
是否为生态公益林(1 = 是)	0. 300	0. 460	0	1
地块质量(1 = 好)	0. 241	0. 430	0	1
是否有林权证(1 = 是)	0. 286	0. 454	0	1
10 年后是否还拥有地块(不确定 =1)	0. 304	0. 462	0	1

(二) WTA 描述统计

表 4 对样本的最低接受意愿(WTA)进行了描述统计。总体来看，WTA 的分布呈现出较大的变异性，这是开放式条件价值评估法普遍存在的问题。虽然现有大多数文献发现 WTA 会被高估，但极大值的出现也从另外一个方面反映了一部分样本可能不愿意参与政府的“生态公益林赎买”项目。

理论上，个体在进行跨期决策时，需要对未来的收益进行一定的折现。由表 4 可知，通过对 10 年、20 年和 70 年合同期两种支付方式的 WTA 值进行比较分析，不难发现，按照每年进行支付的 WTA 总额大于一次性支付的金额。这反映出如果按照每年进行支付，农民会对支付的金额进行折现①。这说明农民的决策是理性的，符合经济学的预期。

表 4 最低接受意愿(WTA)描述统计 单位：元

变 量	均 值	标准差	最小值	最大值
1 年期一次性支付 WTA	3656. 8	11315. 77	0	80000
10 年期一次性支付 WTA	16553. 6	38809. 82	0	300000
10 年期每年支付 WTA	2747. 7	6815. 92	0	50000
20 年期一次性支付 WTA	35715. 3	73308. 07	0	600000
20 年期每年支付 WTA	3622. 5	8263. 08	0	50000
70 年期一次性支付 WTA	103017. 7	230201. 1	0	2100000
70 年期每年支付 WTA	9456. 1	22725. 82	0	120000

五、生态公益林供给曲线

(一) 供给曲线原理

在完全竞争市场中，厂商的供给曲线就是厂商的边际成本曲线。这是因为完全竞争下厂商为了利润最大化会扩大生产直到边际收益等于边际成本，因此厂商多生产一单位

① 按照线性折现率计算公式，10 年、20 年和 70 年合同期的平均折现率分别为 0. 138、0. 143 和 0. 154。

产品的价格必须等于边际成本，厂商才不会亏损而愿意生产。对于生态公益林的供给者（农户），他们的最低接受意愿（WTA）是他们在合同期内愿意“出售”0.067 公顷（1 亩）林地的最低价格。也就是说，假设政府赎买价格为 0.067p 元/公顷（1p 元/亩），如果某一农户的 WTA 小于 p，则他将愿意在合同期内“出售”一定面积的林地；反之，则相反。如图 1 所示，赎买价格为 p 时，生态公益林的供给量为 totalarea，而 totalarea 是所有 WTA 小于 p 的可供给林地面积 area - plot 的累积，计算方法见公式（1）：

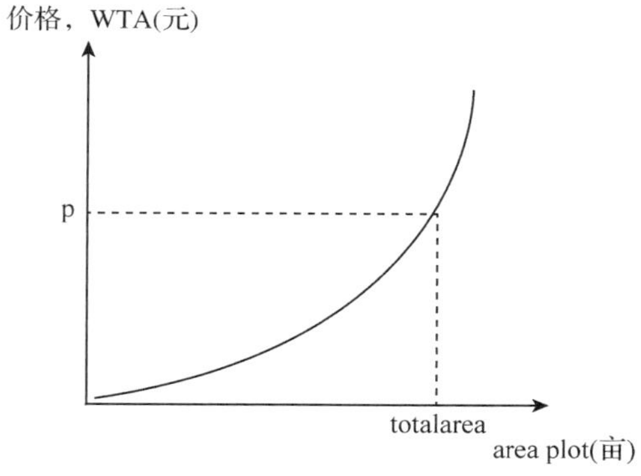

图 1　供给曲线原理

$$totalarea_p = \sum area\_\ plot_i \qquad where WTA_i \leqslant p \tag{1}$$

（二）WTA 数据处理

如前所述，WTA 的分布存在较大的变异性，特别是一些不太符合常理的极大值。因此，在建立供给曲线之前，需要对一些异常值进行检验和处理。本研究使用箱线图对异常值进行识别：异常值被定义为小于 Q1 - 1.5IQR 或大于 Q3 + 1.5IQR 的值[①]。相对于基于正态分布的 3 σ法则或 z 分数检验法，箱线图对数据的分布没有特定的要求和限制，而且其判断异常值的标准以四分位数和四分位距为基础，四分位数具有一定的耐抗性，多达 25% 的数据可以变得任意远而不会很大地扰动四分位数，所以异常值不能对这个标准施加影响。本文将一次性支付的 WTA 除以其支付期限，计算出平均每年需要支付的 WTA，这样方便与每年支付的 WTA 进行比较。对异常值进行检验的箱线图如图 2 所示。

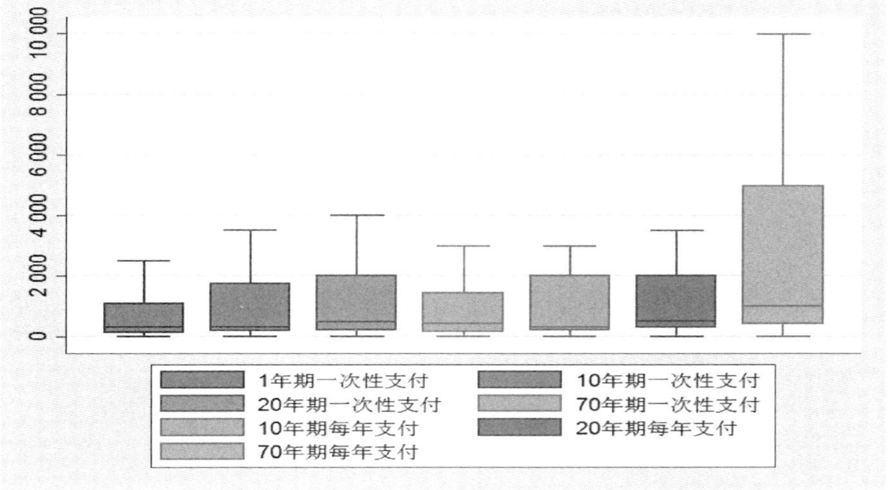

图 2　WTA 箱线图（元）

① Q1 为下四分位数，Q3 为上四分位数，IQR 为四分位距，IQR = Q3 - Q1.

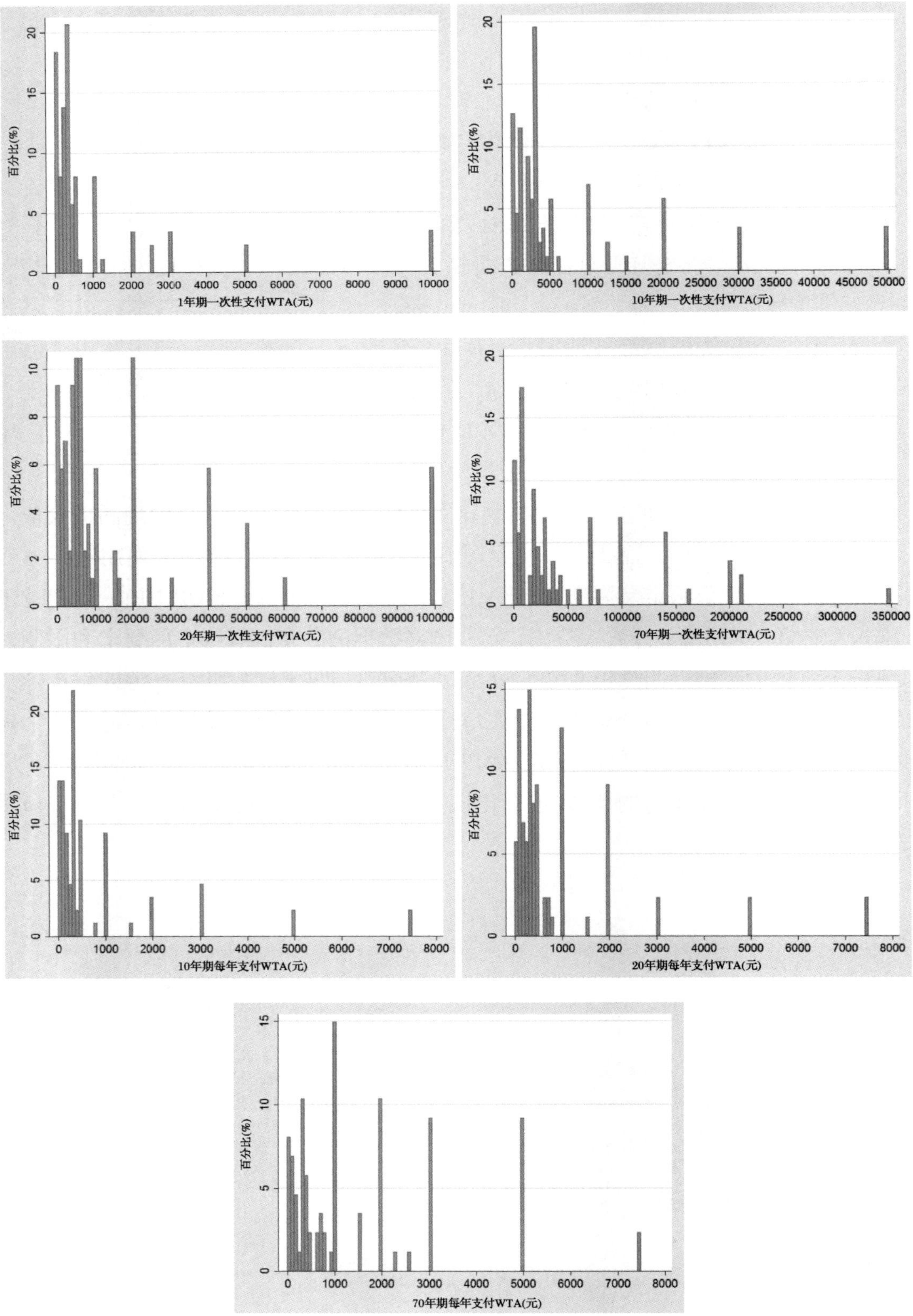
百分比(%)
1年期一次性支付WTA(元)
10年期一次性支付WTA(元)
20年期一次性支付WTA(元)
70年期一次性支付WTA(元)
10年期每年支付WTA(元)
20年期每年支付WTA(元)
70年期每年支付WTA(元)

图3 WTA分布图

本研究选取8组数据中离散程度最大的“70年每年支付WTA”的内限作为界限，将10000元作为判断每年WTA异常值的标准，删去25个大于10000元的WTA。也就是说，删去的异常值约占样本量的20%，这个比例虽然比较大，但由于这些异常值出现在供给曲线的尾端，因此对供给曲线的整体趋势影响较小。综上所述，本研究最后用于进行供给曲线模拟的样本量为87个。图3是剔除异常值后各WTA的分布图，其中一次性支付的组别仍以一次性支付的总WTA的形式呈现。总的来说，WTA较为集中地分布在低10%区域内，右拖尾较长，用均值作为整个样本WTA的估计偏差很大，使用中位数来判断更加合理。

（三）供给曲线的建立

如前所述，为了方便对一次性支付和每年支付进行比较，本报告对一次性支付的WTA按照合同期限取平均，得到平均每年的WTA值。根据一次性支付平均每年的WTA和每年支付的WTA，分别对1年、10年、20年和70年合同期的WTA绘制供给曲线，图4.1、图4.2、图4.3、图4.4分别是1年期一次性支付，以及10年期、20年期和70年期在两种支付方式下生态公益林的供给曲线。

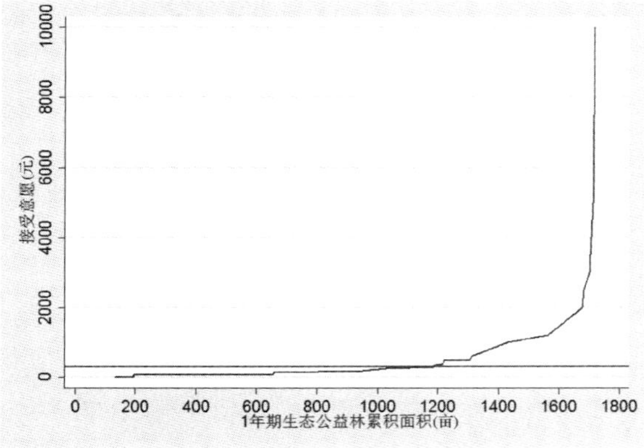

图4.1　1年期生态公益林供给曲线

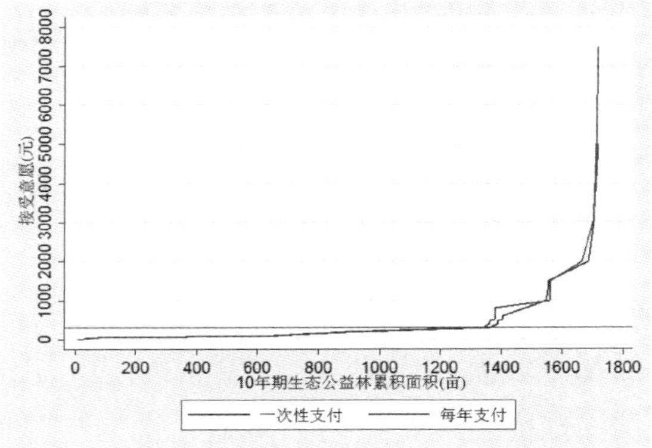

图4.2　10年期生态公益林供给曲线

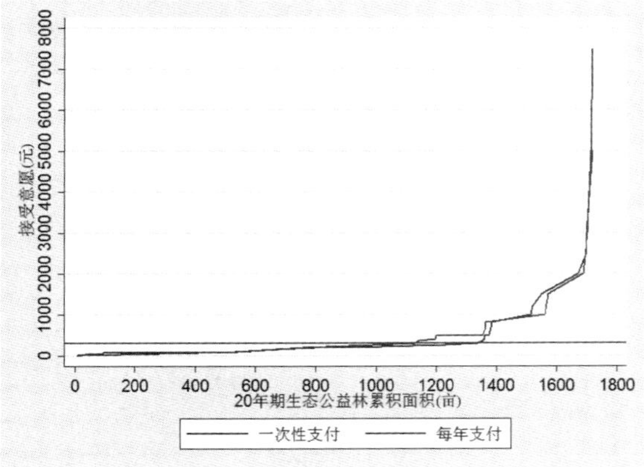

图4.3　20年期生态公益林供给曲线

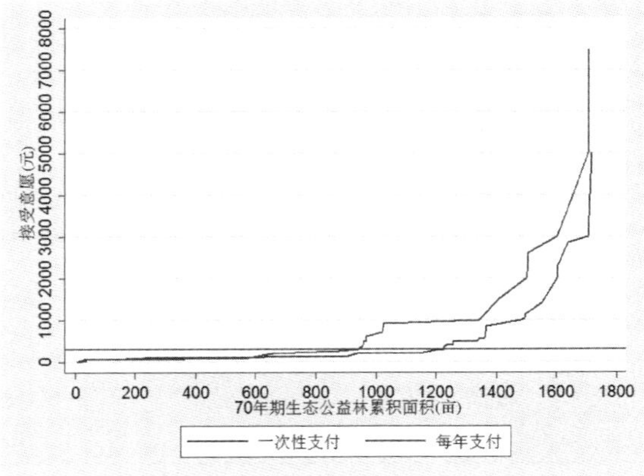

图4.4　70年期生态公益林供给曲线

由图4.1可知，对于一年期一次性支付，供给曲线的斜率开始时比较平缓，在WTA=300元/公顷(图中的参考线即为WTA=300元/公顷)，出现了第一个较为明显的拐点，对应的供给面积约为1200公顷。此后斜率不断上升，供给面积接近1700公顷时急剧上升。斜率不断上升体现了边际成本递增的经济学规律，而且增加的速度越来越快，符合预期。这说明，在生态公益林的供给量达到一定程度后，在给定的资金预算约束下，继续扩大公益林面积的难度会越来越大。相比于图4.1，10年期两种支付方式的供给曲线略有差异。第一个明显拐点的位置依然出现在WTA=300元/公顷处，拐点之后两条曲线开始逐渐分离。在拐点处，相应的供给面积较1年期更大，约为1360公顷。同样的，出现第一个拐点之后斜率的上升趋势不断加大。

对于20年期和70年期的供给曲线，同样的，第一个明显拐点出现在WTA=300元/公顷处，且在拐点处，两种支付方式供给曲线的分离更加明显，特别是对于70年期的供给曲线。同时，与10年期有所不同的是，在拐点处，两种支付方式下的林地供给面积出现差异，且一次性支付的供给面积相对较大。两种支付方式下供给曲线的分离，且每年支付的曲线高于一次性支付的曲线，这在一定程度上进一步印证了进行每年支付时农民会考虑折现问题。因此，每年支付的金额需要比一次性支付平均在每年的金额多，才能保证两种支付方式有相同的公益林供给量。

(四)项目效果预期评价

在上一部分对于出现第一个明显拐点的讨论，一方面是因为在拐点附近，两种支付方式的供给曲线开始出现明显的区别；而更重要的原因是这可以为确定合理的生态公益林赎买价格提供参考点。在出现明显拐点之前，每提高一单位赎买价格，生态公益林的供给都有较大的增加，提高价格的边际收益较大。而在拐点出现之后，斜率增加很快，价格提高的边际收益明显降低，进而会降低资金的使用效率。因此，本文将WTA=300元/公顷·年作为一个比较合理的赎买价格，进而可以根据这个价格计算出两种支付方式下的生态公益林供给量和总资金花费(表5)。

表5 赎买价格为300元/(公顷·年)时的林地供给量和总花费

赎买方式	林地供给量(亩)	总花费(元)
1年期一次性	1185.85	355755
10年期一次性	1363.46	409038
20年期一次性	1337.73	401319
70年期一次性	1224.53	367359
10年期每年	1339.04	401712
20年期每年	1126.94	338082
70年期每年	939.86	281958

由表5可知，在相同的赎买价格下，10年合同期一次性支付可以获得最多的林地供应量，但其资金投入也更多。现实情况是：政府在进行生态公益林的赎买时，一般都会

有一定的资金预算约束。接下来，我们选取50万元作为参考的赎买资金总额，分析不同赎买方式下能够获得的林地供给量以及相应的赎买价格。在本次调研中，生态公益林的最大供应量为1717.34公顷，因此我们可以根据这个最大值计算出林地的供给比例（表6）。

表6 赎买资金不超过50万元时的林地供给量和价格

赎买方式	供给量（亩）	林地供给比例（%）	赎买价格（元）	实际花费（万元）
1年期一次性	1220.14	71.0	400	48.8
10年期一次性	1378.96	80.3	360	49.6
20年期一次性	1353.23	78.8	360	48.7
70年期一次性	1235.17	71.9	400	49.4
10年期每年	1354.54	78.9	360	48.8
20年期每年	1197.98	69.8	400	47.9
70年期每年	966.93	56.3	500	48.3

与表5的分析结果相似，在赎买资金不超过50万元的情况下，10年合同期一次性支付可以获得最多的林地供应量，且其对应的赎买价格也最低，为360元/公顷。10年合同期一次性支付只比其每年支付的林地供给量多24公顷，但政府一次性支付50万元，资金需求量较大。如果政府采用每年支付的方式，可能会减小一定的资金压力。因此，采用10年期每年支付可能是更好的赎买方式。一方面，10年合同期是一个比较合理的期限，这与国家退耕还林工程对生态林的补偿年限（8年），以及美国的休耕保护项目CRP（Conservation Reserve Program）的合同期（10～15年）相近；另一方面，徐晋涛等（2011）[①]采用投标的方式研究四川省4个案例村的荒山造林项目，他们发现在投标价格为161元/公顷时，调研村有55%的林地可以中标。而本报告是在赎买价格为360元/公顷，可以赎买调研村农户大约80%的林地。为了方便比较，如果政府赎买调研村55%的林地时，则对应的赎买价格为248元/公顷，这与161元/公顷的投标价格比较接近。

六、结论与政策意义

（一）结 论

本报告以四川省林区192户农户为研究对象，通过了解农民对政府赎买生态公益林的最低接受意愿（WTA），对以市场手段为基础的政府赎买生态补偿机制进行研究。研究发现，生态公益林供给曲线在WTA＝300元/公顷时出现明显的拐点，这一拐点可作为生态公益林赎买价格的重要参考点。在这一赎买价格下，10年合同期供给的林地面积最大。进一步对赎买生态公益林项目的预期效果进行评估，发现在50万元的预算资金约束

① 徐晋涛，张海鹏，Jeff Bennett，等．2011．中国的生态造林：基于市场化方式[J]．林业经济评论，1：64－74.

下，合理的赎买价格为360元/公顷，可以赎买调研村农户大约80%的林地，且采用10年期每年支付的赎买方式比较合适。同时，如果赎买方式按照每年进行支付，农民会对支付的金额进行折现，这是在未来项目政策实施过程中需要考虑的。

(二)政策意义

关于农民让渡林地的最低接受意愿(WTA)的研究，还可以派生出一个进一步的结果。如果政府赎买林地不是通过单一价格的形式，而是通过农民竞价投标方式完成(就像美国的CRP项目的做法)，政府对生态公益林地的赎买就是一种差别化付费的方式。这个WTA曲线可以告诉我们在不同价位下有多少林地可以进入项目，而政府的总付费是WTA曲线下面的面积。在拐点之前，WTA曲线基本上是一条直线，政府的总付费仅是统一定价时的一半。

利用市场手段、经济激励手段发展生态公益林是政府部门转变工作方式的重要方向。其最重要的意义有两点：①克服过去政府违背农民意愿、强制性推行政策的做法，以农民自愿的方式开展国家需要的林业项目；②改变过去一刀切的补偿方式，避免损害农民经济利益现象发生。我们通过调查研究和严谨的数量分析，给出不同合同方式下农民让渡林地，参与生态公益林建设的最低接受意愿信息，划出生态公益林地供给曲线。以这些分析为基础，提出适宜的合同年限和补偿标准，为国家考虑生态公益林发展的预算和项目实施方式提供参考。

本研究分析了两种可能的项目实施方式，即统一定价和农民竞价投标的差别化定价两种方式。如果考虑与过去的项目实施方式接轨、节约政府实施成本，可以使用统一定价的方式；如果重视节约项目资金，提高成本有效性，则应该重视竞价投标方式的运用。

调 研 单 位：北京大学

调研组人员：徐晋涛　杨小军　纪雪云

生态安全：基本概念和理论体系

【摘　要】本文在回顾生态安全问题的历史演进和对国内外研究进行综述的基础上，首先对生态安全的定义、内涵和本质进行分析，其次将生态安全相关理论分为深层次理论和浅层次理论类型分别分析，接着对生态安全研究的重点难点和热点问题——生态安全评价体系进行比较全面的归纳和分析，尤其是对因子分析法和生态足迹法这两种常用的方法，最后进行综述总结。

要全面系统地认识生态安全问题，应将之放到与之相随的历史背景中考察。生态安全背后所关切的是延续数千年的问题——人类与自然的关系，只是到最近数十年来才以我们现在认识的面貌出现。我们需要透过这一面貌，对生态安全若干基本问题进行较为全面、系统、深入的研究。

一、生态安全问题的历史演进

第二次世界大战（简称二战）之后，尤其是20世纪70年代以来，以西方发达国家为代表，人类进入了一个新的繁荣时代，社会财富极大扩增，人们的生活水平发生前所未有的变化和提高。但是，随着人口的增长和社会经济的发展，人类活动对生态、资源、环境的压力不断增大（表1），出现了全球范围的一系列生态危机。本文认为，当前人类面临着10个突出的生态危机：

——酸雨及区域突出的空气污染；

——大气臭氧层破坏和工农业有害化学品污染；

——全球气候变暖、气候变化及其所致的“温室效应”；

——森林毁坏尤其是热带地区毁林；

——土地退化，包括荒漠化、水土流失、盐碱化等；

——淡水污染及缺水；

——海洋胁迫，包括过度捕捞、栖息地破坏、酸化和污染；

——人类健康威胁，包括持久性有机污染物和重金属；

——生物多样性灭失和生态系统退化；

——氮肥过度生产和滥施化肥。

表1　20世纪发展变化的测度指标

指　标	增长倍数，19世纪90年代至20世纪90年代
世界人口	4
世界城市人口	13
世界经济	14
工业产出	40
能源消耗	16
煤炭产量	7
空气污染	-5
二氧化碳排放	17
二氧化硫排放	13
空气铅排放	-8
水消耗	9
海洋鱼类捕捉	35

来源：McNeill，J. R. 2000. Something New Under the Sun. New（York：W. W. North& Company，2000）360.

同时，因为冷战趋缓，和平与发展逐渐成为国际社会的主要共识，军事冲突可能性不断减少，威胁人类安全的传统因素不再明显，而生态危机作为新的威胁因素逐步被人们所重视。从1975年开始，一场生态环境运动发生并席卷了全球，而这一运动的主要方向是生态安全，一些国家率先采取了行动。美国、英国、德国和加拿大等国，以及北大西洋公约组织(简称北约)、欧洲安全与国际合作组织、欧洲联盟(简称欧盟)、联合国等国际组织，开展了大量研究，制定了规划政策和推进具体行动。如：美国国防部1993年成立了“环境安全办公室”，并自1995年起每年向总统和国会提交关于环境安全的年度报告。1999年，北约发布了《国际背景下的环境与安全》，加拿大也发布了《环境、短缺和暴力》；2000年，美国发布了《环境变化和安全：项目报告》，德国外交部、环境部、经济合作部在2000年联合发布了《环境和安全：通过合作预防危机》。2001年3月，英国外交部和国际发展部在伦敦召开“环境安全与冲突预防”国际研讨会，主要研究如何防范和干预环境冲突，并建立相应的国际干预机制，消除影响国际安全的不稳定因素。当然，这仅是整个国际生态治理进程中的一部分，但是产生了积极的影响。

尽管各国启动了生态治理的进程并取得了不小成就，但是生态环境逆向演化趋势尚未从根本上扭转。资源枯竭、环境破坏和生态退化及其所引发的生态灾难不仅没有得到减缓，反而越来越构成对地区稳定、区域发展、国家安全、社会进步的威胁。人们深刻地认识到，生态安全问题直接关系到人类自身的生存发展，生态安全作为非传统安全形式之一，与国防安全、经济安全、金融安全等已具有同等重要的战略地位，构成国家安全的重要基础内容。采取联合行动，推进生态治理，维护生态安全，促进可持续发展，已成为国际社会和人类的普遍共识。

二、生态安全的研究概况

（一）国外研究

国际上对生态安全的研究主要是围绕着“环境变化”与“安全”之间的关系展开的，分为4个阶段：

第一阶段：安全定义的扩展。莱斯特·R·布朗在1977年最早将环境变化含义引入安全概念，提出要对国家安全加以重新界定。而到20世纪80年代早期，各种机构和学者开始关注超出严格军事意义上的却影响到整个国家的安全问题。世界环境与发展委员会（WCED）1987年的报告《我们共同的未来》中明确指出：“安全的定义必须扩展，超出对国家主权的政治和军事威胁，而要包括环境恶化和发展条件遭到的破坏。”冷战结束后这种讨论日渐增多，从把环境压力作为主权国家安全的一个重要的威胁到把环境变化看成全球安全的共同问题。但是这个阶段的研究都是一些似是而非的假设而缺少缜密的研究。

第二阶段：环境变化与安全的经验性研究。主要是在20世纪90年代初期进行，主要目的是为了给早期的概念和理论提供依据，研究重点主要在环境退化与暴力冲突的关系上。主要研究项目有：①环境变化和剧烈冲突项目（Environment and Acute Conflict Project，EACP）；②环境与冲突项目（the Environment and Conflict Project，ENCOP）等。研究表明在许多发展中国家，环境资源亏缺已经导致暴力冲突，这使环境退化作为冲突和不安全的一个诱因被越来越多的人所接受。而且造成冲突的因子除了环境变化之外，还有不公平、制度的缺陷和贫穷等。

第三阶段：环境变化与安全的综合性研究。主要在20世纪90年代后期，探讨范围已经远远超出学术界，公共政策界等也提出了自己的观点，大量研究人员、政策制定者、政治家、实践者和活动家也都加入了这种讨论。另外，研究也超出了北方国家的范围而吸引了很多南方国家的注意。环境变化与安全关系研究出现了一批代表性的研究报告和著述，但也出现了一定程度的混乱。

第四阶段：环境变化与安全内在关系的研究。自2001年起一直到现在，以国际全球环境变化人文因素计划的全球环境变化和人类安全项目为代表，人们认识到环境变化、贫穷和不安全在概念上的显著区别，并从以往对环境变化与安全关系的广泛讨论进入到其内在关系的探讨，而且深入到影响环境安全的具体因素及其评估上，如全球环境变化的风险、脆弱性、全球化、人口、传染病和资源等，而基于各种案例的经验性研究也仍在继续。生态安全研究成为持续性科学研究的一个重要内容，并趋于融合。

（二）国内研究

国内对生态安全的研究是从20世纪90年代起步的，到90年代后期才逐渐为人们所重视。2000年12月29日国务院发布了《全国生态环境保护纲要》，首次明确提出了“维护国家生态环境安全”的目标，认为保障国家生态安全，是生态保护的首要任务。因而近年来生态安全成为科学界和公众讨论的热点问题。但由于对生态安全没有一个统一的认识，国内的研究不成系统，大多数学者都只做了一些初步的研究工作。

这些研究工作涉及生态安全概念体系、基础理论、生态系统健康诊断、区域生态风险分析、景观安全格局、生态安全监测与预警以及生态安全管理、保障等方面，可分为基本理论研究和应用分析研究。在基础理论研究方面，主要是挖掘生态安全的理论渊源，构建相对系统的规范体系。在应用分析研究方面：①从行业领域看，一些学者关注工业、交通、林业、农业、贸易和城镇化等生态安全问题。②从区域看，一是按照行政区域进行分类，以行政区划为单位进行研究，如省、区、市(县)等生态安全研究；二是按照江河流域进行分类，以河流之流域为单位进行研究，如长江、黄河、三江源、淮河、洞庭湖、鄱阳湖等生态安全研究；三是按照生态系统范围进行分类，以生态系统所覆盖的区域为单位进行研究，如华北农牧过渡带区域、黄土高原、青藏高原等生态安全研究。③从工程领域看，结合国家实施的重大工程项目，以工程项目所覆盖的范围为单位进行研究，如西部大开发、三峡工程、南水北调等。上述这些研究工作取得了不少的成果，为下一步工作奠定了较好的基础。

(三)研究特点

1. 注重研究尺度的宏观性

其概念提出是针对宏观生态问题(区域、国家乃至全球)提出的，强调综合集成整体观点，以解决小尺度上生态学不能有效解决的问题。

2. 强调格局与过程安全

生态安全分析可从区域生态系统的结构出发，综合评估各种潜在生态影响类型及其累积性后果。

3. 重视模型应用和量化分析

目前国内外生态评价的模型框架通常有：经济合作发展组织(OECD)提出的PSR模型(Pressure-State-Response，压力—状态—响应，1994)和DSR模型(Driving force-State-Response，驱动力—状态—响应，1996)；Corválan等人提出的DPSEEA模型(Driving force-Pressure-State-Exposure-Effect-Action，驱动力—压力—状态—暴露—影响—响应，1996)；欧洲环境署(EEA)提出的DPSIR模型(Driving force-Pressure-State-Impact-Response，驱动力—压力—状态—影响—响应，1998)等。这些模型均不同程度地考虑了人类活动对环境的压力，自然资源的质和量的变化，以及人们对这些变化的响应，即采取的减少、预防和缓解自然环境不理想变化的措施。

目前应用较多的是PSR模型，其中压力定义为：①由人类引起的结果；②人类对自然界不恰当的响应；③不采取行动。状态定义为：①压力的表现；②响应的有效性。主要指标有大气、水、土壤和生物多样性等。响应定义为：①目标的压力和状态；②适当的响应减少压力。

三、生态安全的概念体系

（一）生态安全的定义

那么，什么是生态安全？要搞清楚这一偏正式概念，首先要分析何为“安全”，何为“生态”。从词源学看，安全是指没有受到威胁、没有危险、危害、损失[①]。在国家安全学科里，“安全”这一概念的解释为：安全是一种状态，即通过持续的危险识别和风险管理过程，将人员伤害或财产损失的风险降低并保持在可接受的水平或其以下[②]。

但在生态学里，关于生态这一概念则有一个不断演进的认识过程，大体经历了两个阶段（附表1）。第一，传统认识阶段：生态一词译自英文 ecology，而 ecology 一词则复从希腊文 oikos 衍生而来，oikos 之意是指“住所”或者“生活所在地”。生态系统（Ecosystem）一词是英国植物生态学家坦斯利（A. G. Tansley，1871～1955）于 1935 年首先提出的。他在研究中发现，气候、土壤和动物对植物的生长、分布和丰盛度都有明显的影响，于是提出：“生物与环境形成一个自然系统。正是这种系统构成了地球表面上各种大小和类型的基本单元，这就是生态系统。”以后，许多生态学家对生态系统理论和实践做出了巨大贡献。第二，现代认识阶段：以蕾切尔·卡尔逊（Carson. R）于 1962 年发表了《寂静的春天》为标志，普遍认为生态系统不仅为人类服务，一旦受到过度破坏则难以恢复，甚至成为人类健康乃至经济发展、社会稳定和国家安全的威胁。

总体看，生态安全的概念自 20 世纪 70 年代提出后，由于其内涵的丰富复杂，就一直众说纷纭、莫衷一是，因而迄今未能形成统一并普遍接受的定义。生态安全有狭义和广义的两种理解：狭义的理解是指自然生态系统或者半自然生态系统的安全。生态安全包含着 4 个核心内容和基本特征：具有生命演化特征的客观实体；具有时间空间维度的复杂系统；具有承载修复能力的功能单元；具有可持续性的物质信息载体。广义的理解是从生态—经济—社会复合系统来认识生态安全问题。以国际应用系统分析研究所（IASA，1989）提出的定义为代表：生态安全是指在人的生活、健康、安乐、基本权利、生活保障来源、必要资源、社会次序和人类适应环境变化的能力等方面不受威胁的状态，包括自然生态安全、经济生态安全和社会生态安全，组成一个复合生态安全系统。但是，这些理解存在两个不足：一是仅考虑了生态风险（指特定生态系统中所发生的非期望事件的概率和后果），而忽略了脆弱性（指一定社会政治、经济、文化背景下，某一系统对环

① 百度百科，2016 年 4 月 11 日，链接：http：//baike. baidu. com/link？url = c6pZG_ bCw7u3F3_ NQDkcRHDXlZTXA8oUknZzuuf46cJiwjcTweKZJflJ0owpZuUih9xQZwtBs01zBjXZjCnovEiGFYkRH9tRXU8moHph6GS.

② 国家安全学，中国政法大学出版社 2004 年 5 月版。

境变化和自然灾害表现出的易于受到伤害和损失的性质）的一面。二是仅把生态安全看成一种状态，而没有考虑到生态安全的动态性。

针对这些不足，生态安全可以定义为自然与人类这一整体免受危害或者威胁的存在状态及其有效保障，而这一保障是通过动态的生态系统管理来实现。因此，生态安全包括三层基本含义。一是生态系统安全的含义。即生态系统体现出自我维持、自我演替、自我调控、自我发展的生命演替过程和规律，尤其是在受到胁迫之后能够自我修复。二是生态系统修复和保护的含义。通过生态系统动态管理，防止生态系统退化，构成对可持续发展的基础威胁；通过增进生态资源资产，增强对可持续发展的支撑能力。三是生态风险管理的含义。防止由于生态灾害引起经济衰退、政治动荡、外交困境、军事冲突，特别是造成大量生态难民，从而威胁到国家乃至地区的安全。

（二）生态安全的内涵

从生态系统的观点来看，一个健康的生态系统是稳定的和可持续的，具有自我维持、自我调控、自我演替、自我发展的组织结构和系统功能，并能够保持对一定胁迫后的恢复力①。健康的生态系统能够有效提供各种生态服务，包括食物、清洁淡水、清洁空气、废弃物循环、减缓灾害等。如果一个生态系统的健康水平受到损害，生态系统服务必将减少乃至消失。人类活动对生态系统影响仍然在生态系统健康范围之内，生态功能不会产生显著的衰退，但是随着人类活动影响的加剧，会导致生态系统健康受损，服务功能下降，从而影响人类的生存发展。在这一过程中，生态系统健康维持与人类活动影响控制之间存在一个嵌合的临界点。生态安全，主要聚焦于生态系统健康维持和生态服务安全提供，必须要求人类活动影响不得超过临界点，即生态系统必须维持所需的最低的结构水平、活力水平和弹性水平。

一般来说，生态安全具有整体性、综合性、区域性、动态性、不可逆性和长期性的特点，其内涵十分丰富。

第一，生态安全是状态性与动态性的结合。生态安全首先是自然与人类整体获得生存发展的生态条件状态，起码是一种必备的生态条件和生态状态。也就是说，生态安全是人与环境关系过程中，生态系统满足人类生存与发展的必备条件。但同时，生态安全是一个动态概念。一个要素、区域和国家的生态安全不是一劳永逸的，它可以随环境变化而变化，反馈给人类生活、生存和发展条件，导致安全程度的变化，甚至由安全变为不安全。

第二，生态安全是绝对性与相对性的结合。生态安全的绝对性是说人类对生态安全风险或者灾害是无法承受的。虽然影响生态安全的因素很多，但是只要其中一个或几个

① 一般来说，生态系统健康水平可以由活力、组织和弹性三个指标来衡量。活动表示生态系统的功能，可用新陈代谢率和初级生产力来测量；组织结构可以根据系统组分之间相互作用的多样性和数量来评价；弹性可以根据系统在出现胁迫时维持系统结构和功能的能力来评价。

因子不能满足人类正常生存与发展的需求，生态安全就是不及格的。也就是说，生态安全具有生态因子一票否决的性质。生态安全的相对性是指没有绝对的安全，只有相对安全。生态安全由众多因素构成，其对人类生存和发展的满足程度各不相同，生态安全的满足也不相同。若用生态安全系数来表征生态安全满足程度，则各地生态安全的保证程度可以不同。因此，生态安全可以通过建立起反映生态因子及其综合体系质量的评价指标，来定量地评价某一区域或国家的安全状况。

第三，生态安全是时间维度与空间维度的结合。生态系统通常与一定的时空相联系，以生物为主体，呈网络式的多维空间结构的复杂系统。它是一个极其复杂的由多要素、多变量构成的系统，而且不同变量及其不同的组合，以及这种不同组合在一定变量动态之中，又构成了很多亚系统。因而，生态安全是随着人类生态系统的结构、功能和利用变化而变化，取决于在一定时空条件下人类所要求的生态因子的质量。

第四，生态安全是生态功能客观存在与主体价值发现的结合。生态功能，也经常被称为生态服务、生态系统服务、生态系统服务功能等。一般来说，生态功能实质上是指自然生态系统及其组成物种产生的对人类存在和发展具有支持作用的状况和过程，即自然生态系统维持自然的结构和功能过程中所产生的对人类存在和发展具有支持和效用的产品、服务、资源和环境。生态功能具体种类多样，而且这些生态功能是不以人的意志为转移的，是依附自然生态系统而存在。但是，在人类生态系统的世界里，人类以客观存在的生态功能满足其需求过程中，不断发现了生态功能的产品、调节、文化和支持等多种价值。可以说，人类维持自身的生存发展就是利用生态系统功能的过程，这一过程包括损害生态功能的类型，也包括人类主动修复和保育生态功能。进一步说，人类活动方式对生态功能的影响是通过改变地球地表覆盖、生态系统结构和生物地球化学循环而引起的。人类如果正确地、适度地、合理地使用，生态系统就能够持续不断地提供这些服务，人类可以可持续利用而得到永续发展；反之，生态系统服务将减少甚至消失，人类生存发展最终就面临着挑战和威胁。所以说，生态安全是主观与客观相结合的过程，是人类尊重自然规律、根据自身需求、发挥主观能动性不断发现生态服务价值的过程。

（三）生态安全的本质

生态安全的本质在于为人类可持续发展提供生态条件这一基本保障，形象地说，就是人类寻找其生存发展的安全操作空间。因此，一般认为，维护生态安全关键在于科学有效的生态系统管理，即3个方面：一是生态风险性；二是脆弱性管理；三是生态资源资产管理。生态风险表现了生态压力造成危害的概率和后果，建立应急机制应对生态灾害突发事件的危害。生态脆弱性主要通过从分析生态系统胁迫的类型、表现、成因和机制等出发，评价生态安全状况和采取保障措施。生态资源资产管理是立足于生态功能区划，将生态功能作为资产进行管理，分析生态资产密度和消耗临界状况，利用各种手段不断改进生态系统管理、增进生态资源资产、支撑可持续发展。

四、生态安全的理论基础

生态安全的理论，可根据现象与本质的研究关系，分为深层次理论和浅层次理论。

(一)深层次理论

1. 马克思主义生态观

一是自然辩证法。首先，大自然是人类的生命之源、生命之本，人类历史是自然史的延续，“历史本身是自然史的即自然界成为人这一过程的一个现实部分”。人类必须依赖于自然，“人(和动物一样)靠无机界生活，而人比动物越有普遍性，人赖以生活的无机界的范围就越广阔”。其次，人类能够认识自然、改造自然，人与自然界的关系是主体与客体的关系，人类能够发挥主观能动性通过实践改变自然界。最后，人类实践必须尊重与遵循自然规律，才能达到改造自然界的预期目的，“我们对自然界的全部统治力量，就在于我们比其他一切生物强，能够认识和正确运用自然规律”。针对西方肆意掠夺自然的发展方式，恩格斯发出了他著名的警告：“我们不要过分陶醉于我们人类对自然界的胜利。对于每一次这样的胜利，自然界都对我们进行报复。”马克思主义自然辩证法是人类第一次系统地认识了人与自然的关系，阐述人类应该如何正确认识和处理同自然界的关系，是认识和解决生态安全问题的理论基础和方法论。

二是生态价值理论。由于当时历史条件决定，马克思、恩格斯对生态问题从未提笔论及，且认为价值是凝聚在商品上无差异的人类劳动。有的观点认为，价值来源于人的劳动，生态产品是自然界的馈赠，不存在生态价值。这其实是一种误解。在马克思主义价值理论体系里，生态价值与劳动价值具有逻辑统一性，其所揭示的资本逻辑其实是认识生态价值、剖析生态危机、维护生态安全的一把钥匙。一方面，人本身是具有自然和社会两重属性，商品作为人的劳动成果也具有两重属性，是交换价值与使用价值的统一。马克思在《哥达纲领批判》中曾指出，“自然界和劳动一样也是使用价值的源泉”。恩格斯也曾指出：“政治经济学家说：劳动是一切财富的源泉。其实劳动和自然界一起才是一切财富的源泉。自然界为劳动提供材料，劳动把材料变为财富。”生态产品本身具有使用价值，这也是西方经济学里所谓的“效用”，倘若人类根据需要发现“效用”、改造生产，生态产品就变成同时具备交换价值与使用价值的商品。另一方面，资本，作为获取剩余价值的价值，具有追逐利润、无限扩张的属性。资本家追求利润而无止境地向自然界索取，必然导致生态系统退化甚至生态灾害。受到马克思主义影响，西方学者普遍认为，资本主义生产破坏了人与自然之间合理的物质交换，资本主义生产方式“把经济增长和利润放在首要关注位置的目光短浅的行为，其后果当然是严重的，因为这将使整个世界的生存都成了问题。一个无法避免的事实是，人类和环境关系的根本变化使人类历史走到了重大转折点”[1]。

三是社会主义生态文明建设理论。在社会主义建设实践中，马克思主义生态观得到了丰富、创新和发展，逐步形成了社会主义生态文明建设理论体系。新中国成立后，中国共产党人就开始探索既要实现现代化又要解决人与自然矛盾的新路子。毛泽东在《论十大关系》中非常强调统筹兼顾、协调发展，明确指出“天上的空气，地上的森林，地下的宝藏，都是建设社会主义所需要的重要因素。”进入新世纪尤其是党的十八大以来，中国共产党人革命性地提出建设生态文明，作为社会主义建设“五位一体”战略布局的重要组成部分，取得了一系列丰硕理论成果，提出了六大新的理念：一是生态决定人类文明兴衰的理念，“生态兴则文明兴，生态衰则文明衰”；二是生态就是生产力的理念，“保护生态环境就是保护生产力，改善生态环境就是发展生产力”；三是生态就是民生福祉的理念，“良好的生态环境是最公平的公共产品，是最普惠的民生福祉”；四是山水林田湖统筹治理的理念，“山水林田湖是一个生命共同体，人的命脉在田，田的命脉在水，水的命脉在山，山的命脉在土，土的命脉在树”；五是调动各方积极性，提高生态治理能力、创新生态治理体系的理念；六是森林关系国家生态安全的理念，“森林关系国家生态安全”“要着力推进国土绿化，着力提高森林质量，着力开展森林城市建设，着力建设国家公园”。

2. 可持续发展理论

20世纪下半叶，国际社会面临着全球性的生态危机，经过广泛深入的反思之后，提出了可持续发展理论，并取得了全球的共识。1972年，罗马俱乐部发布了著名的《增长的极限》报告，提出人类增长必然也应该受限于自然生态环境，开始引发人类对生态环境问题的普遍关注。同年，第一次联合国人类环境会议召开，通过了《人类环境宣言》，生态环境问题首次列入国际议事日程。此后，每隔10年就召开一次峰会，国际生态治理进程启动发展起来。1980年，在联合国大会上首次提出了可持续发展理念，1987年世界可持续委员会发布了《我们共同的未来》报告，对这一理念进行阐述——“可持续发展是在满足当代人需要的同时，不损害人类后代满足其自身需要的能力”。可持续发展包含两大方面的内容：一是对传统发展方式的反思和修正；二是对规范的可持续发展模式的理性设计。在复合生态系统中，可持续发展是一种能动地调控自然—经济—社会的复合系统的需要，使人类在不突破生态安全界限的条件下，推动人类发展，提高人类福祉。

3.“天人合一”思想

“天人合一”思想源远流长，最早追溯到新石器时代“神人合一”，在子学时代，以庄子为主的诸子对“天人合一”思想阐述，进行理性化和丰富化；在经学时代，以董仲舒、张载、朱熹为主的思想家对“天人合一”思想进行体系化改造，最终成为我国传统文化的

① ［美］福斯特．生态危机与资本主义．上海：上海译文出版社，2006.

基础和基本格调。尽管对“天人合一”存在认识分歧，但是一般认为，“天”就是大自然，而“人”就是人类，“天人合一”就是人与大自然的合一。人与自然是不可分割的整体，而不是分割对立关系，“天地万物一体”，人与万物是“一气相通”，遵循着“乾道变化、各正性命”等自然规律，实现人与自然是“民胞物与”“万物并作”“万物并育而不相害，道并行而不相悖”的和谐关系。在“天人合一”影响下，古人形成了遵循规律、保护自然的思想，孟子提出“不违农时，谷不可胜食也……斧斤以时入山林，材木不可胜用也”，荀子和韩非子也有类似的观点，甚至提出制定法律保护自然生态。虽然“天人合一”本身并不简单等同于人与自然和谐①，但是“天人合一”思想表现了人与自然和谐共存的思想。对当前而言，“天人合一”思想的生态意义在于提供我们思考生态问题的新视域，以突破人类中心主义与非人类中心主义的两难困境，也就是走向马克思所主张的“人类与自然界的和解”。

（二）浅层次理论

1. 生态系统健康与风险评价理论（美国）

该理论主要从生态学视角关注和研究生态系统自身的安全问题。就目前而言，以美国环保局提出的“生态风险评价大纲”和美国国家科学院的“风险评价问题”作为标准，及其提出的风险源、暴露反映—关系等概念和研究方法。该生态安全理论，第一，从关注生态系统视角开始，提出要保证生态系统自身的功能正常，即系统的健康。如果生态系统的功能缺失或不能正常运行，则生态系统的安全处于受威胁状态。第二，从人类对自然资源的利用与人类生存环境辨识的角度来分析与评价特定生态系统质量与活力，对生态系统健康状况进行诊断并进行客观分析。第三，研究的对象是特定的生态脆弱区。第四，生态安全对于不同国家、地区和时代发展阶段不同，其对应的生态安全评价标准也不同，具有相对性和发展性。第五，从人类对生态安全的关注视角，提出要在分析、评价的基础上建立生态安全保障体系。第六，安全与风险互为反函数，生态风险是指特定生态系统中所发生的非期望事件的概率和后果，如干扰或灾害对生态系统结构和功能造成的损害。

2. 生态国家利益理论（美国）

该理论主要从政治学视角研究生态安全在国家利益中的表现，其主要理论认为，外国的生态（环境）行为可以影响到本国的生态（环境）系统，引起所谓的域外生态（环境）损

---

① 在经学时代，“天人合一”思想也包含着一些不积极因素，尤其是体现着强烈的价值等级思想，并以天道不变论证封建专制统治，演变成为一种庸俗政治学说。但是，如果抛开这些不说，“天人合一”对当前人类文明而言具有很高的思想价值。在生态环境问题日益突出的今天，越来越多的人提倡回归传统的“天人合一”理念。如季羡林先生认为：“天人合一的思想是东方思想的普遍而又基本的表露……这种思想是有别于西方分析的思维模式的东方综合的思维模式的具体表现。这个思想非常值得注意，非常值得研究，甚至还非常值得发扬光大，它关系到人类发展的前途。”张岱年先生认为：“中国的天人合一与西方近代所谓克服自然的思想是迥然有别的。天人合一的思想有助于保持生态的平衡。”

害，会对本国域内的生态环境造成威胁。这一理论于20世纪末由美国人最先提出，美国国家安全政策目标已开始从单纯的关注军事安全逐渐演变为包括生态（环境）安全、经济安全和军事安全在内的多元安全目标。在生态（环境）安全问题上，美国对内、对外实行双重标准，对外的生态（环境）安全主要目标是针对任何发生在美国之外的任何生态（环境）安全事件，只要对美国本土的生态（环境）安全造成威胁、有潜在威胁或直接损害的，美国就可以单方面采取措施进行干预，以解除、减少对美国的威胁或损害，保护美国的生态（环境）安全。对内美国却常常放任国内的环境污染对他国或全球造成威胁或损害，只关注本国生态（环境）安全，而漠视他国的生态（环境）安全。

3. 生态权利理论（俄罗斯）

该理论从法学视角将生态安全作为环境法调整对象的一类社会关系。该理论源于俄罗斯环境资源法学界，20世纪80年代后期，《俄罗斯联邦宪法》规定将保障生态安全作为保证任何公民实现其生态权利的保障措施，并写入《俄罗斯苏维埃联邦社会主义共和国自然环境保护法》。1995年11月17日通过了《俄罗斯联邦生态安全法》，作为保障生态安全方面的专门性联邦法律。这表明，俄罗斯已将生态安全纳入到法律调整的对象，并将生态权利作为公民的一种基本权利纳入法律保护范畴。此外，美国、英国、德国、加拿大等国和北约、欧洲安全与合作组织、欧盟、联合国环境规划署，以及斯德哥尔摩国际和平研究所等组织和欧美有关大学、研究机构对环境安全问题的响应也十分热烈，较有代表性的成果如：北约1999年的《国际背景下的环境与安全》、加拿大1999年的《环境、短缺和暴力》、德国2000年的《环境和安全：通过合作预防危机》、美国2000年《环境变化和安全：项目报告》等。

4. 绿色经济理论（英国）

1989年，英国学者大卫·皮尔斯（David Peerce）等率先提出了“绿色经济”的概念。此后，人们对绿色经济日益重视和推崇，绿色经济发展也经历了一个艰苦曲折的过程，从以效率为主导的浅绿色经济阶段，到承认增长有限的深绿色经济阶段，再到当前强调效益性、安全性和包容性的新绿色经济阶段。针对之前经济发展的不足，进入21世纪以来，尤其是在2008年金融和经济危机爆发后，当前一些经济学家如约瑟夫·斯蒂格利茨（Joseph E. Stiglitz）和生态研究者如凯特·拉沃斯，在坚持生态安全的基础上，引入公平的伦理概念，强调绿色经济必须具有包容性，让人人共享经济增长的成果，并获得了国际社会的普遍认可。“里约＋20”峰会对新绿色经济进行深刻阐述，认为发展绿色经济应该在遵循生态界限的前提下，更要关注公平，保证地球上每个人特别是穷人具有公平享受自然资本的权利。

此外，有一些研究者提出并应用于生态安全问题的研究之中。这类理论很多，主要有景观生态理论、干扰生态理论、保护生物理论、恢复生态理论、生态经济理论、生态伦理理论、复杂适应系统理论、多中心治理理论、共生空间理论、信息熵与未确知测度理论、符号互动理论、模糊物元理论、分形理论、生态位理论、属性识别理论以及突变理论，等等。这些研究工作对生态安全问题进行有效探索，取得了一些成果，为认识生态安全问题提供可能的新视角。但同时，有的研究工作属于探索性质，缺乏实践经验和理论支撑，不能深入全面系统地研究生态安全的现象和本质关系。

五、生态安全的评价体系

生态安全评价是维护生态安全的一项重要基础工作，也是当前生态安全研究的热点、重点和难点问题。如上所述，对于生态安全评价，一些机构和学者已经提出了比较成体系的指标体系和评价方法。这里主要介绍生态安全评价的基本情况，以最常用的层次分析法为例介绍指标体系，并在层次分析法外介绍两种有较大影响的评价方法——因子分析法和生态足迹法。

(一)生态安全评价界定

生态安全评价(Ecological Security Assessment)是对生态系统完整性以及对各种风险下维持其健康的可持续能力的识别与判断研究。具体是指当生态环境或自然资源受到一个或多个威胁因素影响后，对其生态安全性及由此产生的不利的生态安全后果出现的可能性进行评估，以实现在维持生态安全的基础上为国家的经济、社会发展战略提供科学依据，它具有高层次性、系统性、综合性、区域性等特征。

1. 评价对象

人类生态系统及其子系统，即由人及其生存环境构成的生态系统。按评价空间尺度的不同，可将生态安全评价分为三个层次，即全球生态安全评价、国家生态安全评价和区域生态安全评价。按评价对象属性的不同，可以对湿地、森林、流域、旅游地等不同生态系统进行生态安全评价。

2. 评价目的

评价人类生态系统危险的可能性及其后果的严重程度，以寻求最优的系统安全状态，维护人类生态系统的服务功能和可持续性。可以通过评价国家生态安全，确立生态治理重点，安排治理重点工程。评价区域生态环境系统安全就是要评价生态环境系统服务功能对人类需要的满足程度，也常用于区域土地利用规划、人地变化及生态安全与可持续上。

3. 评价标准

评价标准即指系统生态安全指标的目标值。但目前还没有专项标准，主要参考有：国家、行业、国际标准，如环境质量标准、公共卫生标准等；评价区域生态环境的背景值或本底值；以未受人类严重干扰的生态安全性高的类似生态系统作为类比标准；科学研究中已判定的生态效应。生态安全评价工作要强调以人为本，以主体价值发现为导向，安全与否的标准是以人类生存所要求的生态因子的质量来衡量的。评价标准的选择应该强调其综合性和科学性，并体现地域特征。

4. 评价程序

评价程序主要包括：影响预测、状态分析、预警规划和决策实施等。即通过对所评价系统潜在危险性的定性、定量影响预测，建立使系统安全的最优方案，包括生态系统的完整性和稳定性，生态系统健康与生态服务功能的可持续性等。

5. 评价指标体系(以层次分析法为例)

指标体系的建立应遵循科学性、客观性、可比性、实用性、全局性和可操作性的原则。当评价一个具体区域时，可以根据具体情况和政策需要，设计具体生态安全指标体系。目前，比较常用的生态安全评价方法为层次分析法，其评价指标体系一般两个层次、3 个方面内容。第一层次是目标层，以综合表征生态系统安全。第二层次是准则层，即制约区域生态安全的主要因素，也可以理解为分目标层。具体指标应集中围绕 3 个方面内容：生态安全状态、生态安全胁迫、生态安全响应。

(二)因子分析法

生态安全系统的指标体系是一个层次分明、指标涵盖众多领域的复杂体系。针对这样的体系常用层次分析法来衡量各层次、各领域在评价总指数中的权重，以及各指标在各层次、各领域中的权重。但是，层次分析法在实际应用中的一个主要问题是计量复杂。因此，有些学者应用基于层次分析法的思想建立起来的一种简化方法——因子分析法。

因子分析法继承了层次分析法的思想：分层次赋予权重，再在各层次内部对指标赋予权重，最后进行层内权重和层次间权重组合运算，形成总体权重；但是，在赋予层次权重和层内权重时进行了简化的处理。采用了层间排队和层内排队，运用倒序计算的方法来衡量具体的权重水平。在具体评价中，首先要对各指标实际数值(用 X 表示)进行无量纲化处理。无量纲化的前提是给出每一个实际指标状况的上限(X_{max})和下限(X_{min})。这种上下限的给定具有很大的主观性，可将各指标上限和下限分别设定为生态安全状况的目标理想状态和生态安全状况进入衰竭的状态，并分别赋值为 1 和 0。也就是说，对各指标系以及每个具体指标来说，1 代表安全的状态，0 代表不安全的状态。指标无量纲化处理后的数值用 X 表示，其具体数值越大，则预示着生态安全越接近比较理想的状态。

(三)生态足迹法

生态足迹法(Ecological Footprint Analysis Appmach，EFAA)是加拿大生态经济学家威廉·里斯(William Rees)和其博士生瓦克内格尔·马赛斯(Wackermagel Mathis)于 20 世纪 90 年代初提出的一种衡量人类对自然资源利用程度以及自然界为人类提供的生命支持服务功能的方法，并于 1999 年引入国内，目前广泛用于测量人类对自然界的影响，衡量人类现在究竟消耗了多少资源，还剩多少资源可以用于延续人类发展。

生态足迹是指在一定的技术条件下，能够持续地提供资源或消纳废物的、具有生物生产力的地域空间。生态足迹分析的重点是生态足迹需求和供给。

生态足迹需求，主要是计算在一定的人口和经济规模条件下维持资源消费及废弃物吸收所必需的生物生产性土地面积(包括化石燃料、可耕地、林地、草场、建筑用地和水域六种类型)，任何已知人口的生态足迹是生产这些人口所消费的所有资源和吸纳这些人口所产生的所有废弃物所需要的生物生产总面积(包括陆地和水域)。其计算公式为：

$$EF = N \cdot ef = N \cdot r_i \cdot \sum (aa_i) = N \cdot r_i \cdot \sum (c_i/p_i)$$

其中，EF 为总的生态足迹；N 为人口数；ef 为人均生态足迹；c_i为第 i 种消费商品的人均消费量；p_i为生物生产性土地生产第 i 种消费商品的平均生产能力；aa_i 为人均第 i 种交易商品折算的人均生物生产性土地面积；i 为消费商品和投入的类型；r_i为均衡因子(为了将各类生物生产面积转化为等价生产力的土地面积的参数)。

生态足迹供给是与生态足迹需求相对应的概念，是指区域能够提供给人类的生态生产性土地总和。其计算公式为：

$$EC = N \cdot ec = N \cdot r_j \cdot a_j \cdot y_j (j = 1,2,3\cdots6)$$

其中，EC 为区域总生态承载力；N 为人口数；ec 为人均生态足迹；a_j为人均生物生产性土地面积；r_j为均衡因子；y_j为产量因子(为了将各地区同类生物生产性土地转换成可比面积的参数)。

生态足迹法通过测度人类对自然生态资源的需求和自然生态资源所能提供的生态服务之间的差距来度量人类活动对自然生态系统的胁迫。当人类对资源的消耗处于自然生态系统的承载范围之内时，自然生态系统即为安全的，人类社会的发展也是可持续的，反之则不然。即当一个地区的生态承载力小于生态足迹时，即出现“生态赤字”，当生态承载力大于生态足迹时，则产生“生态盈余”。生态赤字表明该地区的人类对自然资源的消耗超过了生态承载力，生态安全受到威胁。该地区将通过输入匮乏的资源平衡对自然生态资源的需求，或过度消耗自身的资源以降低需求的短缺。这都反映了区域发展模式处于相对不可持续状态，其程度可用生态赤字的大小来衡量。相反，生态盈余表明该区的容量足以支持区域人类活动负荷。

生态足迹分析方法有两个优点：一是计算简捷；二是藉此方法可使人类对生态空间的需求同地球空间有限的供应更容易地进行比较。通过生态足迹分析，有利于人们消除高质量生活标准取决于财富和物质生活的观念，也使人们认识到住房、农业、工商业用地及环境脆弱性可能会对可持续发展构成威胁，从而控制超度消费行为。另外，生态足迹法也有一定的不足和缺陷：一是生态足迹分析法没有描述完全自然系统提供资源、消纳废物的功能；二是生态足迹分析只是衡量了生态的可持续程度，强调的是人类发展对环境系统的影响及其可持续性，而没有考虑经济、社会、技术方面的可持续性和人类对现有消费模式的满意程度，具有生态偏向性。

六、总　结

纵观人类推进生态治理、维护生态安全的历史进程，关于生态安全的认识存在重要历史节点。只有生态危机全球范围出现直接维系到人类安全时，生态安全这一个概念才被提出。在传统的生态学中，早已有生态胁迫、生态退化、生态破坏等概念，但过去这些问题几乎未演化成为全球范围的威胁人类自身生产发展的危机，因此未出现生态安全概念。而这一个历史节点只到20世纪70年代才出现，并开始了随后的历史进程。这与生态危机全球化、现代工业文明体系缺陷暴露、生态环境政治运动密切相关。同时，生态安全与可持续发展进程融合并构成其中的核心内容，并通过联合国体系的决策和行动，成为国际社会的普遍认识和一致行动。

从国际国内来看，生态安全研究已经取得不小成果。但是，随着形势发生深刻复杂的变化，需要对生态安全问题进行新探索、新认识和新行动。生态安全可以定义为：自然与人类这一整体免受危害或者威胁的存在状态及其有效保障，而这一保障是通过动态的生态系统管理来实现。其内涵也不断深化和丰富，除了整体性、综合性、区域性、动态性、不可逆性和长期性之外，显现出新的特点：状态性与动态性的结合，绝对性与相对性的结合，时间维度与空间维度的结合，生态功能客观存在与主体价值发现的结合。

应对新的生态安全问题，需要新的理论来指导。生态安全的理论渊源可分为深层次理论和浅层次理论这两类。前者主要包括马克思主义生态理论、可持续发展理论、“天人合一”哲学思想，后者主要包括生态系统健康与风险评价理论、生态国家利益理论、生态权利理论、绿色经济理论。我国在全球范围率先启动了生态文明建设，逐步形成了生态文明建设理论体系，最近又提出了“创新、协调、绿色、开放、共享”五大发展理念，探索人类发展的新道路。可以自信地说，我国对于生态安全的理论建设，已经作出了特殊的贡献，今后将作出更大的贡献。

附表　生态安全研究和国际行动进程

研究者/机构	研究时间	主要贡献
坦斯利 （A. G. Tansley）	1935	气候、土壤和动物对植物的生长、分布和丰盛度都有明显的影响，认为此构成一个系统，即“生物与环境形成一个自然系统。正是这种系统构成了地球表面上各种大小和类型的基本单元，这就是生态系统”
林德曼 （R. Lindeman）	20世纪30年代末	对塞达波格湖（Cedar Bog Lake）开展了研究工作，揭示了营养物质移动规律，创建了营养动态模型，提出了著名的“百分之十定律”，开创了生态学从定性到定量的新阶段，成为生态系统能量动态研究的奠基者
里克莱夫斯 （R. E. Ricklefs）	1979	发表了《生态学》，描述了生态系统物质循环和能量流动的基本格局，形象地表明了生态系统中生物与非生物成分之间通过物质交换联系一起、相互作用和相互依赖，驱使生态系统物质循环的能量来自太阳

（续）

研究者/机构	研究时间	主要贡献
戈利 （F. B. Golley）	1960，1968，1990	对陆地生态系统中的弃耕地进行营养结构和能量流的研究工作，较深入地揭示了生态系统能量流动的渠道是食物链；能量在沿着各营养阶层流动时是逐级减少的。在 1990 年日本召开的第五届国际生态学大会，他在会议开幕式上作了“生态系统概念的发展——对序的探讨”的报告，强调人类活动对生态系统、生物圈和全球变化影响的研究，推动进入了“人类—自然生态系统”的研究新阶段
奥达姆家族（E. P. Odum，T. Odum，W. E. Odum）	从 20 世纪 50 年代开始	E. P. Odum 就一贯强调生态系统研究工作的重要意义，在营养动态和能量流动方面提出了许多新思想和新方法，并创建了生态学和社会科学相结合的模式。H. T. Odum 对佛罗里达州银泉（Silver Spring）生态系统能流收支的研究，是当今生态系统水平上能量流动分析的一个范例。E. P. Odum提出了大小不同的组织层次谱系，进一步把生态系统的概念系统化，生态系统可以按照图谱所示，把研究对象划分为基因、细胞、器官、个体、种群和群落等几个层次。每个层次的生物成分和非生物成分的相互作用（能量和物质关系）产生具有不同特征的功能系统
蕾切尔·卡尔逊 （Carson. R）	1962	发表了《寂静的春天》，描述了杀虫药剂所造成的严重污染，阐明了污染物在环境中的迁移变化，初步揭示了污染对生态系统的影响。警示人们要限制自己的行动，不能破坏生态系统的结构和功能。这种生态破坏一旦形成，几年、几十年甚至百年都难以恢复。Cairns 等人在人类面临着人口激增、资源短缺、土地退化、植被破坏、生物多样性丧失等诸多方面，及时提出了水域生态系统的恢复和重建。她有力地促进了生态系统与现代环境科学的结合，启动了生态安全研究进入现代化的阶段
佩因、埃里克、沃克 （Paine，Ehrlich，Walker 等）	1962，1981，1992	对生态系统中物种作用提出了新概念和新理论，认为生物多样性（Biodiversity）是决定生态系统面貌、发展和命运的核心组成部分
拉波特、科斯坦萨 （Rapport，Costanza）	1985，1992	开展了生态系统健康（ecosystem health）的基本理论和评估的研究，发现在地球上的生态系统为人类服务已不能像过去一样，而且还对人类产生了潜在的威胁，呼吁人们关系全球各类生态系统的健康。至此，生态安全有了说服力的规范体系和理论基础
美国环境署等机构	从 20 世纪 70 年代开始	关注建立健康生态系统的同时，强调了生态系统管理（ecosystem management），倡导管理是着眼于保护和维持生态系统的结构、功能的可持续，保证生态系统的长远健康
罗马俱乐部、 联合国体系、 联合国环发大会等	20 世纪 60 年代、 20 世纪 70 年代、 1992、2002、2012	发表了《增长的局限》《人类环境宣言》《我们共同的未来》《我们期待的未来》等报告，国际社会越来越关注生态系统管理，深刻认识到地球是人类目前唯一的家园。人们在审视和反思的基础上，可持续发展成为全人类生存的战略思想。强调绿色发展，在实现经济和社会发展的同时，要保证生态系统的可持续发展，生态安全与可持续发展出现了融合之势。同时，启动了一批国际项目，开始了全球范围内的生态治理进程，维护人类生态安全。 在 20 世纪 60 年代，有 54 个国家合作的“国际生物学计划”（International Biological Programme，IBP），是对生态系统大规模研究的开端。先后出版了有关生态系统的 35 本手册和论著，为生态系统的研究开创了一个新时代。 “人与生物圈计划”（Man and the Biosphere Programme，MBA）是 1971 年 11 月由联合国教科文组织发起，1972 年通过的长期研究计划。MBA 是人类历史上第一次将自然科学与社会科学界结和起来的大型国际合作项目，是第一次把人与自然及其资源作为一个整体来研究，标志着生态系统研究的新的里程碑。

（续）

研究者/机构	研究时间	主要贡献
		“国际地圈—生物圈计划”（International Geosphere-Biosphere Programme，IGBP）的目的是了解控制整个地球系统物理的、化学的和生物学作用过程以及人对上述基本过程、变化的影响。该计划是国际科学联合会（ICSU）于1983年开始筹备，1986年9月在该会第21届大会上以全球变化为中心的国际研究课题而通过。在此基础上，许多生态系统研究就扩展成为全球性的了
国际应用系统分析研究所（IASA）	1989	首次完整地提出“生态安全”的概念，即人的生活、健康、安全、基本权利、生活保障来源、必要资源、社会秩序和人类适应环境变化能力等方面不受威胁的状态，它包括自然、经济和社会组成的复合人工生态系统的安全
联合国环境署、世界粮农组织、国际自然保护同盟	1996.7	在挪威特隆赫姆召开会议，以实现《生物多样性公约》的3个目标为宗旨，即保护、持续利用以及平等与公平地分享由持续利用生物多样性所得到的利益，为外来种的科学研究水平、生态和社会经济影响、侵入的预防与管理以及控制与清除等问题提供论坛

调 研 单 位：国家林业局经济发展研究中心

调研组成员：吴柏海　余琦殷

林业生态安全状况评价方法研究报告

【摘　要】林业生态系统在生态安全维护过程中发挥着至关重要的作用，对林业生态安全状况进行科学合理的评价势在必行。基于此，项目组结合试点省份的定性与定量分析，对构建的林业生态安全评估框架、方法体系和评估系统进行核验与测试，为林业生态安全状况评价提供了科学严谨的理论基础。课题组通过两次试点调查对指标体系的数据可获性及结果可用性进行修订，构建出兼具生态系统内外部监测和纵横向比较功能的林业生态安全评价指标体系；借助专家咨询等方式，以“熵权法”为支撑，针对核验过程中出现的新问题和新要求进行方法完善，研建出既能清晰表述林业生态安全所处等级，又可描述其变动趋势的林业生态安全评价方法体系；依据调整后的评价方法体系，从用户体验、模块功能、数据管理角度进行改进，研发出评价结果与实际情况契合度高，且能满足多层次、多尺度、多维度评价需求的林业生态安全评估系统。最后，从改进研究方法、构建监测体系和加强政策支持方面对完善林业生态安全评估发布制度提出了对策与建议。

一、研究背景及意义

党的十八大以来，习近平总书记从中国特色社会主义事业五位一体总布局的战略高度，对生态文明建设提出了一系列新思想、新观点、新论断。把生态文明建设摆在总体战略布局的高度来论述，可见生态安全问题在我国受到前所未有的重视。

林业在生态安全的维护和生态文明建设中发挥着不可替代的重要作用。林业承担着建设和保护森林生态系统、管理和恢复湿地生态系统、改善和治理荒漠生态系统、维护和发展生物多样性的重要职能。林业生态系统是陆地生态系统的平衡器，无论损害和破坏哪一个系统，都会影响地球的生态平衡，危及人类生存的根基。林业生态安全是生态环境的重要屏障和安全保障，是生态建设重要组成部分。因此，建设功能强大的林业生态体系是维护生态安全的有力措施之一。在生态环境不断恶化的当下，林业生态安全研究势在必行。

科学合理的评价方法是全面系统评价林业生态安全状况的前提，也是林业生态安全研究的立项之本。因此，本项目在论证林业生态安全评价指标体系的科学性及可行性的基础上，利用量化和信息化技术，构建林业生态安全评估框架、方法体系和评估系统，并对其进行核验和测试，为进一步科学、全面、系统地评价全国林业生态安全状况提供理论基础和科学依据。

二、研究目的

项目组按计划选择森林、湿地、荒漠三大生态系统突出的典型省(县)开展调研工作，通过专题调研和专家座谈等形式，讨论林业生态安全评价过程中出现的热点、难点问题，并给出相应的解决方案；通过实地调研、相关部门统计上报等方式获取验证和测试过程中所需的数据资料；通过专家咨询、论证和基层调研等方法，获取专家和地方政府的反馈信息，对评价指标、评价方法、评估系统等方面的科学性、合理性进行论证、修订和完善。

三、研究方法及内容

(一) 专家咨询法

专家咨询法是以专家作为索取信息的对象，依靠专家的知识和经验，由专家通过调查研究对问题作出判断、评估和预测的一种方法。在指标体系构建过程中，项目组邀请林业经济、林学、生态学、荒漠化研究等行业30余位专家召开论证会。首先由专家对现行指标体系提出意见，随后采用问卷调查的形式，请专家对指标的可获取性、可比性等9个方面进行评价，并向专家发放指标体系评议表，请专家对指标打分，最终整合专家意见完善指标体系。就评价方法而言，项目组邀请数学、林学、计算机科学等行业10余位专家召开多次座谈会，多轮讨论验证评价方法体系的科学性与可行性并给予进一步修正。

(二) 多轮试点法

为使林业生态安全评价方法更为科学、合理和可行，在林业生态安全评价指标体系经历初建、调整和论证的基础上，项目组开展了多轮试点工作。在对全国森林、湿地与荒漠分布情况进行GIS软件分析后，选取吉林省、浙江省、湖北省、贵州省及青海省5省15个典型县作为试点地区。一试工作的主要目的为收集试点县的林业生态安全原始数据，对指标体系和评价方法进行初步评价，并根据试点实际情况对其进行调整。二试选择吉林省、贵州省、湖北省、浙江省以及青海省的全部县域开展试验评估，主要目的是收集试点省(县)林业生态安全原始数据，对已有指标体系的可用性、数据可获性和评价方法的可行性进行再次验证和修正。

四、研究结果

第一部分：林业生态安全评估框架的构成与分析

基于林业生态系统的组成，在全面考虑林业生态资源自身及其生态环境整体安全的基础上，分别构建森林生态系统、湿地生态系统、荒漠生态系统的生态安全评估结构体系，并以生态安全综合指数加以表征。进而通过森林生态安全综合指数、湿地生态安全综合指数和荒漠生态安全综合指数综合形成林业生态安全综合指数结构框架。

（一）林业生态安全概念核心构建

1. 影响要素

从影响要素来看，林业生态安全的概念包含两重含义。一方面是林业生态系统的自身状态，另一方面是林业生态系统所承受的外界压力，两方面共同作用，对林业生态系统造成影响。前者反映林业生态系统自身的生态承载力情况，以衡量系统自我调节和自我修复的能力，能力越强则表明林业生态系统越安全。后者反映人类社会经济活动直接或间接地对林业生态系统造成的干扰或维护情况，以衡量林业生态系统所承载压力的大小，压力越大则说明林业生态系统越不安全。林业生态安全是当林业生态系统的生态承载力与其所承受的外界压力达到平衡时的状态。

2. 内容组成

从内容组成来看，根据林业生态系统的物质组成，林业生态安全包括森林生态安全、湿地生态安全、荒漠生态安全和生物多样性四方面的概念。生物多样性同时分散包含在森林生态系统、湿地生态系统和荒漠生态系统之中。三大生态系统与生物多样性之间构成了“3×1”的关系，前者包含后者。因此，林业生态安全是指森林生态系统、湿地生态系统和荒漠生态系统均安全，同时生物多样性的丰富程度得到保证的状态。

（二）林业生态安全综合指数结构

报告中的林业生态安全综合指数包括两大内容：一是评价林业生态安全状况的林业生态安全综合评估值，二是动态反映生态安全评估值变动情况的林业生态安全综合变动指数。

从林业生态系统物质组成角度而言，林业生态系统主要包括森林生态系统、湿地生态系统、荒漠生态系统和生物多样性等。本报告在全面考虑林业资源自身及其生态环境整体安全的基础上，综合前人研究，结合生物学、生态学领域相关专家的指导，构建了林业生态安全综合指数体系，其主体结构如图1所示。

林业生态安全评估值，包括特定区域林业生态安全状态评估值和特定区域林业生态安全压力评估值。状态评估值反映林业生态系统本身的安全状况。状态评估值越大，表

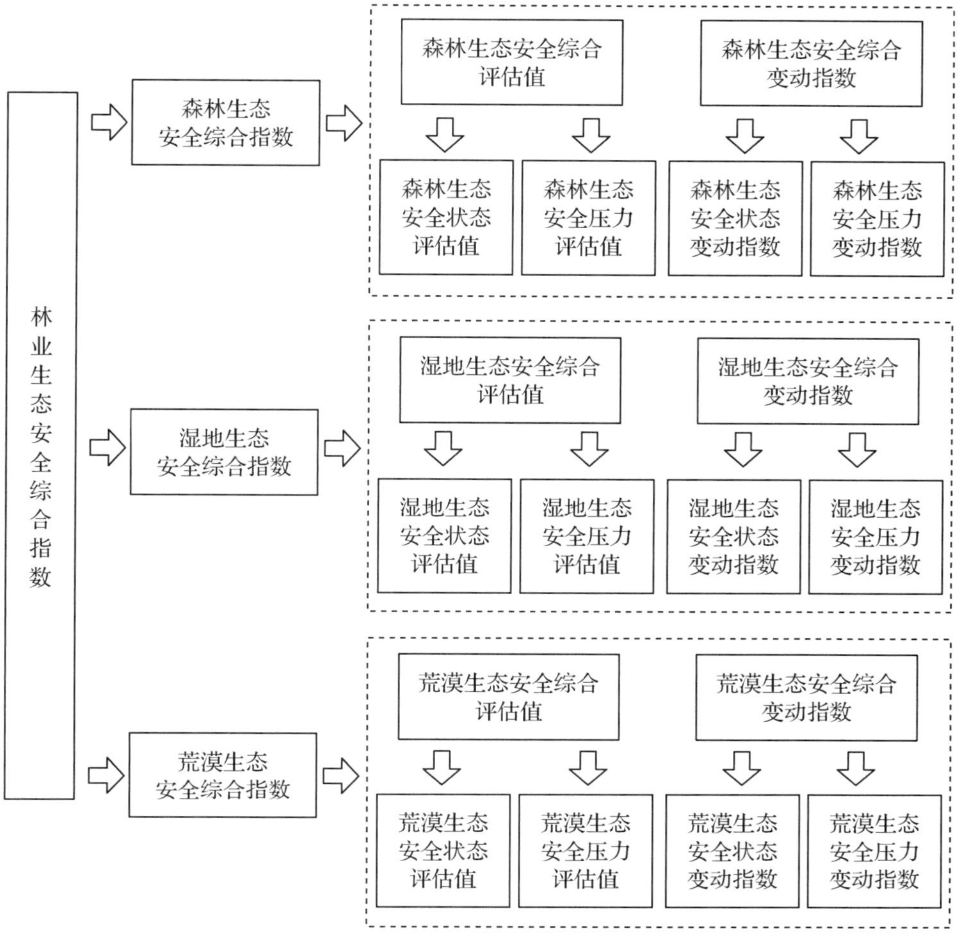

图1　林业生态安全综合指数结构图

示该地区林业生态安全状况越好。压力评估值刻画的是地区社会、经济对林业生态系统直接或间接带来的生态安全的影响和压力。压力评估值越大，表示该地区生态安全压力越大，林业生态安全状况越差。基于特定区域林业生态安全状态评估值和特定区域林业生态安全压力评估值，计算得到特定区域林业生态综合评估值。

林业生态安全综合变动指数，包括特定区域林业生态安全状态变动指数和特定区域林业生态安全压力变动指数。就特定区域生态安全综合变动指数而言，该指数偏离100的程度越大，表示该地区林业生态安全状况变化程度越大。状态变动指数与压力变动指数含义类似。

第二部分：林业生态安全评价指标体系的构建与论证

评价林业生态系统安全状况，指标体系的建立是首要和关键的步骤。林业生态系统生态安全指标体系，应当充分描述和反映社会、经济、环境等各方面的生态安全水平与状态，且能实现对生态系统自身运行及其外部环境的监测，同时能实现功能上的横纵向比较。因此，指标选择要通过相关专家、学者、管理层、实施层等多方的不断论证，反复修订、完善和调整，这也是本项目的主要任务之一。林业生态安全评价指标体系构建过程如图2所示。

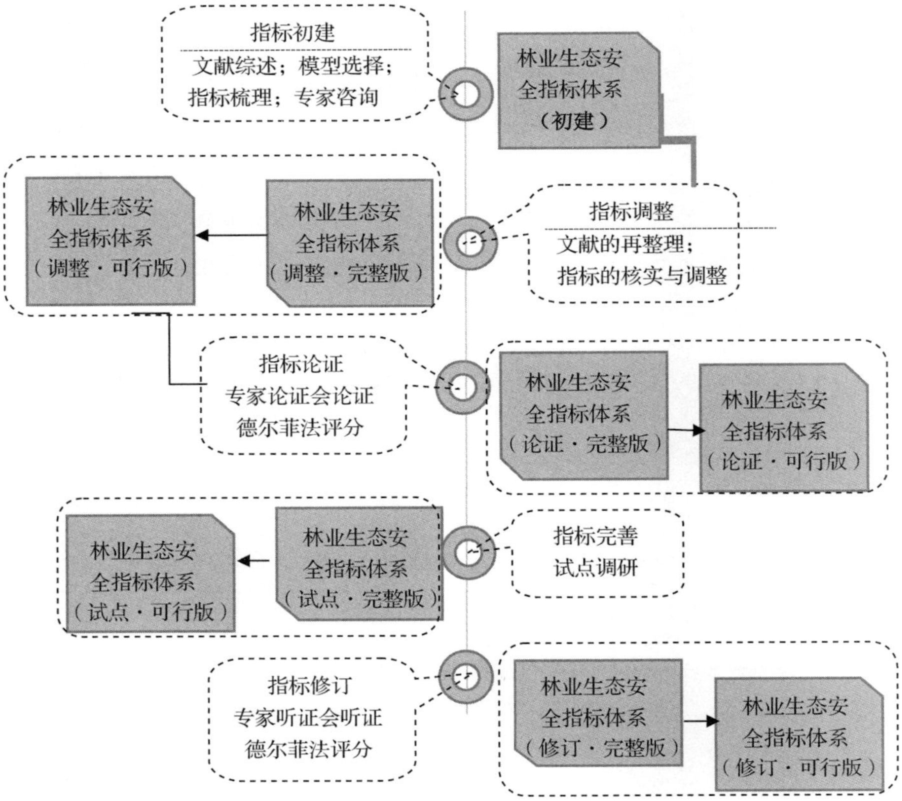

图2 林业生态安全评价指标体系构建过程图

(一)指标体系的初建

项目组在广泛收集和分析相关文献及资料的基础上，对国内外关于生态安全及评价方法的研究进展进行总结及分析，借鉴OECD(联合国经济合作开发署)的压力—状态—响应(PSR)框架模型，结合中国林业生态安全实际情况与林业生态安全核心概念，选取遵循科学性、可操作性、可比性等原则，采取频度分析法，通过文献检索，并结合林业和生态专家的咨询意见，初建林业生态安全评价指标体系(附表一)，指标体系主要结构及内容如下：

1. 林业生态安全状态指标体系

①森林生态安全状态指标体系，包括资源量、复杂性、灾害性3个一级评价指标。其中，资源量指标评价森林生态系统自身的物质资源状况；复杂性指标评价森林的结构状态和物种多样性；灾害性指标旨在反映森林生态系统自身受到外界有害干扰的严重程度。②湿地生态安全状态指标体系，包括复杂性与灾害性2个一级指标评价。③荒漠生态安全状态指标体系，包括资源量、土壤类指标、土地类型指标3个一级评价指标。

2. 林业生态安全压力指标体系

①森林生态安全压力指标体系，包括人类消耗资源的压力及强度指标、人类占用资源的压力及强度指标、人类破坏资源的压力及强度指标、人类维护资源的压力及强度指标4个指标。其中，人类消耗资源的压力及强度指标是指评价人类在获取森林生态系统的自然资源等过程中给生态系统带来压力；人类占用森林资源的压力及强度与人类破坏森林资源的压力及强度指标，主要从人类对生态系统的威胁角度评价森林生态安全；人类维护资源的压力及强度指标是指评价人类维护活动对森林生态系统的安全性的影响程度。②湿地生态安全压力指标体系，包括人类消耗资源的压力及强度指标、人类占用资源的压力及强度指标、人类破坏资源的压力及强度指标、人类维护资源的压力及强度指标4个一级指标。③荒漠生态安全压力指标体系包括人类消耗资源的压力及强度、人类占用资源的压力及强度、人类维护资源的压力及强度指标3个一级指标。

（二）指标体系的调整

林业这一复杂行业的生态安全评价指标体系，需要结合林业发展现状不断进行调整和修订。考虑评价指标体系的完整性、可行性，项目组对指标体系进行进一步调整完善（附表二），主要调整内容如下：

1. 林业生态安全状态指标体系的调整

为更科学、系统地评价林业生态安全状况，将林业生态系统的服务功能列为评价内容，引入“功能性指标”，对一级与二级指标进行调整，形成林业生态安全状态指标体系。调整的指标体系具体为：①森林生态安全状态指标体系，包括资源量、复杂性、灾害性以及功能性4个一级指标与30个二级指标；②湿地生态安全状态指标体系，包括资源量、复杂性、灾害性以及功能性4个一级指标与32个二级指标；③荒漠生态安全状态指标体系，包括资源量、土壤类指标、土地类型、物种类、功能性与灾害性6个一级指标与32个二级指标。

2. 林业生态安全压力指标体系的调整

林业生态系统发生变化是由自然与人类活动共同作用的结果，在对林业生态系统所受内外部压力研究的深入的基础上，对一级和二级指标分别进行调整，形成林业生态安全压力指标体系。具体改动为：①森林生态安全压力指标体系，沿用初建时的4个一级指标，对二级指标进行了微调，形成了18个二级指标；②湿地生态安全压力指标体系，沿用初建时的4个一级指标，并筛选出16个二级指标；③荒漠生态安全压力指标体系，沿用初建时的3个一级指标，并筛选出了24个二级指标。

3. 林业生态安全评价指标体系可行版的构建

为提高评价指标体系的实用性和可操作性，通过对部分专家和学者的走访和咨询，结合相关文献资料，对评价指标进一步筛选，形成了林业生态安全评价指标体系（可行版）。该版本具体包括：①森林生态安全状态指标体系，筛选出4个一级指标与14个二级指标；②森林生态安全压力指标体系，筛选出14个一级指标与12个二级指标；③湿地生态安全状态指标体系，筛选出1个一级指标与2个二级指标；④湿地生态安全压力指标体系，筛选出4个一级指标与11个二级指标；⑤荒漠生态安全状态指标体系，筛选出4个一级指标与8个二级指标；⑥荒漠生态安全压力指标体系，筛选出4个一级指标与20个可行性指标。

（三）指标体系的论证

为系统全面地阐述林业生态系统自身的结构、系统之间物质与能量循环过程及生态系统服务功能，同时为体现林业生态系统演替规律的驱动因子、人类活动对生态系统演替的影响方式以及人类社会对生态系统的管理手段等，项目组组织相关专家进行指标体系论证，根据林业生态系统物理模型与人类社会对林业生态系统影响的行为模型及论证结果对指标体系进一步修正。

专家通过专家评议表（附表三）评议的48个森林指标中，平均分在3.5以上的指标有7个，如森林覆盖率、森林净初级生产力等，平均分在［2，3.5］的有20个，如森林动植物多样性指数、森林植被覆盖度等，平均分在中上等的共27个，占总指标数并未超过70%，同时专家认为对树龄结构等重要方面未评价；评议的49个湿地指标中，平均分在3.5以上的指标有10个，如湿地覆盖率、湿地物种数量等，平均分在［2，3.5］的有20个，如永久性湿地比重、湿地生物灾害受灾率等，平均分在中上等的共30个，并未达到理想结果，专家认为评价湿地的可行版指标较少；评议的56个荒漠指标中，平均分在3.5以上的指标有7个，如荒漠物种数量等，平均分在［2，3.5］的有20个，如牲畜密度等，平均分在中上等的共27个，评议结果显示荒漠生态安全评价指标体系存在较多的重复性指标亟须筛选（图3）。

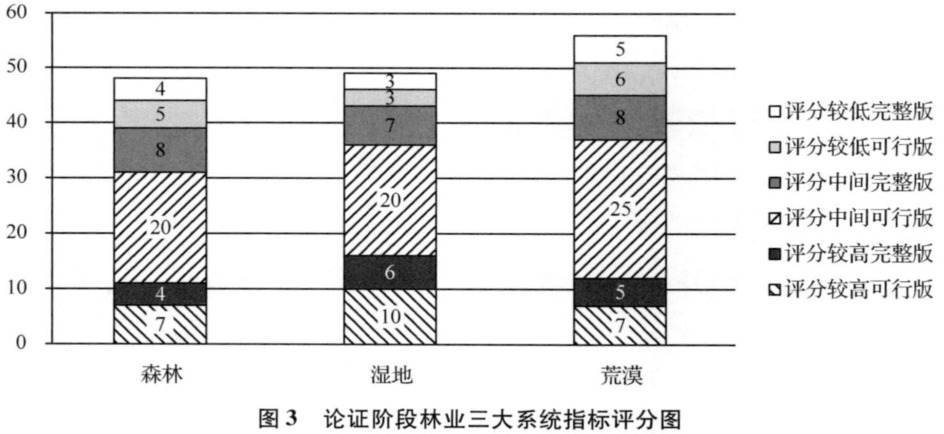

图3 论证阶段林业三大系统指标评分图

通过专家论证会的论证与专家打分结果的分析，总结出专家对指标体系主要意见为：①部分指标不具体；②部分指标获取工作量大；③部分指标横向对比性差，不适合县域推广；④部分指标重复；⑤部分指标有地域性限制；⑥部分重要影响因素并未构建指标。项目组综合专家建议、科学性以及适应性的要求，对调整后的林业生态安全评价指标体系进行修正，具体包括：

1. 林业生态安全状态指标体系的修正

①森林生态安全状态指标体系，沿用资源量、复杂性、功能性以及灾害性4个一级指标评价，根据专家的建议筛选二级指标，形成了41个二级指标；②湿地生态安全状态指标体系，沿用资源量、复杂性、功能性以及灾害性4个一级指标评价，并筛选出38个二级指标；③荒漠生态安全状态指标体系，形成了资源类、复杂性、土壤类型、功能性以及灾害性5个一级指标，并筛选出二级指标28个。

2. 林业生态安全压力指标体系的修正

考虑到人类对林业生态系统的压力是多方面的，本研究在原有的指标体系基础上构建综合压力指标，并对二级指标进行大幅度的调整。修正后的林业生态安全压力指标体系为：①森林生态安全压力指标体系，包括综合压力、人类消耗资源的压力与强度、人类占用资源的压力与强度、人类破坏资源的压力与强度及人类维护资源的压力与强度5个一级指标，并筛选出14个二级指标；②湿地生态安全压力指标体系，包括综合压力、人类消耗资源的压力与强度、人类占用资源的压力与强度、人类破坏资源的压力与强度及人类维护资源的压力与强度5个一级指标，并筛选出16个二级指标；③湿地生态安全压力指标体系，包括综合压力、人类占用资源的压力与强度、人类破坏资源的压力与强度及人类维护资源的压力与强度4个一级指标，并筛选出14个二级指标。

3. 林业生态安全评价指标体系(可行版)的修正

依据专家的建议，在考虑到数据的可获性，指标的重要性等原则基础之上，本研究构建了可行版的林业生态安全评价指标体系，相比完整版具有更强的可操作性。由于现阶段对林业生态服务功能的定量评价存在争议，因此在可行版构建时将功能性指标忽略，其他二级指标根据其数据的可获性与实际工作的可行性进行筛选。对压力指标体系的二级指标进行筛选根据数据的可获性以及实际工作的可行性原则进行，森林与荒漠生态系统数据记录较多，只将个别指标忽略，但湿地生态系统相关数据记录较少，将较多的二级指标忽略。由此形成论证修订后的林业生态安全评价指标体系(附表四)。

(四)指标体系的试点

通过试点，评价指标体系仍存在以下问题：①指标含义模糊。如植物范围太广，调查的内容要明确是乔木、灌木，而且草本植物的种类也很多。②指标设计的细化、专业化程度较高，数据收集困难。类似湿地水质状况等指标专业化程度较高，县域范围内测量较为困难，计算也并不方便。③指标具有滞后性。一些指标涉及内容为全国森林资源清查数据，但我国定期对全国的各类森林资源分布情况进行调查和核查，因此指标体系存在着滞后性。④指标体系科学论证不足。调研中在与林业局工作人员交流林业生态安全评价指标体系构建问题时发现：现有指标体系仍有不科学之处，内在机理论证不够充分。

针对上述指标体系存在的问题，项目组通过对收集相关资料以及咨询相关专家，对试点的指标体系进行筛选，具体工作包括：①明确指标定义。继续通过查阅文献与资料对其进行补充，对指标定义不明确的指标，如森林当期总物种，明确其物种的范围。②指标再筛选与精简。结合统计数据与县级的监测和统计能力，对于难以统计和计算的指标进行取舍，符合各试点县的实际测算能力。③滞后性指标论证。某些指标属于五年或者十年普查一次，将这类指标保留，但对于其在评价中的权重进行调整。④调整指标体系结构。探寻林业生态系统内在机理，科学规范指标体系，系统研究林业生态安全内在机理，构建林业生态系统物理模型和人类社会行为模型，并以此为基础全面梳理林业生态安全指标，科学规范指标体系，从而形成目标层—准则层—一级指标—二级指标—三级指标多层次指标体系。调整后得到林业生态安全评价指标体系的试点版(附表五)。

(五)指标体系的修订

在试点工作结束后，项目组邀请林业、生态等相关专家召开指标体系的听证会，对其科学性、操作性及可行性进行讨论，听取相关专家的评价及修改建议，结合试点后的调整结果，对林业生态安全评价指标体系进行再修订，形成林业生态安全评价指标体系的修订版。

听证会邀请林学、生态学、林业经济学等行业30位专家参加，专家认为试点调整后的完整版指标体系具有较高科学性，从不同角度涵盖林业生态安全的众多方面，可行版指标体系具有可行性及操作性，但专家建议应对指标的重要性进行区分，形成关键指标。为合理的筛选出关键指标在听证会后项目组再次采用德尔菲法，邀请26位专家对指标体系进行再评议。

专家评议结果(图4)，评价的48个森林生态安全指标中，平均分在3.5以上的指标有9个，如森林覆盖率、森林净初级生产力等，平均分在[2，3.5)有30个，平均分在中上等的共39个，其中可行版指标有25个，44个湿地生态安全指标中平均分在3.5以上的指标有14个，如生物多样性指数、湿地覆盖率等，平均分在中上等的共39个，其中可行版指标有23个，荒漠指标共38个，平均分在3.5以上的指标有6个，如荒漠物种数量、荒漠化治理行动等，平均分在[2，3.5)的有27个，如原生性荒漠比重、牲畜密度等，平均分在中上等的共33个，其中可行版指标有24个，表明多数指标在符合科学性的基础上能获得专家的认可，同时可行版指标较高的评分说明指标能较好地满足实践性要求。

根据专家评议平均分，将指标分为以下几类：①平均分较高的可行版指标，表明这些指标具有较高的科学性，同时也符合适用性要求，故它们是既符合科学性要求又满足适用性需要的双匹配指标，将其列为关键性指标，如森林覆盖率、湿地覆盖率等；②评分较高的完整版指标，指标科学性得到认可，虽然其不是可行版指标，但仍具有很高的参考价值，可结合实际工作，寻求能够准确、便捷获取的方式，这些指标是满足科学性

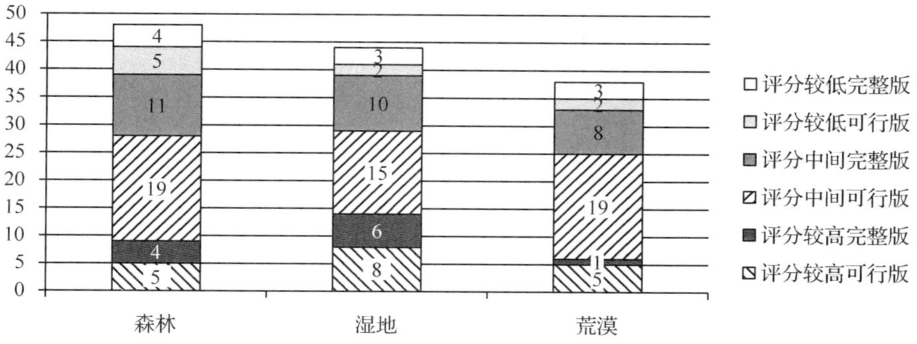

图4 听证阶段林业三大系统指标评分图

要求的单匹配指标，将其列为关键性指标，如森林净初级生产力等；③平均分中等的可行版指标，表明从专家角度来看，其科学性或适用性需要进一步完善，故这些指标是较满足科学性和适用性要求的保留指标，如土地垦殖率等。④评分结果处于中等水平的完整版指标，其科学性从一定程度上得到了专家的认可，故这些指标是较满足科学性的保留指标，可以进行多次讨论、取舍，分析其适应科学性可以予以保留还是参考专家意见进行删减，如湿地年固碳量等。⑤评分较低的指标，说明专家对其科学性或适用性保持怀疑态度或认为某些指标对于整个林业生态安全指标体系评估的影响较小，故这些属于不匹配指标，需结合专家意见和指标体系本身适用性要求再进行讨论并做适当的剔除，如单位面积 GDP 比重、城镇化指数等。

在专家听证会的论证以及根据专家评分结果的修订基础上，结合国家统计制度形成了林业生态安全评价指标体系修订后的完整版和可行版(附表六)。

第三部分：林业生态安全评价方法体系的研建与核验

科学合理的评价方法是全面系统评价林业生态安全状况的前提。本部分将分别给出森林生态安全综合指数、湿地生态安全综合指数和荒漠生态安全综合指数的基本算法；林业生态安全综合指数的计算方法；林业生态安全综合指数的时空对比分析方法；林业生态安全综合指数的精度分析方法、指标影响度分析方法等，最终形成较为完备的林业生态安全评价方法体系。为核验评价方法的科学性和可行性，将通过专家咨询、专家论证、专题调研与基层走访相结合的方式，对评价方法进行调整、完善和改进。

(一)林业生态安全评价方法体系的初建

初建方法体系，项目组以“3×1”模式(“3”为森林生态系统安全、湿地生态系统安全和荒漠生态系统安全，“1”为内含在“3”中的生物多样性生态系统安全)为基础，依托森林、湿地及荒漠生态系统状态、压力评估指标体系，选定客观赋权法“熵权法”作为整个林业生态安全评价方法体系的支撑方法，并且在 P-S-R 模型框架下，创造性地将响应作为压力的逆指标融入计算，构建了林业生态安全评估模型。评估模型从两个方面展开，一是综合评估值模型，用以衡量全国和各省在研究期内的林业生态系统及其子系统安全状况；二是综合变动指数模型，利用生态安全状况变动指数衡量全国和各省在研究期内的林业生态系统及其子系统安全状况的变动情况。模型结构如图5。

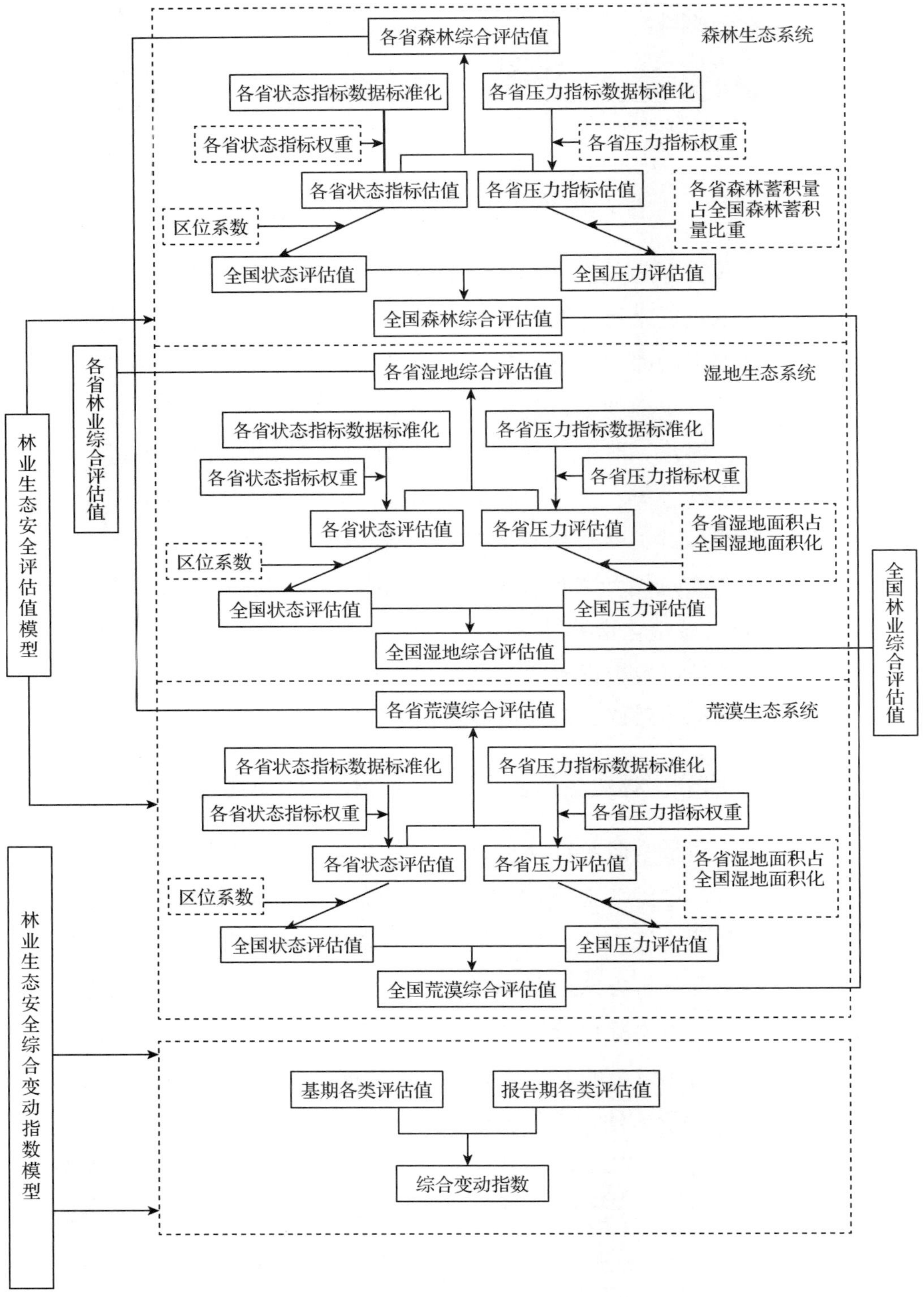

图5 林业生态安全评估模型结构图

1. 评估值模型

1）森林（湿地、荒漠）生态系统生态安全状态（压力）评估值的计算步骤

①数据标准化：在对状态（压力）指标的数据进行标准化时，首先从各个指标所对应的各地区各年份的所有统计数据中确定一个不允许值，正向指标取最大值为满意值，逆向指标取最小值为满意值，再通过以下公式将各个状态指标所对应的原始数据转化为标准数据：

$$标准数据 = \frac{原始数据 - 不允许值}{满意值 - 不允许值}$$

②各省森林（湿地、荒漠）生态系统状态（压力）评估值的计算步骤：确定指标权重。在确定指标的权重之前需确定指标的信息效用价值，状态指标的信息效用价值计算公式如下：

$$h_j = 1 + \frac{\sum_{e=1}^{m}\sum_{i=1}^{n} z_{eij}\ln z_{eij}}{\ln mn}$$

式中，h_j $(j=1,\ 2,\ \cdots,\ s)$为第 j 个状态指标的信息效用价值；z_{eij} 为第 e 个地区，i 个年份，j 个状态指标标准化后的数据，$z_{eij} = \frac{z_{eij}}{\sum_{e=1}^{m}\sum_{i=1}^{n} z_{eij}}$。其中：$e=1,\ 2,\ \cdots,\ m$，$m$ 为参与统计的地区总数；$i=1,\ 2,\ \cdots,\ n$，n 为参与统计的年份总数；$j=1,\ 2,\ \cdots,\ s$，s 为状态指标个数，压力指标的信息效用价值计算方法与状态指标相同。

在得到各个状态（压力）指标的信息效用价值后，便可得到各个状态（压力）指标的权重 $u_j = \frac{h_j}{\sum_{j=1}^{s} h_j}$ $\left(w_k = \frac{h_j}{\sum_{j=1}^{s} h_j}\right)$ $(j=1,\ 2,\ \cdots,\ s)$，s 为状态（压力）指标的个数。

根据标准化数据 z_{eij}，以及上面计算出的各指标权重 u_j 求各省对应年份的森林（湿地、荒漠）生态系统状态评估值 I_{iz}：

$$I_{iz} = \sum_{j=1}^{s} u_j z_{eij}$$

其中 s 为状态指标的个数，u_j 为第 j 个状态指标的权重，z_{eij} 为标准化后状态指标数据。

各省森林（湿地、荒漠）生态系统压力评估值计算步骤与状态评估值类似，压力评估值计算公式记作 $I_{iy} = \sum_{j=1}^{t} w_k y_{eik}$。

2）全国森林（湿地、荒漠）生态系统状态（压力）评估值的计算步骤

设 q_1，q_2，…为全国各个地区的区位状态系数，取 $q = q_1 + q_2 + \cdots$，则全国某年森林（湿地、荒漠）生态安全状态评估值为：

$$I_{cz}^{*} = \frac{\sum_{i=1}^{k} q_i I_{iz}}{q}$$

其中 I_{iz} 为各个地区同一年的生态安全状态评估值，k 为参与统计计算的地区数。

各省区位条件差异对全国森林生态安全状况评定有着不同的影响，且区位因素对森林生态系统的影响仅针对其自身，不涉及外界施加的压力，因此需引入区位系数作为权重计算全国的状态评估值，使得在进行全国森林生态安全评估时不是所有省域情况的简单相加。确定区位系数时主要考虑了地形和气候两大方面，地形要素又细分为平均海拔、坡度、坡向3个因子；气候要素细分为年降水量、年日照时数、平均气温、年均积温、风速5个因子，较为全面的反应了各省间的区位条件差异。

通过对各省某年森林的压力评估值 I_{iy}，记做 I_{ify}，加权计算全国该年的森林压力评估值 I_{cfy}^{*}，权重为地区森林蓄积量占全国森林蓄积量比，比重越大，权重越小。全国该年的森林压力评估值 I_{cfy}^{*}，计算公式为：

$$I_{cfy}^{*} = \prod_{i=1}^{k} (I_{ify})^{\frac{p_i}{p}}$$

其中 I_{ify} 为各个地区同一年的森林生态安全压力评估值，k 为参与统计计算的地区数，p_i 为第 i 个地区森林蓄积量，$p = \sum_{i=1}^{k} p_i$ 为统计区森林蓄积量之和。

全国湿地、荒漠压力评估值计算方法和森林压力评估值计算类似，权重分别为地区湿地、荒漠面积占全国湿地、荒漠面积的比重。

3）森林（湿地、荒漠）生态系统生态安全综合评估值的计算步骤

①某省某年份森林（湿地、荒漠）生态安全综合评估值：

$$I_i = \sqrt{(1 - I_{iy}) \times I_{iz}}$$

其中 I_{iz}、I_{iy} 分别为某省 i 年森林（湿地、荒漠）的生态安全状态评估值、生态安全压力评估值。

②全国同一年森林（湿地、荒漠）生态安全综合评估值：

$$I_c = \sqrt{(1 - I_{cy}) \times I_{cz}}$$

其中 I_{CZ}、I_{CY} 分别为同一年全国森林（湿地、荒漠）的生态安全状态评估值、生态安全压力评估值。

4）林业生态系统生态安全综合评估值计算步骤

①某省某年份林业生态安全综合评估值：

$$I_{il} = d_1 I_{1i} + d_2 I_{2i} + d_3 I_{3i}$$

其中权重 d_i、d_2、d_3 分别表示该地区森林、湿地、荒漠面积占三系统（森林、湿地、荒漠）面积之和的比例。其中，I_{1i} 为各省森林生态系统生态安全综合评估值；I_{2i} 为各省湿地生态系统生态安全综合评估值；I_{3i} 为各省荒漠生态系统生态安全综合评估值。

②全国生态安全综合评估值：

$$I_{ic} = d_1 I_{1c} + d_2 I_{2c} + d_3 I_{3c}$$

其中 d_1、d_2、d_3 分别表示全国森林、湿地、荒漠面积占三系统（森林、湿地、荒漠）面积之和的比例，其中，I_{1c} 为全国森林生态系统生态安全综合评估值；I_{2c} 为全国湿地生态系统生态安全综合评估值；I_{3c} 为全国荒漠生态系统生态安全综合评估值。

2. 综合变动指数模型

生态安全综合变动指数，可通过报告期的综合评估值和基期的综合评估值相比得到。生态安全综合变动指数的计算公式为：

$$y_c = \frac{100}{I_c^0} I_c$$

式中，y_c 为生态安全综合变动指数；I_c^0 为基年的生态安全评估值；I_c 为报告年生态安全评估值。将林业及其三大子系统生态安全综合评估值代入其中，即可得到对应的综合变动指数。

（二）林业生态安全评价方法体系的核验

为使林业生态安全评价方法体系更为科学、合理和可操作，进一步通过专家咨询、专家论证、专题调研与基层走访相结合的方式，对评价方法进行核验、调整、改进和完善。表 1 分别从核验时间、核验方法、改进原因以及改进措施等方面展现林业生态安全状况评价方法体系核验、完善的完整过程。

表 1　林业生态安全状况评价方法改进过程表

核验时间	核验方法	改进原因	改进措施
一试后	专题调研、基层走访	某些指标县级数据缺失	精度分析方法 修正权重
二试后	专题调研、基层走访、专家咨询	原有指标体系本身就反映了各地区位情况，原有区位系数带入计算容易导致重复计算	区位标准化 工作指数
二试后	专家咨询、专家论证	林业生态系统的类型需要明确	生态强度 生态类型 经济压力强度
二试后	专题调研、基层走访	结果与各指标之间的关系有待深入发掘	指标影响度
二试后	专题调研、基层走访	各试点的状态和变动趋势的展现不够直观，且仅以每个试点作为分析对象较为分散	【状态 + 变动趋势】

1. 一试后林业生态安全状况评价方法的核验与改进

2014 年年底，项目组展开第一次实地调研及基层走访。通过调研发现，县级数据完整性明显低于省级数据完整性，故一试后主要针对数据缺失情况对林业生态安全评价方法进行改进。

1）*精度分析方法*

通过调研发现，纳入计算的状态指标数据和压力指标数据主要存在两种缺失情况：

第一，存在部分年份数据缺失；第二，存在所有年份数据全部缺失。为衡量各试点地区指标数据完整程度，本研究定义了精度(FZPi)概念：

$$\text{FZPi}=\frac{\text{信息完全的森林(湿地、荒漠)状态(压力)指标个数}}{\text{森林(湿地、荒漠)状态(压力)指标总个数}}\times 100\%$$

2)修正权重

由于某试点地区存在某指标数据部分或全部缺失，在计算该试点地区的状态(压力)综合指数时，需根据数据的完整性，对指标权重进行重新分配。具体方法如下：

根据某试点地区某年的状态(压力)指标数据[即每一行状态(压力)指标数据]完整性，进行指标权重的修正，修正后的权重值 u''_j，计算公式为：

$$u''_j=\frac{u'_j}{\sum_{j=1}^{s}u'_j}\left(w''_j=\frac{w'_j}{\sum_{j=1}^{s}w'_j}\right)$$

其中 $u'_j=\begin{cases}0 & \text{第}j\text{个指标数据缺失}\\ w_j & \text{第}j\text{个指标数据完整}\end{cases}\left(w'_j=\begin{cases}0 & \text{第}j\text{个指标数据缺失}\\ w_j & \text{第}j\text{个指标数据完整}\end{cases}\right)$，即对缺失数据的指标，将其对应的权重规定为0，其余指标权重保持不变，这时得到各指标新的权重表达式，记为 u'_j(w'_j)。

2. 二试后林业生态安全状况评价方法的核验与改进

2015年7月，项目组展开第二次专题实地调研及基层走访。之后经过多次专家讨论，林业生态安全状况评价方法体系中的结果分析方法部分得到了极大地充实。同时结合指标体系的完善，将区位系数标准化带入综合指数计算。

1)区位系数标准化

区位因素是影响林业生态安全状况的一个重要因素，在之前的算法中，将区位系数直接纳入指数计算，但是考虑到状态指标体系中的资源量指标本身就是试点区的区位反映，原有计算方式会产生重复计算，因此在二试后对区位系数的计算进行了调整。

区位系数标准化这一调整过程发生在资源量指标数据的标准化步骤中。原有算法的标准化步骤为直接利用最大值、最小值对数据进行标准化。对区位系数标准化则是先把各个试点地区的区位系数值按从小到大的顺序分为五级，属于前20%的划分为一级，21%～40%的划分为二级，41%～60%的划分为三级，61%～80%的划分为四级，81%～100%的划分为五级。对于资源量指标数据 x_{ij}，$i=1, 2, \cdots, n$，先确定该数据所在区县的区位等级，然后在属于同等级的第 j 列数据中确定出最大值和最小值，设为 $x_{\max}$、$x_{\min}$，最后按以下公式对该指标数据标准化：$y_{ij}=\dfrac{x_{ij}-x_{\min}}{x_{\max}-x_{\min}}$。

2)林业生态系统类型的分类

为了科学、准确的进行林业生态安全状况评价，使林业生态安全状况评价的结果更能体现地区林业生态系统状态特征和承受压力特征，本研究选取生态强度、生态类型、压力强度3个指标将林业生态系统进行分类。

①生态强度：

林业生态强度(FD_i)，是指森林面积、湿地面积、荒漠面积之和占试点地区土地调查面积的比重的等级。林业生态安全强度等级不一致，则林业生态安全评价的结果也不能放在统一标准来考量，所以要结合地区生态强度综合分析林业生态安全评价结果：

FD_i = (森林面积 + 湿地面积 + 荒漠面积)/ 土地调查面积($FD_i \in [0,1]$)

按照等分法，把试点地区林业生态强度分为五级，见表2。

表2　林业生态强度等级表

FD_i	[0, 0.2]	(0.2, 0.4]	(0.4, 0.6]	(0.6, 0.8]	(0.8, 1]
林业生态强度等级	一级	二级	三级	四级	五级

②生态类型：

为体现地区生态系统的异质性，本研究通过地区森林、湿地、荒漠生态系统面积占地区整个林业生态系统面积的比重，同时参照全国森林、湿地、荒漠占全国林业生态系统面积的比重把地区林业生态类型分为森林型、湿地型、荒漠型、森林湿地型、森林荒漠型、湿地荒漠型(表3)。

地区森林、湿地、荒漠各子系统面积占该地区林业生态系统总面积的比重分别用 R_{i1}、R_{i2}、R_{i3} 表示，即公式如下：

R_{i1} = 地区森林面积 / 地区林业生态系统总面积

R_{i2} = 地区湿地面积 / 地区林业生态系统总面积

R_{i3} = 地区荒漠化面积 / 地区林业生态系统总面积

全国森林、湿地、荒漠各子系统面积占全国林业生态系统总面积的比重分别用 R_1，R_2，R_3 表示，即公式如下：

R_1 = 全国森林面积 / 全国林业生态系统总面积(约为39.6%)

R_2 = 全国湿地面积 / 全国林业生态系统总面积(约为10.2%)

R_3 = 全国荒漠化面积 / 全国林业生态系统总面积(约为50.2%)

根据地区、森林、湿地面积各自占地区林业生态系统面积的比重 R_{i1}，R_{i2}，R_{i3}，本研究用不大于10的3个非负整数构成的数组 (K,L,M) 来描述地区林业生态类型，其中 K,L,M 分别表示地区森林、湿地、荒漠各自所占地区林业生态系统的成数，且 $K+L+M=10$。K,L,M 的计算公式如下：

(Ⅰ)当$[R_{i1}+0.5]+[R_{i2}+0.5]+[R_{i3}+0.5]=10$ 时，则取 $K=[R_{i1}+0.5]$，$L=[R_{i2}+0.5]$，$M=[R_{i3}+0.5]$，即$(K, L, M)=([R_{i1}+0.5], [R_{i2}+0.5], [R_{i3}+0.5])$

(Ⅱ)当$[R_{i1}+0.5]+[R_{i2}+0.5]+[R_{i3}+0.5]=9$ 时，令 $\mathrm{Max}=\{|(R_{i1}-R_1)/R_1|$，

$|(R_{i2}-R_2)/R_1|$，$|(R_{i3}-R_3)/R_3|\}$，K，L，M 按以下六种标准取值：

情形一：当 $Max=|(R_{i1}-R_1)/R_1|$，且$(R_{i1}-R_1)/R_1>0$ 时，则取 $K=[R_{i1}+0.5]+1$，$L=[R_{i2}+0.5]$，$M=[R_{i3}+0.5]$，即$(K, L, M)=([R_{i1}+0.5]+1, [R_{i2}+0.5], [R_{i3}+0.5])$；

情形二：当 $Max=|(R_{i1}-R_1)/R_1|$，且$(R_{i1}-R_1)/R_1<0$ 时，则取 $K=[R_{i1}+0.5]$，又如果$(R_{i2}-R_2)/R_1>(R_{i3}-R_3)/R_3$，取 $L=[R_{i2}+0.5]+1$，$M=[R_{i3}+0.5]$；如果$(R_{i2}-R_2)/R_1<(R_{i3}-R_3)/R_3$，取 $L=[R_{i2}+0.5]$，$M=[R_{i3}+0.5]+1$；

情形三：当 $Max=|(R_{i2}-R_2)/R_2|$，且$(R_{i2}-R_2)/R_2>0$ 时，则取 $K=[R_{i1}+0.5]$，$L=[R_{i2}+0.5]+1$，$M=[R_{i3}+0.5]$，即$(K, L, M)=([R_{i1}+0.5], [R_{i2}+0.5]+1, [R_{i3}+0.5])$；

情形四：当 $Max=|(R_{i2}-R_2)/R_2|$，且$(R_{i2}-R_2)/R_2<0$ 时，则取 $L=[R_{i2}+0.5]$，又如果$(R_{i1}-R_1)/R_1>(R_{i3}-R_3)/R_3$，取 $K=[R_{i1}+0.5]+1$，$M=[R_{i3}+0.5]$；如果$(R_{i1}-R_1)/R_1<(R_{i3}-R_3)/R_3$，$K=[R_{i2}+0.5]$，$M=[R_{i3}+0.5]+1$；

情形五：当 $Max=|(R_{i3}-R_3)/R_3|$，且$(R_{i3}-R_3)/R_3>0$ 时，则取 $K=[R_{i1}+0.5]$，$L=[R_{i2}+0.5]$，$M=[R_{i3}+0.5]+1$，即$(K, L, M)=([R_{i1}+0.5], [R_{i2}+0.5], [R_{i3}+0.5]+1)$；

情形六：当 $Max=|(R_{i3}-R_3)/R_3|$，且$(R_{i3}-R_3)/R_3<0$ 时，则取 $L=[R_{i3}+0.5]$，又如果$(R_{i1}-R_1)/R_1>(R_{i2}-R_2)/R_2$，取 $K=[R_{i1}+0.5]+1$，$L=[R_{i2}+0.5]$；如果$(R_{i1}-R_1)/R_1<(R_{i2}-R_2)/R_2$，$K=[R_{i2}+0.5]$，$L=[R_{i3}+0.5]+1$。

表3 林业生态类型及特征

林业生态类型	特　征
森林型	$K\geqslant 5$，即在林业生态系统中，森林的成数占半数或以上
湿地型	$L\geqslant 5$，即在林业生态系统中，湿地成数占半数或以上
荒漠型	$M\geqslant 5$，即在林业生态系统中，荒漠成数占半数或以上
森林、荒漠混合型	$K,M\geqslant L$，即在林业生态系统中，湿地所占成数最小
森林、湿地混合型	$K,L\geqslant M$，即在林业生态系统中，荒漠所占成数最小
湿地、荒漠混合型	$L,M\geqslant K$，即在林业生态系统中，森林所占成数最小

③经济压力强度：

本研究利用地均GDP和人口密度两个因素来综合反映试点地区的经济压力强度。地区地均GDP反映了地区经济发展的现状，反映了此地的工业与商业密集程度。而地均人口密度则从另一个侧面反映了地区资源的一种承载状况，而且展示了社会对经济环境的一种需求，决定了未来地区经济发展的走势(表4、表5)。

表 4　地均 GDP 等级与经济压力强度表

级　别	地均 GDP 范围	经济压力强度描述
一级	(0，500)	地区经济压力强度弱
二级	[500，1000)	地区经济压力强度较弱
三级	[1000，3000)	地区经济压力强度中等
四级	[3000，5000)	地区经济压力强度较大
五级	[5000，+∞)	地区经济压力强度大

表 5　人口密度等级与经济压力强度表

级　别	人口密度范围	经济压力强度描述
一级	[0，100)	人口稀疏，地区经济压力强度弱
二级	[100，200)	人口相对稀疏，地区经济压力强度较弱
三级	[200，500)	人口集聚程度中等，地区经济压力强度中等
四级	[500，1000)	人口集聚程度高，地区经济压力强度较大
五级	[1000，+∞)	属人口集聚核心区，地区经济压力强度大

试点地区经济压力强度是综合地均 GDP 和地区人口密度两个二级指标反映试点地区所承受经济压力大小的一个解析指标。试点地区经济压力强度分为 5 个等级，具体等级计算公式如下：

$$N = [(K + L)/2 + 0.5]$$

其中 N 表示地区经济压力强度等级，K 表示地均 GDP 的等级，L 表示人口密度等级，$[(K + L)/2 + 0.5]$ 表示不超过 $[(K + L)/2 + 0.5]$ 的最大整数。

3）指标影响度分析方法

森林（湿地、荒漠）生态系统的状态评估值是影响系统状态的各个因素的综合测定，森林（湿地、荒漠）生态安全压力评估值是对各系统带来压力的各个因素的综合测定。为了反映出状态评估值、压力评估值受各个分项具体指标影响程度的大小，本研究定义生态系统的状态指标影响度和压力指标影响度。

根据《森林（湿地、荒漠）生态系统状态（压力）指数的计算步骤》，对于森林（湿地、荒漠）系统中的某个指标 $j(k)$，其影响度 $ZIN_j(YIN_j)$ 计算公式如下：

$$ZIN_j = \frac{u_j z_{eij}}{\sum_{j=1}^{s} u_j z_{eij}} \times 100\% \qquad \left(YIN_j = \frac{w_k y_{eik}}{\sum_{j=1}^{t} w_k y_{eik}} \times 100\% \right)$$

其中 u_j（w_k）为第 j(k) 个指标的修正权重，z_{eij}（y_{eik}）为标准化后的第 j(k) 个状态（压力）数据，$\sum_{j=1}^{s} u_j z_{eij}$（$\sum_{j=1}^{t} w_k y_{eik}$）即为状态（压力）评估值。

4）林业生态安全综合指数的时空对比分析方法

林业生态安全时空对比分析方法，即【状态 + 变动趋势】分析方法，该方法既可以清晰表述林业生态安全所处安全等级，又可以描述综合指数变动趋势，可以综合反映试点地区林业生态安全优劣情况(表6)。利用各试点林业生态安全综合指数平均值(ESI = 研究期内试点每年林业生态安全综合指数之和/研究期总长度)所属安全级别来阐述林业生态安全"状态"，林业生态安全"状态"分为"1，2，3，4，5"5个等级；用试点时间序列指数变化阐述"变动趋势"，"变动趋势"分为"上升""下降"和"平稳"三种情况。其中"上升"趋势表示指数逐年上升，用"+"表示；"下降"趋势包括下降和无规则的波动两种情况，用"-"表示，因为在林业生态安全研究中，指数逐年下降和年际波动变化明显都是不利于林业生态安全发展的；"平稳"趋势即表示指数年际变化微弱，没有明显升降趋势，用"="表示。

表6　【状态+变动趋势】15种子模式

模　式	发展状态	发展趋势
【5+】模式(ESI)∈(0.8，1]	最好	上升态势
【5=】模式(ESI)∈(0.8，1]	最好	安全且稳定
【5-】模式(ESI)∈(0.8，1]	最好	下降态势
【4+】模式(ESI)∈(0.6，0.8]	良好	上升态势
【4=】模式(ESI)∈(0.6，0.8]	良好	安全且稳定
【4-】模式(ESI)∈(0.6，0.8]	良好	下降态势
【3+】模式(ESI)∈(0.4，0.6]	一般	上升态势
【3=】模式(ESI)∈(0.4，0.6]	一般	安全且稳定
【3-】模式(ESI)∈(0.4，0.6]	一般	下降态势
【2+】模式(ESI)∈(0.2，0.4]	较差	上升态势
【2=】模式(ESI)∈(0.2，0.4]	较差	安全且稳定
【2-】模式(ESI)∈(0.2，0.4]	较差	下降态势
【1+】模式(ESI)∈(0.0，0.2]	最差	上升态势
【1=】模式(ESI)∈(0.0，0.2]	最差	安全且稳定
【1-】模式(ESI)∈(0.0，0.2]	最差	下降态势

第四部分：林业生态安全评估系统的研发与测试

林业生态安全评估系统是国家林业局经济发展研究中心委托北京林业大学(林业)生态安全指数研究课题组开发和设计的林业生态安全指数的计算和评价系统，该系统设计目的为屏蔽复杂理论、公式和繁琐计算，利用编程对森林、湿地和荒漠的数据进行处理、计算和整合，方便快捷地计算林业系统的生态安全指数，并以直观丰富的形式呈现北京林业大学(林业)生态安全指数研究课题组的研究成果。

(一)系统概述

林业生态安全综合指数评价系统使用 Microsoft Visual Studio 2010 开发的基于 WEB 的

应用系统，后台数据库使用的是微软公司的 MS ACCESS。本系统对用户端的运行环境没有太多要求，只要能正常上网浏览网页的计算机即可，甚至能正常上网浏览网页的手机、PAD 均可，具有较好的兼容性。

该系统服务于(林业)生态安全指数研究课题组各阶段科研任务，最初用于各地区和全国森林、湿地和荒漠以及林业系统的生态安全指数的评价；一试之后用于贵州、青海、湖北、浙江、吉林等五省 15 县森林、湿地和荒漠以及林业系统的生态安全指数的评价；二试之后用于贵州、青海、湖北、浙江、吉林等五省所有区县的森林、湿地和荒漠以及林业系统的生态安全指数的评价；未来将用于全国所有县域的森林、湿地和荒漠以及林业系统的生态安全指数的评价。

(二)系统的初建与调试

林业生态安全综合指数评价系统最初服务于各地区和全国森林、湿地和荒漠以及林业系统的生态安全指数的评价，功能主要有“区位指数管理、森林生态安全指数计算、湿地生态安全指数计算、荒漠生态安全指数计算、生态安全综合指数”。各模块基于初始指标体系和初始评价方法体系搭建而成，仅包括指标管理，指数计算，基本指数分析三部分内容，整体结构完整，但内容不够充实。

(三)系统的完善与改进

两次专题调研和实地考察之后，林业生态安全评价方法体系根据调研要求做出了调整和改善，林业生态安全综合指数评价系统也相应做出了功能改进。改进内容主要有三方面：①系统登录界面更为美观，用户体验改善；②内容更为充实，根据评价方法体系的调整改善，增加精度分析、指标影响度分析、生态类型、生态强度等内容；③数据管理更为规范，增加原始指标管理、原始指标数据管理、评价年度管理、数据计算等功能模块。

五、对策建议

在上述研究分析的基础上，结合目前面临的实际问题，主要从研究方法改进、技术标准建设、监测体系构建、政策支持、监管制度、服务推动等方面提出完善林业生态安全评估发布制度的对策与建议。

林业生态安全评估对我国生态环境的改善和林业可持续发展具有重大的促进作用。林业生态安全评估亟须对已建立的林业生态安全评估系统进行完善，并制定合理的林业生态安全评估发布制度，以加强林业生态系统的安全性，实现我国林业生态系统不断进步与发展。

(一)改进研究方法，形成林业生态安全评估技术标准

首先，探寻林业生态系统内在机理，进一步规范指标的定义。系统研究林业生态安全内在机理，对指标定义不明确的指标，进行进一步的规范，如森林当期总物种，应明确其物种的范围；对界定标准不统一的指标，如森林当期濒危物种指标，可统一参照国际或国内濒危物种名录，并将濒危物种名录予以公布。

其次，科学规范指标体系，形成林业生态安全评估技术标准。在构建林业生态系统物理模型和人类社会行为模型的基础上，全面梳理林业生态安全指标，科学规范指标体系，形成林业生态安全评估技术标准。

最后，参考相近领域的相关研究，改善现有林业生态安全评估方法。为了丰富生态安全评价的方法，在规范评价方法的前提下，也可以借鉴其他领域的评价方法应用在林业生态安全评价上，再与其他的生态安全评价方法得到的结果进行比较，看是否可以适用于林业生态安全评价。

（二）构建监测体系，建立林业生态安全评估发布平台

首先，通过建立年报制度和林业调查统计，构建我国林业生态安全评估监测体系。在基层行政单位建立年报制度，收集林业生态安全指数研究所需数据；把林业生态安全指数分别编入《中国统计年鉴》和《中国林业统计年鉴》，由县政府统一协调，规范数据收集与管理，保障数据的可获性与真实性。

其次，组织相关专业技术人员，成立林业生态安全评估中心。为加强林业生态系统的监测与监督，应组织具有林业专业素质，丰富经验以及具备林业生态安全评估专业技术的人员成立林业生态安全评估中心，负责组织对林业生态安全的技术审查，开展林业生态安全的技术咨询及调查研究工作。

最后，建立林业生态安全评估发布平台，动态监测林业生态安全状态。构建林业生态安全评估新型发布平台，方便、及时、快捷地通过平台公开发布全国尺度的林业生态安全指数，充分展现林业信息的开放性和透明性，让公众了解到我国的林业生态系统发展水平，并参与到林业生态系统的保护工作中，有利于提高我国林业生态系统的安全性，促进林业生态系统的可持续发展。

（三）完善法律法规，加强林业生态安全评估政策支持

首先，国家应加快林业生态安全的法制建设，使林业生态安全建设有法可依。同时，地方各级政府应制定符合当地情况的林业生态安全相关政策，组织一定的专职人员，加强林业生态安全政策的执行和监管力度，为建立林业生态安全评估发布制度提供依据。

其次，加大财政投入，设立林业生态发展专项资金。要统筹林业生态工程、农业综合开发、农村产业化等项目，按照“统筹规划、相对集中、用途不变、渠道不乱、各负其责”的原则，安排相应的资金进行林业生态项目建设，各级政府财政每年安排一定资金用于林业生态安全的发展。

最后，加强林业生态安全相关知识的宣传、教育，使政府工作人员和广大民众都意识到林业生态安全的重要性。政府部门要转变一味追求快速发展的观念，要注重发展质量，实现健康发展的目标。

调 研 单 位：国家林业局经济发展研究中心
北京林业大学经济管理学院
北京林业大学理学院
北京林业大学信息管理中心
调研组成员：王焕良 王月华 米 锋 顾艳红 高显俊
张大红 张 勤 张轩畅 王珍琦 王 瑶

附表一　林业生态安全评价指标体系（初建版）

目标层	准则层	一级指标	二级指标	指标性质
森林生态安全评价指标体系	森林生态安全评价状态指标体系	资源量指标	单位面积活立木蓄积量	+
			森林覆盖率	+
		复杂性指标	近熟林面积比重	+
			成熟林面积比重	+
		灾害性指标	森林火灾受灾率	-
			森林火灾次数	-
			森林病害受灾率	-
			森林虫害受灾率	-
			森林鼠害受灾率	-
			森林病虫鼠害发生率	-
	森林生态安全评价压力指标体系	人类消耗资源的压力及强度	人口密度	-
			人口自然增长率	-
			人均森林面积	+
			产业结构指数	-
		人类占用资源的压力及强度	人类干扰指数	-
		人类破坏资源的压力及强度	废水排放指数	-
			SO_2 排放指数	-
			工业固体废物排放指数	-
			生活垃圾清运指数	-
		人类维护资源的压力及强度	林业财政支出指数	+
			植树造林指数	+
湿地生态安全评价指标体系	湿地生态安全评价状态指标体系	复杂性指标	单位区划自然湿地比重	+
			单位区划人工湿地比重	+
		灾害性指标	水灾受灾率	-
			旱灾受灾率	-
	湿地生态安全评价压力指标体系	人类消耗资源的压力及强度	人口密度	-
			人口自然增长率	-
			农业用水指数	-
			工业用水指数	-
			居民生活用水指数	-
		人类占用资源的压力及强度	单位面积建设用地占比	-
		人类破坏森林资源的压力及强度	污水排放指数	-
			化肥负荷指数	-
		人类维护森林资源的压力及强度	工业废水达标排放率	+
			环境治理投资率	+
			湿地保护指数	+

（续）

目标层	准则层	一级指标	二级指标	指标性质
荒漠生态安全评价指标体系	荒漠生态安全评价状态指标体系	资源量指标	单位区划面积地表水资源量	+
			单位区划面积地下水资源量	+
			单位区划面积造林率	+
			森林覆盖率	+
		土壤类指标	单位区划面积荒漠化比率	-
			单位区划面积土地沙化比率	-
		土地类型指标	单位区划面积水土流失治理率	-
			单位区划面积农用地比率	-
			单位区划面积建设用地比率	-
	荒漠生态安全评价压力指标体系	人类消耗资源的压力及强度	人口密度	-
			人口自然增长率	-
			单位面积农业用水	-
			单位面积能耗	-
			单位面积工业用水	-
			单位面积生活用水	-
		人类占用资源的压力及强度	单位面积建设用地占比	-
			单位面积主要农产品粮食产量	-
			单位面积牲畜头数	-
			大牲畜与羊数量比例	-
			农业生产资料价格总指数	+
			单位面积化肥使用量	-
			单位面积生产总值	-
			单位面积水库库容量	+
			城镇化率	-
			第一产业占三产比重	-
			第二产业占三产比重	-
			第三产业占三产比重	-
		人类维护森林资源的压力及强度	初中教育水平以上人口占6岁以上人口比例	+
			单位面积有效灌溉	+

附表二　林业生态安全评价指标体系（调整版）

目标层	准则层	一级指标	二级指标	可行版●	指标性质
森林生态安全指标体系	森林生态安全状态指标	资源量指标	森林总蓄积量	●	+
			单位面积活立木蓄积量		+
			森林覆盖率	●	+
			林分密度	●	+
			森林植被覆盖度		+
		复杂性指标	森林类型	●	+
			适地适树树种比重		+
			物种丰富度		+
			生物入侵受灾率	●	-
			濒危物种数量	●	+
			物种均匀度		+
			公益林占森林总面积比重		+
			群落结构		+
			林龄结构	●	+
			植被总盖度		+
			针阔混交林比重		+
		灾害性指标	森林火灾受灾率	●	-
			森林火灾次数	●	-
			森林病害受灾率	●	-
			森林虫害受灾率	●	-
			森林鼠害受灾率	●	-
			森林病虫鼠害发生率	●	-
		功能性指标	森林净初级生产力	●	+
			森林年调节水量		+
			森林固土量		+
			森林保肥量		+
			森林年固碳量		+
			森林年释氧量		+
			年净化水量		+
			森林年吸收二氧化硫量		+
			森林年阻滞降尘（滞尘）量		+
	森林生态安全压力指标	人类消耗森林资源的压力及强度	人口密度	●	-
			人口自然增长率	●	-
			人均森林面积		+
			森林采伐强度指数		-
			产业结构指数	●	-
		人类占用森林资源的压力及强度	森林旅游开发强度指数		-
			人类干扰指数		-

（续）

目标层	准则层	一级指标	二级指标	可行版●	指标性质
森林生态安全指标体系	森林生态安全压力指标	人类破坏森林资源的压力及强度	乱砍滥伐指数	●	-
			废水排放指数	●	-
			排放指数	●	-
			工业固体废物排放指数	●	-
			生活垃圾清运指数	●	-
		人类维护森林资源的压力及强度	林业财政支出指数	●	+
			公益林财政投资指数		+
			工业污染治理完成投资指数		+
			封山育林指数		+
			植树造林指数		+
			农民人均可支配收入		
	湿地生态安全状态指标	资源量指标	湿地水面面积		+
			湿地生物量		+
			湿地蓄水量		+
			湿地水质状况		+
			湿地底泥有害物质含量		-
			湿地土壤有机质含量		+
			土壤厚度		+
		复杂性指标	植被覆盖率		+
			植被类型		+
			物种丰富度		+
			物种均匀度		+
			生物入侵受灾率		+
			濒危物种数量		-
			天然湿地面积	●	+
			人工湿地面积	●	+
			湿地连通性		+
			α 多样性指数		+
			破碎度指数		-
		灾害性指标	湿地旱灾受灾率		-
			湿地水灾受灾率		-
			湿地赤潮或水华受灾率		-
			土壤侵蚀模数		-
		功能性指标	湿地净初级生产力		+
			湿地年固碳量		+
			湿地调蓄洪水量		+
			湿地年涵养水量		+
			湿地固土量		+
			湿地保肥量		+

（续）

目标层	准则层	一级指标	二级指标	可行版●	指标性质
森林生态安全指标体系	湿地生态安全状态指标	功能性指标	生物栖息地功能		+
			湿地释氧量		+
			湿地甲烷释放量		+
	湿地生态安全压力指标	人类消耗资源的压力及强度	人口密度	●	−
			人口自然增长率	●	−
			农业用水指数	●	−
			工业用水指数	●	−
			居民生活用水指数	●	−
		人类占用资源的压力及强度	人类挤占指数	●	−
			湿地开发强度指数		−
		人类破坏资源的压力及强度	污水排放指数	●	−
			化肥负荷指数	●	−
			农药负荷指数		−
			水土流失指数		−
		人类维护资源的行为及强度	工业用水重复利用率		+
			工业废水排放达标率	●	+
			生活污水集中处理率		+
			湿地恢复与保护投资指数	●	+
			纳入保护湿地占比	●	+
荒漠生态安全指标体系	荒漠生态安全状态指标	资源类指标	荒漠植被覆盖度		+
			地表水资源量	●	+
			地下水资源量	●	+
		复杂性指标	植被类型		+
			物种丰富度		+
			物种均匀度		+
			α 多样性指数		+
			生物入侵受灾率	●	−
			野生动物种数量		+
			濒危物种数量		−
			种群密度		+
		土壤类指标	荒漠化土地面积	●	−
			土壤质地		+
			沙化土地面积	●	−
			砾石含量		−
			土壤盐渍化程度		−
			土壤侵蚀模数		−
			有效土层厚度		+
			坡度		+
			土壤有机质含量		+

（续）

目标层	准则层	一级指标	二级指标	可行版●	指标性质
荒漠生态安全指标体系	荒漠生态安全状态指标	土地类型指标	农用地面积	●	−
			建设用地面积	●	−
			水土流失治理面积	●	+
			造林面积		+
		灾害性指标	特别干旱受灾率		−
			沙尘暴发生次数		−
			水土流失面积		−
		功能性指标	净初级生产力(NPP)		+
			固碳功能		+
			水文调节功能		+
			保持土壤养分功能		+
			防风固沙功能		+
	荒漠生态安全压力指标	人类消耗资源的行为及强度	人口密度	●	−
			人口自然增长率	●	−
			农业人口密度		−
			农业用水指数	●	−
			工业用水指数	●	−
			居民生活用水指数	●	−
			单位面积能耗	●	−
		人类占用资源的行为及强度	单位面积内耕地面积占比	●	−
			农作物种植结构		−
			单位面积农产品单位面积产量	●	+
			单位面积家畜头数	●	−
			牲畜组成	●	−
			农业生产资料价格总指数	●	−
			单位面积化肥施用量	●	+
			单位面积生产总值	●	+
			按来源分农村居民家庭人均纯收入		+
			单位面积水库库容量	●	+
			城镇化率	●	−
			单位面积旅游人次		−
			一、二、三产业结构	●	−
		人类维护资源的行为及强度	人口素质	●	+
			单位面积有效灌溉面积	●	+
			单位面积造林占比	●	+
			单位面积环境投资	●	+

附表三　论证阶段专家评议表

指标分类	一级指标	序号	二级指标	增加	可行版 ●	指标评分 0	1	2	3	4	5
森林生态安全状态指标	资源量指标	F01	森林总蓄积量		●						
		F02	林分密度		●						
		F03	活立木单位面积蓄积量								
		F04	森林覆盖率		●						
	复杂性指标	F05	森林类型		●						
		F06	适地适树树种比重								
		F07	物种丰富度								
		F08	生物入侵受灾率		●						
		F09	濒危物种数量		●						
		F10	物种均匀度								
		F11	公益林占森林总面积比重								
		F12	群落结构								
		F13	林龄结构		●						
		F14	植被总盖度								
		F15	针阔混交林比重								
	功能性指标	F16	森林净初级生产力(NPP)		●						
		F17	森林年调节水量								
		F18	年净化水量								
		F19	森林固土量								
		F20	森林保肥量								
		F21	森林年固碳量								
		F22	森林年释氧量								
		F23	森林年吸收二氧化硫量								
		F24	森林年阻滞降尘(滞尘)量								
	灾害性指标	F25	森林火灾受灾率		●						
		F26	森林火灾次数		●						
		F27	森林病害受灾率		●						
		F28	森林虫害受灾率		●						
		F29	森林鼠害受灾率		●						
		F30	森林病虫鼠害发生率		●						
森林生态安全压力指标	人类消耗森林资源的压力及强度	F31	人口密度		●						
		F32	人口自然增长率		●						
		F33	人均森林面积								
		F34	森林采伐强度指数								
		F35	产业结构指数		●						
	人类占用森林资源的压力及强度	F36	人类干扰指数		●						
		F37	森林旅游开发强度指数								

（续）

指标分类	一级指标	序号	二级指标	增加	可行版●	指标评分					
						0	1	2	3	4	5
森林生态安全压力指标	人类破坏森林资源的压力及强度	F38	乱砍滥伐指数								
		F39	废水排放指数		●						
		F40	排放指数		●						
		F41	工业固体废物排放指数		●						
		F42	生活垃圾清运指数		●						
	人类维护森林资源的压力及强度	F43	林业财政支出指数		●						
		F44	公益林财政投资指数								
		F45	工业污染治理完成投资指数		●						
		F46	封山育林指数								
		F47	植树造林指数		●						
		F48	农民人均可支配收入		●						
湿地生态安全状态指标	资源量指标	W01	生物量								
		W02	湿地水面面积								
		W03	蓄水量								
		W04	水质状况								
		W05	底泥有害物质含量								
		W06	土壤有机质含量								
		W07	土壤厚度								
	复杂性指标	W08	植被覆盖率								
		W09	植被类型								
		W10	物种丰富度								
		W11	物种均匀度								
		W12	生物入侵受灾率								
		W13	濒危物种数量								
		W14	天然湿地面积		●						
		W15	人工湿地面积		●						
		W16	湿地连通性								
		W17	α 多样性指数								
		W18	破碎度指数								
	功能性指标	W19	净初级生产力（NPP）								
		W20	底泥固碳量								
		W21	调蓄洪水功能								
		W22	生物栖息地功能								
		W23	控制土壤侵蚀功能								
		W24	水源涵养功能								
		W25	营养循环功能								
		W26	保护土壤功能								
		W27	固定 CO_2 功能								
		W28	释放氧气功能								

（续）

指标分类	一级指标	序号	二级指标	增加	可行版●	指标评分					
						0	1	2	3	4	5
湿地生态安全状态指标	灾害性指标	W29	旱灾受灾率								
		W30	水灾受灾率								
		W31	赤潮或水华受灾率								
		W32	土壤侵蚀模数								
	人类消耗资源的压力及强度	W33	人口密度		●						
		W34	人口自然增长率		●						
		W35	农业用水指数		●						
		W36	工业用水指数		●						
		W37	居民生活用水指数		●						
	人类占用资源的压力及强度	W38	人类挤占指数		●						
		W39	湿地开发强度指数								
	人类破坏资源的压力及强度	W40	污水排放指数		●						
		W41	化肥负荷指数		●						
		W42	农药负荷指数								
		W43	水土流失指数								
	人类维护资源的压力及强度	W44	工业用水重复利用率								
		W45	工业废水达标排放率		●						
		W46	生活污水集中处理率								
		W47	环境治理投资率（%）		●						
		W48	湿地保护指数								
荒漠生态安全状态指标	资源量指标	D01	植被盖度								
		D02	地表水资源量		●						
		D03	地下水资源量		●						
	复杂性指标	D04	植被类型								
		D05	物种丰富度								
		D06	物种均匀度								
		D07	α 多样性指数								
		D08	生物入侵受灾率		●						
		D09	野生动物种数量								
		D10	濒危物种数量								
		D11	种群密度								
	土壤类指标	D12	荒漠化土地面积		●						
		D13	土壤质地								
		D14	沙化土地面积		●						
		D15	砾石含量								
		D16	土壤盐渍化程度								
		D17	土壤侵蚀模数								
		D18	有效土层厚度								

（续）

指标分类	一级指标	序号	二级指标	增加	可行版●	指标评分 0	1	2	3	4	5
荒漠生态安全状态指标	土壤类指标	D19	坡度								
		D20	土壤有机质含量								
	土地类型指标	D21	农用地面积		●						
		D22	建设用地面积		●						
		D23	水土流失治理面积		●						
		D24	造林面积								
	功能性指标	D25	净初级生产力(NPP)								
		D26	固碳功能								
		D27	水文调节功能								
		D28	保持土壤养分功能								
		D29	防风固沙功能								
	灾害性指标	D30	特别干旱受灾率								
		D31	沙尘暴发生次数								
		D32	水土流失面积								
	人类消耗资源的压力及强度	D33	人口密度		●						
		D34	人口自然增长率		●						
		D35	农业人口密度								
		D36	农业用水指数		●						
		D37	工业用水指数		●						
		D38	居民生活用水指数		●						
		D39	单位面积能耗		●						
	人类占用资源的压力及强度	D40	单位面积内耕地面积占比		●						
		D41	农作物种植结构								
		D42	单位面积农产品单位面积产量		●						
		D43	单位面积家畜头数		●						
		D44	牲畜组成		●						
		D45	农业生产资料价格总指数		●						
		D46	单位面积化肥施用量		●						
		D47	单位面积生产总值		●						
		D48	按来源分农村居民家庭人均纯收入								
		D49	单位面积水库库容量		●						
		D50	城镇化率		●						
		D51	单位面积旅游人次								
		D52	一、二、三产业结构								
	人类维护资源的压力及强度	D53	人口素质		●						
		D54	单位面积有效灌溉面积		●						
		D55	单位面积造林占比		●						
		D56	单位面积环境投资		●						

附表四：林业生态安全评价指标体系（论证版）

目标层	准则层	一级指标	二级指标	可行版●	指标性质
森林生态安全指标体系	森林生态安全状态指标	资源量指标	单位面积森林蓄积量	●	+
			单位面积活立木蓄积量	●	+
			森林覆盖率	●	+
			单位林地面积林木蓄积量	●	+
			森林植被覆盖度		+
		复杂性指标	适生树种比重		+
			天然林比重	●	+
			异龄林比重		+
			公益林比重	●	+
			森林破碎度指数		−
			森林分布均衡性		+
			植物物种 α 多样性指数		+
			植物物种均匀性指数		+
			动物物种 α 多样性指数		+
			动物物种均匀性指数		+
			森林物种数量		+
			森林物种濒危化率		−
			复层林比重		+
		灾害性指标	森林火灾受灾率	●	−
			森林病虫鼠害成灾率	●	−
			森林病虫鼠害发生率	●	−
			森林生物入侵受灾率		−
			森林流域泥石流发生次数		−
		功能性指标	森林净初级生产力		+
			森林水源涵养量		+
			森林固土量		+
			森林保肥量		+
			森林年固碳量		+
			森林年释氧量		+
			森林年积累营养物质量		+
			森林提供负氧离子量		+
			森林年吸收二氧化硫量		+
			森林年吸收氟化物量		+
			森林年吸收氮氧化物量		+
			森林吸收重金属量		+
			森林降噪功能		+
			森林年阻滞降尘（滞尘）量		+
	森林生态安全压力指标	综合压力指标	人口密度指数	●	−
			产业结构指数	●	−

（续）

目标层	准则层	一级指标	二级指标	可行版●	指标性质
森林生态安全指标体系	森林生态安全压力指标	综合压力指标	单位面积 GDP 指数	●	-
			人类工程占用土地指数	●	-
			单位面积固体废物产生量指数	●	-
		人类消耗森林资源的压力及强度	单位森林面积人口数量指数	●	-
			森林采伐强度指数	●	-
		人类占用森林资源的压力及强度	森林旅游开发强度指数	●	-
		人类破坏森林资源的压力及强度	乱砍滥伐指数		-
			二氧化硫排放指数	●	-
			二氧化碳排放指数	●	-
			大气降水酸度		-
		人类维护森林资源的压力及强度	林业完成投资指数	●	+
			单位 GDP 工业污染治理完成投资率	●	+
湿地生态安全指标体系	湿地生态安全状态指标	资源量指标	湿地面积占比	●	+
			湿地水面面积		+
			湿地率		+
			湿地生物量		+
			湿地可能蓄水量		+
			湿地水质状况		+
			湿地底泥有害物质含量		-
			湿地土壤有机质含量		+
			土壤水蚀模数		-
		复杂性指标	自然湿地比重	●	+
			永久性湿地比重	●	+
			丰水期月数占比	●	+
			湿地水分更新率（水分周转率）		+
			湿地连通性		+
			湿地破碎度指数		-
			植物物种 α 多样性指数		+
			植物物种均匀性指数		+
			动物物种 α 多样性指数		+
			动物物种均匀性指数		+
			湿地物种数量		+
			湿地物种濒危化率		-
		灾害性指标	湿地旱灾受灾率	●	-
			湿地水灾受灾率	●	-
			湿地赤潮或水华受灾率		-
			湿地泥石流		-
			湿地病虫鼠害受灾率		-

（续）

目标层	准则层	一级指标	二级指标	可行版●	指标性质
湿地生态安全指标体系	湿地生态安全状态指标	灾害性指标	湿地病虫鼠害发生率		−
			湿地生物入侵受灾率		−
		功能性指标	湿地净初级生产力		+
			湿地年固碳量		+
			湿地调蓄洪水量		+
			湿地年涵养水量		+
			湿地固土量		+
			湿地保肥量		+
			湿地释氧量		+
			湿地甲烷释放量		+
	湿地生态安全压力指标	综合压力指标	人口密度指数	●	−
			产业结构指数	●	−
			单位面积 GDP 指数	●	−
			人类工程占用土地指数	●	−
		人类消耗资源的压力及强度	水资源消耗指数	●	−
		人类占用资源的压力及强度	湿地开发强度指数		−
		人类破坏资源的压力及强度	污水排放指数	●	−
			化肥负荷指数	●	−
			农药负荷指数	●	−
			水土流失指数		−
			大气降水酸度		−
		人类维护资源的行为及强度	工业用水重复利用率		+
			工业废水排放达标率	●	+
			生活污水集中处理率		+
			湿地恢复与保护投资指数	●	+
			纳入保护湿地占比		+
荒漠生态安全指标体系	荒漠生态安全状态指标	资源类指标	荒漠植被覆盖度		+
			荒漠生物量		+
			单位面积地表水资源量	●	+
			单位面积地下水资源量	●	+
			蒸发降水对比指数		−
		复杂性指标	原生性荒漠比重		+
			植物物种 α 多样性指数		+
			植物物种均匀性指数		+
			动物物种 α 多样性指数		+
			动物物种均匀性指数		+
			荒漠物种濒危化率		−
			荒漠物种数量		+

（续）

目标层	准则层	一级指标	二级指标	可行版●	指标性质
荒漠生态安全指标体系	荒漠生态安全状态指标	土壤类指标	荒漠壤质土壤占比		+
			单位面积土地沙化比率	●	−
			土壤盐渍化程度		−
			单位面积石漠化比率		−
			土壤风蚀模数		−
			荒漠三级及以上有效土层厚度占比		+
			荒漠坡度≤15°土地占比		+
			荒漠土壤有机质含量		+
			荒漠土壤微生物结皮盖度		+
			沙地干沙层厚度		−
			沙丘移动速度		−
		灾害性指标	沙尘暴发生次数		−
			水土流失面积		−
			荒漠生物入侵受灾率		−
		功能性指标	荒漠净初级生产力		+
			荒漠保肥量		+
	荒漠生态安全压力指标	综合压力指标	人口密度指数	●	−
			产业结构指数	●	−
			单位面积 GDP 指数	●	−
		人类消耗资源的行为及强度	水资源消耗指数	●	−
		人类占用资源的行为及强度	单位面积内耕地面积占比	●	−
			单位面积牲畜头数	●	−
			农业生产资料价格总指数	●	+
			单位面积化肥施用量	●	−
			畜牧业产值占比	●	−
			单位面积旅游人次		−
			第一产业占三产比重	●	−
		人类维护资源的行为及强度	单位面积有效灌溉比例	●	+
			风沙荒漠治理投资指数		+
			水土流失治理率		+

附表五：林业生态安全指标体系(试点版)

目标层	准则层	一级指标	二级指标	序号	三级指标	可行版●	指标性质
森林生态安全评价指标体系	森林生态安全状态指标	资源指标	资源量指标	F01	森林物种数量	●	+
				F02	乔木林单位面积蓄积量	●	+
				F03	森林单位面积蓄积量		+
				F04	活立木单位面积蓄积量		+
				F05	森林覆盖率	●	+
				F06	森林植被覆盖度		+
			复杂性指标	F07	森林物种丰度指数	●	+
				F08	森林动植物多样性指数		+
				F09	森林动植物均匀指数		+
				F10	森林破碎度指数		-
				F11	乡土树种比重	●	+
				F12	天然林比重	●	+
				F13	异龄林比重	●	+
				F14	公益林比重	●	+
				F15	复层林比重		+
		服务指标	供给服务指标	F16	森林产业单位产值	●	+
				F17	木材(原木和薪柴)单位产量	●	+
			调节服务指标	F18	优良以上空气质量达标率	●	+
				F19	森林水源涵养量		+
				F20	森林年固碳量		+
			文化服务指标	F21	森林旅游与休闲服务单位面积产值	●	+
				F22	森林公园单位面积收入	●	+
			支持服务指标	F23	森林物种濒危化率	●	-
				F24	森林固土量		+
				F25	森林保肥量		+
				F26	森林年积累营养物质量		+
				F27	森林净初级生产力		+
		灾害指标	物理灾害指标	F28	森林火灾受灾率	●	-
				F29	森林流域泥石流受灾率		-
			生物灾害指标	F30	森林生物灾害成灾率	●	-
				F31	森林生物灾害发生率		-
				F32	森林生物灾害寄主树比例	●	-
	森林生态安全压力指标	驱动指标	人口水平指标	F33	森林人口密度	●	-
				F34	人口生理密度		-
				F35	农业人口密度		-
			社会经济水平指标	F36	单位面积 GDP 指数	●	-
				F37	产业结构指数		-
				F38	城镇化指数	●	-

（续）

目标层	准则层	一级指标	二级指标	序号	三级指标	可行版●	指标性质
森林生态安全评价指标体系	森林生态安全压力指标	方式指标	森林资源消耗指标	F39	森林采伐强度	●	–
			森林资源开发指标	F40	森林旅游开发强度	●	–
				F41	人类工程占用土地指数	●	–
			森林资源破坏指标	F42	二氧化硫排放强度	●	–
				F43	二氧化碳排放强度		–
				F44	大气污染程度	●	–
				F45	单位面积固体废物产生量指数	●	–
		维护指标	森林资源保护政策指标	F46	新增造林比例	●	+
				F47	单位森林投资强度	●	+
			污染治理指标	F48	单位 GDP 工业污染治理完成投资指数	●	+
湿地生态安全评价指标体系	湿地生态安全状态指标	资源指标	资源量指标	W01	湿地覆盖率	●	+
				W02	湿地生态用水量		+
				W03	湿地物种数量	●	+
				W04	湿地单位面积水资源量	●	+
				W05	丰水期占比	●	+
			复杂性指标	W06	生物多样性指数（植物与动物）		+
				W07	湿地生物丰度指数	●	+
				W08	自然湿地比重	●	+
				W09	永久性湿地比重	●	+
				W10	湿地破碎度指数		–
		服务指标	供给服务指标	W11	湿地产业单位产值	●	+
				W12	食物供给量		+
				W13	淡水资源		+
			调节服务指标	W14	水质达标率	●	+
				W15	湿地年固碳量		+
				W16	湿地年涵养水量		+
				W17	湿地释氧量		+
				W18	湿地甲烷释放量		+
			支持服务指标	W19	湿地物种濒危化率	●	–
				W20	湿地净初级生产力		+
			文化服务指标	W21	湿地旅游与休闲服务单位面积产值	●	+
				W22	湿地公园单位面积收入	●	+
		灾害指标	物理灾害指标	W23	湿地水旱灾受灾率	●	–
			生物灾害指标	W24	湿地富营养化		–
				W25	湿地生物灾害受灾率	●	–
	湿地生态安全压力指标	驱动指标	人口水平指标	W26	人口生理密度		–
				W27	湿地人口密度	●	–
				W28	农业人口密度		–
			社会经济水平指标	W29	单位面积 GDP 比重	●	–

（续）

目标层	准则层	一级指标	二级指标	序号	三级指标	可行版●	指标性质
湿地生态安全评价指标体系	湿地生态安全压力指标	驱动指标	社会经济水平指标	W30	农业产值比重		-
				W31	工业产值比重	●	-
				W32	城镇化水平		-
		方式指标	湿地资源消耗指标	W33	单位 GDP 水耗强度	●	-
				W34	农业产值耗水量		-
			湿地资源占用指标	W35	人类工程占用土地强度	●	-
			湿地资源破坏指标	W36	化肥负荷强度	●	-
				W37	农药负荷强度	●	-
				W38	污水排放强度	●	-
		维护指标	工业用水技术	W39	工业用水重复利用率		+
				W40	工业废水排放达标率	●	+
			污水处理强度	W41	污水处理率	●	+
			湿地投资强度	W42	湿地恢复与保护投资强度	●	+
				W43	环境污染治理投资占 GDP 比例		+
荒漠生态安全评价指标体系	荒漠生态安全状态指标	资源指标	资源量指标	D01	荒漠物种数量	●	+
				D02	单位面积水资源量	●	+
			复杂性指标	D03	原生性荒漠比重	●	+
				D04	沙质荒漠化面积比重	●	-
				D05	盐渍荒漠化比重	●	-
				D06	石质荒漠化（石漠化）比重	●	-
				D07	高寒荒漠化比重	●	-
				D08	荒漠物种丰度指数	●	+
		服务指标	供给服务指标	D09	荒漠单位面积产值	●	+
			调节服务指标	D10	水土保持率	●	+
			文化服务指标	D11	荒漠旅游与休闲服务单位面积产值	●	+
			支持服务指标	D12	荒漠物种濒危化率	●	-
		灾害指标	物理灾害指标	D13	沙尘暴发生率	●	-
			生物灾害指标	D14	荒漠生物灾害受灾率	●	-
	荒漠生态安全压力指标	驱动指标	人口水平指标	D15	人口生理密度		-
				D16	荒漠人口密度	●	-
				D17	农业人口密度		-
			社会经济水平指标	D18	人均 GDP		-
				D19	单位面积 GDP 比重	●	-
				D20	产业结构指数	●	-
				D21	城镇化水平		
		方式指标	荒漠资源消耗指标	D22	水资源消耗指数	●	-
				D23	农业产值耗水指数		
				D24	生活能源结构		

（续）

目标层	准则层	一级指标	二级指标	序号	三级指标	可行版●	指标性质
荒漠生态安全评价指标体系	荒漠生态安全压力指标	方式指标	荒漠资源开发指标	D25	土地垦殖率	●	-
				D26	水耕比		+
				D27	单位面积旅游人次	●	-
				D28	牲畜密度	●	-
			荒漠资源破坏指标	D29	化肥负荷强度	●	-
				D30	农药负荷强度		-
				D31	污水排放强度		-
				D32	水土流失强度		-
				D33	大气污染程度	●	-
		维护指标	工农业用水技术指标	D34	工业用水重复利用率		+
				D35	工业废水排放达标率	●	+
				D36	有效灌溉率	●	+
			荒漠保护政策	D37	荒漠化治理行动	●	+
				D38	环境污染治理投资占 GDP 比例		+

附表六：林业生态安全评价指标体系(修订版)

目标层	准则层	一级指标	二级指标	三级指标	可行版●	指标性质	关键指标
森林生态安全评价指标体系	森林生态安全状态指标	资源指标	资源量指标	森林物种数量		+	
				乔木林单位面积蓄积量		+	
				森林单位面积蓄积量	●	+	
				活立木单位面积蓄积量		+	
				森林覆盖率	●	+	●
				森林植被覆盖度		+	●
			复杂性指标	森林物种丰度指数	●	+	●
				森林动植物多样性指数		+	
				森林动植物均匀指数		+	
				森林破碎度指数		−	
				乡土树种比重		+	
				天然林比重	●	+	●
				异龄林比重		+	
				公益林比重		+	
				复层林比重		+	
		服务指标	供给服务指标	森林产业单位产值		+	
				木材(原木和薪柴)单位产量		+	
			调节服务指标	优良以上空气质量达标率		+	
				森林水源涵养量		+	
				森林年固碳量		+	
			文化服务指标	森林旅游与休闲服务单位面积产值		+	
				森林公园单位面积收入		+	
			支持服务指标	森林物种濒危化率		−	
				森林固土量		+	
				森林保肥量		+	
				森林年积累营养物质量		+	
				森林净初级生产力		+	
		灾害指标	物理灾害指标	森林火灾受灾率	●	−	●
				森林流域泥石流受灾率	●	−	
			生物灾害指标	森林病虫鼠害成灾率		−	
				森林病虫鼠害发生率	●	−	
				森林生物灾害寄主树比例		−	
	森林生态安全压力指标	驱动指标	人口水平指标	森林人口密度	●	−	●
				人口生理密度		−	
				农业人口密度		−	
			社会经济水平指标	单位面积 GDP	●	−	
				产业结构指数		−	
				城镇化率	●	−	●

（续）

目标层	准则层	一级指标	二级指标	三级指标	可行版●	指标性质	关键指标
森林生态安全评价指标体系	森林生态安全压力指标	方式指标	森林资源消耗指标	森林采伐强度	●	-	
			森林资源开发指标	森林旅游开发强度	●	-	
				人类工程占用土地指数	●	-	●
			森林资源破坏指标	二氧化硫排放强度	●	-	
				二氧化碳排放强度		-	
				大气污染程度		-	
				单位面积固体废物产生量指数		-	
		维护指标	森林资源保护政策指标	新增造林比例	●	+	●
				森林生态建设与保护投资强度	●	+	●
			污染治理指标	单位 GDP 工业污染治理完成投资指数	●	+	
湿地生态安全评价指标体系	湿地生态安全状态指标	资源指标	资源量指标	湿地率	●	+	●
				湿地生态用水量		+	
				湿地物种数量	●	+	
				湿地水面面积占比	●	+	
				丰水期占比		+	
			复杂性指标	生物多样性指数（植物与动物）		+	
				湿地生物丰度指数	●	+	●
				自然湿地比重	●	+	●
				永久性湿地比重	●	+	●
				湿地破碎度指数		-	
		服务指标	供给服务指标	湿地产业单位产值	●	+	
				食物供给量		+	
				淡水资源		+	
			调节服务指标	水质达标率		+	
				湿地年固碳量		+	
				湿地年涵养水量		+	
				湿地释氧量		+	
				湿地甲烷释放量		+	
			支持服务指标	湿地物种濒危化率		-	
				湿地净初级生产力		+	
			文化服务指标	湿地旅游与休闲服务单位面积产值	●	+	
				湿地公园单位面积收入	●	+	
		灾害指标	物理灾害指标	湿地洪涝受灾率			
				湿地旱灾受灾率	●	-	●
				赤潮或水华受灾率			
				湿地旱灾受灾率	●		
				赤潮或水华受灾率	●		
			生物灾害指标	湿地富营养化		-	
				湿地生物灾害受灾率	●	-	

（续）

目标层	准则层	一级指标	二级指标	三级指标	可行版●	指标性质	关键指标
湿地生态安全评价指标体系	湿地生态安全压力指标	驱动指标	人口水平指标	人口生理密度		-	
				湿地人口密度	●	-	●
				农业人口密度		-	
			社会经济水平指标	单位面积 GDP 比重	●	-	
				农业产值比重		-	
				工业产值比重	●	-	
				湿地旅游开发强度	●	-	●
		方式指标	湿地资源消耗指标	单位 GDP 水耗强度	●	-	●
				农业产值耗水量		-	
			湿地资源占用指标	人类工程占用土地强度	●	-	
			湿地资源破坏指标	化肥负荷强度	●	-	
				农药负荷强度	●	-	
				污水排放强度	●	-	●
				COD 浓度	●	-	
		维护指标	工业用水技术	工业用水重复利用率		+	
				工业废水排放达标率	●	+	●
			污水处理强度	污水处理率	●	+	
			湿地投资强度	湿地恢复与保护投资强度	●	+	●
				环境污染治理投资占 GDP 比例		+	
荒漠生态安全评价指标体系	荒漠生态安全状态指标	资源指标	资源量指标	荒漠化面积比重	●	-	●
				单位面积水资源量	●	+	●
			复杂性指标	原生性荒漠比重	●	+	●
				沙质荒漠化面积比重		-	
				盐渍荒漠化比重		-	
				石质荒漠化(石漠化)比重		-	
				高寒荒漠化比重		-	
				荒漠物种丰度指数		+	
		服务指标	供给服务指标	荒漠单位面积产值		+	
			调节服务指标	水土保持率		+	
			文化服务指标	荒漠旅游与休闲服务单位面积产值		+	
			支持服务指标	荒漠物种濒危化率		-	
		灾害指标	物理灾害指标	沙尘暴发生率	●	-	●
				水土流失率	●		●
			生物灾害指标	荒漠生物灾害受灾率	●	-	
	荒漠生态安全压力指标	驱动指标	人口水平指标	人口生理密度		-	
				荒漠人口密度	●	-	●
				农业人口密度		-	

（续）

目标层	准则层	一级指标	二级指标	三级指标	可行版●	指标性质	关键指标
荒漠生态安全评价指标体系	荒漠生态安全压力指标	驱动指标	社会经济水平指标	人均 GDP		–	
				单位面积 GDP 比重	●	–	●
				产业结构指数		–	
				城镇化水平			
		方式指标	荒漠资源消耗指标	水资源消耗指数	●	–	
				农业产值耗水指数			
				生活能源结构			
			荒漠资源开发指标	土地垦殖率	●	–	●
				水耕比		+	
				单位面积旅游人次		–	
				牲畜密度	●	–	●
			荒漠资源破坏指标	化肥负荷强度	●	–	●
				农药负荷强度	●	–	
				污水排放强度	●	–	
				水土流失强度		–	
				大气污染程度	●	–	
		维护指标	工农业用水技术指标	工业用水重复利用率		+	
				工业废水排放达标率	●	+	
				有效灌溉率	●	+	
			荒漠保护政策	荒漠化治理行动	●	+	●
				环境污染治理投资占 GDP 比例		+	

生态安全体系建设研究报告

【摘　要】生态安全主要包括两方面涵义：一是生态系统自身是否安全；二是生态系统对于人类是否安全。生态安全的本质可以认为是围绕人类社会可持续发展的目的，促进经济、社会和生态三者之间和谐统一。报告论述了保证国家生态安全必要性，并基于主体功能区格局，对我国生态安全现状进行了评价，进而提出了以主体功能为骨架的各区域生态安全体系建设的战略任务和实施途径，提出了要构筑“两屏、三带、多廊、多核”生态空间架构和生态安全体系新格局，保障全国生态安全。

国家层面主体功能区根据不同区域的资源环境承载能力、生态系统和生物多样性趋势及状况，明确不同区域的生态功能和建设方向，提出了生态安全的国土空间战略格局。生态安全体系以国家层面主体功能区为依托，丰富完善抓手和内容，构建国家生态安全良好空间格局。它是国家安全体系和国家生态文明管理体制的重要组成部分。以保护重要生态系统和生态屏障为基础，以法律和制度保驾护航，以政策和技术提供有力支持，以任务清单和重大工程为主要依托和抓手，构建有机结合和统筹协调国家生态安全“硬实力”和“软实力”两大体系的良好格局，建立起建设生态文明、维护国家安全的运行机制和运作体系。

党的十八大以来，中央对推进生态文明建设、维护国家安全作出系列部署安排，对维护生态安全提出了新要求。建立生态安全体系是全面贯彻落实中央要求、走出一条具有中国特色国家安全道路的重要基础，对于增强忧患意识，推进生态文明建设，提升国家安全水平都具有重要意义。

一、生态安全体系建设的背景与内涵

（一）生态安全的定义和生态安全体系的基本内涵

生态问题危及国家安全，历史上已有教训。新疆塔里木盆地楼兰古国因生态不断恶化而最终消亡；1998 年长江洪水灾害敲响了国家生态安全警钟；北方沙尘暴、雾霾、荒漠化问题成为当前威胁国家生态安全的重要隐患。

生态安全指的是生态系统自身健康和安全，在社会层面指的是受到人类行为干扰和影响时保持安全的状态，并为人类生存发展提供可持续支撑的状态。即在一定时空范围内，在人类各种行为干扰影响下，生态系统能够自我维持、调节和恢复，保证自身稳定和自然进化，并发挥生态效益，改善生存环境，支撑经济可持续发展的状态。

生态安全体系基本结构是生态安全网络。生态安全网络按照区域生态系统尺度和地理单元组成分为不同等级。国家层面的生态安全网络以“两屏三带”为骨架，沿全国性山川体系和大型生态单元及地貌单元建构，形成具有全局性、战略性、长期性的国家尺度生态格局。大区层面生态安全网络在国家生态安全网络内部展开，在考虑区域山川网络体系建设的基础上，以大区内山川体系和相应的生态单元为范围，构成大区生态支撑体系，如西南地区的横断山生态体系、雅鲁藏布江生态体系，东北地区的松花江沿岸生态体系。省级生态安全网络是大区层面生态安全网络架构内细分的组成单元，仍然以省级范围内山川体系及相应的生态单元为划分方式，构成省级范围内生态支撑体系。市级生态安全网络是在省级网络的基础上，以一定的自然地理单元为基础，兼顾一定的生产协作区或耕作区构成。

上述各个生态网络以生态绿心、生态廊道为串联，通过流域、森林、湿地的链结，依托重要的“生态安全节点”捆绑成完整、复合有生命力的物质能量循环流动体系，保证生态安全意义上的生态可控制。从国家层面来看，每个大型绿心、每条生态廊道、每个生态屏障都是安全意义上的“生态控制带”，发挥着阻止生态恶化、减少生态风险和灾害，迅速实现生态恢复、复原的功能，发挥着输造流通生态能量的生态功能。生态安全体系要着力保证生态网络、节点之间的生态链接、生态恢复、生态延展和生态廊道畅通。

（二）我国生态安全现状和存在的主要问题

1. 现　状

20 世纪 90 年代以来，我国从维护生态安全的战略高度，开展了规模空前的生态建设，极大地改善了生态状况。“十一五”期间，我国围绕森林、湿地、荒漠 3 个生态系统和生物多样性，全面加强生态建设，基本形成了国家生态安全屏障框架，为我国推进生态安全体系建设提供了基础。“十二五”期间，进一步构建了“十大国土生态安全屏障”①。这十大国土生态安全屏障建设范围，覆盖了全国主要的生态重点地区和生态脆弱地区，建设内容包括森林、湿地、荒漠、城市等主要生态系统，构成了国家生态安全体系的基本框架。总体来看，我国的生态安全体系建设取得了如下成就。

（1）森林生态安全。21 世纪以来我国大力实施林业生态建设，成为世界上森林资源增长最快的国家。目前，全国森林面积 2.08 亿公顷，天然林面积 1.22 亿公顷，森林覆盖率 21.63%，森林植被总碳储量 84.27 亿吨，年涵养水源量 5807.09 亿立方米，年固土量 81.91 亿吨，年保肥量 4.30 亿吨，年吸收污染物量 0.38 亿吨，年滞尘量 58.45 亿吨。森林生态功能进一步增强。但是，我国森林覆盖率远低于全球 31% 的平均水平，人均森

---

① 包括：东北森林屏障、北方防风固沙屏障、东部沿海防护林屏障、西部高原生态屏障、长江流域生态屏障、黄河流域生态屏障、珠江流域生态屏障、中小河流以及库区生态屏障、平原农区生态屏障和城市森林生态屏障。

林面积仅为世界人均水平的1/4，人均森林蓄积只有世界人均水平的1/7，森林资源总量相对不足、质量不高、分布不均的状况仍未得到根本改变。

（2）草原生态安全。我国有各类天然草原4亿公顷，占国土面积的41%左右，其中可利用草原约3.3亿公顷，自东北平原到青藏高原南缘分布。我国荒漠草原的植被质量与20世纪最差的时候相比有所扭转。草甸草原受自然条件的影响产生的变化较大，其中降水量和湿润气候的变化对草甸草原的影响较明显，总体生物量呈缓慢下降趋势。北方高寒草原海拔高，人为活动少，其生态群落的生存较为稳定，年际波动微小，生态保存较为完整。荒漠草原存在干旱、水蚀、风蚀、草原退化与荒漠化、盐碱化等自然生态问题。

（3）湿地生态安全。我国单块面积在8公顷以上的湿地共计5360.26万公顷，湿地率为5.58%。截至2015年年末，自然湿地保护面积达2185万公顷，全国共批准国家湿地公园试点706处，正式授予“国家湿地公园”称号的达98处，指定国际重要湿地49处。湿地分布相对集中，青海、西藏等6省（自治区）湿地占全国湿地面积的60.8%。湿地生态环境恶化的趋势尚未得到扭转，但减少速度越来越缓，少数湿地开始好转。如太湖湿地，通过退耕还湿、退渔还湿等措施，水域面积扩大，富营养化面积减少，水质指标中总氮、总磷和高锰酸盐等指数呈降低趋势。

（4）荒漠生态安全。我国荒漠化面积约100多万平方公里，主要集中在西部的新疆、内蒙古、西藏，约占我国的80.86%。亚热带和热带的干热河谷中，也有零星的非地带性热带荒漠类型。荒漠化土地和沙化土地面积自2004年以来，已经连续10年保持“双缩减”趋势。与此同时，我国荒漠化和沙化程度呈现出“极重度减少，轻度增加”的趋势。相比2009年，极重度荒漠化土地减少283万公顷，减少幅度为5.73%；轻度荒漠化土地则增加836万公顷。极重度沙化土地减少748万公顷，减少幅度为7.9%；轻度沙化土地则增加419万公顷。

（5）生物多样性安全。我国自加入生物多样性公约以来，在生物多样性保护方面做出了不懈的努力，取得了令人瞩目的成就。就地保护工作方面，建立自然保护区2035处，面积15233万公顷，占国土面积的15.2%，使我国90%的陆地自然生态系统类型、47%的天然湿地、20%的天然林、绝大多数自然遗迹、85%的野生动物种群和65%的高等植物群落类型和绝大部分国家重点保护珍稀濒危野生动植物种得到了有效保护。珍稀物种保护方面，通过实施濒危物种拯救专项工程，大熊猫、朱鹮、金丝猴等50多个我国特有的濒危野生动物繁育种群持续扩大。

（6）水土资源安全。我国现有水土流失面积294.91万平方公里，占国土总面积的30.72%。按水土流失的强度分级，轻度流失162万平方公里，中度流失80万平方公里，强度流失43万平方公里，极强度流失33万平方公里，剧烈流失38万平方公里。水土流失主要分布在山区、丘陵区和风沙区，特别是大江大河中上游地区。我国的水土流失治理可以追溯到20世纪50年代。截至2009年年底，我国累计完成小流域综合治理面积41.14万平方公里。11条主要江河流域土壤流失明显减少，长江流域和黄河流域的土壤流失量分别减少50%和70%。

2. 问　题

我国自然生态本底与建设美丽中国、实现全面小康目标的要求，仍有差距。全国质量好的森林仅占19%，生态功能好的森林只有13%；自然湿地面积严重萎缩、功能退化，过去10年湿地面积每年减少510万亩；土地沙化和石漠化危害依然严峻；野生动植物依然面临严重威胁。自然生态系统仍然十分脆弱。国家生态安全面临四大问题：

(1)破坏问题比较突出。侵占林地、破坏湿地的现象十分严重。2008～2013年，有1.2亿亩林地转为非林地，每年流失林地高达2418万亩，其中，经过批准的正常占用近170万亩，非法占用200万亩，毁林开垦等其他名目占用超过2000万亩。一些地方乱砍滥伐林木、乱垦滥占林地、乱捕滥猎野生动物、乱挖滥采野生植物屡禁不止。全国每年发生林业行政案件近30万起，每年发生森林火灾几千起，每年林业有害生物造成的损失上千亿元。

(2)过度利用问题比较突出。近10年间，我国湿地面积减少了339.63万公顷，接近于一个海南省的总面积。湿地面临的威胁呈增长态势，人类活动和改变湿地用途是主因。调查表明，威胁湿地生态状况的主要因子为污染、过度捕捞和采集、围垦、外来物种入侵和基建占用。

(3)气候变化和污染问题比较突出。通过对4555个集中式饮用水水源地的调查，水质达标率为86%。其中，水库型水源地达标率为90.5%，地下水水源地为80.9%左右，河道型水源地为89%左右，湖泊为65%左右。全国空气污染加剧，目前超过2/3的城市空气质量不达标，尤其PM2.5污染已经蔓延到整个东部地区，成为人们健康的主要威胁。土壤污染分布广、面积大，占耕地面积比例的19%以上，已成为我国食品安全的重大隐患。全国有44%的城市受酸雨危害。

(4)历史原因积累的生态脆弱问题比较突出。全国水土流失分布广、面积大。沙化土地面积大，以极重度及重度沙化等级为主，全国沙化土地面积为182.35万平方公里，占国土总面积的19%，其中，沙漠/戈壁面积占沙化土地面积的52%。石漠化总面积为9.56万平方公里，这些地区也是我国贫困人口集中分布区。

(三)当前趋势

长期以来，党和国家高度重视生态保护工作，将改善生态环境、维护生态安全作为生态文明建设的重中之重，各级政府和有关部门采取了一系列保护和综合治理措施，持续加大生态保护力度，使生态保护取得了长足进步，我国生态环境整体恶化趋势减缓，局部地区生态环境呈现改善势头。重点生态问题治理取得明显成效、生态系统和生物多样性保护全面推进、自然保护体系建设显著加强、国家层面的生态安全格局初步形成。

“十三五”是全面建成小康社会的关键时期，也是加快推进社会主义现代化的重要阶段，必须深刻认识并全面把握生态安全形势，妥善应对由此带来的严峻挑战。

一是城镇化水平不断提高，保护生态安全的压力较大。我国正处于城镇化加快发展阶段。城镇化用地，既提出了扩大城市建设空间的要求，也带来了生态保护的压力等问题，优化国土空间格局、保护生态安全面临新挑战。

二是满足基础设施建设的压力较大。我国交通、能源等基础设施尚处于继续发展完善的阶段。基础设施的建设必然占用更多空间，甚至不可避免地占用绿色生态空间。

三是部分区域重要生态功能的退化，生态问题依然突出。受各种因素影响及一些地区不合理开发活动，部分重要生态功能区森林遭受破坏，湿地萎缩，河湖干涸，水土流失、荒漠化和草原退化严重，部分区域生态功能仍在退化。

四是满足居民生态品质需求面临挑战。我国处于人口总量持续增加和居民消费结构快速升级的阶段，对生态产品提出了新的需求，生态旅游需求增加也成为重要因素，对保护生态提出了更高要求。

五是用水供求矛盾日益突出。我国将长期面临水资源严重短缺的局面。随着全球气候变化和用水需求增加，水短缺将更趋严重，生态用水面临极大压力。另一方面，满足用水需求，亟须恢复并扩大河流、湖泊、湿地、草原和森林等水源涵养空间。

六是气候变化影响不断加剧，保护和扩大绿色生态空间面临挑战。控制温室气体排放已成为全球共识。我国仍是发展中国家，既要进一步发展经济，又要为应对全球气候变化作出不懈努力和积极贡献。这就需要改变以往的开发模式，尽可能减少改变土地自然状况的改变，扩大绿色生态空间，增强固碳能力。

总之，我们既要满足人口增加、人民生活改善、经济增长、工业化城镇化发展、基础设施建设等对生态产品的巨大需求，又要为保障国家生态安全和人民健康，保护并扩大绿色生态空间。

（四）国家主体功能区战略为建设生态安全体系提供了依托和支撑

全国主体功能区规划是指导国土开发的国家战略。2010年，《全国主体功能区规划》正式颁布，成为我国国土空间开发的战略性、基础性和约束性规划。2012年，党的十八大报告明确提出优化国土空间开发格局，加快实施主体功能区战略，推动各地区严格按照主体功能定位发展，构建科学合理的城市化格局、农业发展格局、生态安全格局。主体功能区规划升格为国家主体功能区战略。在主体功能区战略框架下，通过构建三大格局（城市化格局、农业发展格局、生态安全格局），优化国土开发格局，实现保护国土的目的。与区域发展总体战略不同，主体功能区战略主要是限制性的战略，即在国土上画出开发的红线，从而明确能否开发的问题。

主体功能区格局为生态安全体系基本格局的构建提供了依托。《全国主体功能区规划》按照开发方式，将我国国土空间划分为优化开发区域、重点开发区域、限制开发区域和禁止开发区域4类主体功能区。每一类主体功能区都有明确的主体功能和主要任务，但与此同时，主体功能区规划并不排斥特定区域其他功能的发挥。即在优化开发区域、重点开发区域、限制开发区域和禁止开发区域都有生态建设的空间。因此，《全国主体功能区规划》是不同区域的主体功能定位、资源环境承载能力、生态系统和生物多样性的趋势及状况，明确了不同区域的生态功能和建设方向，从而构成了生态安全的国土空间战略格局。

主体功能区规划确定了生态安全空间战略格局的优先序。从主体功能发挥的角度，全国划分为三大类区域。①禁止开发区域。该区域在生态安全体系建设中无疑具有最为优先的位置，是整个生态安全体系建设的核心。在禁止开发区域，功能相对比较单一，除发挥生态主体功能以外，基本不允许承担其他辅助或附属功能。②限制开发区域。该区域在生态安全体系中的地位次之，其主体功能是提供农产品和生态产品，保障国家农产品供给安全和生态系统稳定，但也允许适度开发能源和矿产资源，允许发展那些不影响主体功能定位、当地资源环境可承载的产业，允许进行必要的城镇建设。③优化开发区域和重点开发区域。这两类区域作为城市化地区，主体功能是提供工业品和服务产品，集聚人口和经济，但也必须保护好区域内的基本农田等农业空间，保护好森林、草原、水面、湿地等生态空间，也要提供一定数量的农产品和生态产品。很显然，优化开发区域和重点开发区域相对远离国家生态安全的核心，是生态安全体系建设的外围区域。

二、生态安全体系建设的基本思路和战略目标

（一）总体思路

总体思路是将生态安全重视起来，纳入国家安全体系运行轨道内。从维护生态平衡、站在中华民族永续发展的高度，针对全国主体功能区规划，对不同区域制订不同的生态保护与建设的目标和策略，实行分类指导、分区管理，构建生态安全国土空间优化的良好格局；站在提升区域竞争力、转变发展方式，促进人口、经济、生态均衡发展的角度，建立维护生态安全制度和政策体系；加大生态保护和修复力度，确保各类生态资源安全；加大生态治理和生态建设力度，集中解决突出生态问题；完善预警监控体系，降低生态危机发生风险；建设区域联动机制，增强生态安全管理水平。

（二）基本原则

1. 坚持底线思维，综合治理

树立和运用底线思维，把增进人民生态福祉、维护国家生态安全作为最大责任。根据生态系统完整性和连通性保护需求，对国家生态脆弱区、生态功能区划定特殊保护区域，建立森林、荒漠、湿地、物种、水、农田等生态红线，严格实施红线越线严惩措施；采取综合治理措施，通过建立生态保护体系、加强资源管理、控制污染物等一系列措施，

进行生态安全综合治理。

2. 坚持标本兼治，统筹协调

坚持山水林田湖统一治理，陆海统筹、城乡统筹、区域统筹、流域统筹、保护与利用统筹，形成生态安全管理新模式；着力从源头上解决生态文明建设深层次矛盾和问题；综合运用行政、法律、经济、技术等手段，优先推进矛盾突出、影响广泛的重点区域和重点工程，带动生态文明建设水平整体提升，力争取得明显成效。

3. 坚持依法管控，分区施策

树立维护生态安全的法治意识和法治思维，用责任追究制度，确保依法决策、民主决策、科学决策；用完整的维护生态安全法律法规体系，保护管理整个自然生态系统；坚持生态安全依法治理常态化，用维护生态安全的目标体系、考核办法、奖惩机制约束各种生态违法行为；坚持惩治生态破坏行为不手软，提高生产者生态违法成本，严厉打击破坏生态行为；按照区域生态特点，优化资源配置和生产力空间布局，以发展促保护，以保护促发展，维护自然生态平衡。

4. 坚持优先保护，协调发展

针对生态安全问题，突出生态保护，优先保护自然生态系统的整体性和健康性，维护生物多样性；加强生态建设，以自然修复为主，科学开展人工造林和抚育改造，促进人与自然和谐发展；在保护中建设，在建设中保护，切实加强综合治理，把生态文明建设全面贯穿、深刻融入到经济、政治、文化和社会建设各方面和全过程，推进人口资源环境相均衡、经济社会生态效益相统一，实现经济社会可持续发展。

5. 坚持改革创新，全社会参与

不断提升全民生态文明意识，努力降低资源消耗，减少污染排放，强化公众参与，引导全民共建共享，形成建设生态文明的强大合力。充分发挥创新作用，勇于实践，先行先试，大胆探索生态安全一体化建设的新机制、新政策、新模式，走出一条具有特色的生态文明建设新路子。

（三）战略目标

1. 2020 年目标

到 2020 年，基本构筑“两屏、三带、多廊、多核”的国家生态安全屏障骨架，各类受损生态系统全面恢复，国家重点生态功能区生态服务功能增强；水、空气等主要污染物排放得到有效控制，生态环境质量明显改善；综合考虑生态屏障圈与城市核心区之间的实际需求，探索建立相应的生态补偿机制；重点治理地区生态实现良性循环，生态系统的稳定性明显加强，防灾减灾、净化空气和应对气候变化能力明显提升，生物多样性下降趋势得到遏制，区域间的互动合作机制取得实效，生态安全体系一体化体制机制基本完善。

到 2020 年，耕地保有量保持在 18.05 亿亩，森林覆盖率不低于 23%，森林蓄积量

165 亿立方米以上，湿地保有量稳定在 8 亿亩；全国七大重点流域水质优良比例总体达到 70% 以上，地级及以上城市建成区黑臭水体均控制在 10% 以内，地级及以上城市集中式饮用水水源水质达到或优于Ⅲ类比例总体高于 93%。

2. 2030 年目标

生态安全格局不断优化，国土开发强度得到合理控制，生产、生活、生态空间质量同步提升；生物多样性得到切实保护，生态系统安全保障程度明显提高；生态建设成效显著，生态环境质量接近或达到世界先进水平；海陆统筹开发跨上一个新台阶，海洋国土可持续发展能力显著增强。生态系统步入良性循环，区域生态安全体系一体化体制机制政策体系健全、高效运行。

三、加强国家层面主体功能区生态安全体系建设

（一）优化开发区域

1. 区域功能定位与生态安全形势

优化开发区域是指综合实力较强、经济规模较大、城镇体系比较健全、内在经济联系紧密、科技创新实力较强的城市化地区，其功能定位是：提升国家竞争力的重要区域，带动全国经济社会发展的龙头，重要的创新区域，在更高层次上参与国际分工及有全球影响力的经济区，重要的人口和经济密集区。主要包括环渤海地区、长三角地区、珠三角地区。

该区域威胁生态安全的主要问题表现在四个方面：①土地荒漠化与水土流失十分严重。京津冀地区荒漠化土地面积 44167.2 平方公里，接近 20%。②水安全和海洋安全问题突出。2011 年，珠三角劣于Ⅲ类水的河长占 51.3%（劣于全国平均水平 34%）。③过度利用导致的生态空间萎缩、破碎化问题突出。珠三角从 1988 ~ 2010 年建设用地由 1765.30 平方公里扩展到 8790.21 平方公里，增长了 4 倍多。京津冀过垦过牧、滥采乱伐，导致太行山、燕山、坝上地区生态屏障受到破坏。④生物多样性保护压力增大。珠三角区域内有 25%~30% 的野生动植物的生存受到威胁，高于世界 10%~15% 的水平。

2. 战略思路和体系建设

该区域生态安全立足把恢复生态、保护环境作为必须实现的约束性目标。严格控制开发强度，加大生态投入，加强生态治理，净化水系、提高水质，切实严格保护耕地及水面、湿地、林地、草地和自然文化遗产，保护好城市绿色开敞空间，改善人居生态环境。重点加强以下工作。

（1）京津冀生态体系。按照不同区域特色实施具体治理措施。继续实施林业重点工程，力争到 2020 年，使北京市林木绿化率达到 60%。建设环首都国家公园、环京津冀森林圈和绿色隔离带，建立河北北部区域风沙防御体系，对大气、水污染进行分区控制。

建设京津保地区大规模生态过渡带，到2020年，使北京平原地区森林湿地与天津、廊坊、保定森林湿地有机连接，形成京津保地区大尺度绿色板块和森林湿地群。

（2）长三角生态体系。实施长三角生态恢复工程，建设太湖、鄱阳湖湿地体系，建设森林城市群，完善沿海防护林体系。增加城市和城市周边森林面积，着力构建以林草植被和湿地为主体、城乡一体化的城镇生态系统。严格控制长江口、杭州湾陆源污染物排江排海和太湖地区污染物入湖，构建以长江、钱塘江、太湖、京杭大运河、宜溧山区、天目山—四明山以及沿海生态廊道为主体的生态格局。

（3）珠三角生态体系。重点实施珠江防护林和沿海防护林体系建设。有效改造低效林，明显优化森林结构，让保持水土、涵养水源、防御洪灾和泥石流等自然灾害的能力显著增强，区域水质有所提升。严格控制珠江口围垦和山体开发，保护河口和海岸湿地，构建以粤北山地丘陵、近海岛屿湿地和珠江水系为主体的生态格局。

（二）重点开发区域

1. 区域功能定位与生态安全

重点开发区域是支撑全国经济增长的重要增长极，是落实区域发展总体战略、促进区域协调发展的重要支撑点，是全国重要的人口和经济密集区。主要包括冀中南、哈长地区、太原城市群等区域。该区域威胁生态安全的主要问题表现在：大气、水环境质量总体较差；森林质量不高，天然林较少；矿产资源过度开采，生态环境遭到严重破坏；开发不当加剧水土流失和沙尘暴；自然灾害如干旱、沙尘以及风灾易发。

2. 战略思路和体系建设

该区域生态安全战略思路是着力保护生态环境，减少工业化城镇化对生态环境的影响，避免出现土地过多占用、水资源过度开发和生态环境压力过大，努力提高生态质量。重点加强以下工作。

（1）建设区域生态屏障。构建长白山、松花江森林和水系共生的生态格局。推进晋北防风固沙林、太行山水源涵养林、吕梁山水土保持林屏障建设。改善大别山生态功能，保护巢湖生态环境。加强武夷山、雁荡山、戴云山保护，保护闽江水生态廊道。保护天山水源涵养区。构建贺兰山防风防沙生态屏障。建设秦岭北麓、渭河和泾河沿岸生态廊道。

（2）建设防护林体系。加强黄河水生态治理和草原生态系统保护，完善引黄灌区农田防护林网。推进平原地区和沙区土地治理，构建横跨东西的黄河滩区生态涵养带和纵贯南北的南水北调中线生态走廊。加强黑土地农田防护林体系建设。

（3）加强自然保护。推进雅鲁藏布江综合治理，构建以雅鲁藏布江、拉萨河为骨架，以自然保护区为主体的生态格局。加强生态公益林、水源保护区保护，加强防御台风和风暴潮能力建设，构建以沿海红树林、珊瑚礁、港湾湿地为主体的沿海生态带。

（4）建设湿地体系。加强滇池治理，构建以高原湖泊为主体，林地、水面相连，带状环绕、块状相间的高原生态格局。建设艾比湖流域防治沙尘与湿地保护功能区、克拉玛依—玛纳斯湖—艾里克湖沙漠西部防护区、玛纳斯—木垒沙漠东南部防护区以及供水沿线等“三区一线”生态防护体系。建设黄河湿地生态带。加大青海湖保护。加强南水北调中线引江干支渠、城市河道人工湿地建设。开展松嫩平原湿地修复。保护鄱阳湖水体。保护长株潭生态“绿心”，加强洞庭湖保护和湘江治理。保护长江、汉江和东湖等重点水域。

（5）加强重点治理。强化石漠化治理，保护长江上游水生态。实施汾河清水复流工程，实施工矿废弃地、采煤沉陷区生态恢复工程；加强岷江、沱江水系治理，强化龙泉山生态保护与建设；加强嘉陵江流域水土流失治理，改善中梁山生态环境，构建以长江、嘉陵江、乌江为主体，林地、浅丘、水面、湿地组成的生态系统；加强草原生态保护。

（三）限制开发区域

1. 区域功能定位与生态安全

限制开发区域分为农产品主产区和重点生态功能区两部分。前者定位是保障农产品供给安全。包括东北平原主产区、长江流域主产区等七大主产区。后者定位是保障国家生态安全。包括大小兴安岭森林生态功能区等25个地区。总面积约386万平方公里，占全国陆地国土面积的40.2%，具体细分为水源涵养型、水土保持型、防风固沙型和生物多样性维护型。该区域主要生态问题是植被破坏比较严重，生态系统脆弱，资源环境承载能力较弱。

2. 战略思路和体系建设

农产品主产区的工作方针是保护耕地，改良土壤，控制开发强度，优化开发方式，发展循环农业，促进农业资源的永续利用，加强农业面源污染防治。重点任务分别为以下4项：①保护耕地资源，促进农田永续利用。到2020年建成集中连片、旱涝保收的8亿亩高标准农田。防治耕地重金属污染。实施新一轮退耕还林还草。②节约高效用水。实施水资源红线管理、推广节水灌溉、发展雨养农业，到2020年全国农业灌溉用水量保持在3720亿立方米，农田灌溉水有效利用系数达到0.55，发展高效节水灌溉面积2.88亿亩。③治理环境污染，改善农业农村环境。防治农田污染、综合治理养殖污染、改善农村环境，到2020年实现化肥农药施用量零增长，到2030年实现养殖废弃物基本综合利用，农业主产区农膜和农药包装废弃物实现基本回收利用、农作物秸秆得到全面利用。④修复农业生态，提升生态功能。增强林业生态功能、保护草原生态、恢复水生生态系统、保护生物多样性，到2020年森林覆盖率达到23%以上，全国草原综合植被盖度达到56%。

重点生态功能区以保护和修复生态环境、提供生态产品为首要任务，因地制宜地发展不影响主体功能定位的适宜产业，引导超载人口逐步有序转移。重点任务为以下4项：①加强水源涵养林地、湿地体系建设。通过加强天然林保护和恢复、禁止采伐、封育保护等，建设大小兴安岭、长白山森林带、阿尔泰山地森林草原、三江源草原草甸湿地等生态功能区。②加强水土保持林建设。通过封山育林育草、植树造林、控制开发强度等，建设黄土高原丘陵沟壑、大别山、桂黔滇喀斯特石漠化防治等水土保持生态功能区。③加强防风固沙林建设。通过禁止过度开垦、恢复天然植被等，建设塔里木河、阿尔金草原、浑善达克等荒漠化防治生态功能区。④加强生物多样性保护。通过保护自然生态系统、扩大天然林保护范围、巩固退耕还林成果等，建设川滇森林、秦巴山区、藏东南高原边缘森林、藏西北羌塘高原荒漠、三江平原湿地、武陵山区、海南岛中部山区热带雨林等生物多样性保护功能区。

(四)禁止开发区域

1. 区域功能定位与生态安全

国家禁止开发区域是指有代表性的自然生态系统、珍稀濒危野生动植物物种的天然集中分布地、有特殊价值的自然遗迹所在地和文化遗址等，禁止开发区域共 1443 处，总面积约 120 万平方公里，占全国陆地国土面积的 12.5%。它是我国保护自然文化资源的重要区域，珍稀动植物基因资源保护地，是保障国家生态安全的核心区域。

2. 战略思路和体系建设

国家禁止开发区域要依据法律法规规定和相关规划实施强制性保护，严格控制人为因素对自然生态和文化自然遗产原真性、完整性的干扰，严禁不符合主体功能定位的各类开发活动，引导人口逐步有序转移，实现污染物“零排放”。当前 4 项重点工作如下：

(1)建设国家级自然保护区体系。将国家级自然保护区的全部、国家级风景名胜区、国家森林公园、国家地质公园、世界文化自然遗产等区域的生态功能极重要区纳入生态保护红线的管控范围，明确其空间分布界线和管控要求。完善自然保护区建设管理体制机制。引导保护区人口逐步有序转移。以政府投资为主，推进自然保护区内设施建设，配备人员和装备，保障日常保护工作经费。

(2)建设国家公园体系。目前，全国已建立自然保护区 2697 处，面积占国土陆地面积的 15%，有效保护了我国最重要、最精华的自然景观、生态系统、物种和遗传基因资源。下一步，要以保护为原则，以自然生态系统完全为“大地经络”，整体设计，制定标准，建立国家公园制度和立法。明确建立国家公园体制为中央政府事权，编制全国国家公园体制建设规划，将国家公园的规划、建设、管理、运营等经费纳入中央财政预算，建立基于生态功能服务和公共服务的公益性国家公园体制。

(3)严控各类开发建设活动。严格控制风景名胜区、森林公园、湿地公园内人工景观建设。除文化自然遗产保护、森林草原防火、应急救援外，禁止在自然保护区核心区和缓冲区进行包括旅游、种植和野生动植物繁育在内的开发活动。

(4)推进生态保护补偿及考核评价制度。着力实施重大生态修复工程建设，加强服务设施建设。探索编制自然资源资产负债表与考评体系。构建生态资产核算框架体系，将生态保护补偿机制建设工作纳入地方政府绩效考核，完善现有政绩考核制度，对领导干部实行自然资源资产离任审计，建立生态环境损害责任终身追究制。

四、构筑国家生态安全新格局

在主体功能区规划基础上，优化生态空间，划定生态红线，构建生态屏障，建设生态廊道，打造生态核心。将全国森林、湿地、水体、荒漠、生物多样性栖息地、自然保护区、饮用水源保护区、清水通道保护区等重要生态区域划入红线区域内。切实发挥水源涵养、生态维护、防灾减灾等生态功能，构建以青藏高原生态屏障、黄土高原—川滇生态屏障、东北森林带、北方防沙带和南方丘陵山地带、近岸近海生态区以及大江大河重要水系为骨架，以其他国家重点生态功能区为重要支撑，以点状分布的国家禁止开发区域为重要组成的“两屏、三带、多廊、多核”生态空间架构，保障全国生态安全。

（一）两　屏

坚持保护优先、预防为主，统筹规划、重点突破，分区管理、协调推进，创新机制、依靠科技，通过自然恢复和工程修复相结合，全面推进重点地区生态保护，加大产业结构调整和污染防治力度，加强基础能力建设，加快解决影响人民群众健康的突出生态问题。

1. 青藏高原生态屏障

该屏障重点保护多样、独特的生态系统，发挥涵养大江大河水源和调节气候的作用，着力保护青藏高原特有生态环境，促进区域经济社会可持续发展，维护我国乃至南亚江河流域的生态平衡。

（1）划分主体功能区。根据不同地区地理特征、自然条件和资源环境承载力，将青藏高原划分为生态安全保育区、城镇环境安全维护区、农牧业环境安全保障区、资源区和预留区等其他地区，并制定实施相应的管理措施。

（2）加强生态保护与建设。全面保护高原湿地、江河源头原生植被，维持雪山、冰川、河流和高原生态系统的稳定，加强沙化土地治理，形成以原生植被为主体、功能稳定、类型齐全的自然生态系统，增强水源涵养等生态功能；建设藏羚羊等重点物种国家公园，维系联通大型自然保护地，强化国家森林公园、湿地公园、沙漠公园建设；加强高原湖泊和野生动物活动区、迁徙沿线的生态公共服务设施建设。

（3）提高生态环境监管和科研能力。建设气候变化和生态环境监测评估预警体系。完善法规标准，加强生态环境管理执法能力建设，严格执法监督。大力开展生态环境保护科学研究和宣传教育。另外，加大环境污染防治力度、发展生态友好型产业。

2. 黄土高原—川滇生态屏障

该屏障的重点是加强水土流失防治和天然植被保护，发挥保障长江、黄河中下游地区生态安全的作用，力争实现生态系统稳定性增强，生态退化面积减少，水土流失得到有效防治，环境质量明显改善。

(1)黄土高原生态屏障。该屏障重点加强水土流失防治和植被保护与修复；秦巴山地生态屏障要重点维护森林生态系统和生物物种多样性，加强水源涵养；河西内陆河地区以水源涵养、湿地保护、荒漠化防治为重点，着力构建河西祁连山内陆河生态安全屏障；甘南高原地区以水源涵养、草原治理、河湖和湿地保护为重点，构建黄河上游生态安全屏障；南部秦巴山地区以保护生物多样性、涵养水源为重点；陇东陇中黄土高原以水土保持和流域综合治理为重点，促进黄土高原生态屏障建设；长城沿线防风固沙林带要重点加强防护林建设、草原保护和防风固沙；渭河沿岸生态带要重点开展渭河全线综合整治，营建生态林带，打造“八百里秦川”绿色生态走廊；汉丹江两岸生态安全带要重点开展水土流失治理、污染防治和沿江绿化，打造南水北调中线水源区绿色生态走廊。

(2)川滇生态屏障。该屏障重点构建以若尔盖草原湿地、川滇森林及生物多样性、秦巴生物多样性、大小凉山水土保持及生物多样性生态功能区等为主体，以长江干流、金沙江、嘉陵江、沱江、岷江等主要江河水系为骨架，以山地、森林、草原、湿地等生态系统为重点，以点状分布的世界遗产地、自然保护区、森林公园、湿地公园和风景名胜区等为重要组成的生态安全战略格局。实施生态保护和建设重点工程，加强防灾减灾工程建设，强化开发建设中的生态保护和污染治理，全面推进长江上游生态屏障建设。

(二)三　带

着力保护好“三带”的生态空间载体，即东北生态保育区、北方防沙治沙区、南方经营修复区，按照保护优先、分类经营的原则，通过森林经营、湿地恢复、物种保护等措施，对森林生态系统、湿地生态系统、生物多样性实行全面、全方位保护，提高生态功能，促进区域生态持续好转。

1. 东北生态保育区

保育区重点保护好森林资源和生物多样性，发挥东北平原生态安全屏障的作用。全面停止天然林商业性采伐，使木材产量稳定在资源承载范围内。实行森林分类经营，调整和优化森林结构。强化森林管护与保护，实行森林资源管护全覆盖，建立健全管护队伍。加快森林资源培育，大力开展植树造林，加强森林经营，积极开展中幼龄林抚育。构建布局合理、类型齐全、功能完善的自然保护区体系，重点建设寒温带针叶林生态系统和温带红松针阔混交林生态系统、森林湿地生态系统，以及珍稀濒危野生生物类型、地质遗迹类型的自然保护区。在大小兴安岭南坡等水土流失严重地区，采取生物措施与工程措施相结合的治理方式，建设堤、坝、涵洞等水土保持设施，在斜坡、丘顶营造防护林，在江、河、沟塘岸边营造护岸林，在农区积极改造坡耕地、大力营造农田防护林，控制水土流失，恢复植被和生态系统。建设东北虎豹等重点物种国家公园和自然保护区、森林公园、湿地公园，保护珍稀物种野外种群及其栖息地。

2. 北方防沙治沙区

该区域重点是加强防护林建设、草原保护和防风固沙，对暂不具备治理条件的沙化土地实行封禁保护。其中，阿尔泰山地森林草原区、塔里木河荒漠化防治区和塔克拉玛干沙漠北缘推进天然林保护和围栏封育，治理土壤侵蚀，保护沙区湿地，禁止发展高耗水工业，对主要沙尘源区实行封禁管理；阴山北麓重点推进退耕还林、退牧还草，防治耕地和草地沙化、盐碱化，实施禁牧休牧、划区轮牧和生态移民工程，促进生态自然恢复；浑善达克沙漠化防治区、科尔沁草原区等重点构建乔灌草、带网片相结合的防风固沙林体系，禁止开垦、樵采，逐步恢复草原植被；库布齐沙漠等区域重点采取生物和工程措施，通过飞播造林、围封禁牧，建设沙漠锁边防护林体系、人工沙障和无人区，逐步控制沙漠化。同时，强化国家森林公园、湿地公园、沙漠公园建设；保证合理生态用水，积极发展节水林业和沙产业。

3. 南方经营修复区

该区域重点是加强植被修复和水土流失防治，发挥华南和西南地区生态安全屏障的作用。以全面保护天然林草资源，大力培育混交林，加快退耕还林，治理水土流失，防治石漠化为重点，加强典型生态系统、热带雨林、自然景观、濒危物种和重要经济物种保护。全面保护常绿阔叶林、热带雨林和自然湿地，建设亚洲象等重点物种国家公园，保护珍稀濒危物种及其栖息地。强化国家森林公园、湿地公园建设。开展绕城、绕村、绕湖防护林体系建设。建设森林城市群，提升珠三角等城市群生态质量。强化中幼龄林抚育和低效林改造，开展多年生人工草地建设，加强岩溶地区石漠化综合治理和陡坡耕地退耕还林，加强小流域综合治理和崩岗治理。

（三）多　廊

将重要生态功能保护区、河流水系、自然山体、生态绿地进行有机连接，把分散的、片段化栖息地连接起来，提供行动通道，让物种自由迁徙，增加基因交流，建设支撑经济带发展的国家尺度和区域尺度生态廊道。

1. 建设长江沿岸生态廊道

长江沿岸生态廊道是长江经济带战略的生态空间，范围包括云南、四川、贵州、重庆、湖北、湖南、江西、安徽、浙江、上海、江苏等部分地区，与长江经济带走向和范围基本一致。以长江干支流为经脉、以山水林田湖为有机整体，加快保护与修复沿江生态系统，优化国土空间开发格局，建设长江经济带绿色生态体系。实施长江防护林体系建设、沿江重要湿地保护等重大生态修复工程。巩固和扩大天然林保护、退耕还林工程，划定生态保护红线，加强自然保护区建设。实施“退田还湖还湿”“退耕退垸还湖还湿”“绿化长江工程”和“库周防护林工程”等。加强“两湖（鄱阳湖、洞庭湖）一带（长江荆江段）三翼（丹江口库区、东江源和南岭山地水源涵养区）”建设。建设一批国家自然保护区、森林公园、湿地公园。加强源头区和湖泊、河流周边防护林建设，对陡坡耕地和山洪地质灾害易发区耕地实行退耕还林，提高林草植被质量；对石漠化严重地区实行综合治理；加强退化林和人工纯林修复，增加复层异龄混交林比重。构建水陆复合、上下连通、江湖关系和谐、生态流量充足、水土保持有效、生物种类多样的长江绿色生态廊道。

2. 建设黄河沿岸和丝绸之路生态廊道

丝绸之路生态走廊是“一带一路”战略丝绸之路经济带的生态空间，范围包括新疆、青海、甘肃、陕西、湖北、河南、安徽、山东、江苏等部分地区及新疆生产建设兵团有关团场，与东起连云港、西至阿拉山口出境的新欧亚大陆桥和喀什出境的中巴经济走廊走向一致，是丝绸之路经济带的重要通道，沿陇海、兰新线两侧设置生态屏障，沿线从东向西分布有鲁南苏北湿地、伏牛山地、秦岭、六盘山、祁连山、青海湖、河西走廊、柴达木盆地、天山南北、塔里木河流域和塔里木盆地南缘等重要生态节点。以节点治理为主、分段施策，加强重要节点的自然保护与生态修复，沿路形成绿色珠链。东段以湿地保护为重点，保护和修复淮河中下游河湖湿地；中段侧重山地水土流失治理和水源地保护，加强山地生态修复，增加森林植被，提高森林质量；西段以防沙治沙和绿洲防护为重点，构建乔灌草相结合的防护林体系。依托林业重点工程，推进重点领域、重要水源地重大生态项目；实施祁连山生态保护与建设综合治理、“两江一水”区域综合治理以及定西渭河源区生态保护与综合治理；实施黄河干流生态环境保护、黄土高原丘陵沟壑区水土保持和综合治理、黑河流域综合治理等重大项目；尽快形成结构合理、功能完善，集景观效应、生态效应和社会效应于一体的黄河生态涵养带和生态走廊。

3. 建设珠江—西江生态廊道

以水源涵养林建设和水土流失及石漠化治理为重点，加强南北盘江、左右江、东江、红水河等流域防护林和珠江—西江经济带生态建设。通过生态建设和保护，以重点生态功能区为主体，山区生态林为支撑，沿江绿化防护林为廊道，自然保护区、森林公园、湿地公园等为依托，建设千里绿色生态走廊。

4. 建设京杭大运河国家自然遗产与生态廊道

京杭大运河纵贯我国南北，全长1794千米，途经浙江、江苏、山东、河北、天津5省(直辖市)。通过整治拆除民居建筑、工厂和小码头，实施国土绿化工程，改善生态景观航道，消除污染源，美化沿线景观，建设京杭大运河“清水走廊”。以海岸带、近海岛屿和沿海第一重山为主，结合海岸带综合整治，科学合理开展沿海滩涂红树林、沿海基干林和沿海纵深防护林建设，构建防灾减灾功能与景观效果相结合的沿海防护林生态安全体系。结合历史文化名胜古迹，加强重要历史名城和生态节点退耕还湿、退田还湖，大力建设国家森林公园、湿地公园，实施珍稀物种保护专项工程，加快构建大运河“国家历史和生态博物馆”。

5. 建设南水北调沿岸生态走廊

推动南水北调中线一期工程一级水源保护区、二级水源保护区和工程管理区开发生态林、生态农业、农田林网、园林绿地等建设，在不违反现有法律规定、尊重农民意愿的前提下，允许涉及的基本农田通过置换等多种方式变更为造林用地，在地下水污染风险段采取隔污措施。

6. 建设黑龙江沿岸跨界生态廊道

构建沿江绿色生态廊道，恢复江河流域生态服务功能，制订沿江湿地自然保护区发展战略，加快流域生态功能保护。建立沿江湿地、草地、林地等生态防御系统，提高流域自我修复能力、资源承载能力和生态服务功能，逐步构建生态体系健全的江河生态廊道。通过退耕、封育、人工植被恢复、生态护岸、水质保护等措施，逐步形成河流湿地型生态长廊。

(四)多　核

党的十八大报告提出美丽中国，山要绿起来，人要富起来。以保护自然生态本底为基础，以生态建设和生态修复为重点，以构建复合生态系统为目标，大力推进森林生态、生态农业、生态村镇和生态廊道建设，建成具有国际生态品质的六大都市绿心：哈长绿心、京津冀绿心、武汉长沙绿心、成渝绿心、广州深圳绿心、上海杭州绿心。

绿心以生态示范建设为主要发展目标，确保绿心地区总体森林覆盖率(特别是其中禁止开发区、限制开发区、控制建设区的绿化覆盖率)、生态公益林面积占比、森林蓄积量、湿地面积、综合物种指数不低于一定指标。绿心以山脉水系为骨架，森林绿地为主体，农田、湿地为支撑，生态公益林、溪渠为纽带，构建一心多斑块多廊道的网状生态格局。绿心建设为全国生态功能区划做示范，探索以生态保育为目标，按照生态涵养、流域保护、城镇生态控制等功能，建立生态区划制度体系，完善复合生态系统，保障城市群生态安全。重点在生态分级保护、林业重点工程、水资源开发保护、风景名胜区保护、生物多样性保护、有害生物防治、水土保持等方面加大力度，严格保护生态绿心地区内的天然林、生态公益林、水源地、风景名胜区、湿地、基本农田、山塘、水库、湖泊、河渠及自然岸线。完善生态基础设施建设，实施绿地系统规划，建设河流滨水生态带、溪流生态廊道、交通干道生态廊道，加强生态节点修复。

五、国家层面生态安全体系建设的制度和政策

建设生态安全体系维护生态安全是一项艰巨、复杂的系统工程，为保障建设工作顺利开展，实现建设目标，要切实建立和完善空间载体、监管机制、投入机制、生态补偿机制、考核监测机制等。

1. 落实国家主体功能区制度

党的十八届三中全会提出把主体功能区从规划和战略进一步上升成为制度。用主体功能区规划来统领各种有关规划，解决相关问题，从国土空间布局层面长期维护国家生

态安全。坚定不移实施主体功能区制度，将不适宜大规模、高强度工业化城市化开发的国土空间确定为限制开发或禁止开发的重点生态功能区，使之成为保障全国生态安全的生态空间。坚决通过严控各类开发建设活动、严守生态保护红线、健全自然保护管理体系、持续推进生态建设与生态修复重大工程、扎实推进生态保护补偿政策、完善监测考核评价机制等，严格落实国家生态安全政策。

2. 划定并严守生态红线

从保护生态安全的视角立法，全面审视生态环境保护和经济建设的关系，划定并严守资源消耗上限、环境质量底线、生态保护红线，将各类开发活动限制在资源环境承载能力之内。各级政府应当定期组织开展生态状况调查，在重要生态功能区、陆地和海洋生态环境敏感区、脆弱区等区域划定生态红线，制定并实施有利于生态保护的生态红线管理制度。加大触动红线行为处罚力度，将大气、水、土壤等环境质量“只能更好、不能变坏”作为地方各级政府环保责任红线。探索建立资源环境承载能力监测预警机制，对资源消耗和环境容量接近或超过承载能力的地区，及时采取区域限批等限制性措施。

3. 健全自然资源资产产权制度和用途管制制度

在明晰产权框架下，科学界定自然资源和生态空间的各项功能。通过建立用途管制制度，保障自然资源和生态空间的合理用途，确保准确执行主体功能区和生态环境功能区的定位，处理好开发与保护的关系。建立自然资源资产负债统计、衡量与核算指标体系，摸清国家自然资源底数，包括规模、结构、分布以及变化趋势等，准确把握自然资源的存量、增量和减量等，为划定生态保护红线以及未来绩效评估提供基础性依据。

4. 完善生态环境监管制度

建立严格监管所有污染物排放的环境保护管理制度。完善污染物排放许可证制度，禁止无证排污和超标准、超总量排污。违法排放污染物、造成或可能造成严重污染的，要依法查封扣押排放污染物的设施设备。对严重污染环境的工艺、设备和产品实行淘汰制度。实行企事业单位污染物排放总量控制制度，适时调整主要污染物指标种类，纳入约束性指标。健全环境影响评价、清洁生产审核、环境信息公开等制度。建立生态保护修复和污染防治区域联动机制。

5. 健全生态保护补偿机制

根据生态区位、资源状况、建设与保护难度等，实行森林、湿地、沙区封禁等差别化补偿机制，探索建立与国家财力增长、工资物价水平、生态服务价值等相挂钩的动态补偿机制，研究探索荒漠生态补偿和防沙治沙奖补制度。严格落实自然保护区、森林公园等国家禁止开发区转移支付资金，加大转移支付资金支持生态保护与修复的力度。在生态区位极为重要区域，探索政府赎买（租赁）非国有林地、湿地、水源地试点，建立永久性保护区域。探索实行受益地区补偿保护地区、流域下游补偿上游的区域补偿机制，对因保护生态而造成单位和个人损失的给予其相应经济补偿。

6. 健全政绩考核制度

建立体现生态文明要求的目标体系、考核办法、奖惩机制。把资源消耗、环境损害、生态效益等指标纳入经济社会发展综合评价体系，大幅增加考核权重，强化指标约束，不唯经济增长论英雄。完善政绩考核办法，根据区域主体功能定位，实行差别化的考核制度。探索编制自然资源资产负债表，对领导干部实行自然资源资产和环境责任离任审计。

7. 完善责任追究制度

建立领导干部任期生态文明建设责任制，完善节能减排目标责任考核及问责制度。严格责任追究，对违背科学发展要求、造成资源环境生态严重破坏的要记录在案，实行终身追责，不得转任重要职务或提拔使用，已经调离的也要问责。对推动生态文明建设工作不力的，要及时诫勉谈话；对不顾资源和生态环境盲目决策、造成严重后果的，要严肃追究有关人员的领导责任；对履职不力、监管不严、失职渎职的，要依纪依法追究有关人员的监管责任。

调 研 单 位：国家林业局经济发展研究中心
调研组成员：赵金成　曾以禹　张　多

国有林场改革面临问题及对策调查报告

【摘　要】中共中央、国务院《国有林场改革方案》出台以来，全国各地都在积极贯彻落实，先后制定并出台了省级国有林场改革实施方案。各地在制定和实施省级国有林场改革方案过程中，都遇到了一些新情况、新问题，国有林场性质和编制问题、人员结构问题、资金问题、西南西北地区国有森工企业改制转型问题等，亟待解决。为此，课题组赴陕西等省（区）针对上述问题开展了国有林场改革调研。通过实地调研，有针对性地提出了对策建议。

2015 年 2 月 8 日，中共中央、国务院印发了《国有林场改革方案》，国务院有关部门及各级地方政府都在积极地推进国有林场改革。为及时了解掌握各地国有林场改革进程中出现的新情况、新问题，研究提出解决问题的意见和建议，供有关决策部门参考，推动国有林场改革顺利进行。按照国家林业局 2015 年重大问题调研部署，于 2015 年 9 月 16～26 日以及 11 月 23～28 日，国家林业局经研中心、国家林业局场圃总站会同有关省（自治区）相关人员组成联合调研组，赴陕西、四川、云南、新疆 4 省（自治区）开展了国有林场性质和编制问题调研；赴江西宜春市、吉安市、井冈山市开展了国有林场功能定位和面临新问题调研。调研期间，分别召开了由各级林业主管部门及国有林场管理机构负责人、林场负责人参加的座谈会，现场考察了调研省份有关林场危旧房改造工程、森林资源培育工程等，充分听取了地方意见和建议。同时，调研组对 7 个试点省份的 43 个试点林场就改革存在问题及建议展开问卷调查。通过调研，了解了国有林场改革方案制定中和改革后所面临的主要问题，并针对问题提出了相应对策建议。

一、国有林场改革面临的问题

从调研情况看，7 省份国有林场改革进度存在差异，基本上可分为两类：一类是有些省正在制定国有林场改革方案，另一类是有些省国有林场改革方案已经出台并已实施，两类国有林场都面临着一些突出的问题。

（一）改革方案制定中存在的问题

1. 国有林场性质问题

性质问题是关键，关系到国有林场的管理体制和运营机制。调研了解到，部分国有林场因目前没有经营性收入，林场管理者和职工更愿意将林场定性为公益一类事业单位。如陕西省拟将全省国有林场全部按从事公益服务事业单位公益一类事业单位管理。

如果定性为公益一类事业单位，意味着林场经营管护为财政全额拨款，林场经营收入全部上缴财政，采取收支两条线。调研还了解到，有些经营状况较好的国有林场，也强烈要求定为公益一类事业单位。如果定为公益二类事业单位，即财政差额拨款事业单位，从眼前看来，职工收入会多一些，但他们考虑，随着国家对事业单位改革逐步推进，担心可能将来林业收入越来越少，职工收入没有保障或林场性质改变为企业。因此，从长远来看，他们考虑还是愿意定为公益一类全额拨款事业单位，这样养老、医疗有保障，没有后顾之忧，可以一心一意护林。

2. 人员编制问题

(1)有编制，但目前尚未纳入财政预算。如新疆维吾尔自治区直属林场，2012 年就全部定为公益一类，全额拨款事业单位，但尚没有纳入财政预算，用天保资金解决国有林场职工工资。

(2)有编制，但不足。如新疆全区国有林场现有在职职工 8060 人，自治区各级编办核定编制总数仅 3991 个，全区林场总面积达 1.2 亿亩，按至少需 1 万人管理，编制缺口相当大。

(3)没有编制，协调困难。陕西、四川、云南三省均反映，目前，在国家要求事业单位改革不增机构不增编制背景下，各地编办很难协调，增加编制。强烈要求国家层面协调中央编办，出台相应政策，允许各省(自治区)编办放宽编制数量。

3. 地方财力不足

人员编制问题，从根本上说是财力问题，地方财政有困难，编制问题难以解决。据调研省份普遍反映，部分县级财政确有困难。以陕西省为例，全省有 83% 的国有林场都是县管，如将差额拨款、自收自支事业性质的国有林场，转为公益一类全额拨款事业单位，由县级财政供养，部分县财政会有困难。

4. 人员结构不合理，专业技术人员缺乏

据调研，国有林场人员结构不合理主要反映在两方面：一是普遍存在着职工年龄偏大的问题。如陕西省现有职工中，40 岁以上的占 65.30%；四川省乐山市 40 岁以上的占 76.88%。二是国有林场职工普遍学历低。各地普遍反映，职工中初中以下文化程度的人员占比较高。改革后，大多数林场都存在编制不足问题，自然减员，只出不进，无法招收有学历、有能力的年轻人。现有技术力量已不能满足森林经营与森林资源监管等工作需要。

5. 消化国有森工企业是西南西北省区改革面临最突出问题

根据 2015 年 3 月国务院召开的全国国有林场和国有林区改革工作电视电话会议要求，西南、西北等森工局、采育场等原则上按《国有林场改革方案》推进改革。这就意味着，西南、西北地方国有森工企业改革一并纳入国有林场改革方案之中。对西南、西北省份来说，国有森工企业问题是其改革难点和重点。通过调研发现，与国有林场改革相比，西南、西北国有森工企业改革难度系数更大，这也是西南、西北国有林场改革方案难产的原因所在。其核心就是国有林区森工企业改革转制问题。

（1）企业转制问题。将西北、西南国有森工企业转为公益性事业单位，有其必然性。一是国务院会议决定对西北、西南国有森工企业改革按照国有林场改革方案进行，这是中央明确了森工企业原则上改制转型；二是根据森工企业目前的实际工作性质，主要承担保护和培育森林资源为全社会提供森林生态产品职责，以及从所处生态区位的极其重要性，也应当定性为公益性事业单位。但调研省份普遍反映，西南西北国有森工企业改革定性为公益类事业单位难度极大。主要问题是：目前多数森工企业资金来源主要靠中央财政天保资金维持，企业经营收入几乎为零，一旦定性为公益性事业单位，地方各级政府就将面临增加事业单位人员编制和财政供养问题。

（2）编制问题。人数多、财力小、编制难，是西南西北国有林区改革的难题。

人数多。云南16家省属国有重点森工企业，涉及2万多人；陕西省12家国有森工企业，在职职工9336人；四川省有28家重点国有森工企业，82家地方小型采伐企业，在职职工1.6万人。

财力小。云南省属国有重点森工企业，已全部归属地管理，移交到所在县市；陕西省12家国有森工企业，省属6家，市属6家；四川省28家重点国有森工企业，其中，省管2家、市（自治州）管23家、县管3家。这些企业所在市县经济实力不足，有的甚至是贫困县，财政主要靠转移支付运转。

编制难。森工企业改制转型，让市县新增成百上千事业人员编制，实有难度。目前，多数森工企业主要依靠天保资金维持运转。各地普遍反映，争取编制很难，也难在增加事业单位受政府限制和地方财政无力承担。

据四川省反映，由于森工企业全部是企业性质，尚未纳入中央财政改革补助范围，就没有纳入国家国有林场改革范围。全省28个重点森工企业，82个地方小型采伐企业，在岗职工1.60万人，退休职工6.10万人，林地面积1.46亿亩，如果按照国有林场改革补助标准，每名职工补助2万元，每亩林地补助1.15元，全省森工改革补助资金应该达到16.80亿元。

（3）何谓公益性企业。中央6号文件提出：转制为企业性质的国有林场，结合国有企业改革探索转型为公益性企业。陕西省反映，何谓“公益性企业”，省人社、编办、财政部门目前还没有这个概念，无法对接，基层林业部门更是一头雾水。公益性企业，工资、社会保障怎么解决？涉及职工切身利益，但各地对此的理解五花八门，担心变成不事不企的尴尬境地。

（二）改革实施后面临的问题

江西省是全国国有林场改革整体推进试点省，经过几年努力，全省国有林场改革试点任务基本完成，在管理体制、民生保障、资源保护、基础设施建设等方面取得了明显成效。据江西调研市县反映，国有林场经过改革转型后，转换了职工身份，职工社会保障到位，定性定编定经费，为林场基本运行奠定了前提基础，但在国有林场改革基本完成后，后续发展中还存在一些亟待解决的困难和问题。

1. 林场经营压力仍然较大

江西省井冈山市林业部门反映，改革后，虽然解决了林场人员的社会保障问题，纳入财政预算，但是改革以后林场经济压力仍然较大。其原因：一是财政预算只是按照定编人数来实行收支两条线做预算，但林场定编人数与实际人数存在差异，现在各个林场定编人员大概只有在职职工的三分之一，多的约为二分之一。对尚未列入财政预标的大部分人员的工资及社保问题还得靠林场创收来解决。所以，林场的经济压力很大。二是井冈山市因保护森林资源与生态环境的需要，对各个林场实行限制采伐甚至禁伐的政策，林场没有增收的空间。林下经济等其他产业还处在起步阶段，难于形成经济支撑能力。

2. 地方财政负担重

江西省吉安市 39 个国有林场全部定性为公益二类事业单位，纳入同级财政综合预算，统一按每万亩 2～4 人标准核定规定林场经营管护所需劳务岗位，全市共确定劳务用工岗位 1281 人。安福县是江西省重点林业县，改革前 7 个国有林场，均属自收自支事业单位。改革后，6 个林场均定性为公益二类事业单位。安福县反映，改革后，国有林场机构和人员经费纳入财政预算，政府每年需承担国有林场事业经费 5263. 83 万元，财政负担较重。

3. 政府购买服务如何操作无明确政策文件规定，管护人员购买服务标准较低，造林、抚育等尚未纳入购买范围

江西省井冈山市反映：以政府购买服务方式来支撑林场的造林、中幼林抚育等项目并无明确政策文件规定，具体执行难度很大；护林人员纳入政府购买标准来看，目前，市财政按人均 2 万元测算。从购买内容来看，每年仅安排森林资源培育管护经费，用于管护人员的工资及社保，造林、抚育等支出尚未纳入购买公共服务预算。

4. 有些地方财政经费安排严重不足

江西宜春市林业部门反映，由于地方财政紧张，此次国有林场改革，核定事业编制 401 人，安排机构运转及人头经费 1618 万元。由于编制数有限，实际人员多于核定编制，所安排的经费不能满足实际的基本需要，要靠林场自行负担。另外，政府购买公共服务资金仅安排 343 万元，全市国有林场生态公益林 155. 66 万亩，平均每亩 2. 2 元，要承担起管护与造林的生态功能作用，可谓杯水车薪，林场难以切实承担起生态保护功能作用。

5. 林场基础设施投入严重不足

江西宜春市袁州区反映，林场基础设施建设严重不足。一是林场生产用房仍然是危旧房。通过棚户区改造，解决了职工的后顾之忧，但是真正的林场生产用房仍然是危旧房，目前，袁州区国有林场危旧房约有 2. 3 万平方米。二是林区道路建设难以满足经营管护需求。江西虽然在“十二五”期间省财政安排全省国有林场道路建设经费 5000 余万元，且重点安排在重大项目上，平均分配到各县林场只有几公里，很难解决林区道路的需求。三是防火设备简陋，仍然是传统的操作模式，很难适应改革后的需求。

6. 如何保持林场可持续经营

江西省宜春市袁州区林业局反映，创新的难题：一是创新缺少项目；二是缺少资金支撑。如搞生态旅游，需要资金支撑。井冈山市林场也反映，林场经营如何才能可持续？林下经济，到底什么是林下经济，搞哪些方面？找了好多客商到我们林场，林场的优势就是林地，林子太密了，不进阳光，连草都不长，疏林地都是杂灌，林地改造成本很高。特别是目前，林场的资金只能发 70% 的工资，林场曾几次召开会议，讨论发展产业，但职工担心亏本，无人去承担责任。

在调研基础上，我们对 7 个试点省份 43 个试点林场问卷调查进行了梳理和分析，反映的主要问题与调研中所了解到情况基本相同，主要问题是：改革后富余职工安置问题、改革后地方财政负责重、林场自身发展问题、林场基础设施建设问题、原来职工以家庭承包责任制形式及对外合作（承包）经营的林地及森林、林木资产处理以及激励机制问题等。

二、对策建议

（一）改革方案制定中的建议

1. 科学界定国有林场性质

一是建议各地要从实际出发，按照中央 6 号文件要求，科学合理界定国有林场性质，定为公益一类事业单位，或是公益二类事业单位。二是按照中央 6 号文件要求，对事业性质的国有林场，根据国有林场功能定位，对生态公益林比重不大，经营状况较好，且有一定经营开发潜力的国有林场，建议定为公益二类事业单位，以经营收入反哺森林保护和发展，减轻地方财政负担。三是建议国家出台相应政策，明确公益二类事业单位性质长期稳定不变，确保不因事业单位深入改革由现在公益二类转变为企业性质可能，免除国有林场职工后顾之忧。

2. 科学核定国有林场编制

中央 6 号文件没有明确核定编制标准。建议：一是协调中央编办，允许编制不足省份适当增加国有林场事业编制数量或在省内调剂解决；二是在各地出台的改革方案中，科学核定国有林场编制数量。结合国有林场所处地理位置、生态区位、林地面积和管护难易程度等诸多因素，具体核定各林场人员编制。如平原林场，人均管护面积可以小些，人员可以多些；如果是山区林场，人均管护面积可相对多些，人员可以少些。

3. 动态管理，解决人员结构不合理问题

一是对编制内国有林场人员进行动态管理。通过自然减员，退 2～3 人进 1 人，以解决人员断层问题。应拿出一部分编制用于招聘年青职工，不能都由编制外人员递补，做到统筹兼顾。二是加强对国有林场的人才培训，制定出台《国有林场中长期人才培训规划》和年度计划，提高国有林场干部职工队伍的整体素质、管理水平和提供公共服务的能力。

4. 多渠道解决改革资金不足问题

建议中央加大西部地区国有林场的财政转移支付力度。西南西北地区经济欠发达，林场基础设施差，短期内创收能力不足，建议通过中央财政加大转移支付力度，增加基础设施建设投资，提高西部地区改革和森林管护补助标准，增强西部地区国有林场改革动力。

5. 编制内人员应落实到人头

建议国有林场改革过程中，应定岗、定编、定人。编制内外人员执行不同工资制度，依据相应身份缴纳相应社会养老保险、医疗保险等。

6. 西南西北地方国有森工企业改革建议

1）关于性质和编制问题

【方案一】森工企业定性为公益一类事业单位，科学核定编制，机构和人员经费纳入地方同级政府财政预算。

一是国家出台明确西南西北经济欠发达地区国有森工企业改制为公益一类事业单位，增加编制相关政策。建议协调中央编办，增加西南西北国有林区地方事业单位编制指标。中央给各地一部分编制指标，主要由省调剂解决，市、县政府自己调剂解决一部分，通过三方面共同解决编制指标问题。将现有森工企业部分正式职工纳入事业单位机构编制范围管理，采取定编、定岗、不定人，随着现有人员退休、调离，逐步控制在核定编制限额内。其余管护人员采取政府购买服务，在公益林管护等经费中解决。

二是国有林场改革省级改革方案中出台提前退休政策。允许提前退休，通过提前退休政策来消化一部分人，减轻国有森工企业改革的压力。

【方案二】森工企业定性为公益二类事业单位，给予一定编制，人员经费暂不纳入地方政府同级财政预算。

一是定性事业单位。借鉴新疆做法，主要承担林业生态建设和森林资源管护的森工企业，由企业转为事业单位，核定事业编制，按照有关政策解决事业身份，享受事业单位职工待遇。

二是人员经费暂不纳入地方政府同级财政预算。实行定额补贴。人员工资和社会保障主要由天保资金解决，以缓解地方财力不足和供养难的问题。

【方案三】森工企业定性公益性企业。

一是定性为公益性企业。国有森工企业承担的公益林培育、森林防火、病虫害防治等属于公共服务职能，林产品生产、森林旅游等属于企业职能。用企业职能所得收入负担政府职能，难以实现经济上的自我循环，因此，将森工企业定性为具有公益性的特殊企业，免除对国有森工企业的各类税收，实行特殊核算制度，财务上实行财政定额补助和完全意义上的政府购买服务。

二是制定森林经营方案。在摸清森林资源底数的基础上，科学制定森林经营方案，依据森林经营方案确定林产品生产规模，制定非木质林产品生产计划和森林旅游发展计划，参照市场各类产品和服务价格、生产要素价格科学确定预算收入和支出计划，对支出和收入间的差额列入财政预算定额补贴范围。

三是国家对企业富余人员创业给予专项支持。在扩大就业渠道的前提下，仍不能从业的企业富余人员，在依托林区资源进行创业方面给予10年左右无息贷款，政府将以往对企业富余人员安置的费用转为对银行的贷款贴息，支持金融机构向职工发放创业资金，扶持职工创业。

2）经费问题

（1）关于改革补助资金问题。对没有纳入国家国有林场改革范围的森工企业，建议协调财政部，按照国有林场改革补助标准，将西南西北国有森工企业纳入国有林场改革范围，解决森工企业改革成本问题。

（2）加大中央财政转移支付力度。对西南西北国有林区中央财政要加大转移支付力度，资金主要用于国有林区森工企业改革，支持企业扩大生产渠道，增强就业生产能力。

（3）提高国家生态公益林补偿标准。按照企业承担的生态公益林建设职能由国家给予财政补贴的总体要求，对公益性企业受国家委托代为保护管理的国家生态公益林，可按照市场生产要素价格合理确定造林和经营成本，使补偿标准达到公益林经营成本水平，而不是由企业创造的利润来承担政府公共服务职能。

通过上述财政政策手段，充分调动地方政府对西南西北国有森工企业转制的积极性，促进西南西北国有森工企业改革顺利进行。

3）出台“公益性企业”相关配套政策

2015年9月13日，《中共中央　国务院关于深化国有企业改革的指导意见》明确将国有企业分为商业类和公益类，公益类国有企业以保障民生、服务社会、提供公共产品和服务为主要目标，引入市场机制，提高公共服务效率和能力。

目前，无论《国有企业改革指导意见》还是《国有林场改革方案》，尚未出台针对公益类企业相关配套政策。为此，建议国家财政、发改、人社、编办等部门，明确公益性企业的财政政策和资金来源，免除各类税收，列入国家支持的特殊企业；提高森林生态效益补偿标准，对企业富余人员实行就业援助，企业森林管护等公益性支出纳入地方财政预算支出范围，中央财政加大转移支付力度。同时，应明确公益性企业体制机制、职工工资、社会保障等相关问题，以便各地操作时有依据，规范运作。

(二)改革后的对策建议

经过几年的努力，试点省国有林场改革取得了阶段性成果，但如何巩固改革成果是关键。特别是有些省份，还处于经济欠发达地区，如何确保改革成果。

1. 加大资金及项目扶持，增强国有林场资源培育保护和产业支撑能力

中央层面，一是由国家财政通过转移支付适当补助国有林场事业经费，减轻地方财政压力。二是提高国家级生态公益林补偿标准，加大对森林管理的支撑力度。

各级林业主管部门要制定本地区国有林场发展规划，引导和指导各林场产业发展，增强经济反辅生态能力。要从上到下统一指导，比如实施一场一策，分类指导，加以推广。

地方各级政府，进一步完善公共财政支持国有林场发展长效机制，对国有林场严格实行部门预算制度，依据财政收支状况，财政给予经费补助，并通过购买服务方式予以支持。对生态公益型事业林场，在保护生态优先前提下，出台支持各林场产业发展政策，比如“收支两条线”返还政策，碳汇政策等，充分发挥好林场功能。

2. 编制生态公益型林场产业发展规划，引导林场产业发展

制定出台支持国有林场产业发展的政策措施，提高林场发展活力。建议国家层面研究制定支持国有林场产业发展的有关政策措施，通过设立专项发展资金，完善林业信贷担保方式，拓宽投融资渠道，减免相关税费等手段，推动国有林场种苗、花卉、森林旅游、林下种养业等产业发展，拓宽国有林场创收渠道，增强林场发展活力。林场要充分利用好现有丰富的林业资源，做好林场产业发展规划，在保护好生态前提下，将森林旅游等产业发展好，增加经营收入，减轻财政负担，缓解林场经济压力，提高职工生活水平，使生态、产业、民生相辅相成。

3. 积极探索林场森林经营模式，增强森林生态功能

改革后，林场的定性发生了根本性的变化，由原来采伐木材为主的经营型变为提供公共服务的公益型。从国家整个生态建设的要求来看，林场的一些功能发生变化，改革以后，以保护森林资源为主，政府、林业部门和林场职工已达成了共识。随着林场职能的转变，林场管理模式需要进一步探索和推进。改革之前很长一段时间是靠经营森林和资源采伐利用来运行，现在随着林业改革深化，生态意识的增强，仍然需要进一步探索林场今后的经营管理工作，包括森林经营方案编制、森林资源利用方式、森林保护规划和人才岗位的安排等。

4. 加强基础设施建设，完善基础设施建设政策或标准

建议加强基础设施建设。一是明确棚户区改造补助对象，可以直补林场棚户区职工。二是加大林场防火设备、车辆购置力度，以适应林场防火实际需要。三是增加林区公路建设投入，增强林场保护发展支撑能力。四是完善基础设施建设标准，建设符合实际需要的林业设施。

5. 尽快制定出台政府购买服务管理办法，明确购买主体、购买内容和购买标准

建议国家层面按照国务院和财政部购买服务的相关规定，制定出台有关国有林场政府购买服务具体内容、办法，统一规范购买行为。一是明确购买主体，强化政府的购买服务行为。江西省有的市目前做法是：各林场是购买主体，根据各林场年度森林经营方案，确定购买服务的项目、内容、规模、工程量等，编制购买服务的预算。二是制定购买内容（目录）。不仅包括森林管护，而且还要包括造林、抚育、木竹采伐、森林防火、病虫害防治等生产性活动，也应包括防火应急道路、供水、供电、旅游等公共服务，扩大购买服务领域。三是明确购买标准。根据各地实际，按市场化原则，确定各项目购买标准。如森林管护购买标准，要考虑公益林比例、编外人员数量、自我发展能力，综合确定购买标准。

调 研 单 位：国家林业局经济发展研究中心
国家林业局国有林场和林木种苗工作总站
甘肃省林业厅场圃处
新疆林业厅
辽宁省国有林场管理局
甘肃省白龙江林管局
调研组成员：王月华　夏郁芳　余　涛　唐肖彬　管长岭　欧国平
宋知远　牛希奎　和发银　师戈里　岳俊彬

江西省国有林场改革调研报告

【摘　要】报告概要地阐述了江西省国有林场基于制度变迁的发展历程及新一轮国有林场改革的主要内容、做法和特点，并对江西省目前两类较为典型的国有林场经营发展模式、现状进行了描述。对改革中存在的主要问题及未来发展方向展开分析讨论，并提出了深化我国国有林场改革的对策与建议。

一、课题背景及研究方法

截至2010年年底，我国共有国有林场4507处，分布在31个省(自治区、直辖市)的1600多个县，经营面积9.3亿亩，其中森林面积6.7亿亩，国家级公益林面积4亿亩，分别占全国森林面积和国家级公益林面积的23%和26%，是中国生态脆弱地区的主要生态屏障和重要后备森林资源基地，是生态修复和建设的重要力量，是维护国家生态安全最重要的基础设施，在大规模造林绿化和森林资源经营管理工作中取得重大成就，为保护国家生态安全，提升人民生态福祉、促进绿色发展，应对气候变化中发挥了重要作用。

长期以来，国有林场处在功能定位不清、管理体制不顺、经营机制不活、发展后劲不足、支持政策体系不健全环境条件下，不仅使林场发展陷入困境，林区民生问题突出，而且严重影响国家生态建设大局，国有林场可持续发展面临严峻挑战。

2011年年初，经国家林业局(林函场字〔2011〕1号文件)批准，江西省率先在全国进行国有林场改革试点，为全面推进国有林场改革提供良好的经验。

2015年3月，中共中央、国务院印发《国有林场改革方案》，明确了国有林场功能定位，提出了改革的总体要求，确定了改革的主要内容以及完善国有林场发展的政策支持体系。

创新国有林场发展方式必须从深化改革、根除体制机制性障碍入手。系统总结改革先行省份(江西)国有林场改革的试点经验，特别是在处理“保生态、保民生”两条底线与创新经营机制上的主要做法(模式)和效果，以及改革重点、难点、问题、对策等，对推进国有林场改革，实现林业可持续发展十分必要。

2015年8月，根据国家林业局2015年林业重大问题调研项目的部署，南京林业大学调研组前往江西省进行调研，并按地域差异选择了3个县，每个县按照经营取向和机制模式的划分又选择了2~3个国有林场作为调研样本，先后分别采用座谈会(省级、县级和林场级)和二手资料收集等开展调研工作，深入了解国有林场发展进程、改革经验、特色模式与难点问题，在此基础上形成调研报告。

二、江西省国有林场改革情况概述

（一）基于制度变迁的江西省国有林场改革历程

江西省国有林场的改革历程，整体上是基于制度变迁所发生的。根据时间先后划分，可大致划分为六个具有代表性的阶段。

1. 国有林场建设阶段（20世纪50～70年代）

响应国家消灭荒地荒山的号召，全省各地于20世纪50年代后期开始，先后在一部分森林资源（林地）较为丰富、集中，但群众无力经营的边远地区建立起国有林场或采育林场[①]。为实现资源的可持续性，国有林场或采育林场于20世纪60年代中期至70年代中期进行了一轮大规模的人工造林。

2. 国有林场基本格局形成阶段（1985年前后）

随着“林业三定”改革的开展，各林场的林地经营范围与边界基本确定，部分林场经过20世纪60年代大规模造林及与村社林地联营扩大了生产规模，1985年前后，以森林资源逐步进入主伐期为标志，以木材产出和现金流稳定为特征的基本格局形成，国有林场开始步入一段时间的黄金发展期。

3. 国有林场开办林产工业企业阶段（1990年前后）

从20世纪80年代末开始，在“以短养长、以工促林”的指导思想下，因价格扭曲形成的丰厚利润诱使各地林场先后开办林产工业企业，并于1990年左右进入一个小的鼎盛期。但由于生产要素价格的市场回归和企业经营不善所形成的债务，使原本计划“养林”的林产工业企业逐渐变为造成国有林场长期亏损的根源。

4. 国有林场逐渐衰落阶段（1996年前后）

1996年起，按照国家的相关文件，对全省国有林场分为三类（商品型、生态型、混合型）经营，开始采用多种经营方式共存的模式，对苗圃、竹林、果园等进行职工承包经营的试验。但因各林场开办的林产工业企业相继破产，带来大额负债，加之过度采伐和营林投资不足引发的林业资源质量下降，各林场先后进入经济衰落期。全省国有林场陆续开始采用员工分流和整合重组等多种方式达到减员增效的目的。1998年，省林业厅撤销专司国有林管理的国有林处，国有林场改由林木种苗站管理。

---

① 国有林场（1994年以前称国营林场）创建于20世纪初，截至1949年年底，全国共有国有林场77个，主要服务于科学研究及教学实践。20世纪50年代，国家在大片荒山荒地和次生林区，投资建立了国有林场和森林经营所，开展无林地造林和次生林经营活动。改革开放前，国有林场实行国有国营、事业制管理，在国家统一计划指导下，从事林业生产经营活动。国有采育林场（原伐木场或森工林场）起源于木材公司采伐和收购集体林，继而在采伐迹地建立联营基地，实行企业制管理，2000年后，部分省份将国有林场和国有采育林场在名称上统一为国有林场，但单位性质维持不变。

5. 森林分类经营阶段(2003 年以后)

这一阶段，随着国有林场森林分类经营的理念逐渐渗透，各林场根据自身比较优势和发展潜力重新定位，就联营林场问题与村集体签订了协议，并积极利用整合重组、招商引资等方式寻找发展出路。但由于前期负债过高、林业资源质量下降等原因，大部分林场经营绩效持续出现负增长。

根据2003 年中央《关于加快林业发展的决定》文件精神，全省开始套用工业企业改制方法，对国有林场“减员增效”，并解决了近 3 万人的社会保障问题。但由于后续政策出台及经营体制变革未及时跟上，改革效果不佳。

同时，之前由省森工局管辖的森工林场也划归省林业厅种苗站管理，全省国有林场和森工林场的概念边界及性质比较模糊，两类林场被统称为“国有林场”。

6. 新一轮国有林场改革阶段(2010 年试点开始后)

这一阶段，全省的国有林场开始形式整合，并轨经营管理，林场原有的边界和性质更加模糊。此轮改革过程中，出现了两种典型模式：一是基本维持原有林场经营格局和经营方式的泛公益林经营模式，二是将公益林、商品林分别归并的分治模式。

表 1 是对调研组实地调研的 7 个国有林场(改革后，为 5 个公益型林场和 2 个商业性的林投公司)改革沿袭历程的情况表，基本对以上 6 个阶段的划分进行了验证。

表 1 7 个江西省国有林场的改革沿袭历程

国有林场 \ 时间段	20 世纪 50～70 年代	1985 年前后	1990 年前后	1996 年前后	2003 年改革后	2011 年改革后
遂川县龙泉林场	1960 年左右，因合作造林，开创一系列森工林场，归农垦局管理	(1)1985 年因政企分开，森工林场由农垦局分离，创建了林场前身遂川县林业工业公司 (2)1990 年形成现有基本格局	1987 年开始，发展多种经营方式，创办了机制砖厂、木材小材小料加工厂等，但一直处于亏损状态	(1)1997 年实行社保机制，对部分员工进行工龄买断处理 (2)2000 年前后开始未招募新人	(1)2004 年起，因全县彻底放开木材收购权，经济效益开始下滑；对老员工进行多种方式分流 (2)于 2004 年和 2007 年进行了招商引资 (3)于 2004 年对国社合作造林问题进行梳理和完善	2014 年，转型为生态公益林场，进行新一轮改革，对过往债务问题和人员分流问题进行化解，预计员工在 15 年左右分流完毕
遂川县云岭林场		1986 年，因森工企业改革布局和县林业发展理念的需要，开始建场	1990 年开始创办林办工业，先后建立拉丝厂、家具厂、机制砖厂等	(1)1996 年开始，以“买断工龄”等方式实行人员分流 (2)于 2000 年前后未再进新人	2010 年，部分商品林流转给宜华木业	2012 年，定位为公益型林场，对过往债务进行化解，并对员工进行进一步分流和处理，预计员工 7～8 年分流完毕

（续）

时间段 国有林场	20 世纪 50~70 年代	1985 年前后	1990 年前后	1996 年前后	2003 年改革后	2011 年改革后
遂川县五指峰林场	1957 年，为消灭荒地荒山建场	1984 年进一步扩展联营规模，并且取得 10 年黄金发展期	（1）于 1990 年建立以竹制品生产为特色的金泉公司 （2）于 1992 年建立以塑料制品生产为特色的金川公司	（1）1996 年起，因林场资源、人员负担及林产工业的债务问题，林场效益出现整体下滑 （2）同年，两家林产工业企业破产 （3）多种途径实现人员分流，2000 年起基本不再招募新员工	2006 年起，人工林进入间伐期，林场效益转好，待岗员工想返岗。林场采用竞聘上岗的方式招募员工	2012 年，开始此轮林改，定编 178 人，实际在岗 145 人（竞聘上岗），进一步化解过往债务及员工社保问题
会昌县湘江源自然保护区生态林场（原主体为板坑林场）	（1）1958 年建垦殖场，并于 1967 年改为采育林场 （2）20 世纪 80 年代中期更名为板坑林场	进入采伐高峰期，但采伐后不造林，造成林场资源锐减		1996 年起，因乡镇企业用材计划和乡镇联营，林场经营效益变差，职工开始分流	（1）2003 年，板坑林场定性为事业单位，但财政不拨款，属于自收自支的企业性质 （2）2005 年县里禁伐政策实施，林场彻底开始禁伐	（1）2012 年开始此轮改革，会昌山林场并入，成立湘江源自然保护区生态林场，设 30 个事业编制，并外聘部分护林员 （2）以前员工全部买断工龄，重新竞聘上岗 （3）退休人员实行“退一缴一”的方式缴纳社保
会昌县生态公益林林场（原主体为龙须岽林场）	（1）1954 年，场部前身龙须岽林场的原型垦殖场成立 （2）60 年代中期，性质改为采育林场	在 20 世纪 80 年代的林业三定时期，老林场规模正式确定	20 世纪 90 年代初，原龙须岽林场人最多时达 300 人	由于林业资源较好，晚于同县其他林场，于 2000 年左右，出现经营效益下滑，开始人员分流		2012 年开始此轮改革，全县除湘江源保护区生态林场外的 6 个国有林场公益林部分整合成为会昌县生态公益林场，采用事业编制，定编 10 人。老职工分流方式与湘江源保护区生态林场类似
会昌县林业投资公司（简称林投公司）			全县国有林场先后创办林产工业企业，但经营效果都不好	2000 年左右，所有林产工业企业纷纷倒闭		2015 年组建，全县所有国有林场的商品林部分整合划归组建，但日常管理交由县生态公益林场进行
崇义县林业投资公司（简称林投公司）	1958 年起，全县 10 个国有林场先后建立，至 1978 年全部建立完毕	1978 年后，开始大面积造林，杉木和松树，并形成第一代商品林。目前部分林场已进入第二代商品林采伐阶段			2007 年起，将全县 10 个国有林场的商品林整合，组建县林投公司，员工有效分流或重新上岗	（1）2010 年起，林投公司中的精品商品林重新整合，设立林股公司进行经营 （2）全县公益林管护的部分成本

（二）新一轮国有林场改革的主要做法及成效

1. 改革前，国有林场现状

改革前，江西省国有林场经营总面积 2618 万亩，占全省林地面积的 15.5%；蓄积量为 9264 万立方米，占全省的 1/4；生态公益林 1159 万亩，占国有林场森林面积 46%，占全省公益林总面积 23%；国有林场森林资源质量较之集体林相对较好。国有林场总体在经济上呈现出以下“五多”的特点。

一是数量多。全省有 425 个国有林场，约占全国总数的 1/10。但经营面积都不大，呈零散分布，林场经营规模平均为 5.8 万亩，仅是全国均值的四分之一。

二是职工多。职工总数 10.28 万人，约占全国总数 1/6，其中在职职工 5.66 万人。同时，职工待遇偏低，2013 年人均工资不足全省城镇在岗职工平均工资的 1/3。

三是管理体制中交叉多。由于 2003 年后，事业制的国有林场与企业制的采育林场在行政管理体系上“合二为一”，所以，对各林场划分时，在性质、隶属关系、级别等方面存在大量交叉关系。

四是债务多。全省国有林场负债总额高达 47.95 亿元，80% 林场处于亏损（边缘）状态。

五是遗留问题多。改革前未参加养老保险的职工有 2.11 万人，未参加医疗保险的职工有 1.47 万人，并留有大量场办学校、场办医务所和代管村组，基础设施（水、电、路）大多停留在 20 世纪 80 年代水平。由于国有林场的性质模糊，导致其无法享受当地惠农政策，难以与农村地区同步解决基本设施等问题。此外，联营山林经营权属①等历史遗留问题随协议到期时间临近亦日益凸显。

2. 新一轮国有林场改革思路

2010 年 6 月，与全省 7 个系统（包括农林系统）国有企业改革工程保持同步，新一轮国有林场改革正式启动。结合国有林场的特点，改革的主体思路为：在把握“保生态、保民生”两条底线的基础上，遵循企业改革路径为主。

2011 年，随着江西省国有林场改革工作正式列入国家林业局改革试点项目，全省国有林场改革的思路发生一定程度的改变。在遵循原有改革思路的基础上，会同中央 2015 年 6 号文件精神，对改革思路进行了两点细化：一是遵循国家林业局分类改革思路，将商品性和公益型林场彻底分开经营；二是按照财政部“林场资源宝贵、应保护”的原则，坚持公益型为主的改革方向。最终，形成了理顺管理机制、搞活经营机制、减轻林场负

① 国有林场和森工林场与村庄的联营林地大多占国有林场经营面积的 50% 以上，个别的高达 100%。国家在历次集体林权制度改革中均将其作为历史遗留问题，强调保持国有林业单位经营区的稳定性。2003 年启动的集体林改，国有林业单位均与村集体签订了合作林地经营限期合同。

担、完善社会保障的基本路径，以推进“三增长，两建立，一确保”①改革总体目标的实现。

3. 新一轮国有林场改革方案

伴随着改革思路的变化，江西省国有林场改革方案也发生一些改变，特别是将林场类型的划分标准进行了调整，侧重于“以公益林为主、大多数林场进事业编制”的路径。具体改革步骤分为以下六步：

（1）重组：原则上要求改革后，各县国有林场个数不超过3个。按区域将全省原有的209个事业制国有营林林场和216个企业制国有森工林场进行有效合并为216个国有林场。

（2）定性：重新明确林场功能定位。考虑到所有国有林场进行100%事业转型的难度，结合历史与现状，整体上按公益林占比60%以上的标准，将合并后的国有林场划分出公益型林场182个、商品型林场34个。目前，有8个商品性林场因公益林面积超过50%，也计划转为公益型林场。

（3）保障：完善林场职工的社会保障问题。全面实现职工参与社会保险，并对各林场历史遗留的各类社会保障拖欠款进行妥善处理。

（4）减人：进一步实现人员分流，改革用人制度。主要采用提前退休、待岗、内部退养及买断工龄等四种方式对不在岗职工进行人员分流（部分林场标准见表2）。其中，买断工龄的方式又分为现金支付、代缴养老保险、分股分林和混合进行这四种。但无疑，无论采用哪种买断工龄的方式，都使此次改革的成本大幅度提升。

表2 江西省部分国有林场人员分流方式及标准

林场＼分流方式	提前退休	待岗	内部退养	买断工龄
遂川县龙泉林场	从事特殊工种达到工龄要求后，男50周岁、女40周岁职工视同退休，进社保	维持劳动关系，单位缴纳养老保险	未达工龄要求，男53岁，女45岁，每月按基础工资的70%~80%发放生活费（约200~300元），至退休年龄	原有标准：基础2000元+工龄每年500元； 现有标准：工龄×现月工资或现有工资的12个月
遂川县五指峰林场		发放350元/月的生活费，并缴纳五险一金。待岗可转内部退养。	自愿标准是男28年工龄、50岁以上，女23年工龄、42岁以上；强制标准是男55岁以上、女45岁以上。每月缴社保，并发放70%的档案工资作为生活费	
会昌县国有林场			退养工资为档案工资的70%，视林场部效益具体发放	国营工和干部700元/工龄年、合同制工人500元、集体工480元，并补交社保费（全员）

注：根据座谈记录整理。

① 资源增长、职工增收、林场增效（三增长）；全面建立职工社会保障体系，尽快建立符合现代林业发展要求的国有林场管理体制和经营机制（两建立）；确保林区社会和谐稳定（一确保）。

(5)剥离：剥离场办社会职能。63 所场办医务所和 83 所场办学校划归归属地，实行属地化管理，其中学校教师等 1000 余人、医生等 800 余人。254 个代管村组也根据村民意愿进行剥离。

(6)转换：转变林场经营机制。主要方式有四种：一是将固定工制度改为合同制，签订劳动合同，按合同管理；二是将绝大部分自收自支的单位转变为全额拨款或差额拨款的单位；三是经营机制和原则，从以木材采伐为主转向以资源保护为主，大幅降低采伐指标；四是加快战略投资者和社会资本的进入，尝试多种经营方式作为林场提升经济效益的重要途径。

4. 新一轮国有林场改革成效

此次江西省国有林场改革过程中，中央财政共拨款 19.73 亿元，省财政拨款 4.86 亿元，市县级财政自主配套近 10 亿元，较好地推动了此次改革，基本实现了改革任务目标，取得了以下 4 个方面的阶段性成效。

(1)理顺管理体制。由于合并，全省国有林场数量得到了大幅度调整、合并，场均经营面积从原有的 5.8 万亩提高到 12 万亩，实现了翻番。同时，林场性质基本得以清晰界定，原有林场分类交叉的问题得到了有效缓解。

(2)减轻林场负担(表 3)。对改革前 80% 的在职职工进行了有效分流，其中：买断工龄 3.5 万人，提前退休、竞争上岗和自主择业 1.06 万人。场办社会职能机构单位全面剥离。此外，各级政府及林业管理部门帮助化解林场各类债务 16.58 亿元，例如会昌县政府就通过加强与农行沟通的方式，帮助全县 3 个国有林场集体化解所欠债务的 70%。

表 3　2014 年江西省新一轮国有林场改革负担减轻情况

县(市、区)	已剥离社会职能(个)			已化解债务情况(万元)			仍拖欠社保费用(万元)	保留在岗人数(人)	分流安置人数(人)
	学　校	医　院	村　组	总　计	清偿社保费用	偿还个人款项			
江西全省	36	31	57	165844	88113	14219	9614.5	13649	28593
遂川县	无	无	无	3246.2	3246.2	0	0	509	662
会昌县	无	无	无	5416.3	1364	490	0	294	705
崇义县	无	无	无	4283	4283	0	0	405	0

资料来源：江西省国有林场改革评估验收成效统计表。

(3)落实民生保障。全省 100% 的国有林场职工参加基本养老保险，进入社保后的退休职工每人每月退休金由原先的几百元(视场部经营效益来定)统一上调至 1500 ~ 2000 元/月。同时，伴随国有林场改革进行的职工危旧房改造项目，也帮助 6.7 万名职工妥善解决了住房问题。

据调研了解并在样本林场得到验证，此次改革过程中，各国有林场长期以来形成的“人情债”和金融债务问题都得到妥善解决，群众反响较好，维稳效果突出。

(4)提升森林品质。由于大部分的国有林场被定性为公益型林场，并以维护林业资源为建设目标，加之林场开展造林、森林抚育费用由国家给予支持(包括公益林管护金国家配套5元/亩，省财政额外配套15.5元/亩以及造林、抚育补贴等)，故在改革开始后，各林场均加大了造林育林的强度。特别是，部分采取全县商品林打包经营的商品型林业投资公司(以下简称“林投公司”)将提升商品林综合质量作为增加经济效益的主要抓手，实现了造林质量和蓄积量的稳步增长和良好的经济预期。同时，部分林场在转型为公益型林场后，经县林业局的协调，将附近的部分集体林一并通过林地合作经营合同方式划入林场管理，在减少“插花山林”摩擦的同时，也实现了国有林场经营面积的提升。

(三)新一轮改革后江西省国有林场存在的主要问题

1. 职工民生保障方面

据调查发现，职工后续民生保障问题值得关注与探讨，特别是部分公益型林场，无事业编制的职工(外部聘用人员)如何缴纳社保(全省目前216个国有林场中有编制职工仅为7000余人)成为难题。例如，遂川县的龙泉林场和云岭林场分别需要花15年和7~8年时间，才能将现有在职职工数量通过“自然减员”至编制数量。显然，这笔后续保障的资金很大程度上将会成为新的“人情债”。此外，改革后，一部分以往采用企业制经营的国有林场也被定性为公益型林场，其员工或管理人员在缴纳社保和发放工资时，存在与原事业制国有林场的标准转变与差额的问题。对此，全省尚未出台相关的政策措施。

国有林场职工老龄化现象较为严重。在走访的7个国有林场中，几乎所有林场自2000年后就基本未再招募新职工，场部职工平均年龄达40周岁以上，职工年龄断层现象严重。

2. 基础设施建设方面

尽管此次改革已经对大部分职工住房问题进行了妥善解决，但大多数办公楼、林区管护房、作业道路等基础设施的建设水平仍停留在20世纪80年代，较大程度地制约了国有林场的创业与发展。同时，国有林场所处地区偏僻，林场性质不清，普遍存在着“不城不乡、不工不农”的问题，造成很多基础设施建设无法实现或成本过高。例如，现行的政策，水电、通讯等基础设施建设原则上要求行政村以上级别才能供给，使这些设施很难进入林区。如果通过行政村帮助解决，则后期的管护矛盾较为突出，造成后期成本的大幅度提升。与之类似的是部分作业道路的修建问题，由于必须经过附近村落，修建后的道路所有权与管护问题也将十分严重。

此外，按照城镇化要求，林场职工的新住房普遍安置在城镇区域，其中绝大部分是护林员，由于居住地与林场所在地或管护区域较远，管护效率能否符合标准存在现实障碍。为解决这一问题，部分林场要求职工在工作日(昼夜、轮流)不得回家，因此需要新建或修缮位于林场的职工宿舍或林区工棚等基础设施，必然造成建设成本的大幅提升或重复投入。

3. 经营方式方面

改革后，江西省85%左右的国有林场被定位为公益型林场，如何提升林场的森林经营质量，有效增强其综合效益成为一项重要课题。对此，江西省国有林场主要采用以下方式：

（1）部分林场会选择发展大径材或种植楠木等珍稀树种的方式。但这与部分集体林或农户发展模式重合，故亟须对自身发展策略进行差异化的谋划。

（2）遵循国家林业局改革意见中提出的重点改革方向，发展林下经济、林业旅游等多种经营方式并存的模式。公益性林场由于基础设施的陈旧、破败、缺乏整体性的规划，以及与主要旅游区重合等原因，当下江西省的森林旅游、林下经济发展只能满足部分林场职工的自给自足，规模化经营水平较低。

（3）部分商品林林场开始选择引进战略投资者或社会资本的方式提高林场经济效益，但这类方式存在监管不到位弊端。例如，阳光集团曾以延长产业链为籍口进入江西省林业，但因选择的桉树遭遇冻害，造成投资失败，并最终将部分损失转嫁给合作林场。调研了解到部分企业进行所谓战略投资，其目的可能只是为了上市而利用国有林地进行的一次资本运作。加之资本主要运用在林地流转上，依靠种植抗风险能力弱的短周期人工林来牟利，往往导致这些造林行为可能最终沦为“毁林行为”，故无法真正实现森林资源数量和质量的有效提升。

此外，随着国有林场在实施新一轮改革前与当地村集体联营林地协议期限的临近①，联营林地的未来归属及分成方式也成为制约林场经营方式选择的重要因素。

表4　江西国有林场联营林地分成主要方式

方　法	标　准
随行就市法	当期收入扣除成本等后的毛利三七分成。农户一般分得150元/立方米，最高240元/立方米
定期定额法	由林权交易中心发布价格，三年一定。2015年，杉木100元/立方米，松木70～80元/立方米
地租法	杉木7元/亩，松木5元/亩，很少使用
实物分成法	三七分成

注：根据座谈记录整理。

4. 林场性质方面

改革后，全省的公益型林场被统一定性为事业单位，采用“收支两条线”的财政管理方式，职工工资由财政统一发放。实际上，公益性取向的事业制与市场经营取向的企业制目标各异，“改革使大多林场进入事业制”的良好意愿及结果，使林场自身及下辖职工的工作积极性可能减弱，也可能降低林场创收、营林造林的驱动力，加之林场绩效考核

① 联营林地的初始协议为无限期协议，后在2003年前后的集体林权制度改革期间，根据村集体的诉求和改革文件要求，统一重新签订了新合同，将联营期限统一为50年或70年，协议起始时间一般定为林业三期时期的1984年前后，故实际有效期仅剩20～40年。

的短期标准、采伐指标短缺以及较高的组织成本，难以实现既要保护好资源更要利用好资源的改革目标。

尤其是对部分干部通过任命体系上任的林场管理者，林场经营好坏对其自身发展的好处并不显著，自然存在其缺失管理积极性的可能性。同理，在升职的关键时期，部分林场管理者也许会为追求短期政绩，造成林场资源的过分闲置或提前消耗，背离新一轮国有林场改革的初衷。相比之下，原先企业制经营的林场场长比事业编制的林场场长更务实。据调研，江西省部分林场通过尝试“一场两制”的做法以缓解这一问题。

此外，因改革后实行事业编制任职，部分林场的待岗职工出现了“非正常”的回流现象。加之部分林场编制数较多，在编职工只需依靠“自然减员”(退休等)就能升职，故在未来，国有林场很可能出现投机性任职的现象，导致国有林场重新沦为“养老场”的可能。

三、新一轮改革后两种典型经营模式的分析

(一)两种典型经营模式的界定

1. 泛公益林经营模式

新一轮国有林场改革后，江西省大部分国有林场采取维持原有林场经营方式的泛公益林经营模式。也就是说，无论改革前是商品性林场还是公益型林场，改革后，凡是森林资源中的生态林比重达到政策规定的下限，则可统一转变为公益型林场并采用事业制管理。采用泛公益林经营模式的林场，经费来源仍同以往一样，主要利用商品林的砍伐售卖和获取公益林补贴来维系林场的正常运营。

因此，泛公益林经营模式下的各国有林场依然同时肩负起“既抓生态、又抓经济”的双重使命，需要在林场的日常管理中根据事业和企业两套评价体系对自身经营进行平衡。

2. 林投公司经营模式

该模式实际上经营商品林，以林产品产出为主。地处赣南地区的各县市因临近广东、福建等沿海经济较发达省份，所以在新一轮国有林场改革中(实际改革已在 10 多年前发生)，这类地区更倾向于采取可以规模化生产的林投公司经营模式。

林投公司经营模式的特点在于完全打破以往的国有林场边界，站在县级高度，对全县的国有林地按照森林分类经营格局重组，并构建新的管理体制和经营机制。依此，公益型林地和商品型林地被分别合并打造成全新的纯生态型林场及纯商品林经营的县级林业投资公司。

如崇义县，除自然保护区(思顺林场)外，2007 年开始国有林场改革，将 10 个林场法人取消，组建林业投资有限责任公司，短期目标为推进整体资产上市。2011 年，将商品林地中的精品林地(4 个林场中的 10 万亩)再次抽离，折价入股，吸纳国盛、自然人等

股东，国有控股70%以上，社会资本占20%多，打包组建崇义县林业股份有限公司，以进一步吸引社会资本进入，为上市做准备。公司主要业务为森林经营和木竹深加工。

会昌县绿源林业投资有限责任公司，简称林投公司，是县林业局下设的正科级单位，2015年元月组建，管理全县国有林场的商品林地15.15万亩，注册资金1.02亿。林投公司以8万亩林地和林木入股，与北京某私募基金公司(北京诚成智慧城市投资基金公司)合作，计划建立基地，融资10亿，并打包上市。

因为林场或林投公司只经营一类林地，所以，在设定目标时具有较高的针对性，在林场经营过程中不需要过多考虑生态与经济效益的平衡问题。但也因为这样，加之政府力量的介入与主导，作为商品型林地结合的林投公司往往将最终目标设定为成功上市或推动当地林产工业成功上市，所以，在林投公司经营中，可能会出现尝试借壳上市或对林地资产过高评估等的现象，机会主义行为显著。

(二)两种典型经营模式的改革成效分析

在此次调研走访的7个国有林场中，遂川县的3个林场采用的是泛公益林经营模式，而处于赣州市的会昌县和崇义县境内国有林场则主要采用林投公司经营模式。因此，调研组根据座谈记录与相关统计资料，对两类典型的经营模式改革成效进行对比分析。

1. 森林资源方面

表5是近年来各调研林场的森林资源变动情况，从中我们不难发现以下主要结论。

表5 调研林场森林资源变动情况

国有林场	营林面积(万亩)			公益林面积(万亩)			活立木蓄积量(万立方米)		
	2004	2009	2013	2004	2009	2013	2004	2009	2013
遂川县龙泉林场	22.71	20.20	22.4	5.76	5.36	11.4	81.95	116	150
遂川县云岭林场	19.11	22.03	18.86	2.87	3.33	12.4	117	135	126.5
遂川县五指峰林场	25.7	29.7	29.7	10.05	15.02	23.60	86.21	118	107.8
会昌县湘江源自然保护区生态林场	8.83	8.71	9.06	6.11	8.71	9.06	21.60	27.67	30.49
会昌县生态公益林场及林投公司	33.33	30.97	29.91	19.57	18.18	18.17	67.44	88.44	104.95
崇义县林投公司	42.47	39.61	28.54	8.04	23.27	23.45	211	230.55	269.51

注：根据江西省林业厅统计资料及座谈记录整理。

(1)在营林面积方面。改革后分别采用两类经营模式的国有林场都因原有林场的合并、附近集体林的流入及部分林地的流转出现了一定浮动，但总体均保持平稳。其中，出现大幅变动的林场及原因如下：遂川县云岭林场因在2010年年末因向宜华木业等林业企业流转商品林地，故出现营林面积的大幅下降；崇义县则因“抽调”10万亩左右的精品商品林组建林业股份有限公司造成营林面积的下降。

(2)在公益林面积方面。采用林投公司模式的国有林场保持总体上的平稳，仅是会昌县湘江源自然保护区生态林场因并入附近的会昌山林场使面积出现小幅增长。但采用泛公益林模式的3家国有林场则为了达到公益型林场的评定标准，改革后的公益林面积有了大幅增加，增加幅度分别为112%、272.4%和57.1%。

（3）在活立木蓄积量方面。采用不同经营模式的国有林场差异明显（图1），除龙泉林场外的两家采用泛公益林经营模式的国有林场在改革后活立木总蓄积量反而出现了下降，10年来的总体趋势呈“倒U型”；而对于采用林投公司经营模式的赣州地区2个县国有林场而言，总蓄积量一直呈现平稳增长或大幅上升的态势。造成这种情况发生的原因较多，在排除统计误差后，主要原因可能有：①两家国有林场因采用泛公益林经营模式，在改革后将大量原有商品林林地转变为公益林林地，但每年商品林的采伐未明显减少，加之公益林林地的活立木蓄积边际增长量一般要远小于商品林林地因砍伐带来的活立木蓄积边际减少量，故导致总的活立木蓄积量出现下降；②此轮改革时间较短，商品林林地的新造林还未进入快速生长期，活立木蓄积的增长量也小于商品林林地因砍伐带来的活立木蓄积减少量。

尽管改革后部分国有林场在总的活立木蓄积量上有所增加，但从单位蓄积量考察，森林资源质量均为一般。

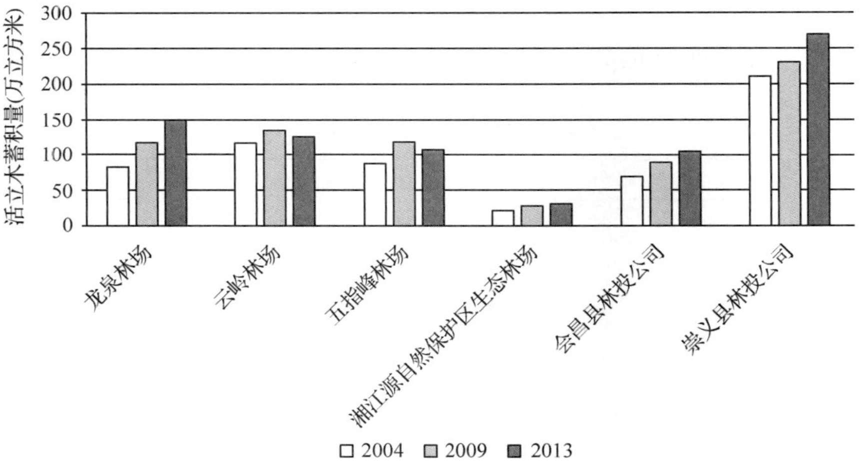

图1 各调研林场历年来活立木蓄积量变动趋势图

（4）在造林育林方面。改革后各国有林场在造林规模上都保持稳定，在质量上有了一定提升。这在很大程度上是由全省国有林场发展导向性的转变所带来的。例如，2014年开始，国有林场开始享受集体林政策，即获得造林补贴每亩200元、中幼龄林抚育补贴95元/亩（标准为100元/亩，扣除相关费用留存后，林场实际拿到手的为95元/亩，较之以往的80元/亩补贴有了一定提升），对林场造林、育林起到一定的激励作用。两类林场均将增益瞄准商品林地产出水平，纯商品性林场（林投公司）因企业收益压力大，在目标树种选择，经营措施等方面力度较大，单位面积产出水平的预期较佳；双目标经营林场(泛公益林经营模式)也试图将商品林收益纳入财务收支平衡中，但在商品林增量经营层面尚未付诸行动。

调研中看到的事实是，因人工费用的不断提升，相较于采取林投公司经营模式的国有林场而言，采用泛公益林模式的国有林场在造林投资标准上有所降低，造林质量呈现出一定的粗放态势(表6)。不过，针对这一问题，部分泛公益林模式林场已经或计划通过采取职工持股形式，对造林质量进行控制。

表6 改革后各调研样本国有林场造林情况

国有林场	改革前规模	改革后规模	改革后造林投资标准
遂川县龙泉林场	0.28 万亩/年	0.3 万亩/年	因用工问题，标准下降，一般造林投资700元/亩
遂川县云岭林场	0.17 万亩/年	0.2 万亩/年	以杉木为例，一般投资750元/亩，其中造林350元，3年抚育400元左右
遂川县五指峰林场	0.2 万亩/年	0.2 万亩/年	因良种选择控制较难，造林质量不稳定，引入职工投标造林机制
会昌县林投公司	基本不造林	0.3 万亩/年	视具体树种而言，采用高质量造林，一般1100元/亩
崇义县林投公司	0.31 万亩/年	0.28 万亩/年	采用明穴造林，造林质量要求较高，一般不低于1200元/亩

注：根据座谈记录整理。

2. 职工生计方面

(1)社会保障方面。改革后的各国有林场，无论采取哪一种经营模式，都基本依靠此次改革补贴实现了过往社会保险基本全部化解及目前在职职工的100%入保。其中，部分采用泛公益林经营模式的国有林场，还利用补贴的剩余款项和一些林地流转收入，为超编制数量的在职员工缴纳了后一段时间的养老保险及医疗保险。

(2)职工分流方面。采取不同经营模式的国有林场侧重于不同的分流方式(表7)：采用泛公益林经营模式的遂川县3个国有林场主要采取提前退休或内部退养的方式对职工进行分流，而采用林投公司经营模式的会昌县及崇义县则侧重于买断工龄的方式进行职工分流。

表7 改革过程中各调研县国有林场职工分流情况 单位：人

地　区	买断工龄人数	提前退休人数	内部退养人数	待岗或自主择业人员
遂川县	1	35	244	340
会昌县	631	14	0	0
崇义县	于2007年，全县所有国有林场职工就统一买断工龄、重新签订协议			

资料来源：江西省国有林场改革评估验收成效统计表。

显然，这与不同经营模式的经营目标和经营性质有关。采用泛公益林经营模式的国有林场因为基本保持原有的经营方式，且林场事业编制数较多，在职工分流过程中会更倾向于维系林场与职工间的人情关系，但无疑也造成后期相关成本的提升。而相反地，采用林投公司经营模式的国有林场则更注重于效率的获取，会尽量使用减少人力成本的职工分流方案。

(3)为职工提供再就业机会方面。因为经营模式目标不同和主要职工分流方式的差异而有所区别。采用泛公益林经营模式的国有林场中，由于经营模式本质上改变较少，且倾向于内部退养或待岗处理来分流员工，故在改革后基本保持与之前数量持平的就业岗位，很少为已分流的职工提供再就业可能。

而采用林投公司模式的国有林场，因与职工全部买断工龄，故存在重新招募员工的需要。即使受限于较少的岗位编制，也会通过人事代理的方式外聘护林员以实现80%以上的职工实现再就业。不过，总体而言，这种经营模式在改革后，对林场原有职工数量进行了较大程度的精简。

(4)事业编制干部设置方面。两种经营模式下的公益型国有林场都依旧遵循上级林业管理部门或政府管理部门的要求，进行所谓合理规划(表8)。但采用事业编制管理模式下的基层国有林场职工在实际工作中常会将自身身份错误定位，导致大部分林场在经营过程中出现实际管理者过多的现象。

表8 改革后各调研林场事业编制干部设置情况 单位：人

国有林场	核定编制数量	实际在岗职工	管理干部数量
遂川县龙泉林场	134	214	38
遂川县云岭林场	112	150	8
遂川县五指峰林场	178	145	7
会昌县湘江源自然保护区生态林场	30	26	7
会昌县生态公益林场	10	5	5
崇义县思顺林场	20	20	2

注：根据座谈记录整理。

(5)事业编制职工数量划定方面。采用泛公益林模式经营的国有林场职工编制人数要远大于单纯采用林投公司经营模式的国有林场。而事业编制职工数的较高划定，可能在一定程度上推动着泛公益林经营模式下的国有林场改革力度的减弱。

同时，职工编制数量的差异也表现在用人模式上。泛公益林模式下的公益型林场，除五指峰林场外，一般都以林场内部现有员工为基础来论资排辈使用编制数量。而林投公司模式下的国有林场事业编制基本全部面向社会招考。

此外，改革后实施事业编制的国有林场，都出现了一定程度的人员回流返岗情况，并且事业编制数越高的林场，员工返岗情况一般越严重。出现这一现象的原因可能有两类：①为了获得基本社会保障；②寻求后期事业编制空缺后的投机心理。如果确实由该类原因所致，无疑与此轮国有林场改革的目标相悖。

3. 生产经营方面

(1)在资产负债方面(表9)，采用泛公益林经营模式的国有林场在改革前后，其除去林地资产外的资产总额都远小于其负债总额，并且随着改革的深入，两者间的差距并没有出现明显地减少，甚至部分林场出现了差距绝对值不断攀升的尴尬现象。很显然，这些国有林场在一定程度上，存在着林地资产估值过高的现象。一旦林地资产出现泡沫化趋势，这些国有林场极有可能就会出现经营崩盘。

表 9　部分调研林场改革前后资产负债情况　　单位：万元

国有林场	2006 年		2009 年		2012 年		2014 年	
	资　产	负　债	资　产	负　债	资　产	负　债	资　产	负　债
遂川县龙泉林场	1587. 26	2724. 84	2084. 00	3973. 00	5756. 53	6847. 41	6591. 67	7690. 53
遂川县云岭林场	1288. 00	4795. 10	1428. 00	4002. 00	2307. 31	6073. 49	3886. 97	8434. 59
遂川县五指峰林场	1531. 92	3063. 37	2334. 00	5715. 00	7407. 94	11615. 73	5270. 07	11943. 60
会昌县湘江源自然保护区生态林场	252. 89	546. 98	118. 00	643. 00	206. 86	3. 90	211. 45	12. 25
崇义县林投公司	2632. 65	660. 40	5560. 44	2428. 65	38365. 87	7298. 88	53589. 94	22587. 43

注：资料来源于各国有林场财务统计报表，其中“资产”一项为各林场除去林地资产外的资产总额。

相对而言，采用林投公司经营模式的国有林场，无论是生态公益型林场还是林投公司本身，都随着改革进程的深入，发生了资产远超负债的情况。分析原因，生态公益性林场主要是因为政府力量的介入，由政府出面对过往债务做了大量减免与清偿，并由其担负了改革后的大部分经营成本。

而商品型林投公司出现资产激进式增长的原因可能有三点：其一是商品性经营的单一目标使其注重利润，因此在经营过程中对负债进行一定程度的规避。其二是人力成本的转移支付。例如会昌县林投公司，委托生态公益型林场员工对商品林地进行管护，有效地将部分人工成本转移给政府支付，对生产成本进行了一定程度的规避性降低，减少了负债的产生。其三可能存在林地资产过高估价的现象。例如，崇义县林投公司在 2010 年整合精品林资源分出林股公司后，对持有的股份可能存在着过高估值，使其资产总额出现了一轮非常激进的增长。同时，该林投公司还利用空闲林地进行了商业用地的置换，故对房地产的较高估值也助推了资产总额的大幅度提升。

(2)在收入利润上(表 10)，受每年木材价格的变动及木材销量的变化影响，各国有林场各年度的数值差异较大，且多个林场常年利润为负。相对而言，林投公司经营下的国有林场财务表现相对较好，并且因为部分成本的转移支付，使其利润能保持更多正值。

(3)在主要经营方式上，采用泛公益林经营模式的国有林场更偏于沿袭传统的经营方式，将注意力主要放在木材、竹材销售等上；相对而言，林投公司模式下的商品型林场倾向于追逐更高利润回报的经营项目，例如珍贵苗木育种、果林种植项目及林产品加工项目等。但为追求高利润的回报，后者会利用林地资源进行房地产投资、资本投资等非林业营收活动，如果这些项目最终失败的话，极有可能导致林地资源的损耗或转让变卖。

表10 部分调研林场改革前后收入利润情况 单位：万元

国有林场	2006年		2009年		2012年		2014年	
	收入	利润	收入	利润	收入	利润	收入	利润
遂川县龙泉林场	1025.52	—	—	—	1883.00	-5.20	1614.00	-1.50
遂川县云岭林场	946.00	—	1529.73	317.33	926.73	-80.18	1381.01	-669.24
遂川县五指峰林场	911.69	—	2118.18	-1470.31	1146.43	-1212.18	676.30	-314.86
会昌县湘江源自然保护区生态林场	946.00	—	7.47	—	采用收支两条线管理制度			
崇义县林投公司	3746.26	—	4221.13	219.27	6192.80	317.92	2083.92	-2.29

资料来源：江西省林业厅统计资料及各国有林场财务统计报表。

(4)在木材产量上(表11)，无论采用哪一种经营模式，各国有林场和林投公司都基本遵循着此次改革"保护资源为主"的目标，改革开始后对采伐量进行了一定限制和减少。据调研，各林场，特别是泛公益林模式下的国有林场，在未来还将进一步调减采伐量，以争取实现林场公益林面积的增长。

表11 部分调研林场改革前后木材产量情况 单位：万立方米

国有林场	2006年	2009年	2012年	2014年
遂川县龙泉林场	1.65	—	1.57	1.28
遂川县云岭林场	1.12	1.79	1.28	1.29
遂川县五指峰林场	1.30	3.63	0.91	0.79
会昌县湘江源自然保护区生态林场	2005年后全面禁伐			
崇义县林投公司	3.82	4.68	1.37	1.51

资料来源：江西省林业厅统计资料及各国有林场财务统计报表。

四、主要结论与政策建议

(一)主要结论与讨论

1. 历次国有林场改革未达改革初衷的原因

调研结果显示，历次国有林场改革失败的原因如下：

(1)历次国有林场改革均属于林业部门的内部改革，未纳入整个社会的改革范畴中。那么，如果按照林业部门的改革方案进行改革，就与社会整体改革脱节；如果按照社会导向进行改革，又很难得到林业部门的理解与支持。

(2)历次改革一直没有寻找到最为适合的发展模式，改革方向与改革思路出现反复甚至自相矛盾的情况。主要源于历次改革均未能较好地树立系统思维，对存在问题、林场定性、发展定位等内容尚无全面而准确的认识与把握。

（3）改革政策的适应性较弱。我国南北林区差异较大，在山场类型、面积大小、行政体制和管理体制上都存在较大差异，故基于北方林区制定的国有林场改革方案并不适用于南方林区，加速了南方国有林场“人越来越多，资源越来越少、越来越差”的困境。

2. 国有林场实行管护承包制度的可行性

调查发现，国有林场采取事业编制后，各公益型国有林场尽管干部人数设置较为合理，但存在基层职工担任管理者，本应由基层职工承担的工作任务，外包或外聘管护人员的普遍现象，尤其是编制数量较多，采用泛公益林经营模式的国有林场表现更为明显，这显然增加了不必要的人工成本。对此，在调查中，课题组提出了尝试新的管理方式议题：即代表所有者权益的管理者采取公务员管理方式，实行委派制，行使对国有森林资源的管理权，将造林、管护、采伐等活动[①]发包给劳务公司进行，以减少中间其他管理环节和改善林场固定工制度给林场经营带来的负面影响。

对于这一提议，省林业厅的相关管理人员认为，这种方式能够较好地解决当前事业制职工考核机制不健全的问题，但一旦林业资源出了事，后期的责任认定、赔偿会更麻烦，不一定能得到政策上的支持。

调研的各林场管理者对此提议大多表示认同，认为此模式的优势主要体现在管理层级结构的简化，将目前的V字形用工结构变为宝塔形结构（倒V结构）。不过，部分代表也指出其实施难点。

遂川县部分林场的管理人员认为，这种类似于家庭林场经营模式的管护承包制度难实行的原因在于林场职工的固有观念，观念上的落后和墨守成规将直接成为模式推行的阻碍源。

会昌生态林林场座谈会上，大部分参会者认为，如果不考虑安置现有职工，森林经营发包的方式更好。在现有条件下，最好的办法是渐进式改革，即通过“自然减员”，新的岗位逐步采取市场办法替代。短期内要解决政策上不允许护林员雇人看护的问题。有部分管理人员指出，当前实行这种制度，受制于现有职工的未来安置约束，这种发包的方式短期内不易且无法推行。想要使这种方式成功推行，最好的办法是等“自然减员”归零后再采取，也就是说要等10余年后实行。

崇义县林场管理人员表示，该县国有林场的造林和采伐其实在一定程度上已经实行了外包。但森林管护不敢这样操作，主要是因为难以监管，担心会出现盗伐现象，并且可能带来较高的考核成本。此外，较大部分国有林场林地是联营林地，担心这些林地经营的所有环节均发包，农民会将其视作林主转换，认为“请人经营”是自身无力的表现，

① 较长时期以来，林场工人已经异化为实际的管理者，造林、抚育、采伐、林道建设与维护等林事活动均发包给外来工队，护林员按面积分配，并兼任监工。

"与其你请人，不如我请人"，故要求归还土地的声音会更大。也不敢将森林管护权直接交给附近农民代管理，担心林地会慢慢被蚕食掉，护林员普遍因怕失去工作而反对管护外包。当换一种方式提问，"如果让你当管护工头，雇员工资水平不变，在投标书上你会用多少人"，比较一致的回答是现有人员的1/3，最多2/3；"如果在政策上允许你雇人代岗，你会花工资的几成雇到合适的人?"回答是不超过5成；"你会找哪些人?"回答是在距离村庄较近地区找当地农民，较远区域，找护林员哥们。回答值得政策设计者深思。

3. 关于事业制建立核心问题的讨论

此次改革，为了实现公益林的更好保障，国家林业局和财政部对公益型国有林场全面启用了事业制。这一设计初衷本是好的，但在实际操作中，却可能带来较多的投机行为。

首先，因为事业编制的存在，使林场与职工间实际上建立了长期聘用合同关系。而这种长期聘用关系会在一定程度上降低员工的工作积极性，加之缺乏较好的工作评价体系，就易造成大部分员工安于现状或者聘请第三方完成林场工作，自己外出另外牟利的可能(尽管在政策上明确表示不允许护林员雇佣他人帮忙看护，但在实际中，这种监督检查极难进行)。

其次，目前较多的编制数量，如果在后期不进行约束和限制，还会造成一个编制内员工退休就会再补上一个新员工的现象。而在新员工的补充过程中，就很容易出现第三方力量的介入，使一些有关系的员工进入编制内(即使是考试选拔，也可能通过报考条件的苛刻限制造成编制选拔的投机性)。

长此以往，林地资源质量显然会下降，国有林场的经营又会进入新的困境，此次改革就又会面临失效的境遇。

4. 关于单纯延长产业链实现增效的讨论

部分国有林场在此次改革后，期望仍然通过延长产业链的方式，实现林场商品林地的效益提升。但通过这一途径是否真的可行? 需要做进一步的探讨。

例如，崇义县林投公司在2012年借用了该县华森王生态板厂这一品牌，设立了相关子公司，包括细木工板厂、生态板厂(贴面板)、活性炭厂等。但在座谈中我们了解到，其延长产业链的初衷其实更多地还是实现全县林业资源的打包上市，并不是特别看重相关项目的未来成长性。因此，这就极易导致后期因相关产业链的投资失败而带来相关林地的损耗。

类似地，会昌县林投公司计划实施精品湿地松、酸枣种植及深加工项目。其经营目标：一是实现县政府融资目标。公司是县里四大公司(城投、林投、旅投、矿投)之一。公司用股权投资，属于政府引导资金，目的是帮助县里企业上市。林投公司计划首期融资2亿，5年投资期，两年回收期，计划回收期满两年后退出。县政府干预力度较大。二是实现公司的持续现金流和利润目标。

尽管方案设计较现实并且未来想象前景较乐观，真正收效需要时间检验。并且，在前期投资中，需要其他商品林林地采伐收入的大量贴补，所以，一旦项目投资失败，也极易造成该县国有林场林地资源的覆灭。

5. 关于山林产权问题的讨论

在历次国有林场改革过程中，山林权属的界定及由其带来的纠纷都会成为阻碍国有林场改革的重要问题。从学理上讲，林地联营是双方意愿达成的契约，依赖政府对国有单位的偏袒只能一时，不可永世。过度偏袒是违背市场规律、破坏市场秩序的行为，对弱势群体是不公的。长期漠视农民诉求的结果，只会使矛盾加剧。

据调研发现，部分国有林场为了清偿过往债务开始对一些商品林地的使用权进行流转，或者通过林地流转的方式引进社会资本，增加对当地林业发展的注入。这些措施的初衷自然是好的，但单向行为很容易触及联营方（林地所有者）的心理底线，成为索取原有联营林地的借口。因此，随着原有联营林地约定时间的临近，新一轮山林产权的界定方式和所使用的分成方式必须尽早制定。

（二）关于国有林场改革的政策建议

1. 授权各省出台更切实的国有林场改革细化方案

中共中央、国务院出台的《国有林场改革方案》，基于全国国有林场的一般性特点，原则性较强，使得这些政策方案在省区实施时尚需根据省情、林情细化，特别是在南方省区，林农交错、林地权属、管理体制、经济发达度、改革进程等存在显著差异。因此，建议国家林业管理部门在此基础上，出台相关细化方案，以推动国有林场改革环节能落到实处；或者授权各省能结合省情，特别是南方林区的特点，围绕国家出台的总的改革方案，结合本省林业特点及全省其他行业改革进程，出台适合本省国有林场发展的改革政策。特别在做好定位、定性设计工作后，能对林场的效益价值评定和经营机制转换方式进行设计，为国有林场争取一些惠农政策，以保障国有林场转型和基础设施的升级和维护。

2. 应进一步协调国有林场改革目标的一致性

传统的国有林经营体制缺乏可持续性是不争的事实，也是我国不得不实施国有林场改革的原因所在。因此，改革传统的国有林经营体制必须成为国有林场改革的主题，尤其要防止把国有林场改革扭曲为维系传统国有林经营体制的应急之策。实际上，对于国有林场改革，国家和地方政府、林场的认识和目标均不相同。国家把国有林场改革视为保护和改善生态环境，转换经营机制的重大举措，地方政府和林场则将其视为中央政府帮助林场化解“债务”，对林业的反哺。与这种认识相对应，国家把林场的森林资源作为生态资源来保护，林场则把它作为生产性资源来保护。国家的目标函数是在准确界定需保护的生态资源基本前提下，使保护的代价最小化或生态效应最大化；地方政府和林场的目标函数则是在尽量让所有林场搭改革便车的前提下，获取改革资金，解除其面临的经济危困的效应最大化。国家和林场在认识和目标上有差异是正常的，问题是必须加以协调，否则，主要保护对象很可能不是亟待保护的生态资源，而是传统经营机制下的林场。

3. 将商品林从公益林事业单位中彻底剥离

改革进程中的国有林场企、事业分类的基础是公益林占比。改革后的林场基本都有生态林和商品林这两类不同经营目标和方式的林地，既要进行公益林建设，又要考虑单位本身的经营和发展，包括建设商品林和其他产业的开发。差别仅仅在于公益林和商品林的比例不同上。这种一场两策的做法使得林场同时具有两个性质(企、事)，有着不同的目标，这两种类型的单位不应该混为一体，否则执行双重任务的结果将是要么只完成一个任务，要么两个任务都不能完成。

江西赣南的国有林场分立模式，为进一步改革提供了一个好的思路，应在职责、财务上彻底分立，以避免成本和债务转移。

4. 全面引入市场化手段组织森林经营和林业生产活动

由于较多事业编制的存在，国有林场职工存在消极怠工的现象，不利于林业资源的保护。同时对国有林场的过度保护，会延缓已有的自发式经营机制改革进程。实际上，国有林场已在实践中将林业生产活动(造林、抚育、采伐等)通过招投标方式外包，全面引入市场化手段组织森林经营和林业生产活动的条件已经基本成熟。

因此，建议各级林业管理部门可以借鉴国外国有林管理模式，进一步将国有林的管理权和经营权分离。具体的做法是：以现有的资源监督部门、资源管理部门和资源调查部门为基础，组建代表政府的林场管理队伍，国有林管护和木材生产任务均由其决定，通过招标方式将森林经营项目发包给有资质的单位，按照契约的各项规定进行监督和验收。现阶段应允许林场全面将造林、管护、采伐等活动发包给劳务公司进行，以减少中间其他管理环节，提升林业资源的保护效果。同时，严格对事业编制数量及规模进行控制，有效防止国有林场沦为可以开展投机行为的“养老场”。

5. 加强对国有林场山林产权流转的控制

建议尽快出台指导国有林场山林流转实施条例或细则。为防止国有资产流失或被低估，国有林场山林流转必须采取公开的招投标方式，允许工商资本进入，但主要采取合同规范，严格限制林权变更登记。

调 研 单 位：南京林业大学经济管理学院
江西省林木种苗和林场管理局
调研组成员：张敏新　张红霄　汤志鹏　李　翼

国有林区改革调研报告

【摘　要】对龙江森工集团和大兴安岭林业集团及所属6个林业局、12个山上林场及6个山下社区，180户职工家庭，508个家庭成员的调查发现：林区停伐试点后整体情况：生态建设方面，森林资源状况明显改善、森林资源管护初见成效；经济发展方面，经济总量有所下降、经济结构有所优化、木材加工业生产萎缩；民生改善方面，国有林区职工家庭收入状况堪忧、林区职工家庭的居民消费支出有限、职工家庭就业困难、职工家庭对社会保障方面满意率低。国有林区改革进展整体情况："停伐政策落实""政企分开""精简森林资源管理机构""创新森林资源管护机制""创新森林资源监管体制""民生改善""富余职工安置"等方面都有不同程度的进展，取得了一定成效。本报告针对国有林区改革面临改革经济成本过高，当前补助政策不足以满足需求和改革转型阻力较大等问题，并提出了相应的对策建议。

2014年年初国家林业局下发了《关于切实做好全面停止商业性采伐试点工作的通知》，规定自2014年4月1日起，黑龙江省内重点国有林区龙江森工集团、大兴安岭林业集团公司全面停止天然林商业性采伐。2015年年初中共中央、国务院印发了《国有林场改革方案》和《国有林区改革指导意见》(6号文件)，对国有林区改革进行了全面的部署。

为了解黑龙江重点国有林区的停伐实施情况及国家"6号文件"落实情况，"国有林区改革政策研究"课题组(国家林业局经研中心、天保办和东北林业大学联合组成)于2015年7～8月深入黑龙江森工林区和大兴安岭林区进行实地调研。主要开展了四项工作：一是在黑龙江森工总局(龙江森工集团，以下简称龙江森工)和大兴安岭林管局(大兴安岭林业集团，以下简称大兴安岭)召开座谈会；二是选择方正、鹤北、柴河、五营、十八站、新林6个林业局进行座谈；三是在上述每个局中选择2个山上林场及1个山下社区作为样本，根据户籍名单，在每个样本林场和社区，随机抽取10户职工家庭作为样本户进行问卷调查，每个林业局发放问卷30份，6个林业局共调研职工家庭180户，得到179份有效问卷，其中大兴安岭58份，龙江森工121份，共涉及户主及家庭成员508人，其中大兴安岭159人，龙江森工349人；四是在每个林业局辖区内召集若干林业企业座谈并进行问卷调查，共获得40份有效问卷，其中木材加工企业33家，非木质林产品加工业3家，非林非木加工企业1家，山产品销售企业2家，旅游公司1家。调研结果表明：改革取得了一定成效，如促进林区生态环境的改善、刺激林区产业结构的调整优化等，但同时改革过程中也存在改革成本过高、阻力较大、缺乏内在动力等问题，建议处理历史遗留问题、妥善安置富余分流人员、加大财政支持、适度开展产权创新。

一、停伐试点后林区基本情况

(一)生态建设方面

1. 森林资源状况明显改善

近几年，龙江森工森林覆盖率、活立木总蓄积量、单位蓄积量均有不同程度的增长。森林覆盖率由 2012 年的 84.6% 提高到了 2014 年的 85.1%；2014 年活立木总蓄积量比 2012 年增长了近 5000 万立方米；2014 年每公顷蓄积量达到了 98 立方米，较 2013 年增长了 4 立方米；此外，林龄结构逐步优化，幼龄林面积及蓄积所占比重呈下降趋势，中龄林面积及蓄积所占比重有所增加，见表 1。可见，天保工程和全面停伐政策的实施对龙江森工森林资源状况的改善起到了显著作用，停伐有利于加快林区森林资源恢复性增长。

表 1　龙江森工森林资源变化表

年　份	施业区总面积(万公顷)	森林覆盖率(%)	活立木总蓄积(亿立方米)	单位蓄积(立方米/公顷)	幼、中、近、成过熟林面积比(%)	幼、中、近、成过熟林蓄积比(%)
2012	1009.78	84.6	8.17	93	26.2∶53.0∶16.9∶3.9	18.2∶54.6∶21.2∶6.0
2013	1009.81	85.0	8.34	94	25.0∶54.8∶16.6∶3.7	17.3∶56.2∶20.9∶5.4
2014	1009.81	85.1	8.64	98	24.2∶56.1∶16.2∶3.5	16.9∶57.6∶20.4∶5.1

2. 森林资源管护初见成效

停伐一年来，黑龙江森工林区加强了后备森林资源培育，完成更新造林 2.17 万公顷，森林抚育 40 万公顷。森林资源管护基础建设也得到加强，2014 年完善了森林资源档案和森林经营方案，把森林、湿地、植被、物种 4 条生态保护红线纳入其中，建立林业局级资源监测体系。由于森林资源管护力度大，森林病虫害发生面积较 2013 年下降 18%，减少 40872 公顷；林政案件发生数较 2013 年下降 13.3%，减少 670 起。

(二)经济发展方面

1. 经济总量有所下降

近几年，林业产业规模有所缩小，林区经济在短期内出现负增长。2014 年龙江森工林业总产值与停伐前相比下降 3.5%，大兴安岭林业总产值下降 11.5%。龙江森工产业规模下降的原因主要是：第二产业下降幅度较大，因木材加工业受停伐政策影响较为明显；第一产业虽然采伐业有所缩小，但经济林产品与采集业等其他产业规模增幅较大，以致第一产业没有发生萎缩；以林区森林旅游与休闲服务业为主的林业第三产业产值有所增加，带动了林区经济发展。大兴安岭林区产业规模缩减幅度较大，主要是由于林业第一产业和第二产业生产规模同时缩减所致，大兴安岭木材加工业在2013年产值为13.27亿元，而2014年只有2.14亿元，下降83.9%，与此同时林业第三产业增幅较大，2014年较前一年增幅为60.2%，一定程度上抵消第一、二产业规模缩小带来的影响(表2)。

表2 2012～2014年黑龙江国有林区林业产业规模 单位：亿元

年 份	龙江森工				大兴安岭			
	第一产业	第二产业	第三产业	林业产业总产值	第一产业	第二产业	第三产业	林业产业总产值
2012	168.74	167.56	105.15	441.45	44.62	42.90	15.60	103.12
2013	184.01	184.48	126.77	495.26	54.54	44.93	18.71	118.18
2014	188.40	151.42	138.36	478.18	45.78	28.86	29.97	104.61

2. 经济结构有所优化

据表3可知，2014年与2012年相比，龙江森工第一产业占比略增，第二产业占比减少6.42%，第三产业占比增加3.33%；大兴安岭一产、二产占比均有减少，第二产业占比减少10.43%，第三产业占比增加12.82%。由于停伐，林区产业结构发生了较大的调整，林下种植、养殖、采集业将成为林业第一产业的支撑产业；非木质林产品加工业将成为第二产业的支撑产业；林业第三产业由于森林旅游业的快速发展将成为林区经济的重要支撑产业，应将其作为主导产业进行培育和引导。林下经济、非木质林产品加工业、森林旅游业将成为林区经济增长的重要支撑，产业结构调整方向明确。

表3 2012～2014年黑龙江国有林区林业产业结构 单位:%

年 份	龙江森工			大兴安岭		
	第一产业占比	第二产业占比	第三产业占比	第一产业占比	第二产业占比	第三产业占比
2012	38.22	37.96	23.82	43.27	41.60	15.13
2013	37.15	37.25	25.60	46.15	38.02	15.83
2014	39.40	31.67	28.93	43.76	27.59	28.65

国有林区改革经过多年的探索，逐步改变独木支撑的局面，自1998年天保工程实施以来，产业结构不断优化，特别是停伐政策实施以后变化情况更为明显，如图1、2所示。在天保工程实施之前，第一产业所占比重大于50%，是林区的支柱产业，随着木材生产规模逐年下降，第一、二产业所占比重整体呈下降趋势，第三产业所占比重整体呈上升趋势。特别是在停伐后第三产业所占比重达到28%以上，且随着人们对森林旅游与休闲服务业需求的增加，将成为林区主导产业、林区经济新的增长点。

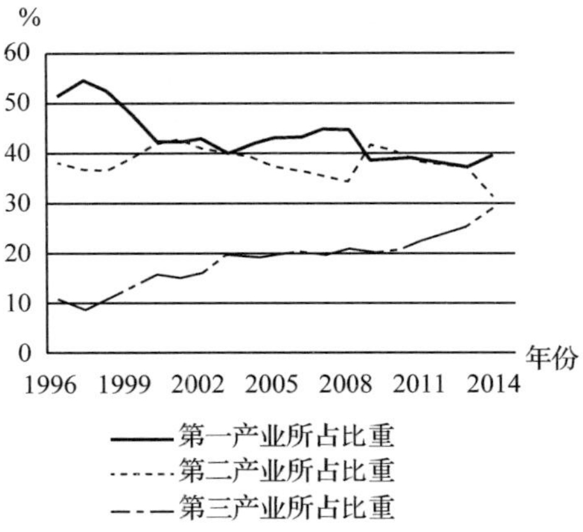

图 1　龙江森工产业结构变化图

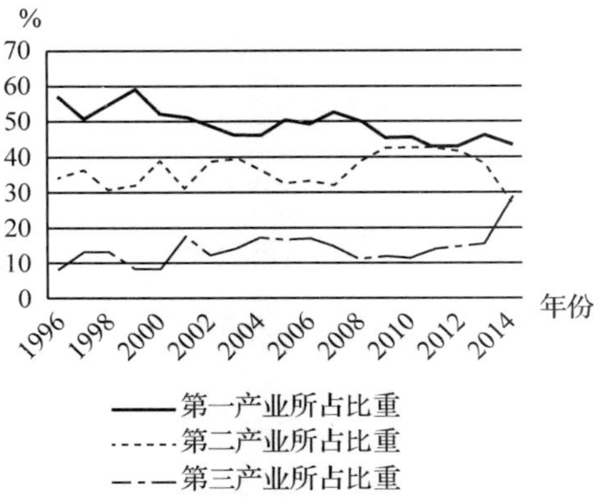

图 2　大兴安岭产业结构变化图

3. 木材加工业生产萎缩

停伐对加工业、特别是木材加工业影响较大。据 40 家不同产品、不同所有制企业的调研结果，大多数企业对“停伐”政策有一定了解，只有 1 家企业完全不了解，4 家企业了解不多，其余 35 家企业了解较多或十分了解；除旅游公司、非林非木生产企业之外，其余 38 家在停伐后企业的生产经营活动受到影响，占比 95%。停伐对加工企业产生的影响主要体现在原料上涨、成本上升、资金紧张、产量减少、出口减少，分别占比为 69.23%、43.59%、25.69%、15.38%、5.13%；停伐前企业原料主要来自本林业局和省内其他林业局，而停伐后本地原料大大减少，企业生产原料大部分来源于进口，增加了企业生产成本，34 家企业因原材料价格上涨而减产；80% 的企业减少雇佣劳动力的数量，52.5% 的企业降低劳动力待遇水平；有转产能力和愿望的企业 13 家，没能力转产的企业 27 家，占比 67.5%，由于木材加工业前期的沉淀成本较高，一些企业即使无利可图，也在勉强维持生产，也有些企业只好停产，即使停产也会发生一定费用，且有大量成本不能回收。因此，对于木材加工企业来讲，短期内很难摆脱停伐带来的困境（表 4）。

表 4　停伐对林业企业产生影响情况描述

调查项目	项目解释	频数（个）	比例（%）
对“停伐”政策认知程度	完全不了解	1	2.50
	了解不多	4	10.00
	了解较多	19	47.50
	十分了解	16	40.00
停伐后企业生产经营是否受到影响	否	2	5.00
	是	38	95.00
影响主要表现在哪些方面	原料紧张	27	69.23
	资金紧张	10	25.64
	成本上升	17	43.59
	产量减少	6	15.38
	出口减少	2	5.13
	其他	7	17.95

（续）

调查项目	项目解释	频数(个)	比例(%)
停伐前企业原材料主要来源	本林业局	33	89.19
	省内其他林业局	8	21.62
	省外	0	0.00
	进口	1	2.70
停伐后企业原材料主要来源	本林业局	6	19.35
	省内其他林业局	7	22.58
	省外	5	16.13
	进口	16	51.61
停伐后企业所需原材料价格是否上升	否	6	15.00
	是	34	85.00
停伐后企业是否减少劳动力雇佣数量	否	8	20.00
	是	32	80.00
停伐后企业是否降低雇佣劳动力福利待遇水平	否	16	40.00
	是	21	52.50
停伐后企业是否要转产	否	27	67.50
	是	13	32.50

(三)民生改善方面

1. 国有林区职工家庭收入状况堪忧

调研数据显示：国有林区职工家庭人均可支配收入远低于全国和黑龙江的水平；收入结构以工资性收入为主，其他收入所占比重较小；收入增长缓慢，扣除价格因素，甚至出现负增长。

(1)林业局职工家庭人均可支配收入较低。龙江森工职工家庭年人均可支配收入为17829元(1485元/月)，大兴安岭为17732元(1477元/月)，两地人均可支配收入分别相当于全国及黑龙江省城镇居民可支配收入的62%和78%(表5)。

表5 国有林区职工家庭人均可支配收入与全国、黑龙江农村及城镇居民人均可支配收入比较(2014年)　(元)

	龙江森工职工	大兴安岭职工	全国农村居民	黑龙江农村居民	全国城镇居民	黑龙江城镇居民
月人均可支配收入	1485	1477	874	871	2403	1884
年人均可支配收入	17829	17732	10488	10453	28843	22609

(2)收入结构以工资性收入为主。工资性收入是林区职工家庭人均可支配收入的主要来源，其次是经营性收入和转移性收入，财产性收入所占比重较小。龙江森工职工的工资性收入为11119元，占可支配收入的63%；而大兴安岭森工职工的工资性收入则为13595元，占可支配收入的76%(表6)。

表6　国有林区职工家庭年人均可支配收入结构比较(2014年)

项　目	龙江森工(元)	占比(%)	大兴安岭(元)	占比(%)
人均可支配收入	17829	100	17732	100
工资性收入	11119	63	13595	76
经营性净收入	3764	21	1356	8
财产性净收入	214	1	169	1
转移性净收入	2731	15	2610	15

(3)收入增长缓慢甚至出现负增长。龙江森工2014年职工家庭年人均可支配收入17829元，相比于2013年的17377元，名义增长2.60%，扣除价格因素实际增长1.08%；大兴安岭2014年职工家庭年人均可支配收入17732元，相比于2013年的17547元，名义增长1.05%，扣除价格因素实际增长－0.43%。

2. 林区职工家庭的居民消费支出有限

调研数据显示：林区职工人均消费支出远低于全国和黑龙江的水平；消费支出主要还是用于维持基本衣食所需；人均消费支出实际为负增长。

(1)人均消费支出较低。2014年人均消费支出龙江森工为11559元(963元/月)，大兴安岭为13323元(1110元/月)，远远低于全国和黑龙江的城镇居民人均消费支出，两地人均消费支出分别相当于全国及黑龙江城镇居民消费支出的61%和74%(表7)。

表7　国有林区职工家庭年人均消费支出与全国及黑龙江农村及城镇居民人均消费支出比较(2014年)　　单位：元

	龙江森工职工	大兴安岭职工	全国农村居民	黑龙江农村居民	全国城镇居民	黑龙江城镇居民
月人均消费支出	963	1110	698	652	1664	1372
年人均消费支出	11559	13323	8382	7830	19968	16466

(2)消费支出主要用于维持基本生活需求。基本生活需求支出(即吃、住、穿方面)所占比例龙江森工为47%，大兴安岭为57%。下面依次是子女教育支出、医疗保健支出，文化娱乐支出所占比重较小(1%)(表8)。

表8　国有林区职工家庭年人均消费支出结构(2014年)　　单位：元

支出项目	龙江森工	占比(%)	大兴安岭	占比(%)
人均消费	11559	100	13323	100
食品	3130	27	4808	36
衣着	817	7	966	7
居住	1494	13	1844	14
生活用品及服务	329	3	353	3
交通通信	573	5	980	7
文化娱乐	170	1	393	3

（续）

支出项目	龙江森工	占比(%)	大兴安岭	占比(%)
医疗保健	1591	14	1562	12
子女教育	1993	17	237	2
人情往来	1333	12	2122	16
其他	124	1	55	0

(3)人均消费支出出现负增长：龙江森工2014年人均消费支出11559元，相比于2013年的12228元，名义增长-5.47%，扣除价格因素实际增长-6.87%；大兴安岭2014年人均消费支出13323元，相比于2013年的13792元，名义增长-3.39%，扣除价格因素实际增长-4.82%。

3. 职工家庭就业困难

调研数据显示：龙江森工仅有2/3的职工有工作，1/3的人处于失业状态；大兴安岭85%的人有工作，15%的人无工作(表9)。

表9 国有林区职工家庭就业情况(2014年) 单位:%

就业状况	龙江森工	大兴安岭
无工作	33	15
有工作	67	85
其中：上班或打工类	57	78
家庭经营类	10	7

4. 职工家庭对社会保障方面满意率低

调研数据显示：龙江森工和大兴安岭养老保险和医疗保险参保率都在96%以上，但由于个人保费占收入份额较高，或由于单位不能足额交纳保费而享受不到相关福利，仅有50%的人对养老保险和63%的人对医疗水平表示满意。林业职工最需要的社会保障政策，主要集中在3个方面：需求度依次为(林区特殊工种)提前退休(69%)、加大医疗保险报销比例(60%)、加大养老保险政府补贴(54%)(表10)。

表10 林业职工最需要的社会保障政策意愿

最需要的社保政策	龙江森工		大兴安岭	
	频次	占比(%)	频次	占比(%)
养老保险—提前退休	85	71	39	65
养老保险—加大政府补贴	74	62	34	57
医疗保险—加大报销比例	74	62	23	38
低保—提高低保金	16	13	4	7
养老保险—扩大覆盖面	11	9	2	3
低保—扩大覆盖面	11	9	4	7
满意—无特殊需求	1	1		

二、国有林区改革进展情况

【龙江森工】

龙江森工林区贯彻落实《国有林区改革指导意见》，实施进展情况如下。

（一）“停伐”政策落实情况

（1）“停伐”执行坚决。组织了9个检查组深入各林业局采伐一线监督检查，严格林地管理，深入开展非法侵占林地排查专项行动，遏制违法侵占林地行为；开展资源专项整治行动，加大林政案件查处力度。停伐前实际完成产量36.32万立方米，比计划节约26.26万立方米，没有发现超限乱采问题，实现了停得下、稳得住、不反弹的目标；组织开展“林鹰”、“绿剑”行动，对偷盗林木和非法侵占林地行为进行专项打击，查处林政案件4362起，查处率100%，清理收回林地9496公顷，挽回经济损失592.05万元。

（2）债务负担沉重。各企业尚有金融机构债务48.67亿元（不含棚户区改造贷款），主要包括木材采伐、加工企业剩余债务，其中林业局木材采伐11.17亿元，加工企业37.5亿元。

（3）企业转产顺利。启动了“产业转型三年攻坚战”，重点发展森林食品业、生态旅游业、种植养殖业、北药业、苗木花卉业、仓储物流业、对外资源开发和木材精深加工等八大产业，突出发展森林食品业、生态旅游业。

（二）“政企分开”推进情况

稳妥推进管理体制改革。总体思路是按照6号文件“暂不具备条件的地区，可以先在内部分开运行和管理”的要求，采取“稳妥推进、分步实施”的方法，先实施内部政企分开，厘清森林资源管理、林区社会管理和经营管理三条线，将森林资源管理、林区社会行政管理两项政府职能与企业经营职能分开，待条件成熟时，再将森林资源管理职能与社会行政管理职能分开，并在柴河、清河、绥棱、五营林业局进行试点。具体改革措施包括，在机构上实现三分离，厘清资源管理、社会管理和企业经营“三条线”，按照“三条线”的布局架构，做到在“职能、机构、人员、资产、费用、核算”六个方面分开；在人员上实现三分离，做好摸底工作，搞好清产核资问题。

（三）“精简森林资源管理机构”执行情况

以森工总局（林管局）、林业局、林场（所）现有的行政管理体系为主体，构建重点国有林区管理总局（管理分局）、国有林区管理局、林场所行政管理体系；以现有的国有林区企业经营体系为主体，构建黑森企业集团总公司、子公司、黑森经营公司企业运行体系。而大部分林业局采取的做法是：严格控制机关机构、人员、经费，本着机构只减不增，人员只出不进，即“以时间换空间”的方式，通过退休人员离岗逐年减少管理人员；

也有部分林业局在近几年进行了机构改革，重新设置机构和人员，但并未真正裁减人员。各林业局按照总局部署，也制定了机构改革方案，待总局核定人员编制、配齐人员、上报国家、给予职工明确身份后开始运行。

（四）“创新森林资源管护机制”执行情况

停伐一年来，林区加强了后备森林资源培育和管理，完成更新造林2.17万公顷，森林抚育40万公顷。森林资源管护基础建设也得到加强，更新完善了森林资源档案和森林经营方案，把森林、湿地、植被、物种4条生态保护红线纳入其中，建立林业局资源监测体系。由于森林资源管护力度大，森林病虫害发生面积较2013年减少40872公顷，减少幅度为18%；林政案件发生数较2013年减少670起，案件发生率下降13.3%。

（1）撤并整合林场（所），实施生态移民。加快深山远山林区职工搬迁，拟撤并整合林场（所）188个，现已撤并了100个林场（所），使2万户、5.7万名林区分散居住人口向林业局局址和中心林场集中，有利于森林资源管理，减轻其承载压力。

（2）加强保护区建设。保护区数量增至24处，其中国家级保护区10处，国家级湿地公园5个，保护区面积由67.9万公顷增加到122.2万公顷，同时加强了森林防火和病虫害防治工作。

（3）加强森林管护，建立健全管护承包责任制。在近山区，有的林业局以家庭承包管护为主，如柴河林业局在管护经营富集区以竞价承包方式交给下岗待业职工；而有的林业局以专业队管护为主，如鹤北林业局、方正林业局。对于购买服务方式在各林业局没有广泛推广，且有些林业局认为购买服务目前并不可行，一旦发生火灾等突发事件，服务方很难保障森林资源安全。

（五）“创新森林资源监管体制”执行情况

在现有的森林资源监督机构基础上，成立森林资源监管分局，并向林场（所）派驻监管专员，代表森林资源所有者履行森林资源监管、森林资源保护等行政职能，落实好森林资源的监督监察权，黑龙江森林资源管理局对“三江”林区及伊春林区森林资源监管分局实行垂直管理，实现森林资源监督与管理分开运行的监管体制。

（六）民生改善状况

（1）努力提高职工和居民收入水平。除了提高工资性收入外，鼓励职工搞家庭经营，林业局给予职工一定的资金和政策支持，职工中出现经营性收入超过10万元、50万元的大户。

（2）完善社会保障体系。“五险”参保率在95%以上，10.1万名“五七工、家属工”进入养老保险统筹，启动了住房公积金业务，已完成近7万名林区职工的公积金建户工作。

（3）推进林区城镇化建设，完善基础设施建设。龙江森工完成棚改任务10.6万户，同时林区还大力发展教育、卫生、养老等社会事业。

（七）富余职工安置状况

自实施天保工程以来至全面停伐前，累计产生 10.2 万富余人员（不包括一次性安置），而全面停伐又导致 4.5 万人从事木材生产及相关行业人员急需转岗分流，经过一年的努力，通过向森林资源管护、森林抚育、林下经济、非木产业转岗分流和劳务输出等方式，已妥善安置 3.4 万富余人员，还有 1.1 万人没有得到妥善安置。各林业局停伐后产生富余人员及安置情况有所不同，例如新产生富余人员以五营林业局最多，其次是方正林业局，而柴河林业局因在停伐前木材生产规模已大大缩减，主抓产业转型，发展多种经营，因此当前在转型就业方面面临压力相对较小。

【大兴安岭林业集团】

大兴安岭森工林区贯彻落实《国有林区改革指导意见》，实施进展情况如下。

（一）“停伐”政策落实情况

（1）全面落实停伐政策。按照国家的总体要求，全面落实停伐政策，林区多次组织开展停伐监督、重点强化采伐源头、加工销售、检查站、管护站等关键环节掌控，力争做到 1 立方米木材不采，确保停得下、稳得住、不反弹。

（2）债务负担沉重。债务总额 69.37 亿元，其中金融机构贷款 43.22 亿元，发行企业债券 13 亿元，公益基础设施建设形成相关债务 1.35 亿元，对外提供担保 8.92 亿元；2015 年需还本 19.63 亿元，付息 2.88 亿元。

（3）企业转产情况。将生态旅游、绿色食品、生物制药等作为产业转型的方向，但在产业转型方面，各个林业局发展并不同步。

（二）“政企分开”逐步推进

（1）成立了国有林区改革领导小组，主要领导担任组长推进改革工作。

（2）听取各层面建议。从计划、财务等科室抽调精干力量组成调研组到各县区局实地调研摸底，结合实际情况形成了《关于县区局体制改革的调研报告》。

（3）研究制定了《大兴安岭国有林区改革实施方案》，待进一步审定后报省政府和国家林业局审批。

（三）精简森林资源管理机构

在大兴安岭林业集团公司（林管局）、林业局、林场的基础上组建国有林管理机构，由大兴安岭国有林管理局、国有林管理分局、林场组成三级管理构成。国有林管理局与大兴安岭地区行署暂时保持合署办公，下辖的管理分局与所在县区政府分开。林管局和林管分局坚持“机构只减不增、人员只出不进”原则，确定机构编制总体框架、撤并职能弱化部门，合理确定人员编制和规模，5 年内严禁招录人员，加快清理消化超编人员，建立精简高效的国有林管理机构。

(四)创新森林资源管护机制

按照森林资源和林道网分布情况及管护难易程度，调整管护区划布局，对现有管护区进行重新划分和调整，缩小单元管护半径，充实管护力量，全区增设18个林场级管护区，进一步增加了森林资源管护成效。主要做法是：远山设卡、近山区划责任区，与管护人员全面签订委托管护协议，采取管护承包责任制方式落实森林资源管护责任，实现管护责任全覆盖。新林局实行局场二级森林资源经营工作制，林业局设立森林资源管护大队，负责全局森林资源管护工作，在各林场设立管护中队和小队。十八站林业局探索管护区、中心管护站、家庭管护站三级管护模式，现已建立1个中心管护站，20个家庭管护站，鼓励职工从事家庭管护经济。

(五)创新森林资源监管体制

建立国家林业局派驻大兴安岭国有林管理局、国有林管理分局资源监督办的监管体系，恢复派驻加格达奇林业局资源监督办，优化监督机构设置。

(六)民生改善状况

推进林区城镇化建设，完善基础设施建设。大兴安岭林区全力完善交通基础设施，先后建成漠河机场和加格达奇机场，林区稳步推进棚户区改造工作，完成林业棚改结转项目31.3万平方米、新建19.7万平方米，住房条件有所改善。此外，大兴安岭林管局也在不断扩大社保覆盖面，提高参保率。

(七)富余职工安置状况

大兴安岭林区全面停伐导致13304名富余人员，通过向森林管护、营林生产、森林防火岗位和劳务输出、境外采伐等方式初步安置4964人，仍有8340人未得到安置。各林业局将因木材停产带来的大量富余人员的转岗就业工作作为当前重点工作来抓，通过开展森林资源管护经营、人工造林、森林抚育和劳务输出，发展绿色食品、种养加工、森林旅游等替代产业，增加公益性岗位等，促进富余职工转岗分流。

三、国有林区改革面临问题及困难

(一)改革经济成本过高，当前补助政策不足以满足需求

1. 遗留问题：天保工程补助资金标准低

天保二期工程实施已近五年，由于原有的各项补助标准都是以2008年为基数核定的，现补助资金缺口越来越大，主要包括以下几方面。

(1)社会保险补助偏低。国家对黑龙江重点国有林区天保工程社会保险补助标准，是按照2008年黑龙江省社会平均工资23045元的80%为基数核定的，2014年省社会平均工资已增加到42700元，比2008年增长了85%，但国家补助标准并未随之实行动态管理。二期天保国家核定医疗保险补助资金时没有将原有退休职工纳入，停伐后企业无力承担。龙江森工 2014 年“五险”资金缺口 13.6 亿元，2015 年 19.4 亿元，大兴安岭 2014 年“五险”资金缺口 3.4 亿元，2015 年达到 5.8 亿元。

(2)政社性补贴标准偏低。天保工程政社性补贴标准偏低，林区公益事业开支、医疗卫生教育经费支出缺口大，林业局已无力承担。目前在大兴安岭林区，林区天保工程政社性补助年人均经费，无论是政企合一单位政府人员、林区企业办学教师、林业医疗卫生人员，还是林业公检法在职人员都比当地地方人员补助标准每年要低 3 万 ~8 万元。而且离退休人员年人均经费补助 3.54 万元，仍还没有资金渠道。

(3)“天保”管护费标准偏低。目前“天保”管护费补助标准是每年每亩 5 元，标准明显偏低。由于经费不足，造成管理难度加大。一是不能保质保量完成管护任务；二是不能承担更多转岗人员就业。目前，各个林业局管护经费缺口都较大，问题突出的是人员较多、管护面积较小的林业局，职工的生存压力很大。

(4)森林抚育资金补助标准低。现行的森林抚育补贴资金标准为每年每亩 120 元，现实情况是实际抚育成本已经远远超过 120 元；人工造林、补植补造、低产低效林改造给的补助太少，实际成本要比补助标准高出一倍，因此不能保证高质量完成森林抚育任务。

2. 沉淀成本：森工企业历史债务负担较重

龙江森工各企业尚有 48.67 亿元债务(不含棚改贷款)，主要包括木材采伐、加工企业剩余债务，其中林业局木材生产 11.17 亿元，加工企业 37.5 亿元。此外除了“五险一金”，棚改、医疗卫生、教育、供热、给排水、文化场馆等城镇基础设施建设，由于没有补助资金或地方配套资金不到位，资金缺口较大(龙江森工每年城市维护费在 560 万元左右，目前资金缺口达 2.24 亿元)；大兴安岭截至 2014 年年底，集团公司各类金融机构借款 49.08 亿元(银行贷款 36.08 亿元、债券 13 亿元)，其中森工企业棚改贷款 30.25 亿(含企业债券 13 亿)，基础设施贷款 8.26 亿元，生产周转贷款 5.63 亿元，木材生产贷款 3.99 亿元，木材加工贷款 0.55 亿，停伐后林业局失去经济来源，资金链面临断裂风险。

3. 当前补助：停伐两级管理费标准不一致

为确保停伐政策顺利实施，国家每年在天保资金中安排国有森工企业两级管理费，其中龙江森工 18.7 亿元，大兴安岭 4.8 亿元。大兴安岭林区停伐补助标准(据估算)大约为每立方米木材 800 ~1000 元，2015 年停伐的吉林森工和内蒙古森工补助标准较高，龙江森工最高。同为东北重点国有森工企业，在补助政策执行时，标准却并不完全相同。

(二)改革转型阻力较大

1. 木材加工业经营困难，产业转型任重道远

停止天然林商业性采伐后，林区传统支柱产业迅速退出，但新兴接续产业尚未成熟。尤其是木材加工业面临停产、半停产状态(如大兴安岭共有木材加工企业 202 家，停伐后 147 家停产，48 家半停产)，大部分林业加工企业继续足量生产只能进口俄罗斯等地木材，大大加大了经营成本，企业利润急剧下降，企业生存面临威胁；食用菌种植业由于缺少原料来源，产量大幅减少，种植户也逐渐减少。产业萎缩对林区经济发展带来巨大冲击，短期内难以消化解决，同时林区又面临着投入资金不足，上新项目缺乏思路和经验，产业转型难等问题。

2. 营林防火基础设施建设资金不足

一些林业局营林防火基础设施建设资金不足，通往林场公路的道路升级改造，破损桥梁、涵洞维修及道路养护等均缺乏专项资金支持，导致部分林业局森林防火道路失去防火功能，存在一定隐患。主要原因是地方配套资金不到位。

3. 国有林区管理体制改革不彻底，政企分开存在争议

龙江森工将方正、清河、柴河、五营、鹤北作为改革试点单位，大兴安岭林管局将十八站、塔河林业局作为改革试点单位，在试点过程中，取得了一定成绩，但同时也发现了诸多问题。

(1)管与用分开不彻底。资源管理与经营利用只是在林业局内部模拟分开，未斩断资源管理与利用的利益链，这种运作关系表面上看解决了管理与经营的分开，但本质上专业经营公司效益与林业局生存紧密相连，一旦遇到经济利益矛盾时，管理和监督势必出现顺拐。只有解决了新的“管”的体制，林业局变为国有林区管理局，其“用”的体制，也就是林业经营公司才能彻底从林业局剥离分开，才能使森林资源的管理和利用分离开来。

(2)职能移交不到位。十八站林业局按地区行业主管部门制定的移交工作方案，推进了教育、卫生、社区、计生疾控、粮食系统的移交，实行属地化管理，公、检、法、市政、广播电视、消防、供排水、供暖等政府职能仍由林业局承担。但由于塔河县也是政企合一，且省财政户头上仅为乡级财政，无县级财政，属于不完整的一级财政，县级政府供养人员的开支由林业企业负担，移交人员待遇仍然执行林业企业工资待遇，并没有真正移交给塔河县政府。林业局剥离社会职能，有关部门和单位移交给县里，缺乏必要的县财政体系支撑。

(3)对“政企分开”持不同见解。调研中发现部分林业局赞同一步到位实施政企分开，部分林业局认为目前不具备一步到位实施政企分开条件，应暂时实行“内部政企分开”，其中比较典型林业局有方正林业局和鹤北林业局，对“政企分开”提出了自己见解。方正林业局认为：不适合将方正林业局社会管理移交地方，方正林区地跨林口、依兰、方正三县，属于三角地带，地方政府既在地理上远离方正林业局局址，又在经济基础、社会发展和公共秩序管理等方面落后于林区。鹤北林业局认为：一是地处经济不发达萝北县乡镇，如交给地方政府管理，很难维持现有的管理现状，若形成“县里应管不去管、森工想管管不了”的局面，有悖于政企分开的初衷；二是若林区职工群众划归地方管理，必将淡化林区职工群众对林业的归属感和认同感，不利于森林资源的防火、防盗和病虫害防治；三是地方政府优先的财政基金，无法保证优先用于林业基础设施建设。

4. 营林抚育规程滞后标准低，富余职工再安置难

目前森林抚育都是按照较老的营林技术规程进行，而各林业局资源状况、林地状况均不相同，且较营林技术规程制定之时发生了较大变化，营林技术规程已不适应现实情况，森林经营缺乏中长期发展规划，且营造林管理过死，程序复杂，费用拖欠，招工难。

由于林区富余职工年龄偏大(以40、50岁为主)、且技能单一、文化水平低，生产条件艰苦造成身患疾病、缺少创业资金等原因，转岗再就业难度较大。天保工程一期产生了大量的富余职工，通过买断的形式安置一批，但由于与林业局解除了劳动关系，不具备林业职工身份，限于林区产业发展水平和就业承载能力，无法将这部分人员进行彻底安置，成为林区最困难的群体。全面停伐后，新产生的富余人员也较多，尽管各林业局积极解决就业，但仍有大批富余人员难以消化；安置方向无非就是营林、管护、物业、园林环卫等岗位，虽然转岗但不能充分就业，某些岗位每年只工作4～5个月时间，不能保障基本的生活开支。森林抚育是提高森林质量的重要手段，也是吸纳转岗职工就业的重要渠道，但是目前普遍存在的是抚育量不足、任务量小、管护费标准低等问题。

四、对策建议

(一)合理处理历史遗留问题是改革解冻的良药

处理历史债务和扶持木材加工企业转型是处理历史遗留问题的两个关键部分：①妥善处理历史债务。历史债务是森工转型的不可绕过的包袱，可以通过一定程序豁免森工企业金融债务，在未豁免期间，可先期实行停息挂账，如不能停息挂账，给予利息或亏损补贴，逐步解决林区金融债务负担。②给予木材加工企业适度扶持政策。现有木材加工企业与国有森工企业有着千丝万缕的联系，木材停伐对加工企业的影响最大。应该加大对林区绿色食品、生态旅游、健康养老、文化和仓储物流等接续产业扶持力度，在产业引导资金，项目立项和审批等方面重点倾斜，并根据实际情况对关停并转木材加工业企业和下岗职工给予一定政策补贴。

(二)妥善安置富余分流人员是推进改革不可回避的问题

对于改革产生的富余人员，根据不同情况尽快进行分流安置：①建议国家比照枯竭矿山关闭破产提前退休政策，对森工林区职工给予提前5年退休政策，即男满55岁、女满45岁职工实行退休；对从事繁重体力劳动和其他有害健康的特殊工种职工给予提前10年退休政策，即男满50岁、女满40岁职工实行退休。②对安置人员也比照执行提前退休政策。③给予小额贷款、贴息贷款、技术培训、创业补贴等政策，重点扶持发展林下经济、家庭经济、种植养殖、森林旅游等经营项目，鼓励富余人员自主创业。

(三)加大财政支持是改革顺利推进的润滑剂

通过对天保工程补助提标扩面来加大财政支持政策：①提高天保二期工程社会保险

补助费的财政补助标准，将社会保险缴费工资基数和比例，先按照2011年省社平工资基数80%给予补助，根据各地实际情况，逐渐增加补助标准，并实行动态管理。②增加政社性专项补助金标准，提高林区医疗卫生机构、政社性人员和公益性岗位人员经费补助标准，并随着社平工资标准的提高给予适当增加。③将林区职工住房公积金、御寒补贴、取暖费、城镇运营和维护费、城镇居民养老保险、医疗保险配套资金以及森工国有退休人员医疗保险补助资金纳入天保补助范围，补助标准和补助比例有待研究。④适度提高管护费标准，由现在每亩5元提高至每亩6元，并随经济发展水平逐步提高，科学合理制定与分配管护任务，缩小各林业局分配管护费标准差别。⑤提高森林抚育补助标准，由现行的每亩120元提高至每亩150元，根据工资和物价标准动态调整，并适度增加森林抚育量。⑥适度调整停伐两级管理费补助标准，减少国家重点森工企业之间的相互差距。

（四）适度产权创新是增强改革活力的辅助手段

根据区划特点和保护需求，划定区域适度进行产权创新，可以增强改革动力，激发改革活力。划定一定区域放活林地使用和经营权，给予基层森工林业局更加灵活的林地使用政策，方便林业局以此为依托，在不破坏森林资源的情况下，搞活林区经济。从而解决停伐改革后企业转型难、发展接续替代产业资金不足等问题，从而以此为基础，增加就业和提高林农收入，带动区域经济发展和民生改善。

调 研 单 位：国家林业局经济发展研究中心
东北林业大学
调研组人员：王月华　耿玉德　万志芳　刘　珉　李　微
李　杰　付存军　陈　玮　郑丽娟　张朝辉
张　琦　李　臣　陈晓伟

重点国有林区民生状况调查报告

【摘　要】通过对包括龙江森工、黑龙江大兴安岭、内蒙古森工和吉林森工的重点国有林区民生状况的调查，结果显示：重点国有林区就业状况变差；从事家庭农林业生产经营的人口呈老年化趋势，青年人的就业问题突出，经济上依赖父母；职工家庭收入增加，但家庭人均收入与全国平均水平仍有差距；生活消费水平下降，但基本生活需要的消费水平上升；职工家庭从事农林业生产经营的情况变差；棚户区改造工程使得职工家庭的住房条件有了改观，但老旧的棚户区仍然存在。内蒙古森工林区的饮水和厕卫条件虽有改善但仍较差，医疗卫生条件改善的效果不大。针对现状提出相应的改革建议：高度关注国有林区的脆弱群体；扶持国有林区职工发展林下经济；确保职工工资不低于社会平均水平的增幅；加大国有林区教育、医疗等基础设施建设，吸引人才到国有林区这些部门工作；大力推进山上林场的撤并，对于困难职工家庭实行生态移民扶贫补助。

一、调查说明

(一)调查背景

东北、内蒙古重点国有林区在2014年继续贯彻落实国家关于生态保护和经济转型的政策。其中，黑龙江省的龙江森工集团和大兴安岭林业集团所辖的两个森工林区在2014年4月1日实行了全面停止天然林商业性采伐(以下简称“停伐”)的政策，生态保护日益得到加强，经济转型也在逐步推进。停伐及经济转型可能会对国有林区的民生状况产生影响，也要求国有林区在民生保障建设上做出相应的调整，以应对各种各样的冲击和挑战。为此，国家林业局经济发展研究中心和东北林业大学联合实施重点国有林区民生调查项目，并重点关注停伐前后国有林区的民生状况的变化。

(二)调查方案

重点国有林区民生调查项目从2012年实施首次调查，当时仅是在黑龙江省的国有林区选择了9个林业局，分别隶属于黑龙江省森工总局(龙江森工集团)、黑龙江省大兴安岭林业管理局(黑龙江省大兴安岭林业集团)和黑龙江省林业厅，共获得608个样本。

从2013年开始，重点国有林区民生调查项目将调查的范围从黑龙江省国有林区扩大到东北、内蒙古重点国有林区。按照调查方案，调查样本的选择采用分层随机抽样的方法，即先通过典型抽样，在黑龙江省、吉林省、内蒙古自治区选择12个森工林业局，分别隶属于黑龙江省大兴安岭林业集团、龙江森工集团、吉林森工集团、内蒙古森工集团。然后在每个林业局，根据各林业局社会经济发展水平和森林资源分布情况，经林业局与课题组商定选择3个山上林场及3个山下社区。在每个样本林场及社区，根据户籍名单，随机抽取10户左右职工家庭作为样本户。调查地点及样本的分布见表1。

表1 调查地点分布

山 区	林业局	隶属的集团公司
小兴安岭	绥棱	龙江森工集团
	清河	龙江森工集团
	友好	龙江森工集团
	乌马河	龙江森工集团
大兴安岭	塔河	黑龙江省大兴安岭林业集团
	十八站	黑龙江省大兴安岭林业集团
大兴安岭	乌尔旗汗	内蒙古森工集团
	伊图里河	内蒙古森工集团
	克一河	内蒙古森工集团
长白山	湾沟	吉林森工集团
	泉阳	吉林森工集团
	三岔子	吉林森工集团

将2013年的调查样本作为基线，2014年和2015年进行了追踪调查。本报告中的数据主要是基于2015年的调查，主要反映的是2014年的民生状况，在分析时也使用之前年份的数据进行比较分析，力图反映停伐前后重点国有林区民生状况的变化。追踪调查不可避免地会发生样本损失，2015年对损失的样本进行了补充，由于有新样本的补充，共获得718个样本户，涉及人口2048人。需要说明的是，有部分样本存在信息缺失和信息有误的现象，但为了充分利用问卷提供的信息，本报告未将其视为无效样本，只是在对相关问题进行分析时做了剔除。

(三)样本户的基本特征

样本户的基本特征见表2。

表2 样本户基本特征

项 目	重点国有林区	龙江森工	黑龙江大兴安岭	内蒙古森工	吉林森工
户均人口数(人)	2.86	2.73	2.84	3.03	2.87
户均劳动力数(人)	1.58	1.42	1.76	1.63	1.62
户均在校学生人数(人)	0.41	0.30	0.42	0.58	0.39
60岁及以上人口比重(%)	14.83	20.58	10.00	11.30	13.51

重点国有林区样本户户均人口为 2.86 人，各林区之间差距很小，最低的是龙江森工林区，户均人口 2.73 人，最高的是内蒙古森工林区，户均人口 3.03 人。

重点国有林区样本户户均劳动力数为 1.58 人，龙江森工林区最低，为 1.42 人，黑龙江大兴安岭森工林区最高，为 1.76 人。

户均在校生人数能够反映家庭的教育负担，重点国有林区样本户户均在校学生人数为 0.41 人，龙江森工林区最低，均为 0.30 人，内蒙古森工林区最高，为 0.58 人。

60 岁及以上人口比重能够反映老龄化程度。重点国有林区 60 岁及以上人口比重为 14.83%。在各林区中，龙江森工林区的老龄人口比重最高，为 20.58%，黑龙江大兴安岭森工林区最低，为 10.00%。

相对来看，内蒙古森工林区的家庭教育负担较重，龙江森工林区的家庭赡养负担较重。

二、调查结果

（一）就业与工作条件

1. 整体的就业状况变差

本报告将 16 岁以上成年人口的就业状况分为工作、家庭经营、退休、上学和无工作等 5 种类型。据被访样本户调查，2014 年重点国有林区 16 岁以上的成年人口中，有工作的人占 55.4%，比 2013 年下降了 2.6 个百分点；无工作的人占 16.8%，比 2013 年上升了 0.9 个百分点；从事家庭经营的人占 4.1%，比 2013 年下降了 0.2 个百分点。（图 1）

龙江森工林区和黑龙江大兴安岭林区是实施了停伐的林区，但两个林区就业状况的变化却并不相同。表 3，2014 年龙江森工林区有工作和从事家庭经营的比例分别下降了 5.8 和 0.7 个百分点，无工作的比例则上升了 2.8 个百分点；而黑龙江大兴安岭林区有工

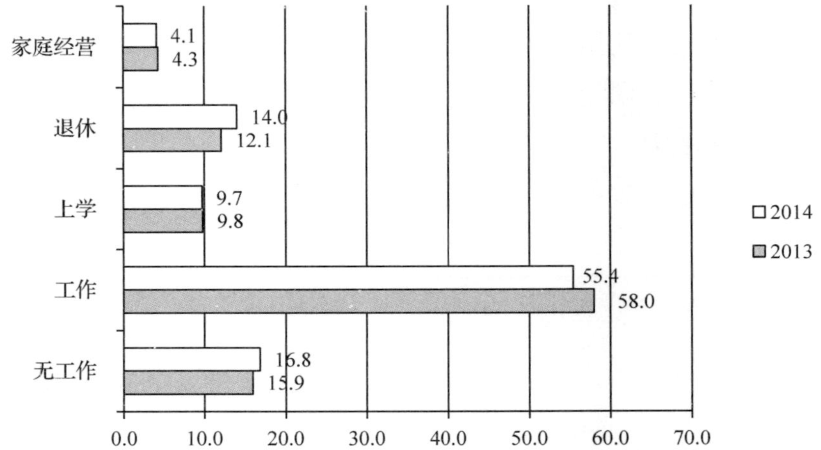

图 1 重点国有林区样本户成年人的就业状况

作的比例虽也下降了1.2个百分点，但从事家庭经营的比例上升了1个百分点，而且无工作的比例下降了3.3个百分点。说明停伐使得龙江森工林区的就业状况明显变差；但对黑龙江大兴安岭林区的影响还不明朗。

表3　各林区样本户成年人的就业状况　　单位:%

就业状况	龙江森工		黑龙江大兴安岭		内蒙古森工		吉林森工	
	2014年	2013年	2014年	2013年	2014年	2013年	2014年	2013年
无工作	19.6	16.8	14.3	17.6	17.0	14.5	14.6	15.0
工作	47.9	53.7	63.6	64.8	56.7	55.4	58.8	61.7
上学	6.9	7.2	12.6	10.6	12.8	13.3	8.1	9.0
退休	17.2	13.2	7.8	6.3	12.2	13.5	15.6	12.6
家庭经营	8.4	9.1	1.7	0.7	1.2	3.2	2.9	1.6

2. 青年人的就业仍是突出问题，从事家庭经营的人员呈现出老年化的趋势

2014年30岁以下的成年人口中有15.0%的人无工作，比2013年上升了0.5个百分点，这说明在重点国有林区青年人的就业仍是突出的问题(表4)。调查发现，30~49岁的中年人群体中，从事家庭经营的比例与2013年相比在下降。例如30~39岁的群体中，从事家庭经营的比例为8.7%，比2013年下降了1.1个百分点。不过，50岁以上的群体中，从事家庭经营的比例在上升。例如50~59岁的群体中，从事家庭经营的比例为4.4%，比2013年提高了1.0个百分点。以上描述性分析说明，在重点国有林区从事家庭经营的人正呈现出老年化的趋势。

表4　重点国有林区样本户各年龄段成年人的就业状况　　单位:%

就业状态	30岁以下	30~39岁	40~49岁	50~59岁	60岁及以上
无工作	15.0	14.2	21.2	13.5	17.2
工作	41.9	77.1	69.8	54.7	3.8
上学	41.7	0	0	0	0
退休	0	0	4.2	27.5	78.3
家庭经营	1.4	8.7	4.7	4.4	0.6

3. 被访户对就业状况的看法不容乐观

调查中问及了被访户“对目前家庭人员就业状况的看法”。调查发现，26.9%的人表示当前家庭人员就业状况较好或非常好，但有24.3%的人表示当前家庭人员就业状况较差或非常差。在龙江森工林区和黑龙江大兴安岭林区，分别有30.9%和28.8%的人表示当前家庭人员就业状况较好或非常好，分别有21.5%和19.8%的人表示家庭人员就业状况较差或非常差；而在内蒙古森工林区和吉林森工林区，分别有24.5%和23.4%的人表示当前家庭人员就业状况较好或非常好，分别有29.5%和25.6%的人表示当前家庭人员就业状况较差或非常差。描述性分析表明，整体上看，重点国有林区被访户对就业状况的看法不容乐观，但在实行停伐了的龙江森工林区和黑龙江大兴安岭林区，被访户对就业状况的看法稍好于未实行停伐的内蒙古森工林区和吉林森工林区。

4. 一次性安置人员的就业状况变差

在调查中对成年人询问了“是否为一次性安置人员”，有136个成年人做出了回答。其中，女性占61.8%，男性占38.2%。在年龄结构上，40～49岁是最大的群体，占52.9%（图2）。

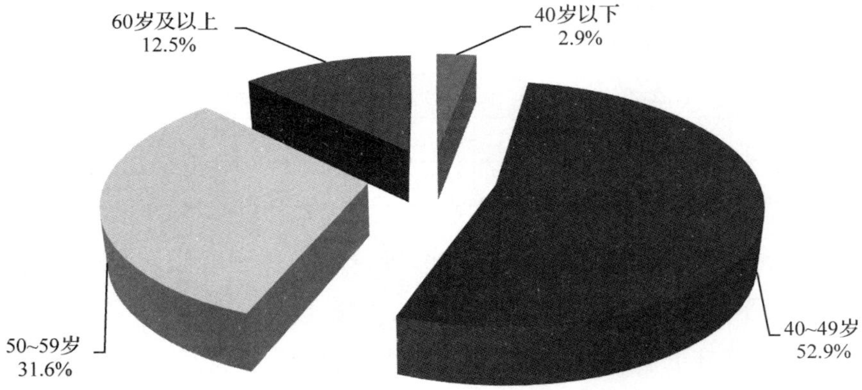

图2　一次性安置人员的年龄结构

一次性安置人员的就业状态方面，25.7%的人有工作，47.1%的人无工作，2.9%的人从事家庭经营，24.3%的人已退休（图3）。与2013年相比，一次性安置人员中无工作的比例提高了19.6个百分点，而根据前面的描述性分析结果，重点国有林区中成年人中无工作的比例虽也提高，但只提高了0.9个百分点，显然一次性安置人员中无工作人员的比例提高的幅度是非常大的，这或许表明停伐政策对这种脆弱群体的冲击更大。

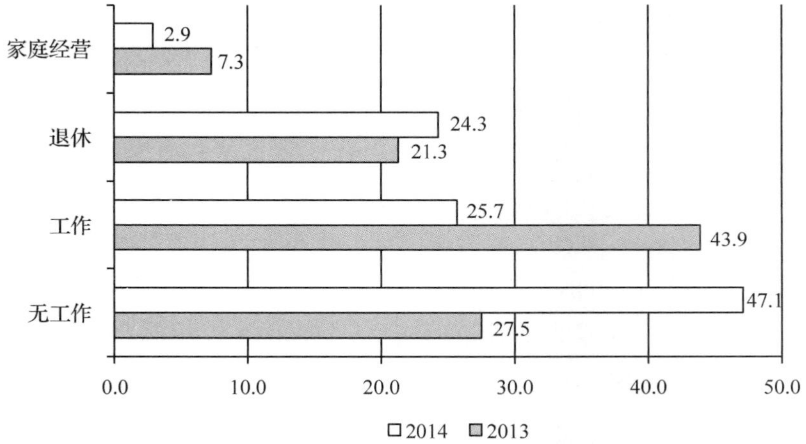

图3　一次性安置人员的就业情况

（二）教育与培训

1. 子女就学更加趋向于培养本科生

重点国有林区职工家庭重视子女教育，在各阶段在读学生中，大学本科生的比例为35.1%，比上一年度提高了9.6个百分点；而大中专生的比例为3.6%，比上一年度下降了5.0个百分点（图4）。这表明在重点国有林区，职工家庭在子女的高等教育培养上，只要子女成绩条件允许，家庭更倾向于选择让孩子去读大学本科，而非读大中专等职业学院。

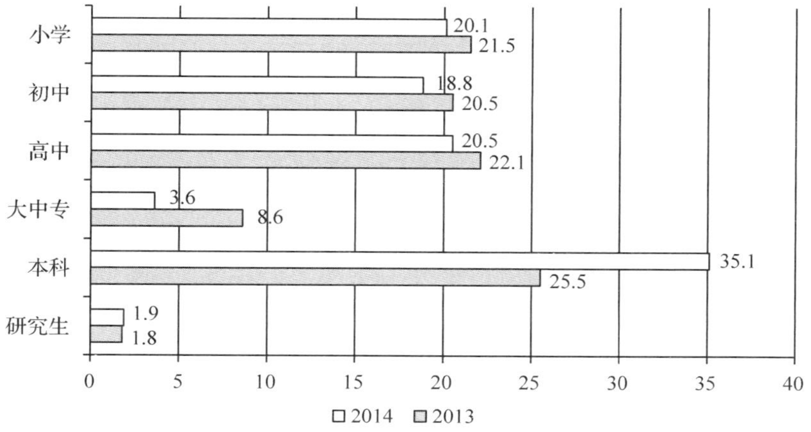

图4　样本家庭子女就学情况

2. 子女教育发生借款的比例总体下降，但在高中和大学本科教育阶段借款的比例上升

2014年重点国有林区职工家庭因子女教育而发生借款的比例为25.3%，比2013年下降了3.2个百分点。前面的分析表明，职工家庭更加重视子女的本科教育培养。另据调查发现（图5），2014年子女在高中和本科教育阶段发生借款的职工家庭所占的比例为78.2%，比2013年提高了13.6个百分点。这说明在家庭收入水平不变的情况下，随着子女的升学，职工家庭发生借款的比例会不断提高，进而会导致职工家庭生活福利水平下降，家庭不稳定因素或致贫因素增加。

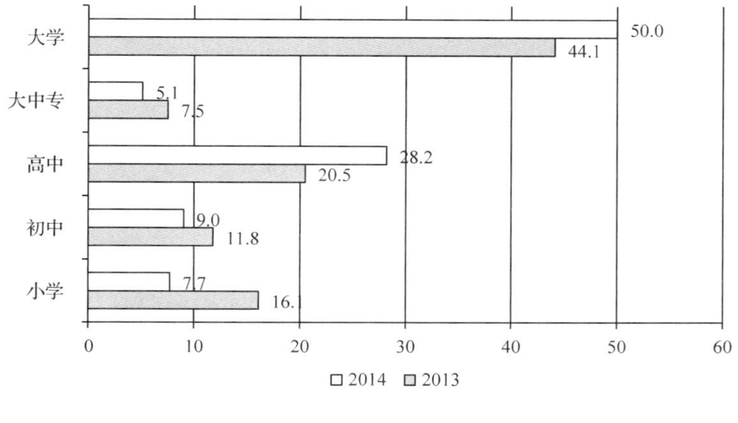

图5　样本家庭子女教育借款情况

从借款金额来看（表5），有超过一半以上的职工家庭的借款金额在10000元以上，对于这部分职工家庭来说，子女教育带来的经济压力较大，随着子女教育阶段的上升，这一情况还在加剧。

表5 样本家庭子女高中和本科教育阶段发生的借款情况 单位：%

借款金额	高 中	本 科
5000元以下	13.5	10.3
5000～10000元	36.3	30.8
10000元以上	50.2	58.9

3. 小学阶段异地上学的比例下降，高中阶段异地上学的比例大幅提高

异地上学是指学生离开所在林业局到县外其他地区寄宿上学。据样本户调查，2014年小学阶段异地上学的比例为9.1%，比2013年下降了10.3个百分点；初中阶段异地上学的比例为31.0%，与2013年基本持平；高中阶段异地上学的比例为76.2%，比2013年提高了7.8个百分点（图6）。进一步地调查表明，家里有小学生、初中生和高中生的被访户对当地学校教育的满意度分别为61.2%、44.7%和42.9%。以上描述性分析表明，重点国有林区的异地上学现象与两个方面问题有关，一是家长出于对子女教育的重视以及对子女年龄或学习阶段的考虑；二是家长出于对当地学校基础设施和教学质量的考虑。异地上学是以上两个原因的综合作用结果。异地上学会提高家庭的子女教育成本，增加职工家庭经济的脆弱性。

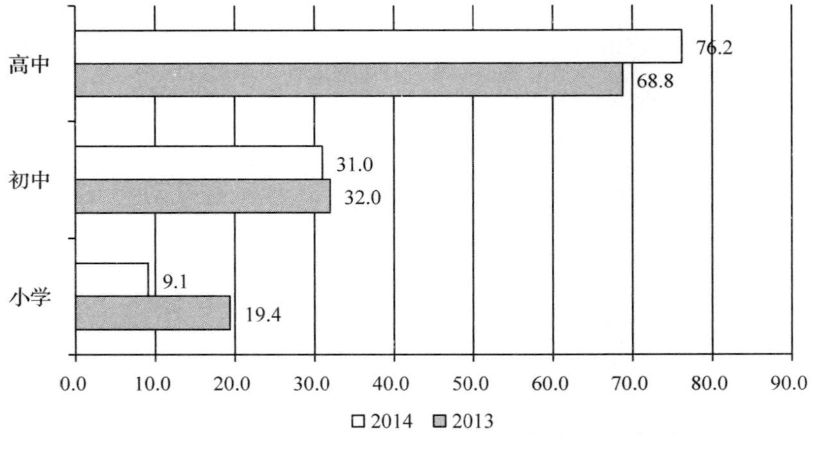

图6 样本家庭不同教育阶段异地上学情况

4. 参加职业技术培训的比例有所提高，培训费呈下降趋势

2014年重点国有林区被访样本户中参加职业技术培训的比例为28.7%，比2013年提高了10.9个百分点。据对被访样本户的调查，参加林业局组织的培训负担较轻而参加其他培训机构组织的培训负担较重。在参加培训的被访户中，85.4%的表示培训是免费的，这比 2013 年高出 32.7 个百分点。8.6% 的被访户表示培训费用在 1000 元以下，6.0% 的表示培训费超过了 1000 元。

5. 职业技术培训的内容主要是岗位培训和家庭生产经营培训

据被访户调查，54.2% 的被访户表示培训的内容为岗位培训，27.1% 表示培训的内容为家庭生产经营培训(图 7)，有 86.4% 的被访者表示能够将职业技术培训应用到实际的生产经营中。停伐后，对职工进行职业技术培训尤为重要，这就要求出台相应的政策和资金来支持重点国有林区对职工的培训，特别是对其家庭生产经营方面的培训，以促进职工发展林下经济，实现林区的经济转型。

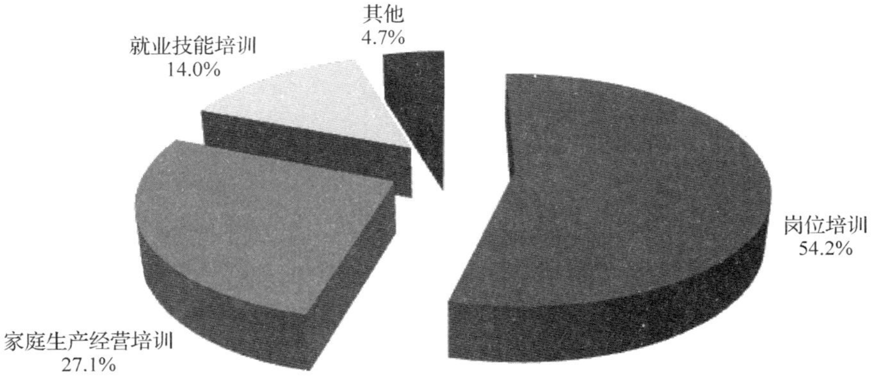

图 7 重点国有林区样本户职业技术培训的内容

(三)家庭经济状况

1. 家庭收入增加，但经营性收入下降

据被访户调查，2014 年重点国有林区职工家庭年收入的均值为 53574.8 元，比 2013 年提高了 10.7 个百分点(图 8)。从收入构成来看，其中，工资性收入由 2013 年的 35684.6 元提高到 2014 年的 37863.6 元，增幅为 6.1%。根据与各林业局管理干部的座谈得知，各林业局在 2014 年普遍调高了在职职工的工资，其工资的增幅一般在 10% 左右，这是职工家庭工资性收入增加的主要原因。经营性收入由 2013 年的 4025.8 元下降到 2014 年的 3662.7 元，降幅为 9.9 个百分点。经营性收入下降的主要原因可能有：第一，从事家庭生产经营活动的职工缺少专业技术培训，其抵御各种风险的能力较弱，这是技术原因；第二，缺乏良好的市场交易平台，生产的农林产品滞销或被迫低价销售，这是市场原因；第三，停伐政策的实施，给以木材加工剩余物为原料的林下经营带来困境，这是政府政策原因；第四，自然灾害导致的减产或停产等影响，这是自然灾害原因。财产性收入由 2013 年的 460.9 元提高到 710.5 元，增幅为 54.2%，重点国有林区的职工家庭在棚户区改造的政策下购置新房是其财产性收入大幅提高的主要原因。进一步的调查表明，2014 年房屋出售收入占财产性收入的比例达到 43.2%。转移性收入由 2013 年的 7014.8 元提高到 2014 年的 8021.8 元，增幅为 14.4%。转移性收入的主要构成是退休金收入，被访户中退休人员的增加以及退休金的提高是转移性收入提高的主要原因。其他收入由 2013 年的 1194.7 元提高到 2014 年的 3316.2 元，增幅为 117.6%。家庭的其他收入包括双方父母的经济支持、其他亲戚、朋友、同事的经济支持或赠予(如随礼)等。进一步的调查表明，2014 年职工家庭的其他收入主要是双方父母的经济支持，占 88.1%。有 13.1% 的家庭从父母那里得到了经济支持，这反映出年轻人家庭负担较重，尚需父母在经济上支持。

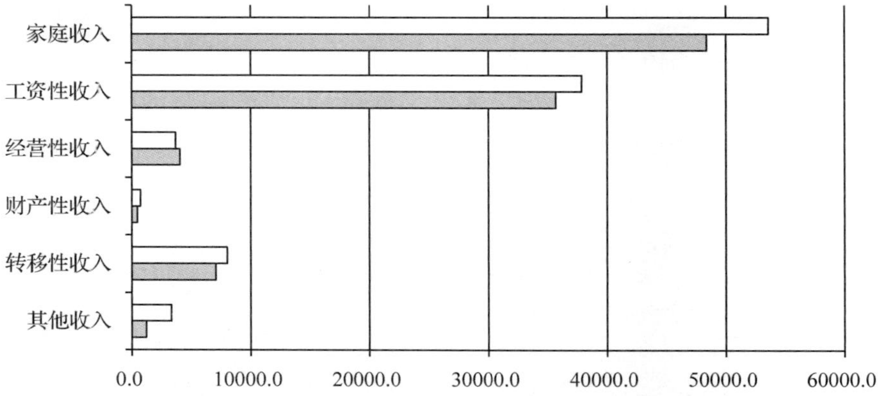

	其他收入	转移性收入	财产性收入	经营性收入	工资性收入	家庭收入
□2014	3316.2	8021.8	710.5	3662.7	37863.6	53574.8
■2013	1194.7	7034.8	460.9	4025.8	35684.6	48400.8

图 8　重点国有林区样本家庭收入

2. 各林区家庭收入均有所提高，但收入结构变化不一

据被访户调查，2014 年各林区家庭收入与 2013 年相比均有所提高，其中，黑龙江大兴安岭林区家庭收入的增幅最大，达到 21.0%；内蒙古森工林区家庭收入的增幅最小，为 6.7%。各林区家庭的工资性收入均有所提高，其中，内蒙古森工林区家庭工资性收入的增幅最大，为 10.6%；吉林森工林区家庭工资性收入的增幅仅为 2.7%。各林区家庭经营性收入有升有降，其中，黑龙江大兴安岭林区家庭经营性收入的增幅达到 113.9%，龙江森工林区仅有 1.2% 的微弱增幅；内蒙古森工林区和吉林森工林区家庭经营性收入都有所下降，下降幅度分别达到 52.7% 和 34.8%。财产性收入、转移性收入和其他收入由于占比较小，见表 6。

表 6　重点国有林区样本家庭收入水平和结构

项　目	龙江森工		黑龙江大兴安岭		内蒙古森工		吉林森工	
	2014 年	2013 年	2014 年	2013 年	2014 年	2013 年	2014 年	2013 年
家庭收入(元)	50699	45707	56714	46879	51112	47917	57827	53440
占比(%)	100.0	100.0	100.0	100.0	100.0	100.0	100.0	100.0
工资性收入(元)	31242	29950	44819	41470	37635	34043	42570	41445

（续）

项　目	龙江森工		黑龙江大兴安岭		内蒙古森工		吉林森工	
	2014 年	2013 年	2014 年	2013 年	2014 年	2013 年	2014 年	2013 年
占比(%)	61.6	65.5	79.0	88.5	73.6	71.0	73.6	77.6
经营性收入(元)	7165	7078	2565	1199	1017	2150	2297	3523
占比(%)	14.1	15.5	4.5	2.5	2.0	4.5	4.0	6.6
财产性收入(元)	414	436	484	567	887	339	1068	550
占比(%)	0.8	1.0	0.9	1.2	1.7	0.7	1.9	1.0
转移性收入(元)	10408	7553	4323	3409	7189	8911	7895	6721
占比(%)	20.5	16.5	7.6	7.3	14.1	18.6	13.7	12.6
其他收入(元)	1471	689	4523	235	4383	2474	3996	1201
占比(%)	2.9	1.5	8.0	0.5	8.6	5.2	6.9	2.2

3. 家庭人均收入与全国平均水平仍有差距，但增长速度高于全国平均水平

2014 年重点国有林区样本家庭人均收入为 19852 元，相当于全国城镇居民家庭人均可支配收入的 68.9%，但高于全国农村居民家庭人均纯收入水平。2014 年重点国有林区家庭人均收入的名义增长速度为 16.6%，高于全国城镇居民家庭人均可支配收入的增长速度。各林区样本家庭人均收入也与其所在省(自治区)城镇居民家庭人均可支配收入有所差距，但都高于其所在省(自治区)农村居民家庭人均纯收入水平。例如，龙江森工林区和黑龙江大兴安岭林区样本家庭人均收入分别为 19478 元和 21603 元，分别相当于黑龙江省城镇居民家庭人均可支配收入的 86.2% 和 95.6%；内蒙古森工林区样本家庭人均收入为 17911 元，相当于内蒙古自治区城镇居民家庭人均可支配收入的 63.2%；吉林森工林区样本家庭人均收入为 21160 元，相当于吉林省城镇居民家庭人均可支配收入的 91.5%(表 7)。

表 7　2014 年重点国有林区样本家庭人均收入及与全国的比较

地　区	城镇居民家庭人均可支配收入(元)	名义增长速度(%)	农村居民家庭人均纯收入(元)	名义增长率(%)
全国	28844	9.0	10489	11.2
内蒙古	28350	9.0	9976	11.0
吉林	23128	8.8	10780	10.2
黑龙江	22609	8.4	10453	11.6
重点国有林区	19852	16.6	—	—
龙江森工	19478	15.0	—	—
黑龙江大兴安岭	21603	31.4	—	—
内蒙古森工	17911	11.8	—	—
吉林森工	21160	14.4	—	—

4. 家庭生活消费水平基本持平，但基本生活需要的消费水平上升

据被访户调查(图 9)，重点国有林区职工家庭生活消费水平基本持平，2014 年职工家庭生活消费为 44469. 4 元，比 2013 年略微上升了 1 个百分点。重点国有林区职工家庭的收入水平上升而消费水平却基本持平，一个可能的原因是职工家庭的脆弱性增加(何平等[①]，2010)，如停伐政策冲击也有可能加重职工家庭的脆弱性，即人们为了防止家庭成员下岗导致家庭收入减少，会选择持有货币从而降低生活消费水平，当然这需要更加严密而科学的验证。反映基本生活需要的衣、食、住等方面的支出占生活消费总支出的 38. 1%，说明职工家庭生活消费中近四成的支出用于满足基本生存需要。而且，2014 年衣、食、住这些基本生活需要的消费与 2013 年相比是增加的，增幅为 6. 1 个百分点；子女教育支出也是增加的，增幅达 10. 6 个百分点。食品支出、子女教育支出和转移性支出是重点国有林区职工家庭最主要的三项消费，分别占家庭生活消费的 25. 6%、13. 6% 和 12. 1%。

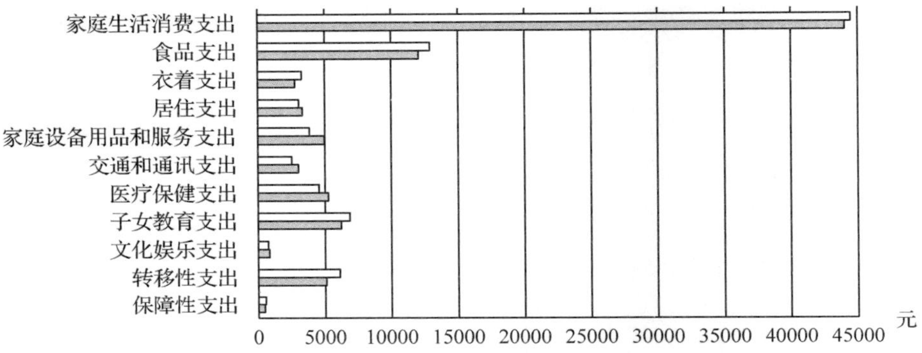

	保障性支出	转移性支出	文化娱乐支出	子女教育支出	医疗保健支出	交通和通讯支出	家庭设备用品和服务支出	居住支出	衣着支出	食品支出	家庭生活消费支出
□2014年	560.5	6102.7	748.9	6859.4	4563.2	2513.8	3864.8	3056.2	3283.5	12916.4	44469.4
■2013年	484.1	5102.9	839.1	6202.9	5254.4	3030.6	4966.5	3326.6	2765.4	12057.9	44030.4

图 9　重点国有林区样本职工家庭生活消费

5. 有农林生产投入的户数比例下降

职工家庭的生产投入主要包括三部分，一是农业投入，主要是指种植业生产投入；二是林下投入，主要包括林下种植、林下采集和林下养殖等林下经济生产投入；三是其他投入，主要包括对用材林、经济林等其他经营的生产投入。2014 年重点国有林区中有农林生产投入的户数比例为 13. 0%，比 2013 年下降了 5. 5 个百分点。各林区中，龙江森工林区、黑龙江大兴安岭林区和内蒙古森工林区均有下降，降幅分别为 2. 6%、7. 1% 和

① 何平，高杰，张锐. 家庭欲望、脆弱性与收入－消费关系研究[J]. 经济研究，2010(10)：77－88.

15.7%（表8）。

表8 重点国有林区样本户中有农林生产投入的户数

林 区	2014年			2013年		
	总户数（户）	有投入户数（户）	占比（%）	总户数（户）	有投入户数（户）	占比（%）
重点国有林区	718	93	13.0	723	134	18.5
龙江森工	243	48	19.8	246	55	22.4
黑龙江大兴安岭	113	5	4.4	113	13	11.5
内蒙古森工	177	24	13.6	181	53	29.3
吉林森工	185	16	8.6	183	13	7.1

6. 农林业生产投入下降，以林下生产投入为主但其降幅较大

据被访户调查（图10），重点国有林区职工家庭的农林业生产投入有很大幅度的下降，2014年职工家庭农林业生产投入为12315.9元，比2013年下降了40.4个百分点。职工家庭的生产投入以林下生产投入为主，2014年林下生产投入为7179.7元，比2013年下降了49.1个百分点。2014年职工家庭的农业投入为4743.2元，比2013年下降了27.4个百分点。

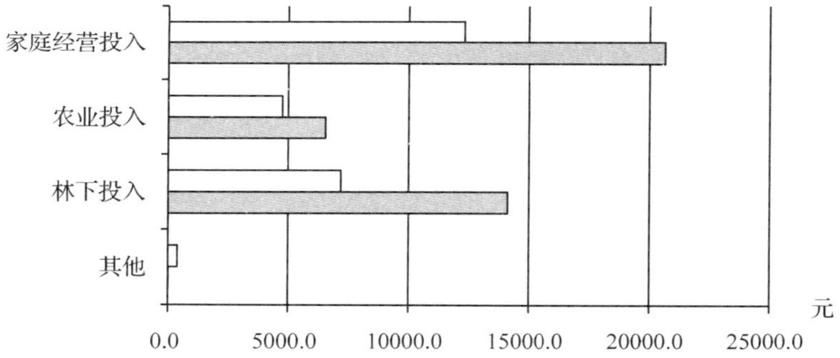

	其他	林下投入	农业投入	家庭经营投入
□2014	393.0	7179.7	4743.2	12315.9
▨2013	4.5	14115.6	6533.1	20653.2

图10 重点国有林区样本家庭农林业生产投入

分林区来看（表9），龙江森工林区和吉林森工林区职工家庭农林生产投入下降，而黑龙江大兴安岭林区和内蒙古森工林区职工家庭农林生产投入上升。前面的分析表明，职工家庭经营性收入下降，与这里职工家庭农林业生产投入下降的结论是一致的。而且，前面的分析还表明，龙江森工林区和吉林森工林区的家庭经营性收入下降，而黑龙江大兴安岭林区和内蒙古森工林区职工家庭的经营性收入上升，也与这里的分析结论一致。除了前面分析的原因之外，可能还有停伐政策以及山上林场（所）撤并造成的影响：林下生产投入比农业投入下降幅度大，说明停伐政策对职工家庭的农林业生产投入以及经营性收入有影响，而龙江森工林区和吉林森工林区农林业生产投入下降，黑龙江大兴安岭

林区和内蒙古森工林区职工家庭农林业生产投入上升的情况表明，可能的原因是林场(所)撤并导致从事农林业生产的职工家庭在下降，本报告认为后者的可能性更大一些。

表9　各林区样本家庭农林业生产投入情况　单位：元

项　目	龙江森工		黑龙江大兴安岭		内蒙古森工		吉林森工	
	2014年	2013年	2014年	2013年	2014年	2013年	2014年	2013年
家庭经营投入	12991.7	32298.6	17900.0	10340.0	5703.2	4848.8	18462.3	46130.8
农业投入	8383.8	15301.6	4040.0	480.0	702.8	405.9	101.6	469.2
林下投入	4545.4	16986.0	13860.0	9860.0	4821.3	4442.9	16532.6	45661.5
其他	62.5	10.9	0.0	0.0	179.2	0.0	1828.1	0.0

(四)家庭生活条件

1. 住房面积保持稳定，居住楼房的比例继续稳步增加

2014年重点国有林区职工家庭户均住房面积为64.7平方米，比2013年的65.7平方米下降1.5%；2014年人均住房面积为24.5平方米，比2013年的23.8平方米上升2.9%。

分林区来看(表10)，人均住房面积最大的是龙江森工林区，达到29.3平方米；内蒙古森工林区的人均住房面积最小，为19.0平方米。其他各林区的人均住房面积都有所增长，各林区之间人均住房面积的差距正在逐渐减少。

职工家庭住房面积在经过前几年的快速增长后目前已趋于稳定，这一方面说明重点国有林区棚户区改造政策的实施改善了职工家庭的住房条件，但这一政策已经接近尾声，所以职工家庭的住房面积也就趋于稳定。

表10　各林区样本家庭住房面积　单位：平方米

指标名称	龙江森工		黑龙江大兴安岭		内蒙古森工		吉林森工	
	2014年	2013年	2014年	2013年	2014年	2013年	2014年	2013年
户均住房面积	72.5	80.9	60.7	55.6	54.3	53.2	66.9	63.9
人均住房面积	29.3	30.8	23.3	20.2	19.0	18.5	24.3	21.8

2014年重点国有林区职工家庭住房中楼房的比例为65.5%，比2013年增加了1.0个百分点。分林区来看，吉林森工林区家庭住房中楼房的比例最高，为85.4%；内蒙古森工林区家庭住房中楼房的比例最低，为43.7%，但其增长较快，比2013年增长了6.7个百分点。

山下局址职工家庭的住房中，楼房的比例为76.8%；而山上林场职工家庭的住房中，楼房的比例为50.6%。这说明在山上林场工作的职工中，已有超过一半的家庭搬迁到山下局址居住，这从居住地点上反映了重点国有林区社会的变迁，它是棚户区改造和撤并林场(所)等双重政策作用的结果。但是，从另一方面来看，无论是山下局址，还是山上林场，仍有一部分职工家庭的住房为平房，或者说仍有一部分职工家庭居住在棚户

区。重点国有林区的棚户区改造工程已经接近尾声，与林业局管理干部的座谈中了解到目前在部分林业局，已经出现棚改新房因无人购买而闲置的现象了，仅从推进棚户区改造工程单方面入手，难以解决当前的问题。

2. 在新房居住家庭的比例上升

2014 年居住在 2000～2010 年及以后新房的家庭比例为 40.5%，比 2013 年提高了 9.2 个百分点；2014 年居住在 20 世纪 80 年代及以前老旧房子的家庭比例为 12.0%，比 2013 年下降了 5.6 个百分点(图 11)。这一方面说明重点国有林区棚户区改造过程中，对老旧房子的改造有所进展，但另一方面也说明仍有一部分职工家庭居住在老旧房子中，这部分群体是以后民生建设和发展中应予以重点关注的对象。

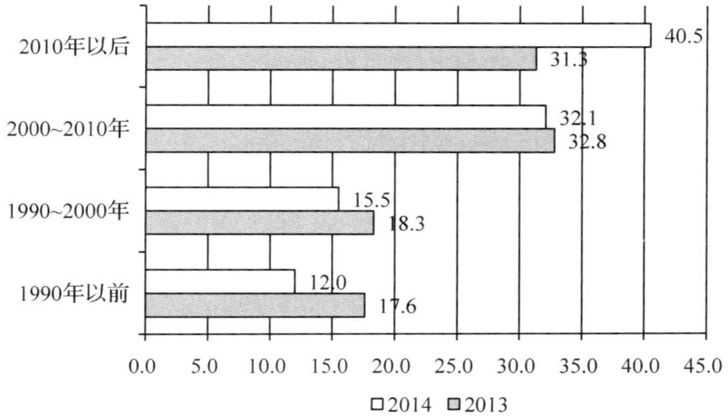

图 11　重点国有林区样本家庭住房的入住时间

分林区来看(表 11)，黑龙江大兴安岭林区职工家庭居住 2010 年及以后住房的比例最高，为 52.3%，其增幅也是最大的，比 2013 年增加了 23.3 个百分点。不过，黑龙江大兴安岭林区职工家庭居住 20 世纪 80 年代及以前住房的比例也是最高的，为 14.7%，但与 2013 年相比也有 4.3 个百分点的降幅。内蒙古森工林区在过去的一年中棚户区改造工程推进取得良好成效，该林区职工家庭居住 20 世纪 80 年代及以前住房的比例下降了 14.9 个百分点，而居住 2010 年以前住房的比例则上升了 14.8 个百分点。

表 11　各林区样本家庭住房的入住时间

入住时间	龙江森工		黑龙江大兴安岭		内蒙古森工		吉林森工	
	2014 年	2013 年	2014 年	2013 年	2014 年	2013 年	2014 年	2013 年
1990 年以前	10.9	14.4	14.7	19.0	13.6	28.5	10.3	10.1
1990～2000 年	14.4	14.4	16.5	21.0	20.1	23.4	11.9	16.4
2000～2010 年	35.8	38.6	16.5	31.0	23.7	20.3	44.3	39.0
2010 年以后	38.9	32.6	52.3	29.0	42.6	27.8	33.56	34.5

3. 职工家庭的炊事燃料主要是电、煤气和木材，但使用木材的家庭比例下降

重点国有林区职工家庭炊事燃料主要使用电、煤气、木材这 3 种燃料，所占的比重分别为 64.1%、29% 和 19.6%，煤炭、柴草、太阳能、沼气等燃料很少用。其中，使用木材作为炊事燃料家庭的比例比 2013 年下降了 5.2 个百分点。调查还发现，山下局址职工家庭主要使用的炊事燃料是电和煤气，所占的比重分别为 72.0% 和 30.3%，使用木材的家庭所占比重为 12.0%。山上林场职工家庭主要使用的炊事燃料是电和木材，所占比重分别为 50.5% 和 28.9%。由于职工家庭有可能储存一定量的木材，停伐政策对家庭炊事燃料产生的影响目前还不明显，仍需在以后的调查中继续观察。

4. 饮水条件和厕卫条件继续得到改善

据被访户调查(表 12)，重点国有林区职工家庭的饮用水主要是自来水，其次是井水，分别为 74.9% 和 24.1%。其中，使用自来水家庭的比例比 2013 年提高了 0.8 个百分点。分林区来看，龙江森工、黑龙江大兴安岭、吉林森工 3 个林区职工家庭的主要饮用水类型都是自来水，其中，吉林森工林区使用自来水家庭的比例最高，占 96.8%。内蒙古森工林区家庭的饮用水类型是井水和自来水，其比例分别为 52.6% 和 45.1%，不过和 2013 年相比，使用自来水的家庭上升了 4.2 个百分点。家庭饮用水类型和家庭住房类型是相对应的，正如前文提到，内蒙古森工林区家庭住房中楼房的比例上升了 6.7 个百分点。

表 12 重点国有林区样本家庭饮用水类型 单位:%

林 区	自来水	井水、山泉水	其 他
重点国有林区	74.9	24.1	1.0
龙江森工	74.5	24.3	1.2
黑龙江大兴安岭	86.5	13.5	0.0
内蒙古森工	45.1	52.6	2.3
吉林森工	96.8	3.2	0.0

调查发现，山下局址家庭和山上林场家庭的主要饮用水类型都是自来水和井水，但其所占的比例有所不同。山下局址家庭使用自来水和井水的比例分别为 84.8% 和 14.5%，而山上林场家庭使用自来水和井水的比例分别为 63.2% 和 35.6%，同时山上林场家庭使用井水的比例较 2013 年下降了 10.4%。显然，山下局址家庭使用自来水的比例高于山上林场家庭。山上林场的居住条件相比山下局址而言各项设施都不完善，加上山地环境有很大不便，限制了自来水的普及。

家庭厕所类型是反映家庭生活卫生条件的重要指标。调查发现(表 13)，重点国有林区家庭厕所主要为室内冲水厕所和室外非冲水厕所，所占比重分别为 66.8% 和 29.3%。其中，使用室内冲水厕所的家庭比例比 2013 年上升了 0.3 个百分点。分林区来看，吉林森工林区家庭厕卫条件最好，室内冲水厕所的比例达到 86.5%，内蒙古森工林区家庭厕卫条件依然最差，使用室内冲水厕所的家庭比例为 44.3%，但比 2013 年上升了 8.2 个百分点，这说明内蒙古森工林区的厕卫条件也得到了较为明显的改善。

表 13　重点国有林区样本家庭厕所类型　　单位:%

林　区	室内冲水厕所	室外冲水厕所	室外非冲水厕所	其　他
重点国有林区	66.8	3.5	29.3	0.4
龙江森工	62.8	5.9	30.1	1.2
黑龙江大兴安岭	78.4	2.7	18.9	0
内蒙古森工	44.3	3.4	52.3	0
吉林森工	86.5	1.1	12.4	0

调查发现，山下局址家庭的厕卫条件好于山上林场家庭，山下局址家庭的厕所主要为室内冲水厕所，其比例为 79.1%，山上林场家庭的厕所类型以室内冲水厕所及室外非冲水厕所为主，所占比例分别为 52.2% 和 42.9%。与 2013 年相比，山下局址和山上林场的卫生条件都有了不同程度的改善，使用室内冲水厕所的家庭比例分别提高了 1.0 和 3.0 个百分点。

5. 医疗卫生条件改善的效果不大，满意度没有明显提高

家庭到最近医疗机构的距离这一指标反映的是医疗卫生服务的可及性。2014 年重点国有林区 77.1% 的家庭到最近医疗机构的距离在 1 千米以内；13.0% 的家庭到最近医疗机构的距离为 1 ~ 3 千米；2.0% 的家庭到最近医疗机构的距离为 3 ~ 5 千米；1.4% 的家庭到最近医疗点的距离为 5 ~ 10 千米；还有 6.5% 的家庭到最近医疗点的距离大于 10 千米（表 14）。与 2013 年相比，不同地区家庭到医疗机构距离存在差异，但总体上，职工家庭到最近医疗机构的距离这一指标并没有明显变化。内蒙古森工林区到最近医疗机构的距离在 1 千米以内的家庭的比例最低，为 59.9%，但比 2013 年仍有 16.3 个百分点的较大增幅。

表 14　重点国有林区样本家庭到最近医疗点的距离情况　　单位:%

林　区	≤1 千米	1 ~ 3 千米	3 ~ 5 千米	5 ~ 10 千米	>10 千米
重点国有林区	77.1	13.0	2.0	1.4	6.5
龙江森工	87.7	10.3	1.2	0	0.8
黑龙江大兴安岭	74.3	13.3	0	1.8	10.6
内蒙古森工	59.9	16.4	4.0	2.8	16.9
吉林森工	81.7	13.3	2.2	1.7	1.1

根据调查，2014 年对本林业局医疗卫生条件表示一般及满意的被访户占 63.0%，比 2013 年下降了 0.7 个百分点。在内蒙古森工林区，对当地林业局医疗卫生条件表示一般及满意的被访户占 38.4%，比 2013 年提高了 4.9 个百分点。进一步的调查表明，医生的专业水平低和医疗条件差是被访户不满意的主要原因：63.8% 的被访户表示本林业局的

医生专业水平低，54.5%的被访户表示本林业局的医疗条件差。

6. 各项社会保障政策继续维持，低保金有所提高

被访户中，低保户家庭有40户，占5.6%，比2013年下降了3.7个百分点。低保户每月领取低保金的均值为381元，这比2013年有所提高，2013年各地低保户的补助标准大多集中在150元/月到300元/月。在低保户家庭中，65.0%的被访户表示低保金比2013年提高(41.1个百分点)。但仅有12.5%的被访户表示低保金能够满足基本生活需要，这个比例比2013年下降了11.4个百分点。在被访的低保户中，对低保政策表示不满意的占37.5%，他们不满意的主要原因是认为低保金低。以上描述性分析表明，重点国有林区低保补助标准虽有所提高，但与职工家庭的期待还有差距，多数低保户表示低保金无法满足其基本生活需要，对低保政策的满意度不高。

在被访户中，得到政府补助的家庭有61户，占8.8%，较去年略有降低，其得到政府补助的原因主要有收入低、基本生活困难，看病、住院，孩子上学有困难等，在得到政府补助的家庭中，44.6%的家庭是因为收入低、基本生活有困难，这个比例比2013年提高了13.2%。

本报告调查了职工家庭对当前养老保险政策的满意情况。在被访户中，对当前养老保险政策表示满意和非常满意的占45.5%(表15)。

表15 重点国有林区样本家庭对养老保险政策的满意程度 单位:%

林　区	非常不满意	不满意	一　般	满　意	非常满意
重点国有林区	2.6	16.6	35.3	44.2	1.3
龙江森工	3.7	22.4	29.9	42.5	1.4
黑龙江大兴安岭	1.8	14.3	45.5	36.6	1.8
内蒙古森工	2.3	11.3	37.9	47.5	1.1
吉林森工	2.2	16.2	33.0	47.6	1.1

三、主要结论与政策建议

(一)主要结论

1. 重点国有林区就业状况变差，被访户对就业状况的看法不乐观

重点国有林区16岁以上的成年人口中，有工作的人占55.4%，比2013年下降了2.6个百分点；无工作的人占16.8%，比2013年增加了0.9个百分点；从事家庭经营的人占4.1%，比2013年下降了0.2个百分点。就一次性安置人员来说，只有25.7%人有工作，无工作的比例为47.1%，这比2013年提高了19.6个百分点。2014年龙江森工林区和黑龙江大兴安岭林区全面停伐，但这两个林区就业状况的变化却并不相同。龙江森工林区有工作和从事家庭经营的比例分别下降了5.8和0.7个百分点，无工作的比例则上升了2.8个百分点；而黑龙江大兴安岭林区有工作的比例虽下降了1.2个百分点，但从事家庭经营的比例上升了1.0个百分点，而且无工作的比例下降了3.3个百分点。说明停伐可能使得龙江森工林区的就业状况变差，但对黑龙江大兴安岭林区的影响还不明朗。停伐对一次性安置人员等脆弱群体的冲击更大。据被访户调查，只有26.9%的人表示当前家庭就业状况较好或非常好，但有24.3%的人表示当前家庭就业状况较差或非常差。

2. 从事家庭经营的人口呈老年化趋势，青年人就业问题突出，尚需来自父母的经济支持

30～49岁的中年人群体中，从事家庭经营的比例与2013年相比在下降。例如30～39岁的群体中，从事家庭经营的比例为8.7%，比2013年下降了1.1个百分点。而在50～59岁的群体中，从事家庭经营的比例为4.4%，比2013年提高了1.0个百分点。30岁以下的成年人中有15.0%的人无工作，比2013年上升了0.5个百分点，这说明在重点国有林区青年人的就业仍是突出的问题。此外，根据对家庭收入的调查，中青年家庭中有13.1%的家庭从父母那里得到了经济支持。

3. 子女教育是职工家庭的重要负担，子女教育支出继续增加，高中和本科教育阶段借款家庭的比例上升

2014年职工家庭子女教育支出为6859.4元，比2013年增加了10.6个百分点。2014年子女在高中或大学本科阶段发生借款的职工家庭所占的比例为78.2%，比2013年提高了13.6个百分点。从借款的金额来看，有超过一半以上的职工家庭的借款金额在10000元以上，对于这部分职工家庭来说，子女教育成为重要负担，随着子女教育阶段的上升，这一情况还在加剧。此外，子女在高中阶段异地上学的比例也大幅增加，2014年高中阶段异地上学的比例达到76.2%，比2013年增加了7.8个百分点。异地上学也会增加职工家庭的子女教育成本，增加职工家庭的经济脆弱性。

4. 家庭收入增加，但家庭人均收入与全国平均水平仍有差距

2014年重点国有林区职工家庭收入为53574.8元，比2013年提高了10.7个百分点。家庭人均收入为19852元，相当于全国城镇居民家庭人均可支配收入的68.9%，但高于全国农村居民家庭人均纯收入水平。2014年重点国有林区家庭人均收入的名义增长速度为16.6%，高于全国城镇居民家庭人均可支配收入9.0%的增长速度。

5. 生活消费水平基本持平，但基本生活需要的消费水平上升

2014年重点国有林区职工家庭生活消费为44469.5元，比2013年略微上升了1.0个百分点。重点国有林区职工家庭的收入水平上升，而消费水平却基本持平。反映基本生活需要的衣、食、住等方面的支出占生活消费总支出的38.1%，说明在重点国有林区，职工家庭生活消费中近四成的支出用于满足基本生活需要。而且，衣、食、住这些基本生活需要的消费比2013年增加了6.1个百分点。食品支出、子女教育支出和转移性支出是重点国有林区职工家庭最主要的三项消费，分别占家庭生活消费的 25.6%、13.6% 和 12.1%。

6. 家庭从事农林业生产经营的情况变差

鼓励职工家庭发展林下经济是重点国有林区经济转型路径之一，也是应对全面停伐政策的措施之一。但是调查表明，职工家庭从事林下经济活动的情况变差了。一是职工家庭中进行农林生产投入的户数比例由2013 年的18.5%下降到2014 年的13.0%。而且，农林业生产投入下降，2014 年职工家庭户均农林业生产投入为12315.9 元，比2013 年下降了40.4 个百分点。二是家庭经营性收入下降。2014 年重点国有林区的家庭经营性收入为3662.7 元，比2013 年下降了9.0 个百分点。停伐政策和山上林场(所)的撤并都对职工家庭从事农林业生产经营产生影响，但后者的影响可能更大一些。

7. 棚改工程使得职工家庭的住房条件有了改观，但老旧的棚户区仍然存在并成为棚改工程推进的难点

重点国有林区经过几年的棚户区改造工程，职工家庭的住房条件有了改观，2014 年人均住房面积为24.5 平方米，比2013 年增长了2.9 个百分点。职工家庭中居住楼房的比例达到了65.5%，比2013 年增加了1.0 个百分点，在山上林场工作的职工家庭中，搬迁到山下局址并且在楼房居住的家庭达到了50.6%。职工家庭居住在2010 年以后新房的比例为40.5%，比2013 年提高了9.2 个百分点。不过，重点国有林区仍然存在老旧的棚户区。无论是山下局址还是山上林场，仍有一部分职工家庭的住房为平房，而居住在20 世纪80 年代以前老旧房子的家庭比例为12.0%。居住在老旧棚户区的职工家庭是国有林区的脆弱群体，据了解，重点国有林区的棚改工程已接近尾声，目前已经出现棚改政策下新建楼房因无人购买而闲置的现象了，仅从推进棚改工程单方面入手，难以解决当前的问题。

8. 内蒙古森工林区的饮水和厕卫条件虽有改善但仍较差，医疗卫生条件改善的效果不大

在4 个森工林区中，内蒙古森工林区的住房条件最差。2014 年内蒙古森工林区人均住房面积仅为19.0 平方米；职工家庭中楼房的比例最低，为43.7%；20 世纪80 年代以前住房的比例也较高，为13.6%。住房条件直接影响着饮水和厕卫条件。在内蒙古森工林区，使用自来水的家庭仅占45.1%，使用室内冲水厕所的家庭也仅为44.3%。此外，内蒙古森工林区的医疗卫生条件是4 个林区中最差的，到最近医疗机构的距离在1 千米以内的家庭比例仅为59.9%。该林区对医疗卫生条件的满意度也是最低的，仅有38.4%的被访户对当地林业局的医疗卫生条件表示一般或满意。

(二)政策建议

1. 高度关注重点国有林区的脆弱群体

重点国有林区中的一次性安置人员、非国有单位零散工人群是脆弱群体，他们的就业状况变差，再加上全面停伐政策可能在未来几年中释放其对这些脆弱群体的冲击效应，因此要高度关注国有林区的这些脆弱群体。目前中央财政支持下的森林抚育补贴政策提供的就业机会一般限于森工林业局的正式职工，建议今后将森林抚育工作等就业机会也能向这部分脆弱群体倾斜，以确保国有林区社会稳定。

2. 扶持国有林区职工家庭发展林下经济

发展林下经济是国有林区在近一段时期内应对停伐并实现经济转型的路径之一。但是目前的发展情况正在变差。建议：第一，探索将国有林区中的林缘空地实施林下资源承包经营权的改革，集体林区林下经济成功开展的一个重要启示是那里实行了真正意义的林权改革。第二，引导龙头企业带动职工家庭发展林下经济，以林下经济产业升级促进职工家庭发展林下经济。国有林区发展林下经济必须转换思路，农村发展种养殖业的成功经验之一就是那里已经走过了龙头企业带动之路，没有龙头企业的带动，职工家庭的组织化程度跟不上，应对市场风险的能力太弱，林下经济产业无法升级，职工家庭不能致富，林区经济无法转型。第三，实施林下经济补贴，将中央财政林下经济补贴试点范围扩大到重点国有林区。第四，实施类似新型职业农民培训，重点培训国有林区中的中青年职工，将他们培养成为国有林区中发展林下经济的主力军。

3. 确保职工工资有不低于社会平均水平的增长幅度

国有林区职工家庭的人均收入低于全国平均水平，也低于当地各省（自治区）的平均水平。随着停伐政策在重点国有林区的全面推进，各林业局依靠传统的采伐木材收入而增加职工工资的措施必然难以为继，而林业职工所从事的工作也由采伐木材转为森林管护和抚育，其工作性质越来越具有公益性。原有的森林管护和抚育补贴标准已经多年不变，而劳动力成本的逐年不断提高要求提高森林管护和抚育补贴标准，这样才能确保职工工资能够有不低于社会平均水平的增长幅度。

4. 加大教育、医疗等基础设施建设，并吸引人才到国有林区这些部门工作

近年来职工家庭在中小学教育方面的投入越来越高，异地上学的也越来越多。同时医疗卫生条件改善的效果不大，满意度没有明显提高。一方面是由于基础设施等硬件落后，满足不了当地居民的需求；另一方面教师、医生的教育和医疗水平也不被当地居民认可。因此，除了加大教育、医疗等基础设施建设，还应该制定优惠政策吸引人才到国有林区的教育和医疗部门工作。

5. 大力推进山上林场的撤并，对于困难家庭实行生态移民扶贫补助

随着停伐在重点国有林区的全面实施，林业职工的工作内容已经发生了改变，森林管护和抚育是其主要的工作。这样对以前以森林采伐为主要工作内容而建立的山上林场有必要进行大规模的撤并，将山上林场职工搬迁到山下局址居住。鉴于棚户区改造工程已经接近尾声，但仍有困难家庭居住在棚户区，可对这部分困难家庭实行生态移民扶贫补助，尽快让他们住上楼房。山上林场的撤并与林区小城镇的建设应该统一规划，学校、医院、集中供暖等都应该在统一规划之中。

调 研 单 位：东北林业大学经济管理学院
调研组成员：朱洪革　胡士磊　任　月　马　醒
柴　乐　常丽博　韩竺君

2015 年浙江省集体林区民生监测报告

【摘　要】为了及时全面掌握集体林权制度改革后，林区农户生产与生活变化、集体林区产业结构调整、林农的林业经营行为及其对主要林业政策的评价与诉求等方面的信息，进而对林权制度改革的成效做出客观评价，为进一步深化集体林区改革提供决策参考。自 2013 年起，国家林业局委托浙江农林大学经济管理学院，对我国南方集体林区主要省份——浙江省，进行集体林区民生追踪监测调查。本报告将重点描述分析集体林权制度改革后，不同地区、不同林地规模农户的收入水平结构、林业生产行为及其对林业政策的认知和评价等基本事实，以期准确把握不同特征农户的生产生活行为和政策需求，有针对性地提出提高林农生活质量、调动林农生产积极性的对策建议，为集体林区的民生发展做出贡献。

一、调查方案设计

（一）抽样方法

集体林区民生监测项目于 2013 年开始初访调查。初访调查采用分层随机抽样方法，在浙江省 53 个林区县（市）中抽取临安、开化、龙泉、磐安 4 个样本县（市），在每个县（市）按照分成随机抽样方法，抽取 2 个乡镇，每个乡镇抽取 2 个村庄，每个村庄按照等距抽样方法，抽取 12 个样本农户，共计 8 个乡（镇）、16 个样本村、192 户样本农户。

课题组于 2014 年 7 月，对 2013 年的初访样本农户进行了第一次追踪调查，鉴于 2013 年磐安县所选样本村中全家外出农户较多，确定样本农户较为困难，以永康市替代磐安县；临安市武村的农村居民收入几乎全部来自山核桃种植，产业结构过于单一，为此抽取了景村替代武村。另外，加上被动换户的情况，在保持样本容量不变的基础上，课题组实际追访到 103 户 2013 年的调查户。剔除主动换户因素，2014 年样本追访率为 78.03%。

课题组于 2015 年 7 月，对样本农户进行了第二次追踪调查，所调查的样本村与 2014 年第一次追踪调查时完全相同。样本农户则依照两年（2013 年和 2014 年）平均受访户、仅 2014 年受访户、仅 2013 年受访户的顺序依次确定，并在每个村优先选择一个林业经营大户（家庭林地规模大于 50 亩），实际追访到两年受访户 83 户、2014 年受访户 64 户、2013 年受访户 4 户，其余 41 户为新替换调查户。

(二)调查内容

为了重点掌握不同地区、不同特征的农户在就业收入、林业经营行为以及对林业政策评价认知方面的差异，课题组分别设计县级层面、村庄层面和农户层面共三套调查问卷。

县级层面问卷，以林业局主管人员为访谈对象，内容涉及样本县(市)的森林资源管理、林业产业发展、林权改革以及最近实施的林业政策等方面内容。通过县级层面访谈可以把握样本县(市)林业发展现状与林业政策实施情况。

村庄层面问卷，以熟悉村庄基本情况的村干部(主要为村委会主任和村会计)为访谈对象，内容涉及样本村庄的人口及劳动力、收入、土地与森林资源、基础设施、公共服务、集体林权改革及林业政策实施等。通过村级访谈问卷，可对村庄经济社会发展现状及其特点做出基本判断。

农户访谈问卷，以户主或熟悉家庭情况的家庭成员作为访谈对象，调查内容涉及家庭人口规模、健康、劳动力数量及受教育程度等人口统计学信息，家庭林(耕)地资源，住房、耐用消费品以及生产性固定资产，家庭社会网络，造林抚育等林业经营行为，家庭金融资本与借贷，家庭消费支出，农户对自家生计和林业相关政策的评价与需求等内容。基于农户调查问卷，可以对不同地区、不同特征农户的生活情况、林业生产情况以及他们对国家林业相关政策的需求做出定量分析与基本判断。

(三)样本县(市)概况

1. 样本县(市)经济社会发展总体状况

表1 为2014 年4 个样本县(市)主要经济社会指标状况(官方统计)。总体来看，样本县人均 GDP 和农村居民人均可支配收入分别为 61931 元和 17724 元，略低于浙江省全省平均水平。其中，临安和永康经济相对发达，人均 GDP 和农村居民人均可支配收入，高于浙江全省平均水平。相比，开化和龙泉经济相对落后，人均 GDP 和农村居民人均可支配收入，均低于浙江全省平均水平。样本具有较好的代表性，真实反映了林区经济社会整体状况。

表1　2014 年样本县(市)主要经济社会指标

地　区	人口(万人)	农业人口占比(%)	农村居民人均可支配收入(元)	财政收入(亿元)	人均 GDP(元)	三次产业比重
开化	35.8	88.0	11920	9.8	27538	12:43:45
临安	53.0	78.8	21578	52.6	81701	9:54:37
龙泉	29.1	85.5	14404	9.2	35385	13:46:41
永康	59.2	83.2	19849	69.2	78078	2:61:37
样本平均	44.3	83.2	17724	35.2	61931	8:54:39
浙江省	4859	67.5	19373	7522	73002	4:48:48

2. 样本县(市)森林资源与林业产业发展现状

表 2 为 2014 年 4 个样本县(市)的森林资源状况。从森林面积、林地面积、蓄积量等指标来看，龙泉和临安的森林资源最为丰富，开化次之，永康相对较少。从森林覆盖率来看，开化、临安和龙泉均在 80% 左右，永康相对较低。各县(市)的生态公益林面积与其森林资源丰富程度呈正相关，龙泉最多，其次是临安和开化，永康最少。但生态公益林面积占比，永康以 50% 的比例位列第一。

表 2 2014 年样本县(市)森林资源状况

县(市)	森林面积（万公顷）	林地面积（万公顷）	蓄积量（万立方米）	森林覆盖率（%）	生态公益林面积（万公顷）
开化	18.0	19.0	1028	81	8.0
临安	24.0	26.1	1231	78	8.6
龙泉	25.2	26.5	1838	83	10.8
永康	5.2	6.2	291	54	2.6

表 3 为 2014 年样本县(市)的林业发展状况。从林业产值来看，临安的林业产业最为发达，2014 年林业产值达 164.4 亿元，龙泉和开化分别为 58.7 亿元和 37.2 亿元，永康最低为 15.1 亿元。4 个样本县(市)的林业产值存在较大差异，主要原因是临安特色经济林产业十分发达，是我国著名的“山核桃之乡”和“竹子之乡”，对林业收入贡献很大。从造林、森林采伐、林地流转、森林保险、林权抵押贷款等指标来看，临安和龙泉的林业经营较为活跃，开化相对一般，永康最少。

表 3 2014 年样本县(市)林业经营状况

县(市)	林业产值（亿元）	造林面积（公顷）	森林采伐量（万立方米）	林地流转面积（公顷）	森林保险投保面积（万公顷）	林权抵押贷款余额（亿元）
开化	37.2	1866.7	12.1	333.3	8.33	1.3
临安	164.4	2266.7	34.9	333.3	9.13	4.5
龙泉	58.7	1066.7	27.4	1400.0	26.53	6.5
永康	15.1	600.0	2.3	66.6	2.60	0.2

(四)样本农户基本情况

表 4 为 2014 年 192 户样本农户基本特征。4 个样本县(市)在家庭总人口、常住人口、家庭劳动力数量等指标上没有显著差异。样本农户的收入水平与其家庭平均教育程度、从事非农人数、户主教育程度存在显著的正相关关系，这与经济发展理论是一致的。

表4 2014年样本农户基本特征

农户家庭特征	开 化	临 安	龙 泉	永 康	样本平均
家庭总人口(1)(人/户)	4.0	3.9	4.3	3.6	3.9
家庭常住人口(2)(人/户)	2.7	3.0	3.3	3.3	3.1
家庭劳动力数(3)(人/户)	2.9	2.8	2.9	2.7	2.8
平均受教育程度(年/人)	5.6	7.5	5.7	8.1	6.7
从事非农人数(人/户)	2.0	2.4	1.8	2.0	2.1
人均可支配收入(元)	14629	23478	12689	26585	19538
户主教育程度(年)	5.2	7.1	5.3	6.5	6.0
户主年龄(岁)	58.2	56.8	52.8	57.3	56.3

注：(1)家庭总人口是指与本户共享生活开支与收入的人，还包括本户供养的在外学生，未分家的务工人员，轮流居住的老人，在户居住的孙子孙女、外甥、外甥女。(2)家庭常住人口是指在家居住超过6个月的家庭人员，并且包括由本住户供养的在外上学的学生。(3)劳动力有整、半劳动力之分，整劳动力是指男子18~50周岁、女子18~45周岁有劳动能力的人；除上述年龄段之外但能经常参加劳动的人员计入半劳动力。

二、集体林区农户土地资源状况

土地资源是林区农户最为重要的生产资料，本节重点描述集体林区农户家庭林(耕)地资源禀赋、流转、规模分布状况。

(一)林地资源状况

1. 林区农户林地资源较为丰富

表5为样本农户家庭林地资源情况。可以看出，2015年的县市样本户户均林地面积29.50亩，人均林地面积9.53亩。这两个指标均大于2014年调查结果，主要是因为本次调查在每一个样本村中优先选择一户林业大户作为调查样本。人均林地面积远高于浙江省农村人均2.06亩和全国人均3.44亩的水平，这也是集体林区林地资源丰富的具体体现。

表5 2014年样本户林地资源状况

林地资源	开 化	临 安	龙 泉	永 康	样本平均	浙江农村	全国农村
家庭林地面积(亩/户)	29.14	49.38	29.45	10.02	29.50	—	—
其中：经济林	0.64	12	0.33	1.79	3.65	—	—
用材林	27.78	26.24	16.42	8.16	19.61	—	—
竹林	0.61	16.96	5.53	0.05	5.73	—	—
人均林地面积(亩/人)(1)	10.76	16.23	9.06	3.00	9.53	2.06	3.44
生态公益林(亩/户)	2.48	1.18	12.68	3.47	4.97	—	—

注：(1)浙江农村以及全国农村的人均林地面积均参考《2013中国住户调查年鉴》。

2. 农户林地流转呈上升趋势

样本农户林地流转比例呈上升趋势，但总体依然并不活跃。2014年流出林地农户比例为 11.52%，比 2013 年上升了 4.3 个百分点；2014 年流入林地农户比例为 19.37%，比 2013 年上升了近 2 个百分点。分地区看，临安市的林地流转市场最为活跃，比较起来，其他 3 个样本县（市）的林地流转市场相对滞后（表 6）。

表 6　2014 年样本户林地流转情况

林地流转	开　化	临　安	龙　泉	永　康	样本平均	浙江农村	全国农村
流出林地的农户比例（%）	4.17	17.02	10.42	14.58	11.52	—	2.08
流入林地的农户比例（%）	18.75	36.17	12.5	10.42	19.37	—	12.50

3. 农户林地规模差异较大

据调查，林区样本农户林地规模分布状况如下：没有林地农户 12 户，占 6.3%；小规模（1～50 亩）农户 154 户，（户均 12.3 亩）占 80.2%；大规模（50 亩以上）农户 26 户，（户均 181.5 亩）占 13.5%。

（二）耕地资源状况

1. 林区农户耕地资源相对较少

从表 7 可以看出，集体林区户均耕地面积为 5.15 亩；人均耕地面积 1.68 亩，高于浙江全省平均水平，但低于全国平均水平。分地区看，不同地区间户均耕地面积存在较为明显的差距，临安市的户均耕地面积最多，达 7.62 亩，其次是开化和龙泉，永康最少，仅 2.99 亩。

2. 耕地流转市场发展明显快于林地流转

集体林区耕地流转市场已有较大发展，参与耕地流转的农户比例达 53.65%，其中，有流出耕地的农户比例为 29.69%，有流入耕地的农户占到 32.29%，耕地流转市场发展显著快于林地流转。与以往调查数据相比，2013 年参与耕地流转的农户比例为 43.3%，2014 年为 50%，参与耕地流转比例呈上升态势。

3. “耕地转林地”现象较为普遍

调查中的一个重要现象是，近年来耕地转林地现象较为普遍。2014 年，有近一半的样本农户将耕地转林地。分地区看：临安市的比例最高，达到 87.5%；永康和开化的农户分别占到各自样本农户的 41.67% 和 37.5%。出现这种现象，可能有两方面的原因：一是随着农村劳动力不断向城市转移，以及劳动力成本持续上升，将耕地用于传统农作物经营的比较收益持续下降，农户选择将耕地转为林业经营，以减少劳动投入需求；另一方面是集体林区农户对林业生产特别是生态建设的重视程度在不断提高。

表7　分县市样本户家庭耕地状况

耕地资源状况	开　化	临　安	龙　泉	永　康	样本平均	浙江农村	全国农村
家庭耕地面积(亩/户)	5.30	7.62	4.67	2.99	5.15	—	—
其中：水田面积(亩/户)	3.39	5.88	3.59	2.37	3.81	—	—
旱地面积(亩/户)	1.91	1.80	1.08	0.78	1.39	—	—
人均耕地面积(亩/人)	1.96	2.56	1.44	0.90	1.68	0.54	2.34
流出耕地农户比例(%)	8.33	39.58	29.17	41.67	29.69	—	16.67
流入耕地农户比例(%)	35.42	37.5	29.17	27.08	32.29	—	20.83
退耕还林农户比例(%)	37.50	87.50	20.83	41.67	46.88	—	—

三、集体林区农户收入状况

本节将通过2013年、2014年追踪户的收入比较来反映农户收入的变化情况；通过人均可支配收入5等分分布状况和基尼系数两个指标来反映农户收入不平等状况。

(一)收入水平与结构

按照国家统计局2014年公布的城乡住户调查方案与统计口径，本研究采用人均可支配收入指标来反映农村住户收入状况。

1. 不同地区样本农户收入水平与结构比较

表8和图1分别为不同地区样本农户收入水平及其构成情况。从收入水平来看，2014年样本农户人均可支配收入19538元，略高于浙江全省官方统计结果19373元的平均水平。但不同县(市)之间的差异较大，其中临安最高为23478元，龙泉最低仅为12689元，前者是后者的近2倍。在具体收入指标上，临安和永康的人均经营净收入和工资性收入均高于龙泉和开化；4个样本县(市)人均财产净收入和转移净收入的平均值均低于浙江农村平均水平，但临安市人均财产性净收入则远高于其他3个样本县(市)。

表8　2014年不同地区样本农户收入水平与结构　　单位：元

	开　化	临　安	龙　泉	永　康	样本平均	浙江农村
人均可支配收入(1)	14629	23478	12689	26585	19538	19373
人均经营净收入	5775	11064	8272	12713	9619	5237
自营工商净收入	961	6068	5683	5964	4815	—
种植业纯收入	1666	2822	1719	4018	2607	—
林业纯收入	1355	1742	456	1938	1371	317
畜牧纯收入	1793	432	414	794	827	—
人均工资性收入	7270	10251	4128	12601	8626	11773
人均财产净收入	253	791	93	291	350	543
人均转移净收入	1331	1373	195	980	943	1821

注：(1)该指标为常住人口人均可支配收入，本次调查具有常住人口的农户样本数为189户，为保证样本的代表性，该指标剔除3户大于均值三倍标准差的异常值，本表数据样本量为186户。

从收入结构来看，4 个样本县(市)的农户收入以经营性净收入和工资性收入为主，分别占人均可支配收入的 49.2% 和 44.1%。从农业(农林牧渔)收入与非农收入角度来分，样本农户人均农业收入为 4805 元，占比 24.6%；人均非农收入为 14733 元，占比 75.4%。

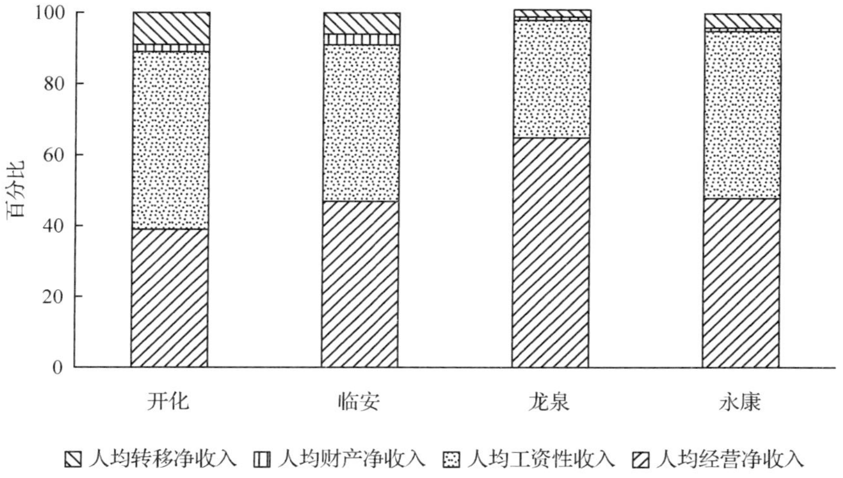

图 1　不同地区样本农户人均可支配收入结构

作为集体林区的农户，其林业收入值得关注。4 个样本县(市)的平均林业纯收入为 1371 元，远高于浙江农村全省平均的 317 元。样本县(市)的平均林业纯收入在人均可支配收入和农业收入的占比分别为 7.0% 和 28.5%，说明集体林区农户林业收入仍然占据较为重要的地位。

2. 不同林地规模样本农户收入水平与结构比较

从表 9 可以看出，2014 年不同林地规模农户的人均收入水平有一定差异，其中，没有林地农户人均可支配收入最低为 15969 元，林地规模一般的农户人均可支配收入为 20232 元，林地规模大的农户人均可支配收入为 16362 元。在具体收入构成上，经营净收入、财产净收入、转移净收入均随着林地规模的增加而增加，但由于大规模农户的工资性收入仅有 2393 元，导致其人均可支配收入不高。在农林牧收入上，不同林地规模的农户之间有较大差异，其中没有林地农户仅为 1246 元，大规模农户最高为 8692 元。上述情况表明，林地对集体林区农户收入提高有较为重要的作用，但林业大户收入水平依然偏低，潜力尚未完全发挥。

表 9　2014 年不同林地规模样本农户人均收入水平与结构　　单位：元

	无林地	一般规模	大规模	样本平均
人均可支配收入	15969	20232	16362	19538
人均经营净收入	7118	9579	11331	9619
自营工商净收入	5873	5027	2639	4815

（续）

	无林地	一般规模	大规模	样本平均
林业纯收入	157	1343	2256	1371
畜牧纯收入	597	737	1622	827
人均工资性收入	9269	9412	2393	8626
人均财产净收入	188	295	852	350
人均转移净收入	-606	947	1786	943

3. 2013～2014 年分县市样本农户人均收入水平与结构变化情况

由于2015 年调查样本户有所变动，两年收入不能直接比较，为了比较农户收入年际变化情况，本节以 147 户追踪样本户为对象，按照同样的统计口径，对其 2013～2014 年的收入水平与结构状况进行比较分析，见表 10。

表 10　2013～2014 年追踪农户人均收入水平与结构变化情况(1)　　单位：元

	开化		临安		龙泉		永康		样本平均	
	2013	2014	2013	2014	2013	2014	2013	2014	2013	2014
人均可支配收入	10518	14817	26175	25466	11541	14153	22326	27294	17777	20816
人均经营净收入	5612	6253	15740	12371	5327	9213	11401	11995	9646	10152
自营工商净收入	2764	1245	11760	5182	2653	7156	6317	4739	6011	4729
种植业纯收入	1148	1595	1690	2350	1363	1154	4220	4057	2064	2370
林业纯收入	966	1407	1737	4536	1018	525	118	2238	990	2183
畜牧纯收入	734	2005	552	301	294	379	746	959	580	871
人均工资性收入	4235	7646	7748	11225	5343	4603	8813	13135	6528	9306
人均财产净收入	217	287	573	584	134	114	665	251	398	305
人均转移净收入	454	631	2114	1287	737	223	1448	1914	1206	1053

注：(1)调查样本共 147 个追踪户。

可以看出，4 个县(市)样本农户的收入水平有较大提升。人均可支配收入，由 2013 年的 17777 元增至 2014 年的 20816 元，增长 17%。收入增长主要来自工资性和经营净收入的增加。其中，林业纯收入增幅高达 120%，使总收入水平提高 4.9 个百分点，这主要是因为 2014 年山核桃等特色林产品价格相对较高。值得注意的是，不同地区工资性收入增长幅度差异很大，其中龙泉市工资性收入甚至有所下降，原因是龙泉市样本农户 2013 年外出务工较多，而 2014 年返乡从事香菇等种植经营的较多。

(二)收入不平等

本文采用人均可支配收入五等分分布状况和基尼系数 2 个指标来反映农户收入不平等状况。图 2 为 2014 年整个样本农户 5 等分人均可支配收入情况。从图 2 中可以看出，样本中最高组的农户人均可支配收入均值为 51864 元，最低组仅为 3182 元，前者是后者的 16 倍之多。

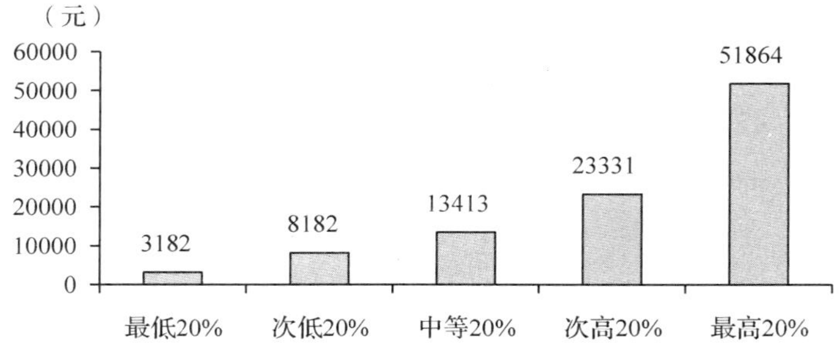

图 2　2014 年样本户 5 等分人均可支配收入情况

表 11 为 2014 年分县(市)按样本户 5 等分人均可支配收入情况。可以看出，不同县(市)的收入不平等程度存在显著差异。其中，龙泉市最高组农户人均可支配收入水平是最低组的 28.5 倍，是 4 个样本县(市)中收入差距最大的；其次是开化，最高组是最低组的 12.9 倍；永康和临安两市相对较低，分别为 8.9 倍和 7.7 倍。

表 11　2014 年分县 5 等分人均可支配收入分布情况

分　组	开　化	临　安	龙　泉	永　康
最高(元)	43653	60619	41476	57471
次高(元)	16391	28651	12159	31666
中等(元)	8628	20068	8130	19761
次低(元)	6345	14305	5369	13343
最低(元)	3381	7887	1454	6453
最高/最低(倍)	12.9	7.7	28.5	8.9

为了更准确地衡量各地区的农村收入不平等程度，对样本农户基尼系数进行了测算，见表 12。从表中可以看出，2014 年全部样本农户内部基尼系数为 0.44，略低于同期全国农村基尼系数 0.473 的水平。按国际惯例，基尼系数在 0.2～0.3 之间表示分配“相对平等”，认为 0.4 作为收入分配贫富差距“警戒线”，认为 0.4～0.6 为“差距偏大”。可见，4 县(市)样本户贫富之间差距偏大。分样本县(市)看，基尼系数的结果与收入五等分的分析结论相一致。基尼系数从高到低依次是龙泉、开化、永康和临安。

表 12　2014 年集体林区农村居民基尼系数

	开　化	临　安	龙　泉	永　康	样本平均
基尼系数(1)	0.43	0.27	0.48	0.40	0.44
平均收入	14629	23478	12689	26585	19538

注：(1)基尼系数的计算采用胡祖光(2004)提到的方法。$G=(4\times P_5-4\times P_1+2\times P_4-2\times P_2)/5$，其中 P 指各 5 分组收入占总收入的比重。

四、集体林区农户家庭生活条件

家庭生活条件是反映农户生活水平的重要指标之一，本节主要以家庭住房、耐用消费品拥有量和主要生活消费支出、公共生活服务及低收入农户生活条件五大指标来反映集体林区农户家庭生活条件状况。

（一）家庭住房条件状况

房屋以及耐用消费品可视为农户应对危机的家庭潜在物质资本。本报告选取家庭住宅套数、住房年限、人均住宅面积、建筑类型等指标分不同地区、不同林地面积农户来考察农户家庭住房情况，见表 13。

集体林区农户住房条件优于全国农村平均水平，这与 2012 年以及 2013 年的调查结果基本保持一致。整个样本共有住房 247 套，其中钢混结构 107 套，占 43%；砖瓦结构 110 套，占 45%；土木结构住房 30 套，占 12%。

表 13　分县市样本农户家庭住房情况

指　标	开　化	临　安	龙　泉	永　康	样本平均	浙江农村	全国农村
户均住宅(套)	1.1	1.3	1.2	1.4	1.3	—	—
住房年限(年)	17	12	29	23	20	—	—
人均住宅面积(平方米/人)	65	100	59	92	77.85	60.82	37.1
其中：钢混结构(平方米/人)	35.45	62.90	13	32.39	33.72	—	17.12
砖瓦结构(平方米/人)	23.64	30.65	36	45.35	34.67	—	16.35
土木结构(平方米/人)	5.91	6.45	10	14.25	9.46	—	—

（二）家庭耐用消费品拥有量

表 14 为样本农户家庭主要耐用消费品拥有情况。从表 14 可以看出，浙江省集体林区农户家庭的电视机、电冰箱、洗衣机、空调、电脑、小轿车、摩托车等耐用消费品拥有情况与浙江省农村基本相当，但总体明显高于全国平均水平。

表 14　各县市样本农户家庭主要耐用消费品拥有情况

家庭耐用消费品拥有情况	开　化	临　安	龙　泉	永康	样本平均	浙江农村	全国农村
电视机(台/百户)	125.0	162.5	122.9	170.8	145.3	156.8	118.3
电冰箱(台/百户)	95.8	116.6	89.5	95.8	99.4	91.7	67.3
洗衣机(台/百户)	50.0	87.5	58.3	77.0	69.2	67.8	67.2
空调(台/百户)	58.3	112.5	45.8	95.8	78.1	88.1	25.3
电脑(台/百户)	45.8	64.5	56.2	85.4	63.0	39.7	21.3
小轿车(辆/百户)	27.0	39.5	27.0	66.6	40.1	19.2	5.5
摩托车(辆/百户)	41.6	43.7	45.8	16.6	36.9	36.7	62.2

(三)主要生活消费支出状况

家庭消费支出是反映家庭生活状况与生活水平的重要指标。本节重点分析能源消费支出、教育、文化娱乐、医疗保健、通讯及服务消费支出水平和结构情况。表 15 为 2014 年集体林区样本农户家庭人均生活消费支出状况。

表 15　2014 年样本户人均生活消费支出情况　　单位：元

指　标	开　化	临　安	龙　泉	永　康	样本平均	浙江农村	全国农村
能源消费支出	1038.4	1130.7	867.0	1704.5	1185.2	687	—
家庭生活用电费	290.9	401.7	248.2	386.9	331.9	—	—
煤气等燃料费(1)	747.5	728.9	618.7	1317.6	853.2	—	—
通讯及服务支出	472.7	679.3	549.9	820.7	630.6	594	—
手机及座机电话费	335.9	485.7	414.2	664.5	475.0	—	—
电视费	73.1	85.4	60.7	74.6	73.5	—	—
网络费	63.7	108.1	74.9	81.5	82.0	—	—
文教娱乐支出	411.8	932.7	526.7	1295.7	791.7	335	486
文化娱乐用品支出	79.3	138.4	103.0	504.1	206.2	—	—
旅游支出	172.8	240.4	243.5	505.6	290.6	—	—
打牌支出	159.6	553.9	113.3	275.3	275.5	—	—
其他文化娱乐服务	0	0	66.8	10.6	19.3	—	—
教育支出	1928.5	943.2	1599.7	1462.5	1483.5	1021	—
医疗保健支出	1094.0	1433.6	1879.7	4281.3	2979.4	1068	614
医疗	1077.6	1391.5	1789.4	4172.6	2107.8	—	—
住院费	261.2	394.7	833.7	1996.8	871.6	—	—
保健	16.3	43.0	90.2	108.7	64.6	—	—
转移性支出	1305.3	2720.2	1052.6	1836.5	1728.6	—	—
财产性支出	481.7	1056.9	1065.0	553.7	789.3	—	—

注：(1)煤气等燃料费包括汽油燃油费、购买薪柴费、沼气费用、买煤炭的费用。

可以看出，集体林区农户生活主要消费项目支出高于浙江省农村和全国农村平均水平，并且地区间存在较大差异。能源消费支出、教育、文化娱乐、医疗保健、通讯及服务消费支出均高于浙江省农村和全国农村平均水平。其中，集体林区农户医疗保健支出负担较大，人均医疗保健支出达 2979.4 元，占消费支出的 31%，分别是浙江省和全国农村平均水平的近 3 倍和 5 倍左右。

(四)公共服务情况

表 16 是从村庄层面看各县(市)的基本公共服务，如教育、医疗及养老的基本情况。教育方面：有幼儿园或学前班的村庄比例很小，每个村平均 0.19 个；而小学覆盖率各县(市)均为零。医疗方面：各村庄医疗机构覆盖率为 43.75%，拥有合法行医证医生的覆

盖率为50%，此两项有待加强及普及；新农合覆盖率为100%。养老方面：样本村庄新农保已经做到全覆盖。敬(养)老院覆盖率较低，除了临安只有一个村庄有一个敬老院外，其他均没有。

表16 分县(市)样本村公共服务情况

公共服务	开　化	临　安	龙　泉	永　康	样本平均
幼儿园/学前班(个/村)	0.50	0.25	0	0	0.19
小学覆盖率(%)	0	0	0	0	0
医疗机构覆盖率(%)	50	50	50	25	43.75
拥有合法行医证医生的覆盖率(%)	50	75	50	25	50
新农合覆盖率(%)	100	100	100	100	100
新农保覆盖率(%)	100	100	100	100	100
敬(养)老院覆盖率(%)	0	25	0	0	6.25

(五)低收入样本农户生活条件

为了更好反映不同收入水平农户生活条件状况，本小节选取整个样本中20%的最低收入样本户做以下分析。通过对比发现：在医疗教育方面，低收入农户人均消费水平明显高于整个样本的平均水平，且两者在其全部消费支出中占到76.80%，可看出对于低收入农户而言医疗教育特别是医疗方面负担很大；另外其余支出，低收入农户的人均消费水平也远低于整个样本的平均水平；在住房方面，低收入群体与整个样本差别不大，住房结构以砖瓦结构为主。

表17 20%最低收入样本户人均生活条件情况

指　标	20%最低收入农户	全部样本平均水平
能源消费支出(元)	492.8	1185.2
通讯及服务支出(元)	348.99	630.6
文教娱乐支出(元)	364.12	791.7
教育支出(元)	1919.61	1483.5
医疗保健支出(元)	4923.51	2979.4
转移性支出(元)	745.92	1728.6
财产性支出(元)	115.42	789.3
户均住宅(套)	1.23	1.3
住房年限(年)	22	20
人均住宅面积(平方米/人)	74.31	77.85
其中：钢混结构(平方米/人)	28.07	33.72
砖瓦结构(平方米/人)	41.28	34.67
土木结构(平方米/人)	4.95	9.46

五、集体林区农户林业生产状况

造林和森林抚育行为是反映农户从事林业生产积极性的重要指标。本节将重点分析不同地区样本农户、不同林地规模样本农户的造林和森林抚育的频数和投入等行为。

(一)集体林区农户造林情况

1. 全部样本农户造林基本情况

表 18 为样本农户近 10 年造林情况。从总体来看，近 10 年来 58.3% 的农户有造林行为，其中 68.6% 为用材林，29.2% 为经济林，竹林为 2.2%。分样本县(市)来看，开化有 76.2% 的农户近 10 年造过林，临安为 60.9%。从平均造林成本来看，经济林为 3495 元/亩，竹林为 601 元/亩，用材林为 495 元/亩。

表 18　近 10 年不同地区样本农户造林情况[1]

指　标	地　区				样本平均
	开　化	临　安	龙　泉	永　康	
近 10 年造林农户比例(%)[2]	76.2	60.9	48.9	48.9	58.3
造林户户均造林面积(亩)	17.7	21.7	5.5	5.8	13.7
其中：经济林(%)	8.5	40.6	3.6	98.3	29.2
竹林(%)	0	3.2	9.1	1.7	2.2
用材林(%)	91.5	56.2	87.3	0	68.6
平均造林成本(元/亩)	594	2177	874	2931	1549
其中：经济林(元/亩)	3191	2913	2000	4057	3495
竹林(元/亩)	—	730	182	220	601
用材林(元/亩)	300	459	1051	—	495

注：(1)因调查实际情况限制，造林情况以每户最多 6 块造林地统计。(2)考虑到林业生产的前提是农户家庭拥有林地，因此将 12 户没有林地的农户剔除，样本容量为 180 户。

2. 不同林地规模样本农户造林情况比较

表 19 为不同林地规模样本农户近 10 年造林情况。可以看出，林地规模越大造林积极性越高，平均造林成本较低，获得政府支持也相应越多，这与直观判断是一致的。

表 19　近 10 年不同林地规模样本农户造林情况

指　标	规　模		样本平均
	一般规模农户	大规模农户	
近 10 年造林农户比例(%)	55.8	73.1	58.3
造林户户均造林面积(亩)	5.7	51.5	13.7
其中：经济林(%)	35.1	26.2	29.2
竹林(%)	7.0	0.2	2.2
用材林(%)	57.9	73.6	68.6

（续）

指　标	规　模		样本平均
	一般规模农户	大规模农户	
平均造林成本(元/亩)	1725	856	1549
其中：经济林(元/亩)	3459	1478	3495
竹林(元/亩)	831	139	601
用材林(元/亩)	513	282	495

(二)集体林区农户森林抚育情况

森林抚育投入是反映农户从事林业生产积极性的重要指标之一。表 20 为集体林区农户在 2010 ~ 2014 年 5 年间森林抚育情况。

1. 全部样本农户森林抚育基本情况

从样本平均来看，77.8% 的样本农户在过去 5 年有森林抚育行为，户均抚育面积为 18.2 亩。从抚育成本来看，经济林为 970 元/亩，竹林为 512 元/亩，用材林为 241 元/亩(表 20)。分样本县(市)来看，临安的森林抚育农户最多，有 91.3% 的样本农户近 5 年有森林抚育行为，其次是龙泉和开化，永康占比最低。

表 20　集体林区农户森林抚育情况

指　标	开　化	临　安	龙　泉	永　康	样本平均
近 5 年农户森林抚育比例(%)	78.6	91.3	80.8	60.0	77.8
抚育户户均抚育面积(亩)	18.9	34.2	8.8	6.3	18.2
其中：经济林(%)	26.7	41.3	3.6	90.1	38.3
竹林(%)	3.8	49.0	51.2	1.4	29.9
用材林(%)	69.5	10.7	45.2	8.5	31.8
平均抚育成本(元/亩)	205	586	409	1447	601
其中：经济林(元/亩)	243	710	373	1575	970
竹林(元/亩)	258	558	448	—	512
用材林(元/亩)	187	193	367	205	241

2. 不同林地规模样本农户抚育情况比较

表 21 为不同规模样本农户近 5 年抚育情况。可以看出，林地规模越大参与森林抚育积极性越高，平均抚育成本越低，这符合经济学上的规模经济规律。

表 21　近 5 年不同林地规模农户森林抚育情况

指　标	一般规模农户	大规模农户	样本平均
近 5 年森林抚育农户比例(%)	77.3	80.8	77.8
抚育户户均抚育面积(亩)	6.1	58.9	18.2
其中：经济林(%)	36.7	43.7	38.3
竹林(%)	32.8	16.9	29.9

（续）

指　标	一般规模农户	大规模农户	样本平均
用材林(%)	31.5	39.4	31.8
平均抚育成本(元/亩)	683.3	225.5	601
其中：经济林(元/亩)	1157.3	294.1	970
竹林(元/亩)	536.7	281.4	512
用材林(元/亩)	271.6	125.6	241

六、集体林区农户对主要林业政策的认知与评价

以“明晰产权、放活经营权、落实处置权、保障收益权”为主要任务的新一轮集体林权制度改革已经基本完成，并在集体林区推行林权抵押贷款、森林保险、生态公益林补贴等系列配套政策措施，以进一步促进林区发展。本节重点分析样本中有林地的农户对林权抵押贷款、森林保险、生态公益林补偿和森林采伐限额政策的认知与评价。

(一)农户对林权抵押贷款政策的认知与需求状况

1. 农户对林权抵押贷款的认知情况

农户对林权抵押贷款政策了解程度不高。对于 180 户有林地的农户，听说过直接林权抵押贷款政策农户比例最高，但也仅有 36.1%，而听说过对林农小额循环贷款和森林收储中心担保贷款的农户比例则分别为 16.7% 和 12.2%。

2. 不同林地规模农户对林权抵押贷款需求情况

表 22 是不同林地规模农户对林权抵押贷款需求意愿。总体来看，农户申请林权抵押贷款意愿不高，仅有 5 户申请过林权抵押贷款，4 户申请成功。其中，林地规模较大的农户中，也仅有 28% 的农户表示愿意申请。对于林权抵押贷款需求意愿低的原因，大多数农户认为不需要此类贷款，其次是因为手续复杂。

表 22　不同林地规模农户对林权抵押贷款需求情况

指　标		一般规模农户	大规模农户	样本平均
想申请该贷款的农户比例[(1)](%)		19.2	28.0	20.5
不想贷款的原因是什么	不需要(%)	78.7	66.7	77.1
	手续繁杂(%)	6.6	22.2	8.6
	贷款利率高(%)	4.9	5.6	5.7
	贷款钱不多(%)	5.7	5.6	5.7
	其他(%)	4.1	0.0	3.6
申请过的户数(户)		3	2	5
申请到的户数(户)		3	1	4

注：(1)此处针对家里有林地，且未申请到林权抵押贷款的农户，共 176 户。

（二）农户对森林保险政策的认知与需求状况

1. 不同地区农户对森林保险认知程度与需求意愿情况

表 23 是不同地区样本农户对森林保险的认知与需求情况。总体来看，农户对森林保险认知程度与需求意愿均较低。平均而言，听说过森林保险的农户比例为 23.3%，在听说过森林保险的农户中，愿意购买森林保险的农户比例仅有 38.3%，农户没有购买森林保险的原因主要是认为森林灾害少，其次是手续麻烦。

表 23 不同县（市）农户对森林保险的认知与需求 单位：%

指标		开化	临安	龙泉	永康	样本平均
愿意购买森林保险的农户占比(1)		45.2	43.5	29.8	35.6	38.3
最愿意投保林种	用材林	100.0	35.0	50.0	56.3	60.9
	竹林	0.0	20.0	50.0	6.3	15.9
	经济林	0.0	45.0	0.0	37.5	23.2
最愿意投保险种	火灾险	60.0	26.3	71.4	56.3	51.5
	综合险	40.0	73.7	28.6	43.8	48.5
未购买森林保险的原因	保费过高	0.0	0.0	50	0.0	8.3
	保额太低	0.0	0.0	0.0	33.3	8.3
	手续麻烦	40.0	0.0	0.0	0.0	16.7
	森林灾害少	40.0	50.0	0.0	66.7	41.7
	不了解	20.0	50.0	50	0.0	25.0

注：(1) 此处针对家里有林地，且未购买森林保险的农户，共 180 户。

2. 不同林地规模农户对森林保险认知与需求情况

表 24 是不同林地规模农户对森林保险的认知与需求情况。可以看出，不同林地规模农户，对森林保险的认知与需求程度有较大差异，在大规模农户中，有 50% 听说过森林保险，一般规模农户听说过森林保险比例为 18.8%；两类农户购买意愿略有差异，但并不明显，均在 40% 左右。

表 24 不同林地面积农户对森林保险的认知与需求 单位：%

指标		一般规模农户	大规模农户	样本平均
听说过森林保险农户占比		18.8	50.0	23.3
愿意购买森林保险农户占比(1)		37.7	42.3	38.3
如果购买最愿意投保的林种(1)	用材林	60.3	63.6	60.9
	竹林	17.2	9.1	15.9
	经济林	22.4	27.3	23.2
如果投保最愿意投保的险种(1)	火灾	53.5	40.0	51.5
	综合险	46.6	60.0	48.5

注：(1) 此处针对家里有林地，且未购买森林保险的农户，共 180 户。

(三)农户对生态公益林补偿政策的认知与评价

1. 不同地区农户对生态公益林补偿政策的认知与评价

表25是不同县(市)农户对生态公益林补偿政策的评价情况。可以看出,不同地区农户对生态公益林补贴满意程度差异较大,其中,临安与龙泉近一半农户表示不满意,永康与开化表示不满意的比例分别为23.1%和16.7%。当问及至少补贴多少比较合适时,以用材林为例,除永康外,其余均认为在50~60元/(年·亩)较为合理。这可能与不同地区林种结构及其经济发展水平有关。

表25 不同县(市)农户的生态公益林及补偿情况 单位:%

指标		临安	开化	龙泉	永康	样本平均
有生态公益林的农户比例		28.6	13.0	36.2	28.9	26.7
生态公益林面积(亩/户)(1)		9.0	8.6	35.8	11.7	19.2
对于生态公益林补贴标准是否满意(1)	满意	25.0	33.3	47.1	38.5	37.5
	不满意	41.7	16.7	47.1	23.1	35.4
	无所谓	33.3	50.0	5.9	38.5	27.1
至少补贴多少比较合适(元/亩)	用材林	57.5	50.0	57.5	166.7	84.2
	薪炭林	—	—	57.5	—	57.5
	竹林	—	—	50.0	—	50.0
	经济林	—	—	50.0	—	50.0

注:(1)此处统计的是家里有生态公益林的农户,共48户。

2. 不同林地规模农户对生态公益补偿政策评价的差异

表26是不同林地规模农户对生态公益林补偿政策的评价情况。家庭林地规模较大的农户,对公益林补贴标准的满意度也更高;而且,林地规模较大的农户,对补偿标准的期望也相对较高。

表26 不同林地规模农户的生态公益林及补偿情况

指标		一般规模农户	大规模农户	样本平均
有生态公益林的农户比例(%)		24.0	42.3	26.7
生态公益林面积(亩/户)(1)		8.2	55.9	19.2
对于生态公益林补贴标准是否满意(1)(%)	满意	29.7	63.6	37.5
	不满意	35.1	36.4	35.4
	无所谓	35.1	0.0	27.1
至少补贴多少比较合适(元/亩)	用材林	81.0	100	84.2
	薪炭林	40.0	75.0	57.5
	竹林	50.0	—	50.0
	经济林	—	50.0	50.0

注:(1)此处统计的是家里有生态公益林的农户,共48户。

(四)农户对森林采伐限额政策的认知与评价

1. 不同地区农户对森林采伐限额认知及评价情况

表27 为不同县(市)农户对森林采伐限额政策认知及评价情况。总体来看，农户对于森林采伐限额政策的知晓程度较高。森林采伐限额政策对农户经营影响不大，在知道采伐限额政策的农户中，永康和临安分别有 89.3% 和 81% 的农户认为森林采伐限额政策对森林经营影响不大或很小；龙泉和永康分别有 62.2% 和 67.9% 的农户近五年有可采伐森林，但都没有申请过森林采伐。对于不申请的原因，农户认为主要是收入占比太少、木材价格不好和采伐成本太高。

表 27 不同县(市)农户对森林采伐限额认知及评价情况 单位:%

指 标	选 项	开 化	临 安	龙 泉	永 康	样本平均
知道森林采伐限额农户占比		78.6	80.4	78.7	62.2	75.0
现有的森林采伐限额，对农户森林经营影响[1]	很大	27.3	5.4	18.9	3.6	14.1
	不大	33.3	40.5	48.7	42.9	41.5
	很小	21.2	40.5	27.0	46.4	33.3
	无可采森林，无所谓	18.2	13.5	5.4	7.1	11.1
近5年有可采伐森林农户占比[1]		36.4	46.0	62.2	67.9	52.6
申请过森林采伐农户占比[1]		8.3	23.5	0.0	0.0	7.0
没有申请的原因（可多选）	很难申请到	9.1	0.0	13.0	5.3	7.6
	手续太麻烦	0.0	7.7	8.7	5.3	6.1
	木材价格不好	18.2	23.1	39.1	42.1	33.3
	采伐成本太高	9.1	0.0	13.0	26.3	13.6
	收入占比太少	27.3	30.8	17.4	52.6	31.8
	其他	36.4	7.7	4.3	0.0	9.1
	毛竹不用申请	0.0	30.8	21.7	5.3	15.2

注：(1)此处统计的是有林地且知道森林采伐限额的农户，共 135 户。

2. 不同林地规模农户对森林采伐限额政策的评价

不同林地规模农户对森林采伐限额的认知与评价存在较大差异。其中，在林地规模大的农户中，有 1/3 的农户认为，采伐限额对森林经营影响很大，在林地规模一般的农户中，这一比例不足 10%。同时，大户申请森林采伐指标的比例也相应较高。

表 28 不同林地面积农户对森林采伐限额认知及评价情况 单位:%

指 标	选 项	一般规模农户	大规模农户	样本平均
知道森林采伐限额农户占比		72.7	88.5	75.0
现有的森林采伐限额，对农户森林经营影响[1]	很大	9.8	34.8	14.1
	不大	40.4	47.8	41.5
	很小	37.5	13.0	33.3
	无可采森林、无所谓	12.5	4.4	11.1

（续）

指　标	选　项	一般规模农户	大规模农户	样本平均
近 5 年有可以采伐森林的农户比例[(1)]		51.8	56.5	52.6
申请过森林采伐指标农户占比[(1)]		3.5	23.1	7.0
没有申请的原因（可多选）	很难申请到	5.4	20.0	7.6
	手续太麻烦	5.4	0.0	6.1
	木材价格不好	26.8	20.0	33.3
	采伐成本太高	7.1	20.0	13.6
	收入占比太少	30.4	20.0	31.8
	其他	8.9	10.0	9.1
	毛竹不用申请	16.1	10.0	15.2

注：（1）此处统计的是有林地且知道森林采伐限额的农户，共 135 户。

七、集体林区农户的主观综合评价

本部分重点分析不同县（市）和不同林地规模农户对生活满意度评价，对林业主要功能的认知和对当地生态环境的评价状况。

（一）集体林区农户对生活满意度评价

1. 不同样本县（市）农户的生活满意度评价

对目前生活满意度评价方面，各地区农户评价均较高。从地区来看，开化和临安农户对生活“比较满意”以上的比例均达到95.8%，永康农户对生活满意度评价在比较满意以上的比例为 89.7%，而对生活满意度评价最低的龙泉其比例也达到 79.3%，而且 4 个样本县（市）农户对生活满意度评价较 2013 年均有所提高。在对未来的生活前景看法方面，临安农户对未来生活前景最为看好，有 89.6% 的农户认为未来生活会越来越好，永康和开化这一比例为 79.2%，龙泉为 66.7%（表 29）。

表 29　不同县（市）的农户整体生活评价　　单位：%

指　标		开　化	临　安	龙　泉	永　康	平　均
您对您家目前的生活状况满意吗？	非常满意	29.2	27.1	6.3	16.7	19.8
	满意	45.8	54.2	54.2	54.2	52.1
	比较满意	20.8	14.6	18.8	18.8	18.2
您对您家目前的生活状况满意吗？	不满意	4.2	4.2	20.8	6.3	8.9
	非常不满意	0.0	0.0	0.0	4.2	1.0
您对自家未来生活前景如何看？	越来越好	79.2	89.6	66.7	79.2	78.7
	与现在差不多	14.6	6.3	18.8	10.4	12.5
	可能变差	2.1	0.0	2.1	2.1	1.6
	不好说	4.2	4.2	12.5	8.3	7.3

2. 不同林地规模农户生活满意度评价

表 30 是不同林地规模的农户整体生活评价情况。调查数据显示，农户对目前生活的满意度随着林地规模的增大而略微下降，但差异不大，满意度均达到 88% 以上；不同林地规模的农户对未来生活前景普遍乐观，且林地规模越大农户对未来生活前景越为乐观。

表 30 不同林地规模的农户整体生活评价 单位:%

指 标		没有林地农户	一般规模农户	大规模农户
您对您家目前生活状况满意吗?	非常满意	8.3	19.5	26.9
	满意	50.0	53.9	42.3
	比较满意	33.3	16.9	19.2
	不满意	8.3	8.4	11.5
	非常不满意	0.0	1.3	0.0
您对自家未来生活前景如何看?	越来越好	66.7	77.9	88.5
	与现在差不多	0.0	14.3	7.7
	可能变差	16.7	0.7	0.0
	不好说	16.7	7.1	3.9

3. 不同人均收入农户生活满意度评价

低收入农户对目前生活满意度最低，农户收入越高，对目前生活的满意度也越高；未来生活前景方面，收入越高，农户对未来生活前景也越看好(表 31)。

表 31 不同人均收入的农户整体生活评价 单位:%

指 标		低收入农户	中等收入农户	高收入农户
您对您家目前生活状况满意吗?	非常满意	12.5	17.2	29.7
	满意	48.4	56.3	51.6
	比较满意	21.9	18.8	14.1
	不满意	15.6	7.8	3.1
	非常不满意	1.6	0.0	1.6
您对自家未来生活前景如何看?	越来越好	68.8	78.1	89.1
	与现在差不多	18.8	15.6	3.1
	可能变差	3.1	0.0	1.6
	不好说	9.4	6.3	6.3

(二)集体林区农户对林业主要功能的认知与生态环境评价

本节主要分析集体林区农户对林业功能的认知和对当地生态环境变化状况的评价。得出如下结论。

1. 不同样本县(市)农户对林业生态功能的认知与评价

不同样本县(市)农户对林业功能的认知与评价存在显著差异。总体上看，经济越发达的地区，农户对林业生态功能越重视，其中，永康市81.3%的农户认为目前生态保护是林业最重要的功能，明显超过其他3个县(市)；对于未来林业最重要功能认知也有类似趋势(表32)。

表32 不同县(市)农户对林业功能的认知与评价 单位:%

指标		开化	临安	龙泉	永康	平均
您觉得目前林业最重要的功能是	获得经济收益	47.9	33.3	45.8	16.7	35.9
	保护生态	50.0	58.3	45.8	81.3	58.9
	一样重要	2.1	6.3	4.2	0.0	3.1
	无所谓	0.0	0.0	2.1	2.1	1.0
	不清楚	0.0	2.1	2.1	0.0	1.0
您觉得未来林业最重要的功能应是	获得经济收益	33.3	25.0	43.8	12.5	28.7
	保护生态	62.5	70.8	50.0	83.3	66.7
	一样重要	2.1	2.1	0.0	0.0	1.0
	无所谓	0.0	0.0	2.1	0.0	0.5
	不清楚	2.1	2.1	4.2	4.2	3.1

2. 不同林地规模农户对林业主要功能认知与评价

不同林地规模的农户对林业功能的认知与评价存在较大差异，随着林地规模增大，农户对林业经济功能越看重。其中，林地规模较大的农户中，有50%的农户认为，目前林业主要功能是获得经济收益(表33)。

表33 不同林地规模农户对林业功能的认知与评价 单位:%

指标		没有林地农户	一般规模农户	大规模农户
您觉得目前林业最重要的功能是	获得经济收益	25.0	34.4	50.0
	保护生态	75.0	61.0	38.5
	一样重要	0.0	1.9	11.5
	无所谓	0.0	1.3	0.0
	不清楚	0.0	1.3	0.0
您觉得未来林业最重要的功能应是	获得经济收益	16.7	28.6	34.6
	保护生态	83.3	65.6	65.4
	一样重要	0.0	1.3	0.0
	无所谓	0.0	0.7	0.0
	不清楚	0.0	3.3	0.0

3. 不同人均收入农户对林业主要功能认知与评价

对目前或未来林业功能，低收入农户相比另两组农户更看重林业的经济功能，而收入越高，农户越看重林业的生态功能；三组农户认为未来林业生态功能重要的比例，比目前均有所增加(表34)。

表34　不同人均收入农户对林业功能的认知与评价　　单位:%

指　标		低收入农户	中等收入农户	高收入农户
您觉得目前林业最重要的功能是	获得经济收益	48.4	32.8	26.6
	保护生态	45.3	62.5	68.8
	一样重要	3.1	3.1	3.1
	无所谓	1.6	1.6	0.0
	不清楚	1.6	0.0	1.6
您觉得未来林业最重要的功能应是	获得经济收益	39.1	26.6	20.3
	保护生态	56.3	65.6	78.1
	一样重要	1.6	1.6	0.0
	无所谓	1.6	0.0	0.0
	不清楚	1.6	6.3	

4. 不同样本县(市)农户对当地生态环境满意度评价

表35为农户对所在地区生态环境满意度评价情况。总体上看，集体林区农户对所在地生态环境评价较高，表示满意或非常满意比例超过74.5%。从不同地区来看，开化农户对当地生态环境表示满意或非常满意的比例最高，达85.5%，永康、龙泉和临安的农户对当地生态环境表示满意或非常满意的比例分别为75%、70.8%和66.7%。

表35　农户对当地生态环境满意度评价　　单位:%

指　标		开　化	临　安	龙　泉	永　康	平　均
对所在地区的生态环境状况满意度	非常满意	18.8	18.8	10.4	22.9	17.7
	满意	66.7	47.9	60.4	52.1	56.8
	一般	10.4	25.0	18.8	22.9	19.3
	不满意	2.1	8.3	10.4	2.1	5.7
	非常不满意	2.1	0.0	0.0	0.0	0.5

5. 不同林地规模农户对当地生态环境满意度评价

表36是不同林地规模农户对当地生态环境满意度评价。不同林地规模农户对当地生态环境满意度评价差异不大，一般林地规模的农户生态环境满意度最高。其中：没有林地的农户满意度为75%，一般林地规模的农户满意度为76%，大规模为65.4%。

表 36　不同林地规模农户对当地生态环境满意度评价　单位:%

指　标		没有林地农户	一般规模农户	大规模农户
对所在地区的生态环境状况满意度	非常满意	0.0	18.2	23.1
	满意	75.0	57.8	42.3
	一般	16.7	19.5	19.2
	不满意	8.3	3.9	15.4
	非常不满意	0.0	0.7	0.0

6. 不同人均收入农户对当地生态环境满意度评价

低收入农户对当地生态环境满意度最高，达到 82.8%，其次为高收入农户，满意度为 75%，中等收入农户对当地生态环境满意度最低，为 65.6%（表 37）。

表 37　不同人均收入农户对当地生态环境满意度评价　单位:%

指　标		低收入农户	中等收入农户	高收入农户
对所在地区的生态环境状况满意度	非常满意	20.3	12.5	20.3
	满意	62.5	53.1	54.7
	一般	10.9	28.1	18.8
	不满意	4.7	6.3	6.3
	非常不满意	1.6	0.0	0.0

（三）集体林区农户对医疗与教育条件的评价

本节主要分析集体林区农村居民对医疗卫生、儿童受教育方面的评价情况。

1. 不同样本县（市）农户对农村医疗卫生满意度评价

表 38 为农户对农村公共医疗卫生评价。只有 53.1% 的农户认为医疗卫生条件比较好或非常好，医疗卫生评价最好的临安也只有 68.7% 的农户认为比较好或非常好，而评价最低的永康，认为医疗卫生条件比较好的农户比例仅有 45.8%，整体受调查农户对医疗卫生条件评价较低。

表 38　不同样本县（市）农户对农村公共医疗卫生条件评价　单位:%

选　项	评　价	开　化	临　安	龙　泉	永　康	平　均
医疗卫生设施条件	非常好	10.4	22.9	8.3	0.0	10.4
	比较好	39.6	45.8	39.6	45.8	42.7
	一　般	20.8	20.8	25.0	16.7	20.8
	不太好	20.8	8.3	20.8	27.1	19.3
	很不好	8.3	2.1	6.3	10.4	6.8

2. 不同林地规模农户对农村医疗卫生满意度评价

林地规模越大的农户对医疗卫生条件评价越高，但总体都不高。不同林地规模的农户对医疗卫生设施条件的满意度分别为41.7%、52.6%和61.6%(表39)。

表39 不同林地规模农户对农村公共医疗卫生条件评价 单位:%

选 项	评 价	没有林地农户	一般规模农户	大规模农户
医疗卫生设施条件	非常好	0.0	10.4	15.4
	比较好	41.7	42.2	46.2
	一 般	16.7	21.4	19.2
	不太好	33.3	18.2	19.2
	很不好	8.3	7.8	0.0

资料来源：农户调查数据。

3. 不同人均收入农户对农村医疗卫生满意度评价

高收入农户对农村公共医疗卫生条件满意度最高，达到61%，其次为中等收入农户50%，低收入农户的满意度最低，仅为48.4%(表40)。

表40 不同人均收入农户对农村公共医疗卫生条件评价 单位:%

选 项	评 价	低收入农户	中等收入农户	高收入农户
医疗卫生设施条件	非常好	10.9	10.9	9.4
	比较好	37.5	39.1	51.6
	一 般	23.4	20.3	18.8
	不太好	20.3	23.4	14.1
	很不好	7.8	6.3	6.3

4. 不同样本县(市)农户对儿童受教育条件满意度评价

表41为农户对儿童受教育条件评价。只有28.7%的农户认为儿童受教育条件比较好或非常好，临安有39.6%的农户认为儿童受教育条件比较好或非常好，开化这一比例为10.5%，整体受调查农户对儿童受教育条件评价很低，儿童受教育条件亟待提升。

表41 不同样本县(市)农户对儿童受教育条件评价 单位:%

选 项	评 价	开 化	临 安	龙 泉	永 康	平 均
儿童受教育条件	非常好	4.2	8.3	4.2	2.1	4.7
	比较好	6.3	31.3	29.2	29.2	24.0
	一般	12.5	22.9	12.5	12.5	15.1
	不太好	50.0	35.4	35.4	41.7	40.6
	很不好	27.1	2.1	18.8	14.6	15.6

5. 不同林地规模农户对儿童受教育条件满意度评价

不同林地规模的农户对儿童受教育条件满意度均较低。不同林地规模的农户对儿童受教育条件满意度分别为25%、29.2%和27%(表42)。

表 42　不同林地规模农户对儿童受教育条件评价　　单位:%

选　项	评　价	没有林地农户	一般规模农户	大规模农户
儿童受教育条件	非常好	0.0	5.2	3.9
	比较好	25.0	24.0	23.1
	一　般	25.0	12.9	23.1
	不太好	50.0	39.6	42.3
	很不好	0.0	18.2	7.7

6. 不同人均收入农户对儿童受教育条件满意度评价

中等收入农户对儿童受教育条件满意度最高，高收入农户的满意度略高于低收入农户。不同收入农户认为儿童受教育条件非常好和比较好的占比为 25.1%、34.4%、26.6%（表 43）。

表 43　不同人均收入农户对儿童受教育条件评价　　单位:%

选　项	评　价	低收入农户	中等收入农户	高收入农户
儿童受教育条件	非常好	6.3	7.8	0.0
	比较好	18.8	26.6	26.6
	一　般	9.4	14.1	21.9
	不太好	45.3	37.5	39.1
	很不好	20.3	14.1	12.5

八、主要结论与政策建议

基于上述集体林区农户生计状况，特别是不同地区、不同农户之间的差异状况分析，可以得出如下主要研究结论，并据此提出相应政策建议。

（一）主要结论

1. 集体林区农户林地资源丰富，林业对收入直接贡献不大，林地流转市场不发达

集体林区农户土地资源十分丰富，户均林地面积 29.50 亩，人均林地面积 9.53 亩；户均林业纯收入为 1371 元，高于浙江省农村平均的 317 元，但也仅占人均可支配收入的 7.0%，说明林业对收入的直接贡献不大。尽管，农户参与林地流转的比例虽然相比前两次调查有所上升，流出林地的农户比例为 11.52%，流入林地的农户比例为 19.37%。但相比于耕地流转仍然较低，集体林区的林地流转市场仍然不发达。

2. 集体林区农户对林业经营有一定积极性，农户开始注重林业生态功能，耕地转林地现象普遍

近 10 年来 55.7% 的农户有造林行为，77.8% 的样本农户在过去 5 年有森林抚育行为，说明集体林区农户对林业经营有一定积极性。同时，有58.9%的农户认为目前林业最重要的功能是生态保护，有66.7%的农户认为，未来林业最主要功能应该是保护生态，可见林区农户的生态建设与保护意识在逐渐增强。值得关注的是，近年来耕地转林地现象较为普遍，截至2014年，有近一半的样本农户有耕地转林地行为。其中，临安市"耕转林"农户的比例最高，达到87.5%，永康和开化"耕转林"农户比例分别为41.67%和37.5%。

3. 集体林区农户生活水平较高，对生活整体满意度评价较高，但医疗教育条件仍需加强

2014年样本县(市)的农户人均可支配收入达19992元，户均拥有住房1.3套，人均住房面积达79平方米，主要消费项目支出高于浙江省农村和全国农村平均水平，说明总体上集体林区农户生活水平较高。同时大多数农户对目前和未来生活前景比较看好，有90.1%的农户对目前的生活状况满意或较满意，有78.7%的农户认为未来生活会越来越好。与此同时，集体林区农户医疗负担较重，2014年样本农户人均医疗保健支出达2979.48元，占家庭消费支出的31%。农户对医疗、教育条件评价较低，认为医疗条件非常好或比较好的占50%左右，对教育条件表示非常好或比较好不到30%。教育、医疗和养老等公共服务有待加强及普及。

4. 不同林地规模农户对林权改革配套政策认知与需求存在差异，集体林区改革配套政策措施效果尚未显现

总的来看，林地规模大的农户对林权抵押贷款和森林保险等林业政策的认知水平及需求程度相对较高，但林权改革配套政策效果尚未真正显现。具体而言，在林权抵押贷款方面，林地规模较大的农户，打算申请的比例高于一般规模农户，但也仅有28%。在森林保险方面，林地规模大的农户有50%听说过森林保险，这一比例远高于一般农户的18.8%，但两者购买意愿均不高，仅有40%左右。在生态公益林补偿方面，林地规模大的农户对公益林补贴的满意程度与期望的补偿标准，均较一般规模农户要高。在森林采伐限额方面，目前农户对采伐限额的认知度较高，知晓程度达到75%。虽然，在林地规模大的农户中，有34.8%的农户，认为森林采伐限额对森林经营有重要影响，但总体来看，森林采伐对农户实际限制作用并不明显。

(二)政策建议

1. 创新林业经营制度，促进林地流转与适度规模经营，增加林区农户收入

数据分析表明，林地规模较大农户经营效率要高于一般规模农户。尽管集体林区农户森林资源相对较为丰富，但由于一般采用平均分配方式将集体林地分给农户，导致单个农户经营规模普遍偏小，林业生产在普通农户家庭收入中的贡献度较低。同时，由于集体林区农户林地流转市场发育不完善，有意愿有能力经营森林者又往往无法集中适度规模林地，实现林地规模经营效益。因此，需要通过创新林地经营制度，积极发展林地股份合作经济组织等形式，将林地资源进行适当集中，实现林地规模经营，在提高森林资源产出效率，增加单位面积林地收益的同时，也可增加林地流出农户的林地租金收入，提高林区农户财产性收入。

2. 因势利导发展生态型产业，积极拓展林业功能，实现林区可持续发展

当前集体林区农户就业与收入结构发生了很大变化，非农收入已经成为林农收入主要来源，林业对农户收入的直接贡献较小。与此同时，在物质生活水平不断提高的同时，生态环境恶化趋势日益严重，城市居民对生态休闲服务需求不断提高；走进乡村、走进森林已经成为城市居民一种生活方式，生态环境资源优势与价值开始日益凸显。因此，对于集体林区而言，应该充分利用农村良好生态环境资源优势，积极拓展林业的生态功能，在区位交通条件适宜的地区，在做好规划与保护的前提下，适度发展生态休闲旅游产业，充分发挥林业的多功能效应，将集体林区丰富的生态资源优势转变为经济优势，增加集体林区农民就业渠道，提高农民经济收入，实现集体林区的可持续发展。

3. 加强对"耕转林"现象的监测，完善相应配套管理政策，实现林区经济生态协调发展

集体林区农户自发性的"耕转林"行为，其背后原因较为复杂，主要是由于农村劳动力转移和劳动力成本上升，耕作传统作物比较收益持续下降，而将部分耕地转为林地，可以减少劳动投入约束，增加未来潜在收益。耕地转林地现象，一方面有利于集体林区合理利用低质量耕地，避免抛荒弃耕，可以起到促进林业发展和改善林区生态状况的作用。另一方面，如果出现大规模耕地转化为林地，也有可能会在一定程度影响到粮食生产，对国家粮食安全政策产生影响。因此，政府应加强对"耕地转林地"现象的监测，并制定相应的管理政策，避免因"耕转林"过渡蔓延而影响到粮食生产安全，促进林区生态经济协调发展，达到生态改善和农户增收的双重目标。

4. 继续加强林区公共服务建设，提升医疗教育保障水平，实现城乡一体化发展

相比较而言，林区是经济社会发展水平相对落后，公共服务设施相对薄弱的地区，政府应继续加强公共服务建设与民生投入，努力实现城乡一体发展，提升林区农户的获得感与幸福感。重点是要关注农村地区贫富差距问题，缩小收入差距，保障贫困人口基本生活，促进林区社会和谐发展。提高农村医疗体系建设与保障水平，较低林区农民医疗负担，避免农村居民因病致贫、返贫。改善林区基础教育受教育条件，合理配置教育资源，满足林区农户基本的教育需求，推进林区人力资源发展。加大医疗和养老等公共服务的投入力度，努力做到小病不出村。

5. 继续完善林权改革配套政策，增强政策指向针对性，提高政策实施效果

林权抵押贷款、森林保险、生态公益林补偿等林业政策措施对激活林区要素市场，促进林区发展，增加林区农户收入均有重要作用。但目前上述政策尚未真正发挥作用，一般农户对其了解程度及需求意愿并不强烈，而正在需要的农户，又感觉政策作用效果不大。未来政府一方面要加强政策宣传力度，提高农户对相关政策的了解与知晓程度；

同时，应针对重点对象，设计更具有针对性的政策，并简化手续，提高政策实施效果。

调 研 单 位：浙江农林大学经济管理学院
调研组成员：吴伟光　续竞秦　王成军　蔡颖萍　杨　铭　张念如
叶保军　吕骁泓　曹先磊　王凤婷　袁　春　熊立春
马舒霞　周家颖　胡晓君　郭翔飞　蔡佳妮　倪中烨
倪秀男　吴明月　盛毅慧　宣佳亦　潘丽莎　张江娜
徐晓婷　周君丹　季雅倩　吴　丹　沈雅君　占敏露
刘　哲　沈卓琳

京津冀生态安全一体化战略研究报告

【摘　要】京津冀生态安全问题日益突出。本文运用生态足迹模型对京津冀地区的生态安全状况进行评价。结果表明：京津冀3省(直辖市)在2001～2013年间生态足迹数值呈上升趋势，生态承载力数值是下降趋势，总体生态足迹大于生态承载力，生态通行处于不可持续状态。在京津冀一体化的大背景下，要实现京津冀生态安全的一体化发展，必须转变消费模式，协同互助，实现资金、技术资源共享。同时，注重对土地资源的恢复与保护，提高土地的载承力。

按照《京津冀协同发展规划纲要》的功能定位，北京市为“全国政治中心、文化中心、国际交往中心、科技创新中心”；天津市为“全国先进制造研发基地、北方国际航运核心区、金融创新运营示范区、改革开放先行区”；河北省为“全国现代商贸物流重要基地、产业转型升级试验区、新型城镇化与城乡统筹示范区、京津冀生态环境支撑区”。

一、京津冀地区生态安全现状

(一)生态安全资源现状

1. 土地资源现状

根据2008年国土资源部土地调查数据显示，京津冀土地总面积为2167.6万公顷，接近全国总面积的2.30%。其中河北总面积为1884.3万公顷，占京津冀土地总面积的86.9%；北京、天津土地总面积分别为164.1万公顷和119.2万公顷，分别占7.6%和5.5%。从土地利用方式来看，京津冀以农用地、建筑用地为主，占京津冀土地总面积的80%以上。农用地中，耕地、林地、园地和牧草地面积分别占农用地面积的47%、34.6%、6.8%和5.4%。建筑用地中，居民点及工矿用地、交通运输用地和水利设施用地面积分别占建筑用地的84.2%、7.0%和8.8%。

2. 水资源现状

京津冀年平均水资源量258亿立方米，不及全国的1.2%，人均水资源量239立方米，为全国平均水平的1/9，远低于国际公认的人均500立方米的“极度缺水标准”，是严重缺水地区。2012年京津冀水资源总量为307.9亿立方米，仅占全国的1.1%，人均水资源量295.6立方米。其中，北京多年平均水资源量21亿立方米左右，人均水资源量仅有100立方米左右；天津多年平均水资源量15.7亿立方米，人均水资源量123立方米；河北情况相对较好，但多年平均水资源量也仅仅205亿立方米，人均水资源占有量

307立方米。

3. 林业资源现状

森林方面：京津冀三省(直辖市)中，北京的森林覆盖率最高，为35.84%；河北为23.41%；天津最低，约为9.87%(第八次森林资源清查结果显示：全国森林覆盖率为21.63%)。其中，河北近一半的县(市)森林覆盖率不足10%，人均占有林地面积不足全国平均水平的1/2，全省尚有3.8万平方公里宜林荒山荒地和低质林地需要绿化和改造。

湿地方面：京津冀三省(直辖市)中，天津的湿地面积最多，有29.56万公顷，占辖区面积的23.94%；北京约有湿地4.81万公顷，占辖区面积的2.86%；河北有9.42万公顷，占辖区面积的5.04%。由于近些年粗放式发展，各地湿地污染较为严重，生态功能大大降低。

(二)生态安全功能格局现状

1. 京津冀四大生态功能区划

中华人民共和国国家发展和改革委员会(简称：国家发改委)已初步将京津冀区域划分为四大功能分区，如图1所示(京华时报，2014)：

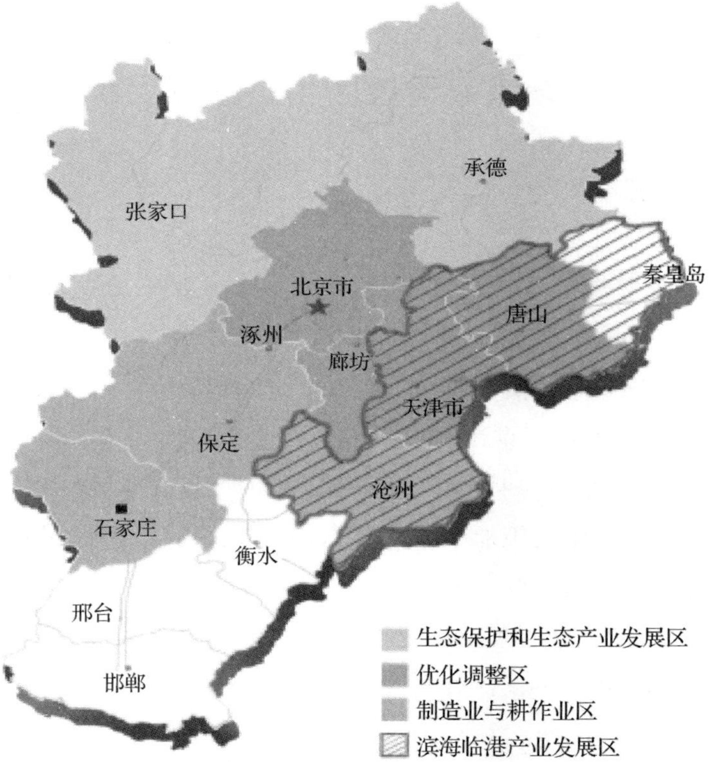

图1　京津冀四大功能区划示意图

(1)西、北部生态保护和生态产业发展区(覆盖承德、张家口)；

(2)中部优化调整区(北京、天津、廊坊、唐山)；

(3)南部制造业与耕作业区(覆盖石家庄、保定、沧州);

(4)东部滨海临港产业发展区(覆盖秦皇岛、唐山、天津、沧州)。

2. 京津冀“一极、两翼、三屏”生态空间格局

中华人民共和国国土资源部与中国地质环境监测院《京津冀地区资源环境承载力调查评价研究》研究报告指出，基于京津冀地区自西向东呈现山区—平原—海岸带的“厂字形”自然地理环境本底和资源环境承载现状，建议构建“一极、两翼、三屏”的“三生”(生产、生活、生态)空间格局。

“一极”即以北京、天津为核心，构建京津冀北国际级城市群核心生产—生活区。

“两翼”即以保定、廊坊、石家庄等地区为左翼，构建冀中南国家级城市群辅助生产—生活区；以唐山、秦皇岛、承德等地区为右翼，构建京津冀北国家级城市群辅助生产—生活区。

“三屏”即以张家口、承德等区域为主，在京津冀北侧构建燕山水源涵养生态保护屏障；以石家庄、邯郸等区域为主，在京津冀西侧构建太行山脉水土保持生态屏障；以天津、秦皇岛等区域为主，在京津冀东侧构建渤海沿线海岸带生态屏障。

通过进一步分析京津冀地质环境适宜性，提出了构建京津冀北生产—生活区、冀中南生产—生活区、燕山水源涵养生态保护区、太行山脉水土保持生态保护区、海岸带生产—生态保护区的建议，以实现统筹京津冀地区“三大空间、四大板块、五大功能”的统筹布局。

3. 京津冀“一纵、两道、两带、三横、四片”生态空间布局

京津冀生态功能协同的基本格局可以概括为以“一纵、两道、两带、三横、四片”为空间布局，形成“纵横交错、分片交叉、带际贯通”的立体协同格局(王双，2015b)。

“一纵”是指以海河水系和永定河为主的区域水系；

“两道”是指南水北调中线和南水北调东线两条输水河道；

“两带”则是依托西北防风阻沙林带与京津冀相连接的城际绿廊和三地共建的南北走向城际绿廊；

“三横”包括蓟县北部山区生态涵养地、武清湿地自然保护区以及宝坻洼淀生态涵养地等3个重要生态涵养地；

“四片”是指主要生态功能片区，包括：京津北片(北京平谷—天津蓟县片区)、津冀北片(河北廊坊—天津蓟县、宝坻片区)、京津中片(北京通州—天津武清片区)、津冀中片(河北廊坊—天津武清片区)。

4.“一屏两带”生态保障格局

京津冀生态保障格局如图2所示(国家发改委，2013)，为保障京津冀地区生态安全，高标准建设燕山太行山生态屏障，以及坝上防风固沙林带和滨海湿地及沿海防护林带。燕山太行山生态屏障重点实施京津风沙源治理防护林、三北防护林、退耕还林、太行山绿化等生态工程。坝上防风固沙林带重点实施风沙源治理、退化草场治理等生态工程。沿海防护林带及滨海湿地重点实施沿海基干林、纵深防护林、农田防护林、滨海湿地恢复、滨海沙堤沙坝恢复等生态工程。

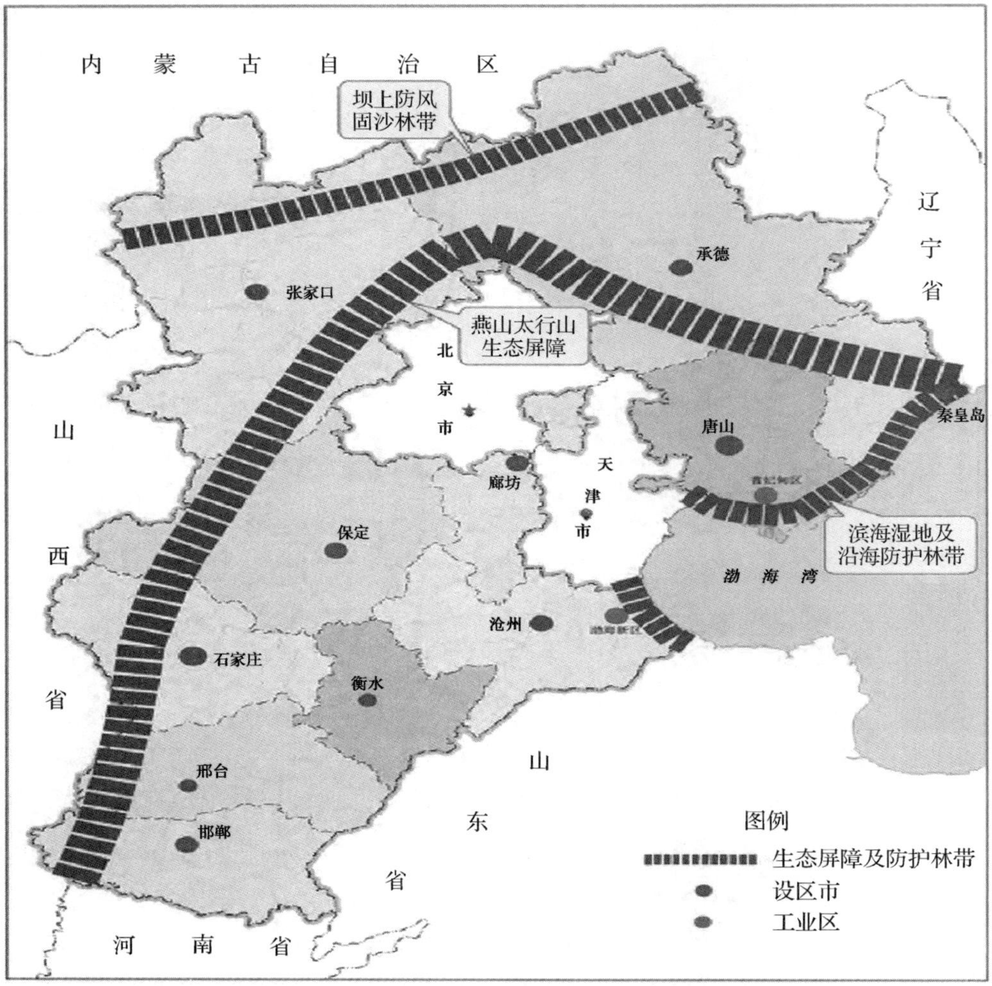

图2　京津冀"一屏两带"生态保障格局示意图

二、京津冀地区生态安全评价

（一）生态安全

"生态安全（Ecological security）"这一概念最早由美国著名的环境专家莱斯特·R·布朗（Brown，1984）提出，他认为生态安全是生物与环境相互作用保障生态系统可持续发展的动态过程。国际应用系统分析研究所（IASA）在1989年对生态安全的涵义进行了丰富，指出生态安全是人在生活健康安乐、生活保障、社会秩序和适应环境变化等基本权利和必要资源方面不受威胁（Barnett，2003；陈星、周成虎，2005；王韩民，2006）。Carl

Folke 等学者(Folke，2002；FALKENMARK，M，2002；Ulanowicz，1995)强调生态的服务功能或人类社会的生存安全，将生态作为人类生存的环境来考虑。国内学者曲格平(2002)认为生态安全有两层含义：一是防止生态环境的退化对经济基础和可持续发展构成威胁，二是防止环境的破坏和自然资源的短缺导致人民不满和国家动荡。肖笃宁(2002)认为生态安全有广义和狭义之分，广义的生态安全将社会、经济和自然生态安全作为一个复合生态系统的整体问题来研究；狭义的生态安全是生态系统完整健康的反映。王朝科(2003)定义生态安全时主要强调生态过程的连续性、生态系统结构的稳定性和生态系统功能的完整性。综合国内外学者对生态安全的定义，可以发现生态安全主要强调两点：一是生态系统的完整、健康和可持续性；二是人与生态系统的关系，包括生态系统对人类的生存安全和生态系统对人类提供的生态服务。

相对于生态安全，林业生态安全是指以林业生态为核心的社会—经济—林业的生态系统安全(奉钦亮等，2012；张智光，2013)，是人类对林业资源(森林、湿地、荒漠、生物多样性等)开发利用和保护而形成能对人类提供生态服务和生存安全的完整、健康、可持续发展的林业生态系统时，生态系统各要素之间的综合平衡的状态(李双作、于亚玲，2008；魏彬等，2010)。

(二)生态安全评价方法

确定一个区域的生态是否安全，需要用科学合理的方法对生态安全进行评价。生态安全评价是对生态系统的完整、健康、可持续能力，以及人与生态系统的关系的判断与衡量，是生态安全研究的核心问题。从文献来看，目前对生态安全的评价已从最初的简单描述发展成现在的定量评价，从最初的生态点状分析发展成如今涉及到生态、经济、社会的多点面状分析。目前相关领域学者常用的生态安全评价方法主要有数学模型法、生态足迹模型法、景观生态模型法。

(三)基于生态足迹的京津冀生态安全评价

1. 生态足迹

生态足迹法是近年用来度量区域可持续发展较为通用的方法。它由加拿大生态经济学家 William Rees 于 1992 年最先提出，并在 1996 年得到完善。生态足迹通过测量人类对自然资源的利用程度及自然界为人类提供的生态服务之间的差距对所测地区的生态安全现状进行评价，主要通过生态足迹及生态承载力指标实现。因生态足迹法具有夯实的理论基础，完善的指标体系，简单易懂的计算结果，受到学术界的广泛关注。

本文依据生态足迹法对京津冀 3 省(直辖市)2001～2013 年的生态足迹及生态承载力进行了计算分析，旨在揭示京津冀 3 省(直辖市)土地承载能力及生态安全演变过程，并在此基础上探讨京津冀生态安全发展建议。

2. 生态足迹计算方法

生态足迹的计算是基于以下两种事实：一是人类可以确定自身消费的绝大多数资源、

能源及其所产生的废弃物的数量；二是这些资源和废弃物能折算成生产和消纳这些资源和废弃物流的生物生产面积或生态生产面积。“生态生产性土地”是生态足迹分析法为各类自然资本提供的统一度量基础，根据生产力大小的差异，地球表面的生态生产性土地可分为6大类：化石能源地、耕地、牧草地、林地、建筑用地和水域。在生态足迹账户核算中，各种物质消费能源消费等均按相应的换算比例算成相应的土地面积，具体计算公式如下：

$$Ef = \sum e_i = \sum r_j A_i = \sum r_j (P_i + I_i - E_i)/(Y_i \times N) \quad (1)$$

式中：Ef——人均生态足迹（公顷/人）；

i——消费项目的类型；

e_i——人均生态足迹分量；

r_j——均衡因子；

A_i——第 i 种消费项目折算的人均生态足迹分量（公顷/人）；

Y_i——生物生产土地生产第 i 种消费项目的世界年均产量（kg/公顷）；

P_i、I_i、E_i——分别为第 i 种消费项目的年生产量、年进口量和年出口量；

N——人口数。

$$Ec = \sum c_j = \sum a_j \times r_j \times y_j \quad (2)$$

式中：Ec——人均生态承载力（公顷/人）；

c_j——人均生态承载力分量；

a_j——人均生物生产面积；

r_j——均衡因子；

y_j——产量因子。

本文均衡因子采用耕地和建筑用地为2.21，草地0.49，林地1.34，水域0.36。由于统计年鉴中没有进出口明细表，因此只能假设京津冀地区对外贸易在经济活动中的比例很小，不影响生态足迹，故不予考虑。

3. 数据来源与计算结果

本文计算数据来源于2002~2014年《中国统计年鉴》及京津冀三省（直辖市）统计年鉴、中经网统计数据库、国研网统计数据库以及联合国粮农组织统计数据库，根据世界自然基金会公布的全球核算标准确定计算方法中所涉及的均衡因子与产量因子。同时，人均生态足迹与人均生态承载力进行比较时扣除12%的生物多样性保护区域。

1）京津冀生态赤字与盈余比较

由模型运算结果可知：京津冀3省（直辖市）2002~2013年间生态状况趋势处于下降状态（图3）。2002~2013年北京市人均生态赤字从0.5公顷上升到1.51公顷；2002~2013年天津市人均生态赤字从1.75公顷上升到了2.35公顷；河北省的人均生态赤字则从1.4公顷上升到了2.28公顷，下降趋势更为明显。可见，北京、天津、河北三省(直辖市)的生态状况十多年来一直处于赤字状态，资源的消费量超出了环境的承载力。

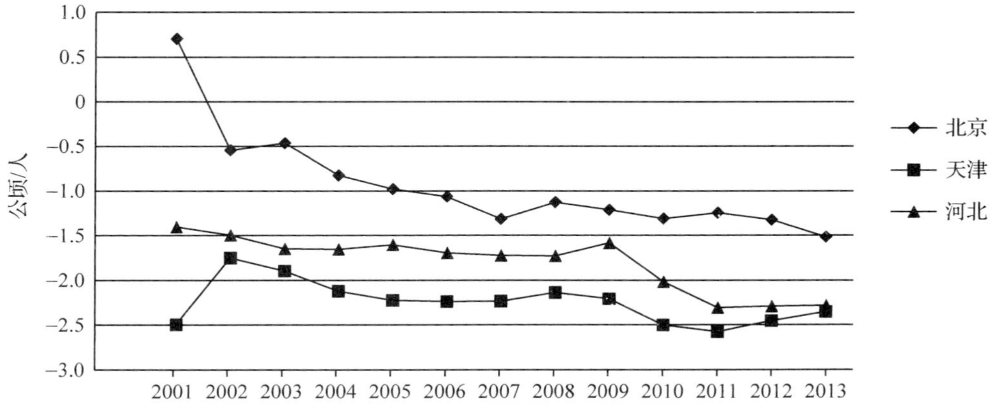

图3 2001~2013年京津冀3省(直辖市)生态赤字/盈余对比

2)生态承载力

各类生态生产性土地的人均生态承载力计算，是根据各种生态生产性土地的人均占有量，通过前文提到的均衡因子和产量因子调整后再减去12%的生物多样性保护面积得到的。本文产量因子采用Wackernagel等对中国生态足迹计算时的取值，耕地、建筑用地均为1.66，草地0.19，林地0.91。由于目前京津冀地区在发展过程中还没有实际留出专门用于CO_2吸收的化石能源用地，所以在生态承载力计算中不考虑化石能源用地因素。人均生态承载力计算结果如表1所示。

表1 2001~2013年京津冀3地人均生态承载力评价 单位：公顷/人

年 份	人均生态承载力		
	北 京	天 津	河 北
2001	0.7022	0.1426	0.6714
2002	0.6001	0.1666	0.711
2003	0.7227	0.1863	0.7446
2004	0.4763	0.1842	0.7732
2005	0.3628	0.1964	0.8197
2006	0.303	0.2052	0.7475
2007	0.0531	0.223	0.7294
2008	0.265	0.2072	0.691
2009	0.221	0.2121	0.6961
2010	0.1287	0.2215	0.3393
2011	0.193	0.2751	0.3625
2012	0.1501	0.3166	0.384
2013	0.0625	0.3268	0.3857

从生态承载力看，3 省（直辖市）耕地和建筑用地提供的承载能力较大，这是由京津冀经济区自身的生产方式及资源利用方式决定的。其中，河北省所提供的耕地面积最大，天津次之，北京最少。就各类生态生产型土地面积的变化趋势而言，京津冀 3 省（直辖市）生态承载力呈下降趋势，表明这一区域的生态服务能力逐年下降。

4. 京津冀综合生态状况评价

通过 2001～2013 年间京津冀生态足迹与生态承载力指标进行对比发现（表 2），这十几年间京津冀地区生态综合状况处于赤字状态，由 2001 年的人均 1.37 公顷逐年扩大到 2013 年的人均 2.14 公顷，并有继续扩张的趋势，京津冀生态发展状况总体处于不可持续状态。

表 2 2001～2013 年京津冀综合生态状况评价 单位：公顷/人

年 份	人均生态足迹	人均生态承载力	人均生态盈余/赤字
2001	1.9882	0.6177	-1.3706
2002	2.0095	0.6340	-1.3755
2003	2.1683	0.6800	-1.4883
2004	2.2335	0.6610	-1.5725
2005	2.2459	0.6763	-1.5696
2006	2.2613	0.6123	-1.6491
2007	2.2665	0.5549	-1.7116
2008	2.2265	0.5578	-1.6687
2009	2.1407	0.5501	-1.5906
2010	2.2288	0.2851	-1.9437
2011	2.4575	0.3191	-2.1384
2012	2.4561	0.3302	-2.1259
2013	2.4576	0.3152	-2.1424

三、京津冀生态安全一体化具体行动与实际问题

2014 年 6 月 18 日，京津冀协同发展领导小组第 1 次会议提出，对看准的事情要先做起来，对符合目标导向、现实急需、具备条件的领域要先行启动，对一些带动性、互补性、融合性强的重大项目要抓紧实施，争取早起作用、早见实效，并要求在交通、生态环保、产业 3 个重点领域集中力量推进，力争率先取得突破。

一年多来，京津冀 3 省（直辖市）林业主管部门在推进协同发展方面，针对林业生态保护与建设，采取了哪些措施，取得了哪些成就，还存在什么问题，国家林业局重大问题调研《京津冀生态安全一体化战略研究》课题组，于 2015 年 9～11 月分别赴河北、天津、北京三地开展了实地调研。

（一）具体行动

1. 在规划编制方面，加强交流，互通有无

围绕“十三五”林业规划编制，由北京市园林绿化局牵头，召开了京津冀 3 省（直辖

市)“十三五”林业发展规划编制工作联席会议，就“十三五”林业发展规划编制工作以及进展情况开展交流，就林业生态建设的标准、政策等问题进行沟通，研究探讨京津冀林业协同发展的思路、原则、合作的领域和形式，共同起草了京津冀林业生态建设协同发展框架协议，协议正在征求各方意见，待做进一步修改完善后签署。目前京津冀生态水源林、坝上退化防护林改造、森林公安、森林防火、林业有害生物联防联治、野生动植物保护等项目已经纳入京冀“6+1”、津冀“4+1”合作协议并组织实施。

2. 在森林防火方面，建立了森林防火联防制度，完善联防机制，强化应急协作

京津冀3省(直辖市)通过了《京津晋冀蒙交界区森林火灾联合处置应急预案》，并拟定将根据实际情况逐步进行该预案的修订和完善工作，从省市区及基层两个层面对森林防火联防工作进行统筹安排；增进经验交流，拓展合作空间。积极组织专业骨干力量开展一些切实可行的实地交流、学习活动，相互借鉴森林防火工作开展过程中积累和沿袭下来的有效措施、可行方案及成功经验，强化森林防火联防和区域警务合作建设。北京市怀柔区、平谷区、密云县，天津市蓟县，承德市丰宁县、滦平县、承德县、兴隆县联合成立了“京津承边界区森林防火联防委员会”。同时通过了《京津承边界区森林防火联防委员会联防办法》和《京津承边界区森林防火联防委员会组织系统》。联防委员会下设办公室，主要负责联防联控，互通信息，相互交流，资源共享，协同扑火，积极做好京津承边界区森林防火的预防和扑救工作。

3. 在林业有害生物防治方面，信息共享，不定期召开联席会议

京津冀3省(直辖市)召开了美国白蛾防控现场座谈会，会上达成3个意向：

(1)建立京津冀林业有害生物协同防控和应急防控组织机构，统筹协调3省(直辖市)的林业有害生物防控工作；

(2)以现有的北京市信息平台为基础，筹建京津冀林业有害生物防控信息平台，努力实现3省(直辖市)的监测信息资源共享；

(3)在林业有害生物防治技术培训、林业有害生物普查等方面，加强沟通协调和信息交流，协同做好辖区林业有害生物防控工作。

此外，3省(直辖市)交界区县也经常召开林业有害生物治理工作联席会，互相交流林业有害生物治理经验，同步推进同种林业有害生物治理，确保防治效果。

4. 植树造林方面，出台了2015~2017年《京津冀协同发展三年造林行动方案》

天津市计划以实施三北防护林、沿海防护林、京津风沙源治理等国家级重点绿化造林工程为龙头，新增林地120万亩，规划林木绿化率将达到25%以上。河北省制定了环京津百万亩造林工程规划，决定连续三年在环京津地区每年完成100万亩成片森林建设任务。

5. 联合开展野生动物保护

2014年11月，北京野生动物救护中心与天津市野生动物救护驯养繁殖中心，在北京延庆县野鸭湖国家级自然保护区联合实施野外放归活动。这批放飞的猛禽属于天津市近期查扣的非法饲养野生动物，包括国家二级保护动物30只苍鹰、6只猎隼、3只游隼，共计39只，此次救护活动是津京地区首次联合开展的救护活动。

6. 统筹林业资金投入

2009年开始河北与北京合作，在河北丰宁、怀来等9县建设水源保护林30万亩。按照国务院批复的《张家口市坝上地区退化林分改造试点实施方案》，在中央财政支持下，京冀共同筹资支持张家口坝上122万亩退化林分改造试点项目建设，2014年落实资金1.14亿元，完成退化林分改造采伐25万亩。

（二）实际问题

1. 林业生态建设用地与土地供给之间的矛盾越来越突出，如何进一步扩大生态空间用地，优化生态空间布局

（1）随着生态文明建设的不断深化、绿色发展与绿色行动不断高涨，造林绿化与生态建设的空间越来越小，由于国家对基本农田实行严格的保护政策以及建设用地的不断扩张，林业生态建设的规模和速度难免会受到限制和制约，这与现行主体功能的定位，京津冀协同发展建设生态环境支撑区的要求不相符。尤其是京津保城市生态空间核心保障区，生态空间受到严重挤压，由于城市发展需要，一些地方林地被强行占用；天然湿地由于围海造地、改田修湖等原因面积萎缩，导致生态资源破碎化、生态系统调节功能下降。与"加大京津保地区营造林和湿地恢复力度，建设成片森林和湿地"的生态需求极不协调，扩大生态空间用地，成为亟待解决的问题。

（2）近些年，京津冀3地，特别是北京和天津，立地条件相对较好，容易造林的地块大部分绿化工作已经完成，剩下的都是难啃的"硬骨头"。现有的楔形绿地断带较多，结构框架不清晰，结构布局不合理。怎样优化生态体系布局，促进京津冀生态空间布局进一步紧密衔接，是今后一个时期面临的重大任务。

2. 生态空间承载力依然不足，生态治理任务仍然艰巨

本课题组研究表明：就各类生态生产类型用地面积的变化趋势而言，京津冀3省（直辖市）人均综合生态承载力呈下降趋势，由2001年的0.62公顷逐年下降到2013年的0.32公顷。总体而言，京津冀3省（直辖市）人均生态状况均处于生态赤字状态，且呈现逐年增加态势，由2001年的1.44公顷逐年扩大到2013年的2.05公顷。

（1）对北京来说，与新时期"建设国际一流和谐宜居之都"的要求相比，城市生态承载力还有不足。集中体现在绿地总量不足，分布不均，中心城区绿色休闲空间存在盲区；森林质量还不高，结构不尽合理，生物多样性不够丰富，碳汇能力不够强。其中，全市中幼林480万亩需要抚育，荒山绿化任务有20万亩，废弃矿山10万亩需要开展生态修复治理，全市每公顷森林蓄积量仅为27.93立方米，是全国平均水平的40%，世界平均水平的28.6%。这就要求园林绿化的生态承载力需要进一步的提升。

（2）对河北来说，尚有2850万亩宜林荒山荒地需要绿化，有沙化土地3155万亩，有明显沙化趋势的土地275万亩，荒漠化土地3030万亩亟待治理。造林绿化进入“攻坚”阶段，立地条件相对较差，多为干旱阳坡、贫瘠荒坡，加之农村劳动力日渐老龄化并逐步减少、造林成本逐步提高，剩余任务治理难度越来越大。

3. 资源保护管理任务艰巨，生态建设存在薄弱环节

（1）北京市随着平原百万亩造林和绿化美化建设的快速推进，全市森林资源总量持续增长，全市林地面积达到108.14万公顷（其中森林面积达到73.45万公顷），城市绿地面积达到8.02万公顷，全市湿地面积5.14万公顷，园林绿化资源占市域面积的60%以上，保护管理工作任务艰巨。

（2）河北省在森林防火、病虫害防治、推广体系建设、良种体系建设和种苗市场监管等方面相对薄弱，林业信息化和科技支撑能力不强，国有林场营林生产和防火道路、饮水安全、供电通讯保障等林业基础设施建设落后，与快速发展的林业建设还不适应。

4. 国家补助标准较低，覆盖不够全面

目前国家层面生态补助的渠道有限，且补助标准偏低，范围较小。

（1）河北省测算当前剩余造林地的平均造林成本在1500元/亩左右，国家补助仅200～400元/亩，市县财政筹资能力差，严重制约着生态建设的快速健康发展。

（2）天津市认为，当前对湿地保护资金投入明显不足，国家缺乏对湿地保护和修复的支持。当前国家层面只对国家级生态公益林实行生态效益补偿，且补偿标准偏低，范围较小，对自然保护区、重要湿地、森林公园、郊野公园等生态区域的生态补偿机制还尚未建立。

5. 协调机制不完善，难以形成合力

京津冀协同发展的生态建设整体推进机制不完善，缺乏区域间沟通协调，统筹安排。目前合作仅限于在水源林、森林资源保护等小规模、小范围内，方位不全、起点不高、层次不深。组织机构建设需要进一步加强，投资机制需要进一步明确，生态补偿机制需要进一步完善。

四、京津冀生态安全一体化战略

一般来说，由于生态资源与环境存在较强的外部性，即一地生态资源与环境除了影响当地生态安全外，也会对周边省市的生态安全产生重要影响。因此，在京津冀协同发展战略下，京津冀地区的生态安全不再是三地的简单加总，而是应该加强协同、协作、协调，统一规划、统一建设、统一发展。

总体来看，京津冀地区长期以来一直处于生态赤字状态，并且由于京津冀3地资源禀赋与经济发展状况各有优劣势，3省（直辖市）地生态安全也存在区域差异。相对而言，河北省地域辽阔，未来生态建设的空间较大，而北京市和天津市相对空间较小，虽然有大量的生态建设投入资金，却面临空间受限的问题。京津冀协同发展背景下，可以有效统筹京津冀3地的生态建设资金、用地、技术、人才等资源，实现取长补短，优势互补，最终提高京津冀地区整体的生态安全水平。

（一）京津冀生态安全一体化战略分析

结合京津冀生态安全评估指标体系、生态承载力、生态足迹和生态盈余的评价，以及对3省（直辖市）林业部门的调研与访谈，给出战略分析（表3）。

表3 京津冀生态安全战略分析

		京津冀协同发展国家战略
内部因素	优　势	区域经济发展程度较高，资金雄厚
		地貌类型丰富
		动植物种类多样，有强烈的生态保护需求
	劣　势	生态体制不健全，行政区划限制，三地协调沟通不畅
		严重缺水等自然条件限制，人口密集等社会条件约束
		林地与其他用地矛盾严重
		造林成本大，农民的林业建设积极性不高
外部环境	机　会	生态文明建设国家战略注入新动力
		建设国际一流和宜居之都提供新目标
		环首都国家公园体系提供发展机遇
		国家重点造林工程提供有力支持
	挑　战	生态承载力较低，生态治理任务艰巨
		生态空间布局不尽合理，用地指标紧张
		资源保护管理任务艰巨，民生林业亟须加强
		生态保护政策与资金不匹配

（二）京津冀生态安全一体化战略选择

基于京津冀生态安全战略分析，京津冀生态安全一体化战略选择包括以下四种：SO战略，即依靠内部优势，利用外部机会；WO战略，即利用外部机会，克服内部劣势；ST战略，即依靠内部优势，化解外部威胁；WT战略，即减少内部劣势，回避外部威胁（表4）。

表4 京津冀生态安全战略选择

内部因素 / 外部因素	优势（Strength）	劣势（Weakness）
	SO战略	WO战略
机会（Opportunity）	国家战略与区域战略优势互补 生态功能重新分区与界定 国家工程支持地方植树造林 国家投资与区域投资相结合	建立统一机构 划定生态红线 扩大生态空间 健全补偿机制
	ST战略	WT战略
威胁（Threat）	提升生态承载力 统筹生态用地 加强资源保护与管理 国家政策支持	信息资源共享 民间资本参与 推进碳汇林建设 生态文明实验区建设

（三）京津冀生态安全一体化战略规划

基于京津冀3地资源禀赋和生态安全现状，制定生态安全建设总体规划（图4）。

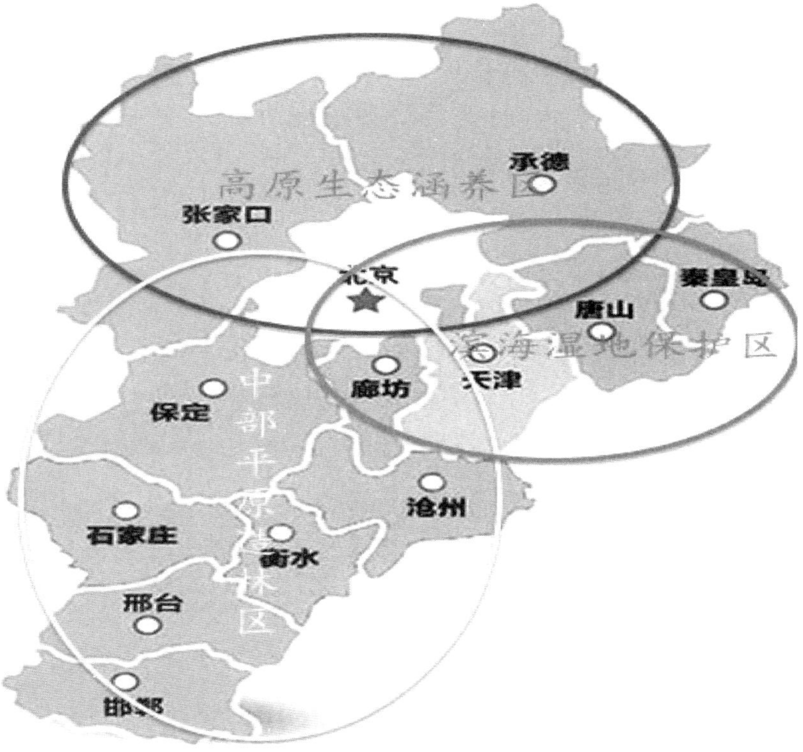

图4 京津冀生态安全一体化发展框架

以张家口、承德与北京北部山区为主的高原生态涵养区。京津冀北部地区生态相对脆弱，一旦破坏再恢复非常困难。可以考虑将高原生态涵养区作为3省（直辖市）重点生态建设与保护区域，严格禁止商业开发与大规模的建设。

以河北省秦皇岛市和沧州市、天津市为主的沿海湿地保护区。沿海地区存在大量的湿地资源，此区域可以借助良好的湿地资源，大力发展与保护湿地资源。

以河北省中南部为主的荒山与平原造林区。河北中南部是地域广袤的平原，还存在大量的宜林地，可以重点支持大力发展平原造林，提高京津冀地区的森林覆盖率，减缓京津冀地区的生态压力。

（四）京津冀生态安全一体化战略发展阶段

基于北京市、天津市和河北省的战略分析及战略选择，京津冀生态安全一体化协同建设与发展可以分成3个阶段。

第一阶段：解决生态贫困阶段。2016～2020年，优先突破阶段或解决生态贫困阶段，重点解决京津冀生态建设与保护不平衡问题。结合京津冀协同发展国家战略，突破行政区划限制，依托生态重点工程，大力植树造林，发展生态林业，实现三地资源共享、生态共建、成果共享的生态保护机制，先实现量的突破，解决生态贫困问题，缓解京津冀地区的总体生态压力。

第二阶段：提质增效阶段。2021～2025 年，主要在第一阶段成效的基础上，加强森林可持续经营，提高森林质量。重视林地产出效率，重视森林生态效用的综合发挥。通过强化管护措施，细化管护责任，强化森林资源保护、野生动植物保护和生物多样性保护，从整体上提高京津冀森林资源质量。

第三阶段：全面发展阶段。2026～2030 年，绿色财富积累阶段。通过林业产业、生态平衡发展，充分开发利用好林地、沙地、湿地这些非耕地资源，拓展生态发展空间，实现林业的多功能性，最终达到生态效益、经济效益和社会效益的统一。在京津冀生态安全一体化发展过程中，通过绿色财富的不断积累和壮大，为林业现代化建设和国家绿色发展做出更大贡献。

五、京津冀生态安全一体化政策建议

（一）建立协同管理机制，统一划定生态红线

1. 加强机构建设、建立协同管理机制

实现生态环境保护领域的率先突破，不是部门政策或局部措施所能快速奏效。建议成立京津冀生态协同办公室或联席会议制度，办公室设在国家林业局，协同相关部委，积极推动三地的自然生态保护和恢复。突破行政区划和条块分割的掣肘，建立生态协同圈信息技术资源共享，工程执法协调联动的机制，率先在生态修复和环境综合治理上实现“五个统一”，即统一规划、统一标准、统一行动、统一监测、统一执法。

2. 协同规划布局，统一划定生态红线

进一步协同各地“十三五”林业规划制定，推进京津冀统一生态红线的划定。落实京津冀在主体功能区规划中的定位，因地制宜，科学划定并严格落实森林、绿地、湿地、物种等生态保护红线，在流域上和自然地理上做好统筹，在区域尺度上，构建山、水、林、田、湖一体的自然生态系统。同时大力推进新城、小城镇的绿线划定工作。建立生态红线与城市绿线相互衔接的统一用途管制制度。

（二）加大政策扶持，在重点领域优先突破

1. 在增加绿色生态空间方面取得突破

按照促进京津冀协同发展对生态建设的要求，以及民众对扩大森林面积、湿地面积，增加环境容量的生态需求。争取对 25°以上坡耕地、严重沙化耕地、重要水源地 15°～25°坡耕地、土壤污染严重耕地、地下水严重超采区、重要湖库周围、城镇近郊、京津保生态过度地带、主要河流及交通干线生态廊道等生态区位重要区域耕地，实施退耕还林（湿），成片建设森林，恢复湖泊湿地功能。由国家林业局牵头制定新的生态用地规划，协同国家发

改委、国土资源部、农业部等有关部门共同商定，在新一轮土地利用规划修编中，适当减少京津冀区域基本农田的比重，增加林业生态用地规模，或者减少粮食种植面积，允许农民和土地承包经营者，通过农业种植结构调整的方式，扩大林业生态建设用地。

2. 在健全生态补偿机制方面取得突破

建议结合京津冀协调发展总体战略，加快生态效益补偿制度建设步伐。一是扩大补偿范围。扩大京津冀地区国家生态公益林补助范围，同时研究建立对自然保护区、重要湿地、森林公园、郊野公园等生态区域的生态补偿机制，将京津冀区域生态保护与生态红线的划定相结合。二是提高补偿标准。争取国家加大对重点生态功能区的生态补偿标准，积极推动京津冀3地工程建设的专项资金支持，统一标准，共建共享。三是建立区域间横向生态补偿机制。积极推进北京、天津支持河北生态建设和资源保护方面的政策、措施制度化建设。重点探索京津与河北省张家口、承德地区的区域横向生态补偿机制，从体制、政策上保障生态效益受益区，为生态效益贡献区提供生态补偿。

(三)重视生态安全科学研究，开展生态文明绿色实践

1. 重视生态安全方面的基础理论研究

探索大气、水、土壤等环境危害与植树造林、湿地保护等生态建设之间的相互联系。分析当前制约京津冀地区生态安全的关键因子、敏感因子，分析生态安全与社会需求的动态变化。重视生态安全对经济增长的支撑作用、对社会发展的促进作用、对政治稳定的保障作用，及时施策、科学施策。可以成立京津冀生态安全研究交叉学科专业团队，针对性地开展相关工作。

2. 开展碳汇交易试点与生态文明实践

根据《国家林业局关于推进林业碳汇交易工作的指导意见》，在京津冀地区积极推进林业碳汇交易试点，为破解地区大气治理问题，实现2020年我国控制温室气体排放行动目标做出贡献；根据《中共中央关于制定国民经济和社会发展第十三个五年规划的建议》，在京津冀地区设立统一规范的国家生态文明试验区，以此为契机推动区域产业结构向高端高效发展，重点生态功能区实行产业准入负面清单。加大对重点生态功能区的转移支付力度。

(四)系统布局，谋划建设一批新兴工程

1. 以三北防护林工程、沿海防护林工程、京津风沙源工程等国家重点生态工程为龙头，规划实施一批新建工程

例如湿地保护与恢复工程、国家储备林建设工程、森林旅游休闲康养工程等，积极扩展京冀“6+1”、津冀“4+1”合作协议框架的合作范围，拓宽京津冀区域合作的领域，探索区域间生态合作模式。

2. 整合现有森林公园、湿地公园及自然保护区，开展跨区域的国家公园规划建设，谋划建设一批环首都国家公园，为国家重要保护地和生物多样性提供保障

例如整合北京百花山、河北野山坡等地森林植被资源，成立森林类国家公园；整合天津滨海湿地、河北白洋淀湿地等湿地资源，成立湿地类国家公园等。

调 研 单 位：国家林业局经济发展研究中心
国家林业局驻北京森林资源监督专员办公室
北京林业大学
上海财经大学
调研组成员：苏祖云　王月华　钱能志　高德明　于伯康　付芸生　刘　珉
王　刚　孙　星　胡明彤　李红勋　李　璐　刘明焱　王少锐

主要木本食用油供给需求变动调研报告

【摘　要】粮油安全问题是任何国家任何时期的重中之重，尤其对于中国这样一个以占世界7%土地养活占世界20%人口的国家而言，任何为粮油安全所做的努力都应得到高度的重视。从我国的农业发展实践来看，由于受到农地资源数量、质量、农业技术和粮、油、蔬、棉等竞争利用的限制，我国的木本粮油安全从农业上保障和提升上受到较强的约束，相对于农业，我国的林地发展空间广泛，木本粮油资源丰富，具有提供高品质粮油资源的巨大潜力。近年来，中央与地方就粮油安全问题达成一致认识并出台多项政策措施支持我国木本粮油产业发展。此外，新造木本粮油林面积显著增加并相继进入产果期。新种木本粮油林与老木本粮油林产出理论上的差异开始具有了现实检验的基础，需要分析新造木本粮油林与传统木本粮油林在产出上是否具有显著的差异，同时探究其差异成因。其次，经过木本粮油产业近几年的发展，究竟木本粮油中茶油的市场发育程度如何，木本粮油主要品种茶油价值认知和消费情况与过去相比是否发生了显著的变化？本研究试图以木本粮油中的重要品种茶油作为案例对上述问题进行回答。

一、新老油茶林投入产出差异及其成因分析

油茶（*Camellia oleifera*）是世界四大著名木本油料树种之一，亦是我国南方特有的木本食用油料树种。其茶油具有极高的营养价值，被誉为“油中珍品”，深受市场青睐。目前，中国是世界上食用油及其原料的最大进口国，有60%以上的食用植物油依靠进口，供需矛盾十分突出。随着我国经济发展和食用油供求形势的变化，油茶产业的发展得到了国家的关注和支持。2009年，国家林业局制定了《全国油茶产业发展规划2009～2020》。2013年，国家林业局制定了《全国优势特色经济林发展布局规划（2013～2020）》，提出到2020年，完成新造油茶林190.63万公顷，改造老油茶林189.13万公顷，全国油茶总面积达380万公顷，油茶籽产量达410万吨的任务。规划还提出了今后一段时间内我国油茶发展重点和优惠政策，这对维护国家粮油安全，促进农民增收，加快农村经济发展具有重要战略意义。

自2008年以来，随着中央和地方对油茶产业发展重视程度的显著提升和持续不断的政策支持，农户的油茶种植热情显著增加，新造和更新改造的油茶林面积呈现出了跨越

式增长的趋势，新造和改造油茶林分别达107.4万公顷和82.02万公顷，到2015年部分新造和更新改造的油茶林已经进入了产果期。新造油茶林在种苗选育、规模经营、经营管理等方面都与传统老油茶林存在显著的区别。为此，本研究基于福建、江西和湖南3个油茶主产省份的133个农户的286个样本地块的油茶投入产出数据，通过构建投入产出生产函数模型，定量分析了油茶产出的影响因素，并对新造油茶林与老油茶林在产出水平上的差异进行对比分析，以期为提高油茶经营的科学性和经营效益提供有益的指导。

（一）数据来源与样本情况

本研究选择了中国油茶生产的三个主要省份，福建、江西和湖南作为调查的样本省份。根据《中国林业统计年鉴》，2014年中国油茶林面积364.8万公顷，油茶籽产量202万吨。其中，3个样本省份油茶林面积合计为222.9万公顷，占全国油茶林总面积的61.1%；油茶籽产量136万吨，占全国油茶籽总量的67.3%。

本研究所使用的数据来源于2015年12月至2016年1月对福建、江西和湖南3个主要油茶产地的实地调研。首先，对福建省油茶种植户展开重点调查，选择福建省油茶种植面积和产量第一大县——尤溪县作为重点调查县，选取样本县的5个乡镇，每个乡镇选择了2~4个样本村，在每个样本村选择10~20个油茶经营户，共选取样本户125户作为调查对象。其次，对每个油茶经营户的全部油茶地块，按面积分块调查每一地块油茶种植经营的投入产出情况。最后，选取江西和湖南油茶生产的典型县的典型大户8户进行座谈调查，详细了解其生产经营情况。基于上述调查原则和方法，本研究实际调查了3个省133户油茶种植户，共计286个油茶种植地块2014年和2015年的投入产出数据。

本研究主要采用访谈式问卷调查法，调查内容主要涉及油茶种植面积与地块特征，包括地块的立地条件、种植密度、油茶生产经营过程中的要素投入(包括资金、化肥、农药、用工投入等)以及油茶挂果之后的产出水平等。

（二）新旧油茶林产出差异

本研究主要基于2008年之前的老油茶林与2008年及之后新造的油茶林2015年投入产出的数据(表1)，对新旧油茶林的产出差异进行对比分析。

从表1可以看出，在调查的286块样本中，2008年之后新造的有82块、3268.52亩，分别占总调查样本的28.67%和73.8%；2008年之前种植的油茶地块共计204块、1154.64亩，其中，1980年之前种植的有101块、555.5亩，1980~1989年、1990~1999年、2000~2007年种植的分别为44块、35块和24块。从整体来看，油茶林地块平均面积为15.47亩，2015年抚育投工为3.12工/亩，抚育资金投入为36.07元/亩，种植密度为104.62株/亩。从2015年的投入产出数据看，与2008年之前种植的地块相比，2008年之后种植的油茶地块平均面积、抚育资金投入都有明显的增加(表1)，2008年之前种植的油茶地块平均面积为5.66亩，而在2008年及之后新造油茶林地块的平均面积为39.86亩；2015年的抚育资金也从28.34元/亩上升为55.32元/亩；种植密度都在100

株/亩左右，符合油茶种植技术规程。此外，值得注意的是，2008 年及之后新造的油茶林每亩用工量比旧油茶林减少 15%。

表 1 样本农户 2015 年新旧油茶林生产经营的基本情况

调查内容	单位	总样本(286 块)				旧油茶林(204 块)				新油茶林(82 块)			
		平均值	标准差	最小值	最大值	平均值	标准差	最小值	最大值	平均值	标准差	最小值	最大值
油茶地面积	亩	15.47	51.24	0.20	500	5.66	17.96	0.20	220	39.86	87.09	0.30	500
抚育投工	工/亩	3.12	3.16	0.00	20.5	3.27	3.27	0.00	20.50	2.75	2.84	0.00	18
抚育资金投入	元/亩	36.07	76.39	0.00	470.42	28.34	75.41	0.00	470.42	55.32	75.88	0.00	362
种植密度	株/亩	104.62	52.62	30.00	500	104.32	52.40	30	400	105.34	53.49	45.00	500

在调查总样本 286 个地块中，已投产地块样本有 250 个，其中，2008 年前种植的 200 块，2008 年及之后新造油茶林已投产地块有 50 块。从表 2 可知，全部投产地块油茶地平均面积为 14.41 亩/块，茶油平均产量为 15.20 斤/亩。已投产新油茶林地块平均面积较旧油茶林有了较大幅度的增加，分别为 49.07 亩和 5.74 亩。然而，从地块的平均产出看，新造投产的油茶林单位面积产出低于 2008 年前种植的。其原因，可能是因为调查的样本中，2008 年及之后新造的油茶地块进入盛产期的只有 9 块，仅占投产地块的 18%，其他地块刚刚初产，产量还比较低。

表 2 2015 年已投产油茶地块生产经营的基本情况

调查内容	单位	投产地块总样本(250 块)				2008 年前种植(200 块)				2008 年及之后种植(50 块)			
		平均值	标准差	最小值	最大值	平均值	标准差	最小值	最大值	平均值	标准差	最小值	最大值
油茶地面积	亩	14.41	52.89	0.20	500	5.74	18.13	0.20	220	49.07	106.54	0.50	500
茶油产量	斤/亩	15.20	14.69	0.13	100	17.08	14.65	0.50	100	7.68	12.32	0.13	55
油茶鲜果产量	斤/亩	293.23	293.71	2.45	2000	332.74	298.35	10.0	2000	135.18	212.14	2.45	897.5

表 3 给出了 2008 年及之后新造且已进入盛产期的油茶地块的投入产出的数据，分析可得油茶鲜果产量为 417.17 斤/亩，折合茶油 23.19 斤/亩，分别比 2008 年之前种植的高出 23.4% 和 34.6%，说明新造油茶林具有良好的生产潜力。

表 3 2015 年新油茶林已投产并进入盛果期地块的基本情况

投入产出	单位	平均值	标准差	最小值	最大值
抚育投工	工/亩	4.49	5.67	0.3	18
抚育资金	元/亩	57.07	110.80	0	350
茶油产量	斤/亩	23.19	19.60	0.48	55
油茶鲜果	斤/亩	417.17	296.13	12	897.5

(三)影响油茶林产出的原因分析

1. 油茶林投入产出生产函数模型的设定

根据现有的相关研究文献以及实地调研，影响油茶经营产出的因素大致可分为：①抚育资金投入量，包括肥料、农药、除草剂、机械服务、灌溉等资金投入。②用工投入：即单位面积抚育投工。③立地条件：因为数据的可获得性，本研究用坡度直接表示油茶林地的适宜性，坡度≤25°较为适宜。④种植经营技术条件，本研究以每亩油茶的种植株数和种苗来源作为替代指标。⑤树龄：油茶的树龄很大程度决定了油茶是处于初产期、盛产期还是衰退期，而油茶林所处的产果期必然对油茶的产出水平产生一定的影响，本研究以油茶的实际树龄作为衡量指标。此外，鉴于油茶出产之后其投入产出存在大小年现象，本文采用连续两年(2014～2015 年)投入产出的平均值，探讨油茶林产出的影响因素。

由于想重点了解不同的因素对油茶单位面积产量的弹性大小，因此选择 C－D 生产函数的对数形式构建生产函数模型。根据前文的理论分析以及数据的可获得性最终确定抚育投工、抚育资金投入、种植密度、树龄、树龄的平方、种苗的来源、林地的适宜性(主要指坡度)为生产函数的投入指标，以单位面积茶油产出量作为油茶林生产经营的产出指标。具体投入产出生产函数设定如下：

$$\text{Ln}\, Y_{it} = \alpha_0 + \alpha_1 \text{Ln}\, L_{it} + \alpha_2 \text{Ln}\, K_{it} + \alpha_3 \text{Ln}\, P_i + \gamma_1 t + \gamma_2 t^2 + \eta S + \varphi D + \mu_i$$

其中，i 表示油茶地块；t 表示树龄；Y_{it} 表示第 i 个地块第 t 年的单位面积茶油产出量；L_{it} 表示第 i 个地块 t 年抚育投工量；K_{it} 表示第 i 块油茶林 t 年抚育资金投入量；P_i 为第 i 个油茶地块上油茶的种植密度；S 为油茶地块适宜性的虚拟变量；D 为种苗来源的虚拟变量；μ_i 表示干扰项，表示影响产出的其他随机因素；α_0 表示截距项；α_1 、α_2 、α_3 分别表示年均抚育投工量、资金投入、种植密度的产出弹性；γ_1 、γ_2 、η 、φ 分别表示相应的弹性系数。

2. 油茶林经营投入产出函数估计结果

油茶林经营投入产出函数变量描述统计分析见表4。由表4 可见，投产地块茶油单位面积产量为15. 2 斤/亩，单位面积抚育投工、资金投入分别为3. 2 工/亩和35. 13 元/亩，投入水平较低。种植密度为105 株/亩，稀疏程度适中。坡度大于25°的地块占 74%，土地适宜性相对较差。种苗来源于本乡镇的占 74%，平均树龄为29. 47 年，树龄老化问题明显。

表 4　250 个投产样本地块 2014～2015 年平均投入产出描述统计分析

变　量	平均值	标准差	最小值	最大值
因变量				
茶油产量(斤/亩)	15. 20	14. 69	0. 125	100
自变量				

（续）

变　量	平均值	标准差	最小值	最大值
抚育投工(工/亩)	3.20	3.22	0	20.5
抚育资金(元/亩)	35.13	77.51	0	470.42
种植密度(株)	105.02	55.32	30	500
坡度适宜(<25°=1)	0.34	0.48	0	1
坡度不适宜(≥25°=1)	0.74	0.44	0	1
种苗来源(本乡镇=1)	0.74	0.44	0	1
树龄(年)	29.47	19.71	3	100

采用STATA12.0，对油茶林生产经营的投入产出生产函数模型进行了参数估计，结果见表5。模型调整后的R^2为0.283，F统计量p值为0.000表明回归方程高度显著。根据实证分析结果，可以得出如下几点结论：

表5　油茶林C－D生产函数回归结果

解释变量	被解释变量：$\mathrm{Ln}Y_n$	
	系数	标准差
抚育投工 Ln（L_i）	0.31***	0.07
抚育资金 Ln（K_i）	-0.05	0.04
种植密度 Ln（P_i）	-0.08	0.13
树龄(t)	0.05***	0.01
树龄的平方(t^2)	0.00***	0.00
种苗来源(本乡镇=1，外地=0)	0.46***	0.16
坡度(<25°=1，≥25°=0)	0.26***	0.14
常数项	1.09*	0.59
样本数	250	
调整后的R^2	0.283	
Pro>F	0.000	

*、**、***分别表示10%、5%和1%的显著性水平。

（1）抚育用工投入量对油茶产出有显著的正向影响。抚育投工量每增加1个单位，油茶产出提高0.31个单位。根据调研，用工投入还是油茶经营中最重要的投入，也是影响油茶产出的重要因素。

（2）树龄对油茶产出有显著的正向影响，而树龄平方的影响显著为负。油茶生长周期很长，调查中有些地块的油茶树龄超过50年（占总样本8.04%），但只要经营抚育情况较好，依然属于盛产期。本研究试图将农户判断的油茶地块所属生长期作为变量，但结果不显著，可能的原因是农户主要根据树龄长短作为是否进入衰退期的判断依据。而从回归结果看，树龄依然对油茶产出有显著的正向影响。树龄的平方系数为负说明油茶单位面积产量先随着树龄的增长而增加，但到一定时期而随树龄增长而减少。

(3)种苗来源为本乡镇对茶油单位面积产量影响显著为正。大部分老油茶林的种苗来源于本乡镇，这部分种苗多为非优良性系的老油茶品种，且有些是农户采用自己选育的种苗。这反映了本地种苗适宜当地的自然地理条件，只要经营管理措施得当，使用本地品种依然能产生较好的经济效益。该结论在实地调研中得到证实。福建省尤溪县不少受访农户反映，部分新造林采用江西、湖南等地的优良无性系油茶种苗，产量和出油率反而不如当地的油茶品种。因此，研发适合当地自然地理条件的优良品种是提高油茶产出水平的重要途径。

(4)油茶种植地块的适宜性显著正向影响单位产量，说明种植地块的适宜性对油茶产出水平具有重要的影响。调查中反映，由于油茶的比较收益相对较低，在家庭林地要素配置中，农户往往用资源禀赋较差的地块来种植油茶树，这也从另一个方面反映了油茶单位面积产量较低的原因。

(5)在现阶段，抚育资金投入量和种植密度与油茶产出水平没有显著的关系。根据前文的分析可知，所有投产地块的资金投入量都很少，其中2008年之后种植的新油茶林呈现出投工减少而资金投入大幅增加的特点，但是进入盛产期的油茶林仅有9个地块，面积共83.5亩，资金投入的效果体现得不充分。而从种植密度看，样本地块种植密度相对集中于100~120株，符合油茶种植的技术规程，因此未对单位面积产量体现出明显的影响。

(四)结论与启示

本研究基于福建、江西和湖南3省133个油茶种植户286个样本地块的投入产出数据，通过构建油茶林投入产出生产函数模型，实证分析了要素投入与产出之间的定量弹性关系，并对2008年之前及之后油茶林经营的产出进行了对比分析，研究结果表明：

(1)抚育投工量、树龄、种苗来源以及林地适宜性是影响油茶产出水平的主要因素。在当前技术与市场条件下，继续加大抚育和采收投工量，可以进一步提高油茶的产出水平，继而增加油茶林的经营效益。同时，因为油茶树树龄一般与产量呈倒U型关系，油茶籽产量在初产期后随树龄增长而增加，到达盛产期后趋于稳定，而后产量随树龄进一步增长而逐步下降。2008年及之后新造的油茶林，随着树龄的增长，意味着油茶林逐渐进入盛产期，进而油茶林的产出也将得到进一步的增长。应进一步研发和推广使用适合当地自然地理条件的油茶优良种苗，加强良种优苗适宜性的宣传，通过良种补贴等方式鼓励农户采用优良无性系油茶种苗，进一步提高油茶经营技术的采用率，从而提高油茶单位面积产量。

(2)虽然从全部地块来看，资金的投入量对油茶产出水平影响不显著，但从2008年之后新造且目前已进入盛产期的油茶地块看，资金投入量对油茶的产出水平呈现显著的正向影响。在劳动力成本不断上升的背景下，应进一步研发有效替代劳动力的机械设备

（如采果机），鼓励农户增加资金投入量（包括肥料、农药、除草剂、机械服务、灌溉等），提高经营抚育水平以促进油茶林产出的增加。

二、消费者对茶油的认知和购买变动分析

首先，通过对我国油茶种植大省湖南、广东、福建的省会城市长沙、广州、福州消费者进行调研，了解目前市场消费者对茶油的价值认知和购买情况。其次，根据2012年项目组对长沙、广州、福州消费者的调研数据，比较分析消费者对茶油的价值认知和购买行为变动情况；并对消费者是否购买茶油的影响因素进行实证分析。最后，考虑到正面信息供给对消费决策影响的重要作用，本研究试图比较分析提供给消费者茶油信息前后对茶油购买意愿的差异，探讨加强信息的提供对购买意愿产生的影响。

茶油消费调查设计主要分三个方面：①调查的主要内容包括消费者个人及家庭的基本情况和食用油消费概况、对茶油的认知、提供信息前购买意向、提供有关茶油的正面信息之后消费者的购买意向等。②调查采取分层随机抽样的方法。广州城区包括白云、越秀、天河、海珠四大区；长沙城区包括开福区、岳麓区、雨花区、天心区、芙蓉区；福州城区包括鼓楼区、仓山区、晋安区、台江区、马尾区等。③课题组分3个调研小组同时展开调查，共发放问卷750份，收回有效问卷664份，有效率为88.5%，其中广州292份、福州160份、长沙212份。调查时间为2015年7～8月。比较分析的数据来自于本课题组于2012年7～8月在长沙、广州、福州获得的656份有效调查问卷。

（一）样本的基本信息

2015年茶油消费者调查样本中，女性占58.4％，男性占41.60%，符合中国家庭以女性作为家庭食品主要购买者的情况（表6）；年龄层主要集中于20～50岁，其中又以40～50岁的人群为主；学历以本科为主，初中及以下、高中、本科以上比例相当，消费者文化程度较高，对茶油营养保健功能接受能力较强；家庭年收入水平5万元及以上10万元以下最多，10万元以上和1万元以下较少，不同收入水平所占消费者比例较为均匀，显然，茶油价格较高，需具备一定经济实力的家庭才有能力消费；接近七成的消费者认为自身的健康状况良好；家庭结构以父母子女同住比例最高，且超过50%，其次是三代同住。整体上，本次调查的样本代表性良好。

表6　2015年调查样本的基本情况

调查内容	分　类	样本量	比例(%)	茶油认知度	
				未听说(%)	听说过(%)
地区	长沙	212	31.9	11.3	88.7
	广州	292	43.9	53.8	46.2
	福州	160	24.2	40.6	59.4

（续）

调查内容	分　类	样本量	比例(%)	茶油认知度	
				未听说(%)	听说过(%)
性别	男	276	41.6	33.80	66.20
	女	388	58.4	41.60	58.40
文化程度	初中及以下	114	17.1	38.60	61.40
	高中	115	17.3	50.00	50.00
	本科	300	45.2	34.20	65.80
	研究生	135	20.3	41.40	58.60
年均收入水平	5000元以下	44	6.6	26.70	73.30
	5000元及以上1万元以下	74	11.1	38.80	61.20
	1万元及以上3万元以下	105	15.8	32.10	67.90
	3万元及以上5万元以下	145	21.8	30.60	69.40
	5万元及以上10万元以下	157	23.6	33.10	66.90
	10万元及以上	139	20.9	40.50	59.50
年龄	20岁以下	81	12.2	54.30	45.70
	21~30岁	150	22.6	46	54
	31~40岁	155	23.3	32.90	67.10
	41~50岁	230	34.6	29.50	70.50
	51岁以上	32	7.2	31.20	68.80
个人健康情况	良好	445	67.4	25.00	75.00
	一般	187	28.3	33.80	66.20
	较差	28	4.2	49.60	50.40
家中是否有未成年孩子	夫妇	59	8.9	40.50	59.50
	有	527	79.4	27.80	72.20
	没有	137	20.6	42.80	57.20

（二）消费者对茶油价值认知与购买比较分析

1. 消费者对茶油的价值认知比较分析

2015年664名被调查消费者中，63%的消费者听说过茶油，37%的消费者未听说过茶油。其中长沙市有88.7%的被调查者听说过茶油，认知度最高。福州市有59.4%的被调查者听说过茶油，认知度其次，广州市有46.2%被调查者听说过茶油，认知度最低。在听说过茶油的群体中除了6位被调查者因不知道不作回答之外，有30.33%被调查只知道茶油相比其他一般食用油是种较好的茶油，而知道茶油具有药用价值以及其营养保健的功能的被调查者所占比例都不高，分别为5.8%和9.4%，很少比例的被调查者知道三种及以上有关茶油的功能(表7)。

表 7　2015 年被调查者对茶油各项功能了解情况

	①	②	③	④	①②	①③	①④	②③	②④	③④	①②③	①②④	①③④	②③④	①②③④	合计
人数(人)	125	24	39	17	45	60	10	5	6	8	29	5	27	5	7	412
比例(%)	30.3	5.8	9.4	4.1	10.9	14.5	2.4	1.2	1.4	1.9	7.0	1.2	6.5	1.2	1.7	100

注：表格中的圈码代表茶油的各项功能，① = 较好的食用油；② = 药用价值：如茶油煎蛋治感冒、治慢性咽炎、治烫伤等；③ = 营养保健价值：如增加母乳有益胎儿发育、预防高血压动脉硬化、益肠胃、提高免疫力等；④ = 护肤美容：如护肤、防唇裂、消除眼袋、护发、保湿、滋润、增强皮肤弹性等，资料主要来源于《中国中医药大辞典》以及柏云爱(2008)等《茶油与橄榄油营养价值的比较》。

2015 年与 2012 年相比，城市消费者对茶油认知度有明显改善。2012 年广州、福州、长沙 3 个城市总体的认知度为 30.76%，相比于 2015 年消费者对茶油的认知情况有明显改善，其中福州市消费者对茶油的认知度提升最为明显，上升 25.38 个百分点，长沙市、广州市分别上升 24.97 个百分点、11.67 个百分点。可见，随着时间的推移以及茶油在市场上不断发展，消费者对茶油的认知度提高显著(表 8)。

表 8　2012 年、2015 年 3 个城市对茶油的认知度情况

		2012 年			2015 年		
		长沙市	广州市	福州市	长沙市	广州市	福州市
您是否听说过茶油	A. 未听说过(%)	36.27	65.47	65.98	11.3	53.8	40.6
	B. 听说过(%)	63.73	34.53	34.02	88.7	46.2	59.4

2. 消费者对茶油的购买行为比较分析

购买过茶油的消费者比例较低，且不同城市差异显著。据调查，2015 年被调查者中购买过茶油的人数占总调查人数的 37.5%，3 个城市中购买比例最高的长沙市为 55.7%，购买比例最低的广州为 25.7%(表 9)。

表 9　茶油购买情况　　单位:%

总样本		福　州		广　州		长　沙	
2015 年							
未购买	购买	未购买	购买	未购买	购买	未购买	购买
62.5	37.5	65.0	35.0	74.3	25.7	44.3	55.7
总样本		福　州		广　州		长　沙	
2012 年							
未购买	购买	未购买	购买	未购买	购买	未购买	购买
56.8	43.2	71.4	28.6	56.25	43.75	48.2	51.8

2015 年与 2012 年所调查 3 个城市的购买情况相比，购买比例没有增强反而有所减少，2012 年调查样本中有 43.2% 的消费者曾购买过茶油，而 2015 年购买茶油的消费者

只占调查总样本的37.5%，下降了5.7个百分点，购买比例下降主要是由于广州购买过茶油的消费者比例下降显著造成。2015年福州和长沙两城市被调查消费者曾购买过茶油的比例与2012年相比都有所提高。同时，从调查中可知，对茶油有所了解的消费者购买比例居多，不了解茶油的调查对象中仅4.1%消费者由家里其他人购买而消费茶油，由此可推断认知度对消费者是否购买茶油具有一定影响。此外，进一步比较消费者不购买茶油的影响因素发现，2012年制约消费者购买茶油的两个主要因素分别为“对茶油价值的不了解”和“价格太高”，而在2015年消费者选择购买茶油的主要原因中发现，有70.6%的被调查者是因对茶油价值的不了解而不购买茶油(表10)。

表10　未曾购买过茶油的调查对象认为不购买茶油的主要因素

原　因	2015 年		2012 年	
	频　率	百分比(%)	频　率	百分比(%)
对其价值不了解	293	70.6	152	33.4
价格太高	67	16.2	126	27.7
味道不好，吃不惯	28	6.7	118	25.9
附近市场没有卖	19	4.6	50	10.9
其　他	8	1.9	9	0.2
合　计	415	100	455	100

2014年茶油消费者年购买量较2011年有所增加，但处于低水平消费。通过询问被调查消费者过去一年(2015年被调查消费者对应2014年，2012年被调查消费者对应2011年)茶油购买量发现：超过半数购买过茶油的消费者年购买总量为1～10斤，其中2012年购买量为1～10斤的比例比2015年高6.25%，购买量达11～20斤的比例比2015年低1.78%(表11)。

表11　2012年、2015年茶油消费量分布情况　　单位:%

茶籽油消费数量	2015 年	2012 年
0 斤	62.5	58.6
1～10 斤	20.12	26.37
11～20 斤	7.11	5.33
21～30 斤	4.4	2.93
31～40 斤	4.0	2.81
41～50 斤	1.2	3.60
50 斤以上	0.67	0.36

(三)消费者对茶油购买行为影响因素实证分析

1. 变量设定和模型构建

根据消费行为理论及前人相关的研究成果，本课题组认为影响消费者购买茶油的影响因素主要有三大方面：①消费者个体特征，包括性别、年龄、文化程度、家庭规模、收入水平、个人健康状况；②消费者心理因素，包括消费者对茶油营养价值的认知及评价、对茶油质量的认知和要求、对茶油口感的要求、对茶油质量和对茶油原产地的重视程度等变量；③消费者所处外在环境因素，包括消费者对茶油价格高低感知、对茶油品牌认知、距离茶油销售渠地距离、对亲朋好友推荐认可度等作为市场环境方面的变量。此外，还加入了区域因素，具体见表12。

表12　自变量说明

变量名称		变量定义及说明
个体特征	性别	1＝男；2＝女
	家庭年均收入水平	1＝5000元以下；2＝ 5000元及以上1万元以下；3＝1万元及以上3万元以下；4＝3万元及以上5万元以下 ；5＝5万元及以上10万元以下 ；6＝10万元及以上
	学历	1＝小学及以下；2＝初中；3＝中专或高中；4＝大专或本科以上
	年龄	1＝20岁以下，2＝21～30岁，3＝31～40岁，4＝41～50岁，5＝51岁以上
	健康状况	1＝良好；2＝一般；3＝较差
	对健康的关注程度	1＝不关注；2＝较少关注；3＝一般；4＝比较关注；5＝特别关注
心理因素	茶油具有高营养价值的认可程度	1＝不认可；2　＝不太认可；3＝一般；4＝比较认可；5＝很认可
	对食用油营养价值重视程度	1＝不重要；2＝不太重要；3＝一般；4＝比较重要；5＝很重要
	对食用油口感重视程度	1＝不重要；2＝不太重要；3＝一般；4＝比较重要；5＝很重要
市场环境	茶油价格高低感知	1＝低；2＝较低；3＝一般；4＝较高；5＝高
	对亲友推荐的认可程度	1＝不认可；2　＝不太认可；3＝一般；4＝比较认可；5＝很认可
	距离茶油销售地距离	1＝1公里以下；2＝1公里及以上5公里以下；3＝5公里及以上10公里以下；4＝10公里及以上50公里以下；5＝50公里及以上
地区环境	广州	1＝广州；0＝其他
	长沙	1＝长沙；0＝其他

2. 模型设定

由于消费者是否购买茶油是个二元变量，即消费者只有2种选项：购买过或没有购买过。即可用 $y=1$ 表示购买过，$y=0$ 表示未曾购买过。因此，本研究采用二元Logistic模型来分析消费者茶油购买行为与影响因素之间的关系。

本研究的模型表达式如下：

$$\Pr(y=1 \mid x_1, x_2, \cdots, x_k) = \frac{\exp(\alpha + \sum_{i=1}^{k} x_i\beta_i)}{1+\exp(\alpha + \sum_{i=1}^{k} x_i\beta_i)} \tag{1}$$

（1）式中 x_i 是影响消费者是否购买茶油的第 i 个自变量，β_i 即是第 i 个自变量的系数，

$Pr(y=1 \mid x_1, x_2, \cdots, x_k)$表示受$k$个变量影响下消费者购买过茶油的概率；$\alpha$是常数项。

(1)式经过转换可得如下表达式

$$\ln \frac{\Pr(y = 1 | x_1, x_2, \cdots, x_k)}{1 - \Pr(y = 1 | x_1, x_2, \cdots, x_k)} = \alpha + \sum_{i=1}^{k} x_i \beta_i \tag{2}$$

(2)式中系数β_i表示自变量x_i变动一个单位，消费者购买过茶油概率与没有购买过茶油的概率的自然对数发生比的变化程度。

3. 模型估计结果及分析

本文利用spss18.0软件对消费者是否购买茶油的影响因素进行Logistic回归分析，结果见表13。从模型的检验情况来看，Pseudo R^2值为0.511，说明自变量对因变量的变化有一定的解释力；－2对数似然比为564.009，伴随概率为0.000，这表明，该模型在1%的水平上显著。

表13 消费者是否购买茶油影响因素的Logistic模型回归结果

变量名称		B	S. E	Exp (B)
个体特征	性别	－0.282	0.256	0.754
	年均收入水平	0.082	0.087	1.085
	学历	0.310**	0.147	1.364
	年龄	0.2	0.124	1.222
	家庭结构	0.361***	0.136	1.434
	健康状况	0.213	0.213	1.238
	对健康的关注程度	0.659***	0.152	1.933
心理因素	茶油具有高营养价值的认可程度	3.484***	0.401	32.576
	对食用油营养价值的重视程度	0.282**	0.153	0.755
	对食用油口感的重视程度	－0.321*	0.257	0.967
市场环境	对茶油价格高低的认知	－1.671***	0.18	0.188
	认为自己辨别茶油好坏的能力	0.598***	0.124	1.819
	对亲友推荐的认可程度	0.339***	0.11	1.404
	距离茶油销售地距离	－0.241***	0.092	0.786
地区环境	广州	0.842*	0.163	0.723
	长沙	－0.241**	0.112	0.89
常量		－2.885	1.484	0.056
－2Log Likelihood		564.009		
Pseudo R^2		0.511		
LR卡方检验值		310.76***		

***、**和*分别表示1%、5%和10%的显著性水平。

个人特征中，家庭结构在1%的水平上显著，且值为正，一般来讲，有小孩或老人的家庭更注重食用油的品质，有茶油购买行为的比例越高；文化程度在5%的水平上显著，且值同样为正。其他因素如性别、健康状况、收入均不显著。收入不显著可能的原因在于：第一，本次调查的3个城市都是油茶产区的省会城市，如湖南省是油茶产量最大省份，食用茶油的历史较悠久，消费者深知茶油的营养价值，无论是高收入家庭还是低收入家庭都具有消费茶油的习惯；第二，茶油虽然价格高，但其营养价值较高且具有药用价值，因此很多家庭会购买少量茶油用作药用或保健，而不是当普通食用油，从本次调查实际数据可获知，有26.5%的被调查者购买茶油是用来药用，9.2%是来用坐月子油；第三，茶油作为一种健康礼品，很多收入并不高的家庭在“送礼送健康”的观念影响下也会为了送礼而购买茶油。所以收入水平对其虽有影响但不显著。健康状况不显著的原因可能在于，尽管茶油具有营养保健价值，但由于其对健康维持的整体作用比较缓慢和微小，其功效往往不会被重视。

心理因素中3个变量均显著。首先，消费者对茶油的高营养价值的认可程度对消费者购买茶油有正向影响，且在1%的水平上显著，表明随着消费者对茶油营养价值及保健功能认识程度的提高，消费者购买茶油的概率也将逐步提高。其次，消费者对食用油营养价值的重视程度对茶油购买行为有正向影响，且在5%的水平上显著，说明食用油对健康的影响程度越大的人群其购买优质食用油的可能性越大，因此购买茶油的比例就会比较高。最后，消费者对食用油口感的重视程度对茶油购买行为负相关，且在10%水平上显著，表明越重视食用油味道和口感的群体越不愿意购买茶油。调查发现，2015年所调查对象中有4.6%消费者反应不购买茶油理由是：茶油与一般食用油相比，其味道明显，不易习惯，2012年的数据也显示了有10.9%左右的消费者也因口味问题不选择茶油。

外部环境因素中4个因素均显著。第一，消费者对茶油价格高低认知在1%的水平上显著，且系数为负。这表明，消费者越是认为茶油的价格比一般食用油高，其购买茶油的概率就越低。第二，消费者对自己鉴别茶油好坏的能力的评价在1%的水平上显著，且系数为正。这说明，消费者认为自己越有能力鉴别茶油的质量好坏，其购买茶油的概率就越高。由于食用油的质量好坏消费者在购买时无法知晓，这在很大程度上会影响消费者购买意向，所以越觉得自己能有效判断茶油质量优劣的消费者在同等的条件下越会购买茶油。实际调查发现，因为一些商家存在对茶油掺假的问题使得消费者产生抵触情绪，所以只有越有条件购买真正茶油的群体，其购买概率也就越高。第三，消费者对亲友推荐的认可程度在1%的水平上显著影响消费者购买茶油，且系数为正。说明了亲友越是推荐茶油，消费者购买的概率就越高。这说明，消费者对亲友推荐持信任和肯定的态度，这也与实际相符。第四，消费者与茶油销售地之间的距离在1%的水平上显著影响消费者购买茶油，且系数为负。说明距离茶油销售地越远的消费者购买茶油的比例越少，这与一般产品销售情况是相似的，也符合茶油消费中实际的情况。从本次调查发现，在福州和广州两个城市的调查中发现有不少消费者表示了解茶油的营养价值，也曾购买过，但购买次数不多，主要是居住地附近或者所在区域茶油的销售店面很少，要购买到质量好的茶油很难。

区域环境因素。以福州消费者为对照组，广州消费者茶油购买行为与福州市消费者的有一定的差异，但差异不显著，而长沙消费者购买茶油的比例明显高于福州市消费者。说明消费者行为与所在地域的环境关系密切，消费者的具体购买行为会受当地当时的政策环境、商业环境和社会经济发展水平的影响。从本研究实际调查数据显示，福州市、广州市和长沙市的消费者购买茶油的比例分别为 35.0%、25.7%、55.7%。

（四）信息强化前后消费者对茶油购买意愿比较分析

根据消费行为理论，影响消费者行为的直接因素是消费者的态度，为了更加准确地把握消费者对茶油的实际购买行为，有必要对态度的重要组成成分——行为意愿进行研究。

1. 信息强化之前消费者的购买意愿描述分析

本研究把调查对象分为两组，分别来探讨其对茶油的购买意愿：一组是从未购买过茶油的被调查者，询问其是否愿意购买茶油，影响其购买意愿的可能因素有哪些；另一组是曾购买过茶油者是否将再次购买茶油，如果不再购买，限制其购买的主要因素是什么。从问卷整理分析可知，未购买过茶油的 415 位被调查者中，完全可能在未来一年内购买茶油的消费者仅占 3.6%，比较可能购买也仅占 13.5%，而完全不可能购买茶油的消费者所占比率则为 55.9%（表 14）。

表 14 购买茶油意愿调查情况

购买意愿			样本量（人）	比例（%）
未曾购买茶油的被调查者	购买意愿	完全不可能	232	55.9
		比较不可能	39	9.4
		一般	73	17.6
		比较可能	56	13.5
		完全可能	15	3.6
		合 计	415	100
曾购买过茶油的被调查者	是否愿意再次购买	不愿意	98	39.3
		愿意	151	60.7
		合 计	249	100

2. 信息强化之后消费者的购买意愿描述分析

在对消费者现在的购买意愿有所了解的基础上，本课题组继续向被调查者介绍有关茶油的详细信息，包括其功能及其营养价值与其他食用油相比所具有优点等三方面的正面信息。然后再次要求被调查者表达对茶油的购买意愿以及愿意支付的价格。由统计结果可知，完全不愿意购买茶油的被调查者在获得所提供有效信息之后所占比例有明显下降，大致减少26.9%，另外比较可能在未来购买茶油的人数则显著提高，约占33%，完全可能购买茶油的比例也有所提高(表15)。对于曾购买过茶油的消费者，在强化信息之后其再次购买的意愿也有较大变化，不愿意购买茶油的比例明显下降，大致减少了25.6%(表16)。调查结果表明，提供关于茶油的真实有效的信息之后对未曾购买或者购买过茶油的被调查者而言，其购买意愿确实有显著影响。

表15　提供有效信息前后未曾购买过茶油的被调查者购买意愿比较 单位:%

是否愿意购买	完全不可能	比较不可能	一般	比较可能	完全可能
提高有效信息前	55.9	9.4	17.6	13.5	3.6
提供有效信息后	29	2.6	4.8	46.5	17.1
增减	-26.9	-6.8	-12.8	33	13.5

表16　强化信息前后曾购买过茶油的消费者是否愿意再次购买比较 单位:%

是否愿意再次购买	不愿意	愿意
强化信息之前	39.3	60.7
强化信息之后	13.7	86.3
增减	-25.6	25.6

3. 强化信息对购买意愿的影响效果分析

如上所述，有关茶油的信息提供前后未曾购买过茶油的被调查者与曾购买过茶油的被调查对象其购买意愿都发生变化，为了证明购买意愿的变化是由于提供信息的效果，本研究采用配对样本检验进行验证。首先，如果信息提供前后未购买过茶油的被调查者购买意愿没有显著变化，即接受零假设：H0: U1 = U2；其中，U1表示信息提供前购买愿意，U2表示信息提供后的购买意愿。结果由表17所示，信息强化前后，购买意愿的成对数据平均数在1%水平上差异显著($t=-16.501$, $P<0.001$)。其次，假设信息强化前后曾购买过茶油的消费者其再次购买茶油的意愿没有显著不同，即：H0: U3 = U4，这里U3表示信息提供前曾购买过茶油的消费者再次购买意愿，U4表示信息提供后购买过茶油的消费者再次购买的意愿。由表17可知，信息强化前后，再次购买意愿的成对数据的平均数也在1%的水平上有显著差异($t=-8.046$, $P<0.001$)。为此，可以确定的是信息强化前后的变化不能归为误差的影响，而是信息提供之后的效果。

表17　信息强化前后调查对象购买意愿对比的成对数据的平均数比较

	样本数	自由度	t	P
未购买过茶油的被调查者	415	414	-16.501	0.000
已购买过茶油的被调查者	249	248	-8.046	0.000

（五）结论与启示

听说过茶油的消费者比例较高，但知道茶油具体价值的消费者比例较低，整体上认知水平仍较低，且不同城市消费者对茶油的价值认知差异大。购买过茶油的消费者比例较低，有购买的消费者年消费量大都在10斤以下。

相比于2012年，2015年消费者对茶油的价值认知提高显著，但购买过的消费者比例降低了3.9%，购买比例下降主要是由于广州购买过茶油的消费者比例下降显著造成的，2015年福州和长沙两城市被调查消费者曾购买过茶油的比例与2012年相比都有所提高，购买过茶油消费者2014年茶油消费量相较2011年有所增加。

影响消费者购买茶油的正向显著因素包括家庭结构、学历、消费者对茶油的高营养价值认可程度、对食用油营养价值重视程度、对自己鉴别茶油好坏能力评价、对亲友推荐的认可程度，负向显著因素包括对食用油口感的重视程度、对茶油价格高低的认知、距离茶油销售地距离。因此可以预期，伴随着消费者受教育水平的不断提升、对食用油营养价值重视程度的不断加大，选择购买茶油的消费者会逐渐增加。同时，商家可通过改进茶油的制作工艺、提高消费者对茶油的价值认知、强化对茶油质量的监督、增加茶油市场购买的可及性来促进消费者对茶油的购买。

由于正面信息供给前后消费者对茶油的购买意愿差异呈现显著性，即信息供给后消费者对茶油的购买意愿相对信息供给前显著提高。因此应强化信息供给，企业应协助政府加强对茶油各种功能价值的宣传力度，来提升消费者对茶油的价值认知，进而提升消费者对茶油的市场需求，促进油茶产业的健康发展。

调 研 单 位：福建农林大学
调研组成员：刘伟平　董加云　洪燕真　卢素兰　江晓敏　时小琳

三北地区沙地防护林体系提质性修复技术路径与对策研究报告

【摘　要】沙地是我国防沙治沙的重点，新中国成立以来，特别是三北防护林体系工程建设以来，我国的沙地治理取得了很大的成绩，区域生态环境明显改善，促进了经济社会可持续发展。但近些年来沙地早期营造的防护林出现了老化、退化、死亡、防护功能下降的现象。如不开展防护林体系提质性修复，防护林可能出现大面积衰败或死亡，沙地存在再次沙化的潜在威胁。本课题在研究沙地生态系统植被演替规律的基础上，提出了沙地防护林提质性修复路径、技术和对策。

一、四大沙地基本概况

中国是世界上沙化土地面积大、分布广、危害重的国家之一，严重的土地沙化威胁着我国的生态安全和经济社会的可持续发展，威胁中华民族的生存和发展。三北地区是我国沙化土地最为严重的地区，我国的八大沙漠、四大沙地均分布在这里，形成了我国北方万里风沙线，给当地的工农业生产和人们生活造成了极大的危害。

我国的四大沙地，分别是分布在内蒙古东部、辽宁省西部、吉林省西部的科尔沁沙地；陕西北部、内蒙古鄂尔多斯和宁夏东部的毛乌素沙地；内蒙古呼伦贝尔市的呼伦贝尔沙地以及内蒙古中部的浑善达克沙地。

科尔沁沙地位于我国东北平原的西部，东经 119°15′～123°45′，北纬 42°15′～46°30′，是四个沙地中面积最大的一个，约为 5.06 万平方公里，海拔 150～1000 米，年均气温 5.8～6.4℃，极端最低气温 -23.8～-30.9℃，年降水量 310～500 毫米，年无霜期 41～160 天，属于典型的北温带半干旱风沙地区，并处于我国北方半干旱农牧交错区生态脆弱带内，由垄状沙丘、平坦沙地、丘间洼地和带状丘谷构成，以沙地沙丘为主要特征。在地带性因素的影响下，栗钙土是主要的土壤类型，另外还分布有褐土、栗褐土、黑钙土等多种黑土地的地带性土壤。科尔沁沙地分布着我国北方独特的沙地疏林草原。原生草地植被主要由中旱生植物种构成，有大果榆、白榆、元宝枫、山里红、山杏、胡枝子、鼠李、麻黄、冷篙、羊草等。然而近百年来，由于原生植被受到了严重破坏，沙漠化日益严重，昔日林丰草茂的疏林草原景观已变成坨甸交错、流沙遍野的沙地景观。

毛乌素沙地位于东经 107°20′～111°30′，北纬 37°27′～39°22′，包括内蒙古自治区的鄂尔多斯市南部、陕西省榆林市的北部风沙区和宁夏回族自治区盐池县东北部，总面积为3.98万平方公里，海拔1200～1500米，年均气温6.0～8.5℃，极端最低气温－23.5～－29.23℃，年降水量260～450毫米，年蒸发量1800～2500毫米，年无霜期140～160天。该地区曾经水草丰美，是典型的牧业兴旺之地，但后来，因为气候变化、开垦、战乱等多种原因导致这里草原植被遭到严重破坏，经历了数百年的扩展和变迁形成了如今的沙地景观。毛乌素沙地的植被可以划分为三个地带与三大类群。从植被地带来说，其西部边缘属于向荒漠过渡的荒漠草原亚地带，占90%以上的中部和东部则属于干草原亚地带。在东南缘，开始向森林草原过渡，但由于沙基质的覆盖，在植被上差异不显著，一般仍划为干草原亚地带。三大植被类群是梁地上的草原与灌丛植被，半固定、固定沙丘与沙地上的沙生灌丛，滩地上的草甸、盐土与沼泽植被。

呼伦贝尔沙地位于东经117°12′～121°10′，北纬47°20′～49°50′，呼伦贝尔市中西部，主要由四条沙带组成：北部沙带位于海拉尔河两岸；中部沙带位于呼伦贝尔草原中部，沿辉河古河道两岸分布；南部沙带在呼伦贝尔草原南部，东南始于伊敏河畔头道桥，西北至阿木古朗镇北部沼泽；伊敏沙带位于呼伦贝尔草原南部，沿伊敏河作南北走向，南起必鲁特，北到南屯。总面积约2.51万平方公里，海拔在600～800米，年平均气温－5～2℃，极端最低气温－35～－40.2℃，年降水量280～400毫米，年无霜期90～100天。区域内河流、湖泊和湿地分布众多，水分条件优越，土壤以栗钙土为主，具有复杂多样的植被类型。

呼伦贝尔沙地植被类型，可分为森林草原植被和典型草原植被两种：其中，森林草原植被主要分布在该沙地东部，为大兴安岭西麓，乔木以白桦为主，并混生有山杨等，草原群落的建群植物种有线叶菊、贝加尔针茅、羊草等；典型草原植被主要分布于沙地中部和西部，中部草原植被建群种为大针茅、羊草等，还有隐子草和杂类草群落及小叶锦鸡儿灌丛及榆树疏林，而沙地西部由于气候干旱，多以旱生性较强的克氏针茅、隐子草等占优势，丛生小禾草、旱生小灌木和葱类等为伴生种。

浑善达克沙地位于东经111°27′34.2″～117°10′46.9″，北纬41°10′10.5″～42°58′30.7″。东起大兴安岭南段西麓，向西一直延伸到集二铁路沿线以西，东西延伸约473千米，南北宽50～100千米，最宽处达200千米，总面积约2.14万平方公里。包括内蒙古锡林郭勒盟的锡林浩特市、阿巴嘎旗、苏尼特左旗、苏尼特右旗、镶黄旗、正镶白旗、正蓝旗、多伦县和赤峰市的克什克腾旗等9个旗县(市)。浑善达克沙地属中温带半干旱大陆性季风气候区，冬季寒冷、大风、少雨、干旱，夏季降水集中。降水分布不均匀，年降水量自东南向西北递减，东南部年降水350～400毫米，西北部为100～200毫米，年蒸发量为1680～2940毫米，极端最低温度－36～43℃，年无霜期70～135天。浑善达克沙地的植被类型较多，主要以沙生系列组成的植物群落为主。由于沙地东西向延伸，东端一直深入大兴安岭南段西麓草甸草原，向西一直嵌入荒漠草原，中间广大沙区是半干旱的典型草原带，植被的结构带有明显的超地带性分异特性。东部植被受大兴安岭南段山地植物区系影响，种类组成十分丰富，还有一些针叶树，如油松、白扦、沙地柏等。沙丘阴坡上长有山杨、白桦及虎榛子、绣线菊、山丁子等多种中生灌丛。广大中部地区以榆树疏林—小叶锦鸡儿—褐沙蒿的复合景观为特征。东部的中生灌丛，常绿针叶木本在中部不再分布，干旱导致灌丛和旱生植物的比重增加。西部榆树仅零星分布，低矮的小叶锦鸡儿占优势，近年来的干旱使沙地的植被稀少，许多流动沙丘上的植物由于春季干旱没有萌发。

二、四大沙地治理取得了巨大的建设成就

新中国成立以来，国家十分重视防沙治沙工作。早在20世纪五六十年代，在党和政府的重视下，各地就对防沙治沙进行了有益的探索。1958年国务院召开西北和内蒙古6省(自治区)治沙会议，专门研究防沙治沙问题，在广大沙区组织干部、群众实施了以植树种草为主的防风治沙林建设。1978年，党中央、国务院从中华民族生存和发展大计出发决定实施“三北防护林体系建设工程”，开始了大规模防沙治沙。工程总体规划要求在保护好现有森林草原植被基础上，采取人工造林、飞机播种造林、封山封沙育林育草等方法，营造防风固沙林、水土保持林、农田防护林、牧场防护林以及薪炭林和经济林等，形成乔、灌、草植物相结合，林带、林网、片林相结合，多种林、多种树合理配置，农、林、牧协调发展的防护林体系。随后，又陆续启动了防沙治沙、退耕还林、退牧还草等一系列国家重点生态建设工程，加快了我国防沙治沙工作，取得了举世瞩目的建设成效。风沙危害的现象得到了有效的控制，农业生产条件和农村生态环境得到了明显改善。我国的四大沙地治理随三北防护林工程的实施、治理速度更快，成效显著。据2011年我国第四次荒漠化和沙化土地监测结果表明，与2004年相比，全国沙化土地面积净减少8587平方公里，年平均减少1717平方公里，进入了恢复改造利用沙漠的新阶段。

科尔沁沙地依托三北防护林工程等国家重点生态建设项目，率先实现了治理速度大于沙化速度的良性逆转，风沙危害初步得到控制，生态环境明显得到改善，农田和草牧场得到保护，抵御自然灾害的能力显著增加，产生了巨大的生态效益、经济效益和社会效益。地处科尔沁沙地腹地的奈曼旗，自2001年，三北防护林建设以来，有效治理沙化土地面积39万多公顷，治理水土流失面积5万多公顷，农田林网化程度由1977年的14%提高到2010年的88%，每年新增森林面积0.7万公顷以上，森林覆盖率由1977年的12.7%提高到2010年的31.08%，年均增加0.5个百分点。

毛乌素沙地随着三北防护林体系建设工程等的实施，自1978~2010年累计造林保存面积达200多万公顷，森林覆被率由1978年的15.6%提高到2010年的30%以上，区域内生态环境实现逆转，呈现出“总体遏制，局部好转”的趋势，乔灌草、带片网相结合的

区域性防护林体系基本形成。内蒙古毛乌素沙地范围内的植被覆盖度达60%以上。宁夏在毛乌素沙地累计治理50多万公顷，实现了由沙进人退到人进沙退的历史性转变。

呼伦贝尔沙地通过大规模的生态建设，自1978～2007年共完成治理流沙面积2.67万公顷，营造农田防护林1.67万公顷，使16.67万公顷农田得到庇护，封育沙地樟子松16万公顷，33.3万公顷草场得到保护，地表植被盖度由1978年的15%大幅增加到2007年70%以上，沙化态势得到了有效遏制，2004～2009年，土地沙化面积扩展速率降为－0.37，实现了沙化土地由相持到逐步逆转转变。

浑善达克沙地是中国荒漠化最严重的地区之一。多年来，浑善达克沙地先后实施了三北防护林、京津风沙源等生态工程，防沙治沙成效十分显著。根据第五次全国荒漠化和沙化监测结果，2009～2014年，浑善达克沙地分布区内沙化土地减少了5.18万公顷，植被盖度40%以上的面积增加了98.77万公顷，植被状况明显好转，重点区域生态恶化的趋势得到有效遏制。

三、沙地防护林存在的主要问题

防护林建设是沙地治理的主要途径和手段，防护林不仅能起到保持水土、防风固沙的作用，同时还具有涵养水源、调节气候等功能。30多年来，我国实施的三北防护林体系建设工程和京津风沙源工程，改善了沙区的生态环境，保障了农牧业生产的发展，促进了沙区人民生活水平的提高。对增强民族团结、实现各民族共同繁荣、维护国家生态安全起到了积极的作用。但由于树木生长规律和经济实力、科学技术、人们的认识水平等诸多因素的影响，新中国成立后和工程建设早期营造的防护林出现了老化、退化的现象。主要原因有以下5方面。

（一）成过熟防护林比例较大

防护林退化是一种自然现象，是防护林发展到一定阶段的必然规律。同世界上所有的生物一样，林木的生长发育都必须经历一个从生长、衰退到死亡的过程。杨树作为沙地防护林的主要树种之一，具有生长迅速，易于成林成材、可以在短期内发挥防护作用、更新周期短等诸多优点，深受北方广大地区人们的喜爱，是北方地区当家树种之一。由于杨树相对寿命短，一般20～25年就得更新间伐一次。新中国成立后，三北地区营造的人工林和“三北工程”初期营造的以杨树为主的防护林树龄都已超过30年，出现老化退化死亡是正常的自然现象，这是三北地区防护林衰败的主要原因。以甘肃省三北防护林工程为例，到2015年，杨树成过熟防护林的比例已达60%以上。另外，杨树无叶期长，防护效能低下。以杨树为主体的防护林带季相变化悬殊，防护作用变化幅度较大，从落叶期到次年展叶盛期所需时间较长，这一段时间只剩杨树主干、枝条，不能够充分发挥防护效能。防护效能下降后，增强了风对地表的剥蚀作用，加速土壤养分的损失。以杨树为主的防护林多分布在农田和草地牧场周边，人畜活动频繁，破坏严重。

（二）防护林建设质量不高

四大沙地的自然条件比较严酷，年降水量在400毫米左右甚至更少，干旱少雨，而且地处风沙前沿，很多地方的防护林营造在流动和半流动沙地上，土地瘠薄，立地条件极差，造林成活难，保存更难。由于这些地方立地条件差，自然条件不利于树木生长，限于当时条件，营造的防护林本身质量不高，因此，树木生长不良，树势衰弱，这是沙地防护林出现退化的原因之一。另一方面，三北工程建设以来，一直采取的是国家补助、地方配套、群众投工投劳、多方集资的建设机制。三北工程建设之初，国家每亩补助几块钱，四期工程期间，每亩投资才提高到100元。近年来，国家投资每亩虽已提高到300元，但也大大低于工程建设实际成本，这种低水平的投入必然影响防护林建设质量。一些地方存在有什么苗造什么林的现象，没有落实适地适树、良种壮苗原则。一些地方保数量、轻质量，造成造林标准不高，林分结构不合理、林种树种单一，造成建设质量不高。低质量的防护林也是防护林出现大面积退化现象的重要原因之一。

（三）防护林体系结构不合理

由于受沙地立地条件的影响，可选造林树种相对较少，沙地防护林结构不尽合理。主要表现为树种单一、林龄结构不合理；纯林多、混交林少；乔灌草比例失调等。一是树种单一，多为杨树品种，小老树多，生长慢，抗性差，病虫害严重，亟待更新改造。二是林龄结构不合理，成过熟林占总面积的60%，占总蓄积的80%。大部分防护林为过熟林基本停止生长，甚至开始腐朽。但由于受采伐限额限制等诸多原因，得不到及时更新。三是结构不尽合理，纯林多混交林少、乔灌草比例失调，加之带、网、片配置不尽科学，一些地方的农田防护林网眼过大，缺苗断条现象严重。

（四）防护林稳定性差

沙地防护林体系建设是为了治理风沙而建立起来的人工生态群落。很多地方的植被恢复是在流动和半流动沙地上进行的，水资源严重匮乏、土壤贫瘠，植物的蒸腾作用也很强，加之风沙危害又十分严重。这些地方必须筛选适应沙漠恶劣环境固沙的先锋树种，如沙蒿、沙米等。在流沙得到固定后，沙蒿、沙米等植物的林分结构很不稳定，容易死亡。这类层次较低的防护林如果得不到及时更新，一定会自行衰败死亡。

（五）防护林缺乏抚育更新

我国的沙地防护林，一类是以灌木为主，另一类是以杨树为主。特别是毛乌素沙地营造了拧条、沙柳、沙棘等灌木树种。这些灌木树种一般生长周期为5~6年，如果不及时平茬，灌木就会枯死。由于平茬灌木费时费工，又没有收入，国家也没有这方面的资金支持，长期以来大面积灌木防护林该平茬的没有平茬，出现了大面积的退化现象。另一方面，沙地营造的杨树防护林，这类树木的生命周期一般只有20~30年，大多数杨树都已超过了30~40年，已进入了成过熟阶段，理应及时更新。但防护林更新有着严格的规定，一般条件下是不允许更新的。加之受采伐限额的管理影响，一些防护林更新没有采伐指标，导致成过熟林和残次林更新改造缓慢。由于上述原因，导致了防护林缺乏抚育更新，出现了大面积的退化现象。

四、开展沙地防护林提质性修复的重要性、必要性、紧迫性

科尔沁、毛乌素等四大沙地防护林建设是人类改造利用沙地的正向演替，其生态系统相对脆弱，科学做好沙地防护林提质性修复工作，保障防护林健康有序更替，直接关系到三北工程建设成效的发挥以及建设成果的巩固和提高。因此，开展沙地防护林提质性修复，全面提升防护林质量，是一项刻不容缓的工作，意义十分重大。

（一）提质性修复是生态文明建设的需要

建设生态文明，是关系人民福祉、关乎民族未来的长远大计。在建设生态文明的过程中，人类自身是生态文明的建设主体。建设生态文明就是要坚持以人为本，从解决人民群众最关心、最直接、最现实的利益问题入手。保护好人类生态环境，为人类提供美好的生存空间和生活空间，与自然和谐共生是生态文明的重要内涵问题。开展沙地防护林提质性修复就是要遵循自然规律，建设稳定的生物群落，维护生态系统的稳定性，促进人与自然和谐。

（二）提质性修复是经济社会发展的需要

30多年来，三北工程在我国的四大沙地防护林建设中取得了很大的成效，对改善当地的生态环境、促进经济社会可持续发展、提高人们生活水平的提高发挥了巨大的作用。但随着三北工程建设的不断推进，部分沙地防护林出现了老化、退化、防护效能降低等现象。如不及时开展沙地防护林提质性修复，一些地方的生态建设成果就会毁于一旦，工程建设的效益就不能很好的发挥。因此，开展沙地防护林提质性修复，有利于巩固三北防护林建设成果，为经济社会发展提供生态保障。

（三）提质性修复是改善人居环境和农牧业生产条件的需要

防护林是沙区人民改善生存环境和农牧业生产条件的根本保证。防护林出现了老化退化现象后，防护效益就会逐年减退，就可能会破坏生活和生产设施、导致农牧业减产、沙丘移动埋压房屋家园、人们的生存空间就会受到潜在威胁的严重后果。因此，开展沙地防护林提质性修复是改善人居环境和农牧业生产条件的需要。

（四）提质性修复是防护林建设自身发展规律的需要

沙地防护林体系老化衰败是一个由低级到高级、不断演替的过程。所以，沙地防护林建设并不是一劳永逸的，不是一次造林或者进行一次修复就能达到最终目标的。它是一个不断渐进、不断完善、不断提高的过程。所以，开展沙地防护林提质性修复是防护林体系遵循自然规律的客观需要。

更为严重的是这些退化了的防护林如若不尽快加以人工促进更新等措施，将会逐步死亡消失。一旦出现沙地防护林大面积死亡的情况，后果不堪设想。重新建设、恢复沙地植被的难度将会成倍增加，成本成倍上升。

五、沙地提质性修复的主要方向与路径

（一）遵循沙地植被的正向演替规律

沙地防护林的提质性修复应该遵循沙地植被的正向演替规律。在沙地植被的正向演替过程中，不同的演替阶段其水肥状况、风沙流动等因素的差异很大，所采取的治理措施也不尽相同。一般而言，在流动沙地上，植被多以沙米、沙蓬等先锋物种为主。这些先锋物种一般为一年生草本，耐瘠薄，根系发达。随着沙丘的固定，沙结皮的形成，立地条件得到了明显的改观。沙地的养分、水分都有了一定的增加，这时这些先锋物种随着新建物种的侵入而逐渐退出群落，形成灌草结合的植物群落；条件优越的地区（特别是降水相对丰富的地区）则可以发展为森林植被为主的顶极群落。不同气候区的沙地具有不同的演替过程及顶极群落。由于沙地气候不同，使得不同气候区的沙漠植被演替过程中先锋植物、顶极植物群落不尽相同。但是，从一年生草本到多年生草本到木本的规律是一致的。不同演替阶段的植被盖度和物种数量等均随植被恢复而增加，半流动到半固定沙丘是物种数量和多样性增加最快的阶段。流动和半流动沙丘间、半固定和固定沙丘间的植被演替变化不明显，植被盖度与固沙作用具有明显的正相关关系，土壤受侵蚀的影响程度随植被盖度的增加而下降。

在流动半流动沙丘阶段，稀少的原生植被影响了自然恢复进程，需要通过合理的人工措施促进植被恢复，达到防沙治沙的目的。对半固定和固定沙丘，其自然演替速度是缓慢的，人类可以遵循自然规律进行适当的人为干预。在固定和半固定沙地补植补造一些树种，进行封禁保护，提高植被的覆盖度，增强防护效能，逐渐形成顶极植物的沙地生态系统。沙地防护林是沙地生态系统稳定性的基础，而沙地防护林的提质性修复是提高其防护效能的主要举措。因此，对现阶段的沙地防护林要依据沙地植被的正向演替规律，提出适当的提质性修复技术，制定科学的提质性修复制度，以提高沙地生态系统的稳定性，充分发挥其生态效益、经济效益及社会效益。

（二）沙地修复方向及路径

1. 修复方向

在尊重自然规律的前提下，应维护现有防护林防护功能不下降，对老化、退化程度不同的防护林林分进行分类、分期采取更新、抚育改造，调整树种和林分结构，达到稳定、健康的综合防护林体系，提高防护林服务功能与合理利用森林资源发展林业产业，实现生态、经济、社会效益统一。

2. 修复路径

(1)在修复工程总指挥部下，组建由林业主管部门领导、科技专家、工程技术人员组成技术领导小组，负责工程有关技术问题(组织选试点、规划设计、技术培训、经营方案)。

(2)选择试点区域，由领导小组组织多学科专家、有林业经验的林农，选定有代表性、适度规模、多类型地区为试点区。

(3)深入实地调查。掌握林业老化、退化具体状况，为实施改造掌握第一手资料(包括调查内容、表格设计、调查方法等)。

(4)林分改造分类。包括制定分类标准进行分类。

(5)规划设计。在分类基础上进行规划与分类设计，再进一步论证、修改，最后形成设计方案。

(6)实施改造工程。对参与施工人员技术培训，严格掌握苗木标注，加强工程监管。

(7)检查验收。

(8)制定经营方案，落实管护主题，健全管理机制。

六、沙地防护林体系提质性修复技术及模式
——科尔沁沙地(以辽宁省为例)

(一)基本概况

辽宁省“三北”防护林体系经过第1阶段和4期工程的建设，工程建设区域范围逐步扩大。全省完成防护林造林面积137万多公顷，其中，防风固沙42万多公顷，占防护林面积的30.8%；水土保持林62万多公顷，占防护林面积的45.2%，水源涵养林26万多公顷，占19.3%；农田防护林4.6万公顷，占3.3%。从树种结构上看，针叶树占25.4%，阔叶树占66.6%，灌木占8.0%，其中，纯林占到80%以上。

(二)修复对象

(1)重度退化：防护功能严重下降，①枯死木、濒死木株数占每公顷株数比例≥40%的防护林；②残次林带(每公顷保留株数≤300株且每公顷蓄积量≤120立方米)；③防护林中的疏林地。

(2)中度退化：防护功能明显下降，①枯死木、濒死木株数占每公顷株数比例在10%~40%的防护林；②林木生长成“小老树”。

(3)轻度退化：防护功能出现下降，枯死木、濒死木株数占每公顷株数比例≤10%的防护林。

(4)残次林分(低效防护林)主要是符合下列条件之一的防护林：

①郁闭度在0.30(含0.30)以下的林分；

②因不适地适树、林木种质低劣、造林树种选择不当等形成的“小老树”(中龄林林

分平均树高在 5 米以下、近成熟林林分平均树高在 8 米以下）林分；

③遭受火灾、病虫鼠害、雪灾、风灾、水灾、雷击等严重自然灾害，灾害木株数达 50% 以上的林分（成熟林病虫害发病株率在 40% 以上；成熟林枯死株数在 30% 以上，近熟林以下枯死株数在 40% 以上）；

④中龄林中平均每公顷蓄积量低于 40 立方米；近熟林中平均每公顷蓄积量低于 60 立方米的林分；

⑤成熟林平均每公顷保留株数在 400 株以下且蓄积量在 120 立方米以下的残次农田防护林带。

（三）修复技术、模式及效益评价

1. 更新改造（重度退化林分）

1）块状皆伐更新

①油松块状皆伐更新。以针阔混交、乔灌混交为主，采用人工植苗造林，树种为沙棘、柠条、山杏、侧柏、杜松。此模式主要适用于坡度较大、地势较高、立地条件较差的地块。可全面提升原有针叶林的防护效能，增强油松抗病虫害的能力。缺点是造林难度大，运苗、运水困难。

②杨树块状皆伐更新。采用针阔混交林、生态效益和经济效益兼备，更新树种为大枣、大扁杏、文冠果、油松、樟子松。适用于平原地区的杨树重度退化现象的片林及林带。可减缓杨树病虫害的蔓延趋势，增加林农收入。缺点是樟子松苗木成本较高。

2）带状皆伐更新

①樟子松带状皆伐更新。采用针阔混交，改善樟子松原有生长环境，更新树种为山杏、刺槐、杜松、侧柏、五角枫。适用于坡度较缓、地势比较平坦、立地条件较好的地块。通过带状皆伐更新，可优化樟子松原有生长环境，降低樟子松初植密度，调节水分营养平衡、改善通风透光条件控制病虫害发生与蔓延。缺点是更新成本较大。

②杨树带状皆伐更新。采用人工植苗造林，更新树种为苹果、梨、核桃楸等，其特点是增加林内通风、透光，降低杨树初植密度、减少杨树病虫害的传播机率。适用于出现杨树中度退化林分。通过带状皆伐更新，林农可以进行林粮间作，增加林农收入，从而提高农民造林的积极性。

③蚕场带状皆伐更新。以针阔混交为主，更新树种为红松、落叶松。通过客土，改良因原有放蚕导致的土地沙化、板结，改善栽植苗木生存条件，降低土壤持续沙化，减少土地板结强度，增加苗木成活率，提高综合防护效能。适用于大面积退化蚕场的更新改造。林农栽植 5 年生嫁接红松，次年见塔，8 年进入丰果期，可能提前受益。

④榆树带状皆伐更新。对于不适应榆树生长的地段，采取更换目的树种，更新树种为杨树。适用于出现榆树重度退化林分。针对不适宜栽植榆树的地区，采用带状皆伐更新，更换本地适生树种，可全面提高该地区的综合防护能力。

3）杨树防护林皆伐改造

①杨改松模式。以农田防护林为主，树龄在15年以上的近熟林、规划纳入采伐范围的成过熟林带，提前三年营造接班林。更新树种为樟子松，形成混交林，提高林带的防护效能。与杨树相比樟子松具有深根、耐旱、耐瘠薄、胁地少、树龄长、稳定性好的优势。从已更新的樟子松农田防护林看，首先，防护林网的整体防护效能明显提高；其次，由于改造后的针叶树林带占地是原来杨树林带的胁地范围，因此使这一长期闲置的土地得以充分利用，进而提高了土地资源的利用率和单位面积生产力；第三，樟子松林网具有较高的景观效益和观赏价值。

②杨改经济林模式。对于严重退化的杨树防护林，进行统一皆伐，营造经济价值更高的果树经济林，以黄太平、金红、七月鲜等为主。果园按照集体统一规划、统一购置苗木、统一栽植，各户负责平整土地并分户经营的模式进行建设。既保证了果园能够高标准建设，又充分调动群众参与果园建设和经营管理的积极性。可进行经济林改造的重度退化的杨树林分，间作果树，果树进入盛果期后，亩收入可达3300～4400元。确保了林地不流失，带动其他地区高标准精品果园的建设，提高防护效能，打造了当地群众优美的宜居环境。

2. 择伐补造

（1）疏林地择伐补造。在原有的疏林地内通过补植补造，形成复层异龄林分，提高林分质量，在土质较好的地块适当营造经济树种。造林以乡土树种为主，主要有油松、侧柏、红松、五角枫、文冠果、山杏等树种。栽植采取中心植苗法，做到“三埋两踩一提苗”。采取综合抗旱造林技术措施，春季造林必须采用座水、覆膜等技术，确保苗木成活与正常生长。疏林地补植补造乔木模式，体现乔灌结合，针阔混交，有效减少水土流失，更好净化空气涵养水源。针阔混交，红松、文冠果、山杏和五角枫及红叶能够增添旅游气息，有条件地段栽植经济林木进而增加农民收入。

（2）灌木林地择伐补造。在林间空地补植抗旱抗盐渍树种，比如梭梭、枸杞、沙拐枣等，在部分地区采取客土栽植樟子松、油松、云杉、青杨等针阔混交林，适地适树，改善林分结构和树种结构。通过合理补植补造，提高植被盖度，增强防风固沙效果。适用于以防风固沙、水源涵养为主的轻度灌木退化林分。将灌木林地更新为针阔混交林，油松、刺槐具有较强的天然更新能力，能逐步改善风沙区林分质量。

3. 补植补造

（1）阔叶林补植补造。在原有的阔叶林地内，通过补植补造，形成针阔混交林模式，提高林分质量，增强林分防护功能。更新树种为油松、侧柏、杜松、红松等。阔叶林补植补造针叶树模式栽植油松、侧柏、杜松、红松能够体现针阔混交，有效减少水土流失，更好净化空气、防风固沙、涵养水源。适用于以防风固沙、水源涵养为主的轻度退化林分。更新为针阔混交林，油松具有较强的天然更新能力，能逐步改善风沙区林分质量。

（2）沙棘补植补造。在沙棘林地内选择土层较厚的地段，通过补植补造，形成乔灌结合复层林分，提高林分质量，增强林分防护功能的更新方式。更新树种为油松、侧柏、杜松、五角枫、山杏、刺槐等。灌木林补植补造乔木模式，栽植油松、侧柏和五角枫、文冠果，能够针阔混交，有效减少水土流失，更好净化空气涵养水源。适用于轻度退化的沙棘林补植补造乔木模式的林分。将灌木林地更新为针阔混交林，油松、刺槐具有较强的天然更新能力，能逐步改善风沙区林分质量。

4. 抚育改造

（1）抚育管护模式。结合实地情况，对林分生长好，林分生长空间大的轻度退化油松纯林进行疏伐；对部分樟子松纯林长势好，生长空间小，林分过密的轻度退化林分进行透光伐；对林分相对整齐、林相好、公顷株数偏大的轻度退化林分进行生长伐；对油松、樟子松遭受火灾、虫害、雪压等形成的退化林分，发生后灾害时需要及时进行卫生伐。乔木林抚育管护模式能够调节密度，改善通风和光照状况，促进林木生长，提高林分质量。乔木林抚育管护模式的林分主要是以由于风折、雪压、病虫等自然灾害及自然条件变化和人为因素导致的干枯死亡现象的油松、樟子松纯林和部分针阔混交林为主的中度退化林分。调节水分营养平衡、改善通风透光条件，控制病虫害发生与蔓延发挥防护功能，进而净化空气，涵养水源；缺点是抚育成本高。

（2）杨树萌蘖更新模式。适用于沙质裸露，风蚀严重，25 年以上，郁闭度小于 0.3，林间空地占 35% 以上的林分。在一些杨树品种较好，有很强的萌芽条件的地区，进行伐桩，通过一定的抚育手段，让其萌芽更新，后期加强抹芽、修枝、管理，让保留萌条长成新的杨树林分。

七、沙地提质性修复的对策

（一）树立发展近自然林业理念，努力促进人与自然和谐

沙地提质性修复必须遵循自然规律，树立崇尚自然、尊重科学的近自然林业理念。其核心要义就是以尊重自然、顺应自然、保护自然的态度经营森林，使森林达到一种接近自然的状态。树立发展近自然林业的理念，就是要在充分考虑自然条件的基础上，适地适树，选用当地最适合的树种组合、植被恢复模式等，建设稳定的生态系统。

一要重视发展乡土树种。乡土树种是土生土长、已经完全融入当地自然生态系统的固有树种，也是适应当地自然条件、具有较好抗逆性和抵御自然灾害能力的先锋树种。要充分认识乡土树种的众多优势，把乡土树种作为工程建设的首选树种，大力培育和发展。决不能贪大求洋，好高骛远，盲目引进外来树种，将许多优良的乡土树种拒之门外。

二要大力发展混交林。科研和实践证明，混交林能充分利用营养空间、抗逆性强、生态功能稳定，是纯林所无法比拟的。大力发展混交林，要根据树木的生物学特性，科

学确定混交树种配置；要根据生态条件，科学确定混交方式，积极推行乔灌、针阔混交；要根据立地类型，科学确定目的树种和伴生树种以及合理的混交比例，构建多树种、复层、异龄的生态系统。

三要加大封育力度。封育是依靠自然力量修复退化生态系统的重要方式。各地要从三北工程进入"啃硬骨头"阶段、宜林地资源大部分分布在深山远沙的实际出发，在适宜的封育区，把封育作为恢复植被的首选方式，做到宜封则封、应封全封；在生态系统退化比较严重、天然下种条件不好、单纯依靠封育难以恢复和重建森林植被的地方，要在封禁保护的基础上，强化人工培育措施，实行封造结合；要依法加大封育区的保护力度，切实保护好自然生态系统。

（二）树立以水定林理念，努力促进林水协调

水是生存之本、生命之源、生态之要。干旱缺水是四大沙地最突出的自然禀赋，干旱缺水更是制约防护林建设的最大刚性因素，也是引起防护林退化的重要外在因素。因此，沙地防护林提质性修复必须把水资源的承载能力放到首要位置来考量，坚持适度发展、可持续发展的原则。切实做到以水定林，量水而行，宜乔则乔、宜灌则灌、宜草则草、宜荒则荒，建设林水相依、和谐共生的防护林体系。

一要重视发展灌木林。灌木是大自然留给我们的宝贵财富，具有耐干旱、抗风沙、耐瘠薄，天然更新好，萌蘖能力强，根系发达等优良特性。在广袤的沙区有着独特的发展优势。各地要重新审视发展灌木林的重要性，破除"灌木不是林"的片面认识。树立"小灌木、大作用"的思想，切实把灌木造林摆上重要位置。沙地防护林建设要按照因地制宜，分类指导，合理布局的原则，要把灌木作为主要造林树种，加大造林比重，提高林草覆盖度。

二要合理确定造林密度。历史上，三北大部分地区的自然景观是疏林草原和灌丛草场，这是与三北地区水资源供给状况相适应的。历史给了我们一个重要启示，就是在三北地区造林绝不能过密。对于这个问题，各地必须引起高度重视。在今后沙地造林中，要综合考虑水分平衡因素，真正做到合理稀植。

三要大力推广节水技术。推广应用抗旱节水新材料、新工艺、新技术是保障三北工程持续健康发展的关键一环。在今后的沙地防护林提质性修复中，必须把节水技术的应用作为工程建设的一项硬指标，积极推广滴灌、渗灌等新技术，努力提高造林成效。

（三）树立生态修复永无止境的理念，促进沙地生态系统的协调

生态修复是依靠生态系统的自我调节能力与自我组织能力使其向有序的方向进行演化，或者利用生态系统的自我恢复能力，辅以人工措施，使遭到破坏的生态系统逐步恢复或使生态系统向良性循环方向发展的长期的演变过程。而沙地防护林的提质性修复作为生态修复的一部分，是一项长期且复杂的工程，需要不断的探索，不断总结和完善。在工作中，应始终以生态修复作为理念，坚持"恢复和发展"的内涵，促进沙地生态系统的协调发展。

一是优化沙地防护林结构。沙地防护林作为防止沙地沙漠化的主要措施之一，其结构和树种组成等直接影响着防护林的防护效能。据相关研究，樟子松农防林与杨树农防林相比较而言，具有占地面积小、胁地作用小、防护寿命长等特点，不仅能够提高防护林的防护效能，还能增加经济效益。因此，沙地防护林的营造和经营管理必须考虑最佳林分结构和树种组成，在优化过程中应坚持生态有益性，坚持因地制宜，坚持生态环境建设与经济建设同步发展的原则，使其在发挥最佳生态防护效果的同时注重经济效益的发挥。

二是开展沙地二次造林。沙地的生态建设是一个由低级向高级演替发展的过程，针对现阶段退化严重的沙地防护林以及以原有灌草为主的老化退化林分，通过增加投资，坚持“适地适树”原则，科学合理选择树种，进行二次造林，使现有植被得到优化升级、修复提高，建成以乔灌结合、针阔混交、异龄混交为主的林分，以提高林分质量，增强林分的防护效能。

三是对沙生灌木平茬复壮。灌木具有根系发达、萌蘖性强、喜平茬的生物学特性。适时平茬处理，可促进大量新枝萌生，灌丛增大，延长灌木寿命，保持灌木旺盛的生命力。以毛乌素沙地的鄂尔多斯市为例，沙柳、柠条、杨柴、沙棘的平茬周期为3~6年不等，按期平茬抚育就能复壮。如果不能及时开展平茬抚育，就会长势减弱，病虫害频发，逐渐枯萎死亡。

八、建　议

（一）合理制定沙地防护林提质性修复目标

开展沙地防护林提质性修复工作，应该从生态建设的角度，科学、合理地制定修复目标，确定修复对象。不可盲目地进行提质性修复，否则不仅会遏杀现有的工作成就，还有可能造成新的破坏。建议从分区域、林种两个层面，依据区域立地条件、不同林种、不同树种的实际情况，合理制定沙地防护林提质性修复目标。

（二）适地适树，采取合理的修复措施

从调研情况来看，适合沙区更新改造林树种较为单一，普遍为杨树和樟子松。建议加大科技投入，增加试验示范区，尽可能多的培育适合沙区栽植的新品种。

（三）研究制定沙地防护林采伐更新指标优惠政策

采伐更新是开展沙地防护林提质性修复的主要途径之一。但由于需要采伐更新的沙地防护林多为老化、退化林分，出材率低，采伐更新成本高，得不偿失。建议制定优惠政策，将沙地防护林提质性修复采伐指标单列，免收育林基金，享受国家造林补助，计入年度造林面积。

（四）将沙地提质性修复研究作为国家攻关课题

沙地提质性修复是一项技术性、政策性都很强的工作，尽管各地在沙地提质性修复中进行了一些尝试，积累了一些经验，但其系统性、科学性还有待加强。因此，建议国家对提质性修复进行科学研究，研究不同类型区的修复模式和技术，更好地指导沙地提质性修复。

（五）建立提质性修复长效机制

沙地防护林提质性修复任务很重，面积很大，关系到沙地生态系统的稳定和沙区人们生活水平的提高。因此，建议对沙地防护林提质性修复单独立项，计划单列，资金单下，并研究制定沙地防护林提质性修复的长效机制和有关政策。

调 研 单 位：国家林业局三北防护林建设局
宁夏农林科学院荒漠化治理研究所
国家林业局经济发展研究中心
调研组成员：熊善松　蒋　齐　张　升　孙　枫　王占军　菅宁红
何建龙　孙垂河　王亚明　俞鸿千　刘　华　左　忠